L'invité
de la dernière heure

Du même auteur
aux Éditions J'ai lu

ILLUSIONS MEURTRIÈRES

N° 8877

LA MAISON DES SŒURS

N° 7778

LE FARDEAU

N° 8097

LA BRUME SE LÈVE

N° 8104

LE SCEAU DU SECRET

N° 8408

CHARLOTTE
LINK

L'invité de la dernière heure

ROMAN

Traduit de l'allemand
par Corinne Tresca

J'AI LU

Titre original
DER FREMDE GAST

À Kenzo,
que j'aime.

Prologue

Lettre anonyme à l'attention de Sabrina Baldini

Mai, le joli mois de mai est là… Ce vert tendre, toutes ces fleurs, comme ton jardin est beau, Sabrina ! Je t'ai vue, hier soir, assise dehors. Où donc était ton mari ? Il n'est pas souvent à la maison avec toi, pas vrai ? Au fait, sait-il que tu ne ressembles que de très loin à l'épouse fidèle et aimante qu'il croit que tu es ? Lui as-tu confessé toutes tes turpitudes ? Ou gardes-tu tes vilains secrets pour toi ? Je serais curieux de savoir si tu vas être capable de vieillir à ses côtés en lui taisant ton infidélité.

Quoi qu'il en soit, tu es souvent seule. La nuit tombait et tu étais toujours dehors. Tu es rentrée quelques minutes plus tard, mais tu as laissé la porte-fenêtre de la terrasse ouverte. C'est très imprudent, Sabrina ! Ne t'a-t-on jamais dit que cela pouvait être dangereux ? Le monde est plein de gens méchants… plein de gens qui veulent se venger. C'est laid, de vouloir se venger, je te l'accorde, mais il arrive que ce ne soit que trop compréhensible, tu ne trouves pas ? On récolte ce qu'on a semé. Cela posé, la vie n'est supportable que si l'on croit à une justice qui remet les choses en place, qui joue son rôle, somme toute. Parfois, cette justice se fait un peu attendre. Il faut alors lui donner un petit coup de pouce.

Tu comprends que tu mérites la mort, Sabrina, n'est-ce pas ? Tu dois le savoir depuis ces jours lointains où tu as été au-dessous de tout. Ce que tu as fait – ou plutôt : ce que tu n'as pas fait –, cela s'appelle de la non-assistance à personne en danger. Comment l'expliques-tu, Sabrina ? C'était par paresse ? Par indifférence ? Tu ne voulais pas te mettre mal avec quelqu'un ? Tu ne voulais pas prendre de risques ? Pas te faire remarquer ? Décidément, c'est toujours la même histoire. Tu étais prête à t'investir corps et âme pour les autres. Mais seulement tant que ça ne risquait pas de t'attirer des ennuis. Des grands discours et rien derrière. C'est tellement facile de regarder ailleurs ! Et se mêler des affaires des autres, ça n'apporte que des problèmes, hein ? C'est ça, Sabrina ?

Mais ça se paye. Tôt ou tard. Et sans exception. Tu as certainement espéré que le couperet ne tomberait pas, n'est-ce pas, Sabrina ? Tant d'années se sont écoulées... Les souvenirs se sont estompés, et peut-être y a-t-il longtemps que tu as enfoui cette époque au fond de ta mémoire, que tu l'as embellie et que tu as fini par croire que, cette fois encore, tu avais eu de la chance. Que tu t'en étais tirée sans avoir à payer la facture.

L'as-tu réellement cru ? À vrai dire, tu me sembles trop intelligente pour ça. Et trop avertie.

À présent, l'heure est venue. Il fallait bien qu'elle arrive un jour et je trouve qu'on a suffisamment attendu comme ça. De mon côté, tout est prêt. Le verdict est sans ambiguïté et je ne vais plus tarder à exécuter la sentence qui a été prononcée contre toi. Et contre Rebecca. Elle est tout aussi coupable que toi. Ce ne serait pas juste que tu sois la seule à poser la tête sur le billot.

Je vais prendre mon temps avec chacune de vous. Ce ne sera pas une affaire rapide et discrète. Vous allez souffrir. Votre agonie sera pénible. Et elle sera longue, suffisamment longue pour que vous ayez le temps de réfléchir et de revenir à loisir sur votre vie et ce que vous avez fait.

Es-tu désormais inquiète à l'idée de me rencontrer, Sabrina ? Si inquiète que tu ne t'attarderas plus guère dans ton beau jardin le soir ? Que tu feras bien attention que la porte-fenêtre de la terrasse reste toujours fermée ? Que tu regarderas prudemment à droite et à gauche en sortant de chez toi ? Que tu sursauteras quand on sonnera à ta porte ? Que tu resteras éveillée la nuit dans ton lit quand ton mari, une fois de plus, ne sera pas à la maison et que tu tendras anxieusement l'oreille dans l'obscurité et ne cesseras de te demander si tu as bien verrouillé toutes les portes ? Ou bien laisseras-tu la lumière allumée en permanence car tu ne supporteras plus le noir ? Mais tu sais bien que ce n'est pas ce qui va m'arrêter, n'est-ce pas ? Je viendrai exactement quand j'ai prévu de le faire. Tu ne seras nulle part en sécurité.

Cela aussi, au fond, tu le sais déjà.

Je te referai signe dans peu de temps, Sabrina. C'est bon de savoir que d'ici là tu vas penser à moi nuit et jour. Et que tu vas aller de plus en plus mal, que tu vas perdre chaque jour un peu plus de couleurs. J'ai hâte de voir ça.

Je suis tout près !

Dimanche 18 juillet

Elle rêvait qu'un petit garçon avait sonné à sa porte. Elle l'avait chassé. Elle chassait tous ceux qui venaient lui demander quelque chose sans y avoir été invités. Cette façon agressive de quémander l'avait toujours hérissée. Quand quelqu'un surgissait brusquement dans son jardin en tendant la main, elle se sentait importunée et contrainte. La plupart du temps, c'était pour une bonne cause, bien sûr, mais comment savoir si ces gens étaient toujours honnêtes ? Quand ils agitaient sous votre nez une vague carte les autorisant à quêter pour une association caritative, on n'avait jamais le temps de voir s'il s'agissait d'une vraie ou d'un faux plus ou moins bien imité. Surtout à soixante-sept ans, quand les yeux ne sont plus ce qu'ils ont été.

Elle avait à peine refermé la porte qu'on sonnait à nouveau.

Elle s'assit d'un coup dans son lit, désorientée, parce que cette fois le carillon de son rêve l'avait tirée du sommeil. Elle avait toujours l'image de l'enfant à l'esprit : un visage aux traits aigus, pâle, presque transparent, avec des yeux immenses. Il ne demandait pas d'argent, il demandait à manger.

« J'ai tellement faim », avait-il dit, doucement, mais sur un ton plaintif, presque suppliant.

Elle avait claqué la porte, choquée, effrayée d'être confrontée à un aspect de la réalité qui la dérangeait, et elle avait tourné les talons. Elle voulait chasser l'image de son cerveau, mais, à la seconde même, on avait sonné une nouvelle fois. Voilà qu'il recommençait !

Pourquoi s'était-elle réveillée ? Avait-on réellement sonné ? Imaginer que l'on entendait sonner alors qu'on rêvait était banal. Mais seul un réveil aurait pu sonner, et ils n'avaient pas de réveil. Ils n'en avaient pas besoin. Ils ne travaillaient plus ni l'un ni l'autre, et ils se réveillaient d'eux-mêmes relativement tôt tous les matins.

Il faisait très sombre, cependant un peu de la lumière des lampadaires de la rue filtrait à travers les fentes du volet roulant et elle pouvait distinguer son mari qui dormait à côté d'elle. Il était comme d'habitude parfaitement immobile et sa respiration si lente et si ténue qu'il fallait tendre l'oreille pour s'assurer qu'un léger souffle l'animait. Elle avait lu quelque part qu'il arrivait que des vieux couples s'endorment ensemble le soir et que, le lendemain matin, l'un des deux découvre en se réveillant que l'autre était mort dans son sommeil. Elle s'était dit que, si Fred mourait de cette façon, elle mettrait longtemps à s'en rendre compte.

Dans sa poitrine, son cœur battait vite et fort. Les chiffres verts de la pendulette à quartz posée sur sa table de nuit brillaient dans l'obscurité. Il n'était pas tout à fait deux heures du matin. Ce n'était pas une bonne heure pour se réveiller. On se sentait si vulnérable ! Tout au moins elle. Elle avait souvent eu le sentiment que, s'il devait lui arriver quelque chose de grave – si par exemple elle devait mourir –, cela se passerait la nuit, entre une heure et quatre heures du matin.

C'est un mauvais rêve, se dit-elle, rien d'autre. Ferme les yeux et rendors-toi.

Elle s'enfonça dans ses oreillers. A cet instant, on sonna à nouveau et elle comprit que ce n'était pas un rêve.

Quelqu'un attendait à la porte. À deux heures du matin.

Elle se rassit dans son lit et écouta. Dans le silence qui suivit le coup de sonnette strident, elle n'entendit que le halètement affolé de sa propre respiration.

Pourquoi s'inquiétait-elle ? C'était stupide. Elle n'avait qu'à ne pas ouvrir, voilà tout.

Il n'y avait sûrement rien de bon à la clé. Même les démarcheurs ne se manifestaient pas à une heure pareille. Quand on tirait les gens de leur sommeil, soit on avait de mauvaises intentions, soit on avait des ennuis. La deuxième éventualité avait de grandes chances d'être la bonne. Un cambrioleur ou un criminel ne s'amuserait tout de même pas à sonner… ?

Elle alluma la lumière et se pencha vers son mari, qui dormait toujours aussi profondément. Avec ses boules Quies, il n'avait pas dû entendre grand-chose. Fred était extrêmement sensible au bruit. Le chuintement du vent dans les arbres devant la fenêtre de la chambre le dérangeait. Ou le craquement d'une latte de parquet, le souffle d'une feuille fanée qui se détachait d'une plante verte et tombait sur le sol. Tout le réveillait, et il ne pouvait rien lui arriver de pire que d'être réveillé quand il avait décidé de dormir. Cela le mettait dans une colère sans nom et d'une humeur massacrante pour plusieurs jours. Il avait fini par se décider à utiliser des boules Quies. Et sa femme avait respiré.

Elle hésitait à le réveiller. Il risquait de lui en vouloir au point de ne plus lui adresser la parole de toute la semaine. Du moins s'il considérait après coup qu'elle avait inutilement interrompu son sommeil. Toutefois, s'il s'avérait qu'elle aurait dû le réveiller et ne l'avait pas fait, elle s'exposait aux mêmes représailles. Depuis quarante-trois ans qu'elle était mariée avec cet homme et qu'elle s'était donné pour règle suprême de ne pas susciter sa colère, l'essentiel de son quotidien n'était que cela : des hésitations, des angoisses à l'idée de faire le mauvais choix. Dieu sait que la vie avec lui n'était pas facile.

On sonna une troisième fois, plus longtemps que les précédentes, d'une façon plus impérative. Elle décida que le sommeil de Fred pouvait être sacrifié à un événement aussi inhabituel. Elle le secoua par l'épaule.

— Fred, chuchota-t-elle, bien qu'il ne puisse pas l'entendre. Réveille-toi ! S'il te plaît, Fred ! Il y a quelqu'un en bas !

Fred émit un grognement désapprobateur et se tourna sur le côté puis, comme s'il avait été frappé par la foudre, il fut d'un seul coup complètement réveillé. Il s'assit, droit comme un *i*, et dévisagea sa femme.

— Non, mais qu'est-ce qui… commença-t-il.

— Il y a quelqu'un en bas !

Il voyait ses lèvres remuer, mais n'entendait pas ce qu'elle disait. Il retira à contrecœur les bouchons de ses oreilles.

— Qu'est-ce qu'il y a ? Qu'est-ce qui te prend de me réveiller ?

— On sonne à la porte. C'est déjà la troisième fois.

Il continuait à la dévisager comme si elle n'avait pas toute sa raison.

— Qu'est-ce que tu racontes ? On sonne à la porte ? À une heure pareille ?

— Oui, et c'est bien ce qui m'inquiète.

Elle mit tous ses espoirs dans un nouveau coup de sonnette parce qu'elle voyait bien que Fred ne la croyait pas, mais rien ne se produisit.

— Tu as rêvé. Et à cause d'un rêve imbécile il a fallu que tu me réveilles !

Il la regardait d'un air mauvais. Ses cheveux blancs étaient dressés dans tous les sens sur sa tête.

Un vieux monsieur désagréable et grincheux, songea-t-elle, et qui de surcroît n'a physiquement plus aucun attrait. Je vais peut-être vivre encore vingt ans. S'il ne meurt pas avant moi, j'aurai finalement vécu soixante-trois ans avec lui. Soixante-trois ans !

L'idée la déprima au point de lui donner envie de pleurer.

— Greta, si jamais tu... reprit Fred sur un ton plein de colère.

Mais, à cet instant précis, la sonnette de la porte d'entrée retentit, plus longtemps et avec plus d'insistance que les fois précédentes.

— Tu vois !

Le ton était presque triomphant.

— Il y a bien quelqu'un en bas !

— On dirait, oui, concéda Fred du bout des lèvres. Et il est... il est deux heures du matin !

— Je sais. Mais si c'était un cambrioleur...

— ... il ne sonnerait pas. Quoique, en théorie, ce serait sa seule chance de réussir à entrer chez nous.

C'était vrai. Quatre ans plus tôt, avant d'emménager, Fred avait beaucoup investi en temps et en énergie pour transformer la maison qu'ils venaient d'acheter en coffre-fort. La maison de leurs vieux jours, comme il disait. Dans un faubourg résidentiel de Munich, un quartier plutôt cossu. Auparavant, ils vivaient également à Munich, dans un quartier totalement différent, mais tout aussi honorable. À l'époque, cependant, ils étaient plus jeunes. En vieillissant, Fred avait acquis une peur du cambriolage quasi paranoïaque. Toutes les fenêtres du rez-de-chaussée étaient protégées par des grilles, tous les volets roulants de la maison munis de verrous de sûreté, et un système d'alarme était installé sur le toit.

— Il n'y a qu'à faire comme si on n'avait pas entendu.

— Faire comme si on n'avait pas entendu quelqu'un qui s'acharne sur notre sonnette pour nous réveiller ?

Fred se leva brusquement. Ses gestes étaient encore vifs pour son âge. Mais il avait perdu beaucoup de poids, ces derniers temps. Son pyjama en soie bleue à rayures noires flottait sur son corps amaigri.

— J'appelle la police !

— Tu ne peux pas faire ça ! C'est peut-être un voisin qui a besoin d'aide ! Ou c'est...

Elle n'acheva pas sa phrase.

Fred savait à qui elle pensait.

— Pourquoi viendrait-il nous voir ? Il y a une éternité qu'on n'a pas de nouvelles.

— Tout de même. Ce pourrait être lui. On devrait... On devrait faire quelque chose ! dit-elle.

Elle se sentait dépassée par la situation.

— C'est bien ce que je dis ! J'appelle la police !

— Et si ce n'est réellement que... que lui ?

Elle se demandait pourquoi elle avait toujours peur de prononcer son nom devant son mari.

Fred en eut brusquement assez des tergiversations.

— Je descends voir, dit-il d'un ton ferme en quittant la chambre.

Elle entendit ses pas dans l'escalier puis, quelques secondes plus tard, sa voix, en bas, dans l'entrée, qui disait :

— Oui ? Qui est là ?

Plus tard – alors qu'elle n'avait plus la possibilité d'en parler avec Fred et qu'elle savait déjà qu'elle ne vivrait pas vingt ans de plus avec lui, seulement quelques heures ou tout au plus quelques jours –, elle se demanda quelle sorte de réponse on lui avait donnée, de l'autre côté de la porte, pour qu'il ouvre aussi vite et aussi volontiers.

Elle l'entendit tourner les différents verrous de sûreté, puis elle perçut un bruit sourd qu'elle ne parvint pas à identifier, mais qui mit tous ses sens en alerte. Son rythme cardiaque s'emballa.

— Fred ? appela-t-elle anxieusement.

Au rez-de-chaussée, quelque chose tomba lourdement par terre. Ensuite, elle entendit la voix de Fred :

— Appelle la police ! Appelle tout de suite la police ! Dépêche-toi !

C'était ce qu'il ne fallait pas lui demander. Au premier étage, il n'y avait pas de téléphone. Elle aurait eu le temps de se précipiter sur la porte de la chambre, de la fermer et de la verrouiller, puis elle aurait ouvert la fenêtre, elle se serait penchée au-dehors et elle aurait appelé au secours. Si seulement c'était ce qu'il lui avait demandé… Ou si elle en avait eu l'idée toute seule… Mais non, elle bondit hors du lit sans réfléchir, enfila son peignoir en tremblant de tout son corps et se hâta vers l'escalier. Bonne épouse obéissante jusqu'au bout. Il lui avait dit d'appeler la police. Le téléphone se trouvait dans le salon. Fred possédait bien un téléphone portable, mais elle ne savait pas où il l'avait posé.

C'est seulement quand elle fut dans l'escalier qu'elle comprit qu'elle avait commis une erreur.

Mais il était déjà trop tard.

Mardi 20 juillet

À quatre heures et demie du matin, Karen renonça à essayer de se rendormir. La nuit tirait à sa fin, mieux valait se lever et faire quelque chose d'intelligent plutôt que de s'épuiser nerveusement à se retourner dans son lit en attendant que son réveil sonne.

Restait à savoir ce qui était intelligent. Ce qui dans sa vie avait encore un sens.

Wolf, son mari, dormait. Il ne s'était absolument pas rendu compte de l'insomnie de sa femme. C'était aussi bien car, soit il aurait cru bon d'ironiser, soit il lui aurait fait la leçon et, dans les deux cas, Karen aurait fondu en larmes, une fois de plus. Il n'aurait pas manqué de lui faire remarquer que tant qu'elle se coucherait trop tôt le soir, elle se réveillerait trop tôt le lendemain matin, et que tout le monde dans la maison en avait par-dessus la tête de ses histoires d'insomnie.

Il avait peut-être raison. Après tout, ce qu'il disait paraissait frappé au coin du bon sens. Et il était d'ordinaire tout à fait inutile d'essayer de faire valoir un autre point de vue ou d'autres arguments. Pour Wolf, il y avait une seule façon de voir les choses, la sienne, les autres ne valaient même pas la peine qu'on les évoque. Karen était la première à penser qu'elle se couchait trop tôt, mais le soir elle était tellement épuisée qu'elle ne parvenait pas à garder les yeux ouverts. Elle se glissait dans son lit comme une malade au corps sans force et elle sombrait presque sans transition dans un sommeil de plomb. Vers trois heures et demie du matin, elle en émergeait brutalement et, réveillée comme en plein jour, elle passait le reste de la nuit à brasser des idées noires et à s'inquiéter pour son avenir ou celui de ses enfants.

Elle enfila un jean et un tee-shirt, mit ses baskets et se faufila hors de la chambre. Elle avait lu dans un livre que faire de l'exercice au grand air avait un effet bénéfique sur les états dépressifs. Elle ne savait pas si elle souffrait réellement de dépression, mais elle retrouvait chez elle beaucoup des symptômes décrits dans l'ouvrage.

Aucun bruit ne parvenait de la chambre des enfants. Apparemment, elle avait réussi à ne réveiller personne.

Elle descendit quelques marches et vit Kenzo, leur boxer, qui l'attendait au pied de l'escalier en agitant vigoureusement sa courte queue. Bien qu'il dormît dans le salon – actuellement, le canapé avait sa préférence –, il ne lui avait pas échappé que sa maîtresse s'était levée et habillée. Il ne se trompa pas non plus sur le sens à donner aux baskets qu'elle portait : une promenade matinale était en vue. Il exécuta quelques cabrioles pour exprimer son enthousiasme, courut à la porte d'entrée et, plein d'espoir, se tourna vers Karen.

— J'arrive, j'arrive, murmura-t-elle en attrapant son collier et sa laisse. Chut, ne fais pas de bruit !

En ce matin de plein été, le jour était déjà levé. L'air était frais, mais agréablement vivifiant. La journée serait chaude et ensoleillée. De la rosée brillait sur l'herbe. Karen aspira une bouffée d'air pur.

Quelle paix, songea-t-elle, quel calme ! Tout est encore endormi. C'est comme si Kenzo et moi étions seuls au monde.

Elle opta pour un grand tour dans la forêt. Quelques rues à parcourir et elle y serait. La proximité de la forêt – où le chien pourrait s'ébattre – avait été l'une des raisons pour lesquelles Wolf et elle s'étaient décidés pour cette maison des faubourgs de Munich.

Depuis qu'ils vivaient dans leur nouvelle maison, l'état de Karen s'était détérioré. Elle souffrait déjà auparavant de toutes sortes de maux, sans savoir quelle en était l'origine. Une de ses amies avait avancé l'idée qu'elle n'était pas heureuse en ménage, ce que Karen avait contesté. Vigoureusement contesté. Wolf et elle se connaissaient depuis quinze ans, étaient mariés depuis onze et ils avaient deux beaux enfants en pleine santé. Hormis ces petites querelles qui surgissent inévitablement lorsque deux personnes vivent sous le même toit, leur couple était heureux. Peut-être auraient-ils pu se voir davantage. Wolf, qui occupait un poste important au sein de la banque pour laquelle il travaillait depuis la fin de ses études, était rarement à la maison. Karen avait renoncé à son métier d'assistante dentaire lorsque leur deuxième enfant s'était annoncé. La décision, prise d'un commun accord, leur avait paru à l'un et l'autre raisonnable.

« Je gagne suffisamment d'argent, avait argumenté Wolf, et tu pourras te consacrer aux enfants sans avoir besoin de courir du matin au soir. Ce sera beaucoup de stress en moins pour tout le monde. »

Karen se demandait parfois si Wolf avait la moindre idée du degré de stress qu'impliquait l'éducation de deux jeunes enfants, surtout quand devaient s'y ajouter l'entretien d'une maison, d'un jardin, un chien à sortir, l'intégralité des courses, de la lessive et le repassage d'un monceau de chemises d'homme. Une vie de stress, et qui ne lui valait pas la moindre reconnaissance. Il lui arrivait d'avoir confusément l'intuition que c'était peut-être là que résidait l'origine de son mal-être. En même temps, si elle devait ajouter foi à ce qu'on lisait dans la rubrique courrier des journaux féminins, son sort ne différait guère de celui des autres mères au foyer. Alors pourquoi se lamentait-elle avec ses compagnes d'infortune au lieu de voir les bons côtés de sa vie ? Les enfants en pleine forme, le chien manifestement heureux de vivre, la carrière sans faille de son mari, la belle maison.

La belle et toute nouvelle maison. Il y avait trois mois qu'ils avaient emménagé et, quand elle réfléchissait aux raisons qui auraient pu expliquer son abattement, elle se demandait s'il n'y avait pas un lien avec le déménagement, dont inconsciemment elle ne parvenait pas à se remettre, ou bien le nouvel environnement, les nouveaux voisins auxquels elle avait du mal à s'adapter. Ses symptômes s'étaient à l'évidence aggravés. Elle trouvait plus difficilement le sommeil, alors qu'elle se sentait plus fatiguée. Dans la journée, les heures s'écoulaient, lentes, vides, inutiles. Elle laissait filer le temps alors qu'elle aurait eu mille raisons de s'activer. Elle pouvait rester des heures assise sur le canapé à regarder le jardin, une liste de courses longue comme le bras dans une main, son portefeuille dans l'autre, sans trouver la force de se lever pour aller au supermarché.

Se sentait-elle seule ? Se sentait-elle si seule au sein de sa famille, entre son mari et ses deux enfants, que le goût de vivre la désertait, lentement, inexorablement, et se perdait quelque part où elle ne le retrouverait plus ?

Une semaine après avoir emménagé, elle avait pris son courage à deux mains et, misant sur l'espoir de se découvrir quelque affinité avec les uns ou les autres, était allée se présenter à ses voisins. Ces visites l'avaient déprimée. D'un côté, sa voisine était une vieille dame sénile et aigrie qui l'avait reçue aussi aimablement que si elle avait été personnellement responsable de tous ses malheurs. De l'autre côté, ses voisins immédiats étaient également des personnes âgées. Karen n'imaginait pas pouvoir un jour nouer des liens amicaux avec eux. Lui s'écoutait parler et se vantait de ses succès professionnels du temps où il était – à l'en croire – un avocat très sollicité avec nombre de brillants exploits à son actif. Sa femme n'avait presque rien dit, mais elle n'avait cessé d'observer Karen du coin de l'œil. Celle-ci avait eu la désagréable impression que la voisine se répandrait en critiques sur son compte dès qu'elle aurait tourné les talons. Mal à l'aise, assise du bout des fesses sur un hideux canapé recouvert de brocart, Karen s'était appliquée à sourire avec admiration, à pousser des oh ! et des ah ! aux moments adéquats et à tremper poliment les lèvres de temps à autre dans son cognac.

Une véritable épreuve.

« Ils sont antipathiques, avait-elle dit le soir à son mari. Le bonhomme est imbu de lui-même. Quant à sa femme, elle n'ouvre pas la bouche, mais on la sent pleine de hargne. J'ai rarement eu autant envie de rentrer chez moi. »

Wolf avait éclaté de rire, avec cet air supérieur que Karen remarquait de plus en plus souvent chez lui.

« Eh bien, toi, on peut dire que tu es une rapide. Tu es restée combien de temps dans leur salon, une demi-heure ? Et ça te suffit pour en savoir déjà autant sur eux ? Je n'aurai qu'un mot : bravo ! »

Il plaisantait, bien sûr, mais pourquoi se sentait-elle blessée à ce point ? Elle n'était pas comme cela avant. Que s'était-il passé qui la rendait si sensible ? L'humour de Wolf était-il devenu plus mordant ? Ou bien sa propre susceptibilité et l'humour de Wolf découlaient-ils l'un de l'autre et se nourrissaient-ils mutuellement ?

De toute façon, leurs nouveaux voisins ne valaient certainement pas la peine que l'on se dispute pour eux.

Leurs nouveaux voisins...

Kenzo, qui avait repéré une odeur prometteuse sur le macadam, accéléra le rythme. Karen dut presque courir pour le suivre. Elle se disait à chaque foulée que mieux valait une course au petit matin plutôt que de vainement chercher le sommeil dans son lit, mais elle ne parvenait pas pour autant à faire le vide dans sa tête. Pas moyen de courir le cœur léger. Ses voisins, par exemple. Elle aurait donné cher pour ne pas penser à eux, pourtant elle était à peine levée qu'ils étaient à nouveau omniprésents. Il y avait plusieurs jours qu'ils lui posaient un problème. Poser un problème, chez elle, cela voulait dire : chercher désespérément une solution, ne pas en trouver, se sentir de plus en plus minable, taper sur les nerfs de son entourage avec ses gémissements. Du moins était-ce le tableau que Wolf lui avait brossé au cours d'une récente discussion.

Le problème que lui posaient ses voisins résidait dans le fait qu'il y avait deux jours qu'elle ne parvenait pas à les joindre. Or elle voulait leur demander de s'occuper un peu du jardin et surtout de prendre leur courrier pendant les deux semaines que Wolf et elle devaient passer en Turquie avec les enfants. Les vacances scolaires ne commenceraient pas avant une semaine et demie et leur départ était prévu huit jours plus tard. Karen avait cependant déjà tout mis en place pour la garde de Kenzo, qu'elle confierait à sa mère, et elle pensait qu'il était important que le reste soit également organisé aussitôt que possible. Elle avait sonné la veille et l'avant-veille chez ses voisins, le matin, à midi et le soir, sans résultat. C'était surprenant.

Dimanche les volets roulants du rez-de-chaussée, jusque-là tous fermés, avaient été relevés devant quelques fenêtres, puis refermés. Pourtant, quand elle se manifestait, rien ne bougeait dans la maison.

« Je suis presque certaine qu'ils sont chez eux, avait-elle dit à Wolf, mais je ne les ai pas vus dans le jardin et j'ai beau sonner, personne ne m'ouvre. »

Wolf avait pris l'air contrarié dont il était coutumier lorsque Karen le dérangeait avec des histoires dont il pensait qu'elle était assez grande pour s'en occuper toute seule.

« Eh bien, il faut croire qu'ils sont partis ! Ce sont des choses qui arrivent !

— Mais les volets...

— Ils doivent avoir un de ces systèmes de sécurité qui actionnent automatiquement les volets roulants. Pour que justement personne ne se rende compte que la maison est vide.

— Mais l'autre nuit... »

Dans la nuit de dimanche à lundi, elle avait fait une curieuse observation. Alors qu'elle ne parvenait pas à trouver le sommeil, elle s'était levée pour aller boire un verre d'eau dans la salle de bains. En passant devant la fenêtre, elle avait remarqué de la lumière dans la maison voisine. Soulagée, elle s'était dit que, si ses voisins s'étaient absentés, ils étaient désormais de retour, mais le lendemain elle n'avait pas eu plus de succès que les jours précédents : personne n'avait répondu à son coup de sonnette.

« Eh bien, les lumières qui s'allument et s'éteignent font elles aussi partie de leur système de sécurité, avait répliqué Wolf d'un ton agacé lorsqu'elle lui en avait parlé. Mon Dieu, Karen, ne dramatise pas à plaisir ! On part dans plus de deux semaines. D'ici là, ils ont le temps de revenir ! Mais, au fait, lui t'a appelée, samedi, non ? »

C'était vrai. Son voisin avait téléphoné. Pour se plaindre : la voiture de Karen était si mal garée devant l'entrée de leur garage qu'elle empiétait sur son entrée à lui. Karen avait déplacé sa voiture, puis elle s'était réfugiée dans sa chambre pour pleurer parce qu'elle s'était sentie agressée et injustement traitée.

« Pourquoi ne lui as-tu pas tout de suite parlé des vacances ? voulut savoir Wolf.

— Parce qu'il était très désagréable, et j'ai…

— *Parce qu'il était très désagréable !* Est-ce que tu te rends compte que tu dis ça de presque tous les gens que tu fréquentes ? Tous sont désagréables avec toi ! Tous sont méchants ! Personne ne t'aime ! Pourquoi, par exemple, ne demandes-tu pas tout simplement à notre autre voisine de s'occuper de notre courrier ? Je vais te le dire : parce que, quand tu lui as fait ta visite de courtoisie, elle a été *très désagréable* avec toi ! Cela dit, avec l'air de chien battu que tu arbores en permanence, ne t'étonne pas que les gens aient envie de t'agresser. C'est quasiment de la provocation. »

Était-il possible qu'il ait raison ?

Kenzo et elle avaient atteint une rue qui s'achevait sur un carré d'herbe au-delà duquel commençait la forêt. Kenzo resta en arrêt devant un portail et renifla avec intérêt. Karen en profita pour souffler un peu. Bien que courir l'ait apaisée et détendue, elle ne pouvait s'empêcher de ressasser ses problèmes et de se tourmenter avec des questions qui, toutes, l'amenaient plus ou moins à se dénigrer. L'état de victime n'était-il pas dû au hasard ? Induisait-on soi-même cette condition ? Avait-elle un comportement qui invitait autrui à la blesser, à la maltraiter ?

Soumise, anxieuse, inquiète, dépendante de l'opinion des autres, inconsistante.

Là, Wolf aurait dit : « Eh bien, change ! » Mais savait-il seulement combien il était difficile de se prendre soi-même par la main et d'avancer ?

Non, un homme comme Wolf était à cent lieues d'imaginer au milieu de quoi se débattait Karen. Il suivait le chemin qu'il s'était tracé, droit devant lui, sans se laisser émouvoir, sans se remettre en question. L'état qui consistait à être en permanence insatisfait de soi-même lui était étranger. Au surplus, Karen se sentait prise dans une spirale infernale : elle se rabaissait tant et si bien que les gens autour d'elle se sentaient autorisés à le faire également et ainsi la confortaient par contrecoup dans l'idée négative qu'elle avait d'elle-même. Comment s'en sortir ?

Elle n'était pas du tout en passe de se transformer en une femme forte, indépendante et sûre d'elle. Bien plutôt en une femme craintive, angoissée et toujours plus repliée sur elle-même. C'était décourageant.

Kenzo, qui apercevait devant lui le chemin qui s'enfonçait dans la forêt, tirait comme un fou sur sa laisse. Karen le détacha et il bondit en avant. À quelques mètres du petit chemin de terre, il stoppa cependant sa course et leva la patte sur la roue arrière d'une voiture garée le long du trottoir.

Zut. Karen le maudit intérieurement et pria pour que personne ne l'ait vu. Sacré chien, il ne pouvait pas faire dix mètres de plus ?

Elle regarda autour d'elle avec circonspection, soulagée que les rues soient encore désertes à cette heure matinale. Comme par un fait exprès, Kenzo avait choisi la voiture la plus chic de la rue, une superbe BMW bleu nuit. Soudain, à la stupéfaction horrifiée de Karen, la portière avant côté conducteur s'ouvrit et un homme descendit. Un homme en costume cravate, aussi élégant que sa voiture. Il avait l'air furieux.

— Qu'est-ce qui prend à votre chien ? hurla-t-il.

Karen rappela promptement Kenzo, qui risquait d'être pris de l'envie de faire étourdiment la fête à l'inconnu et de salir son beau costume, et lui remit sa laisse. Si seulement elle ne l'avait détaché qu'une fois dans la forêt ! Mais qui aurait pensé qu'il allait soudainement confondre une voiture avec un tronc d'arbre ? Et que par-dessus le marché, alors que la terre entière dormait encore, il y aurait quelqu'un dans cette voiture ?

Elle se demanda fugitivement ce que cet homme faisait là à une heure pareille, mais au fond c'était sans importance. Ce qui l'était moins, c'était sa colère. Il était visiblement très remonté contre elle, et elle se mit à trembler parce que – elle entendait le ton suffisant de Wolf – quelqu'un était *très désagréable* avec elle !

— Je suis désolée, bafouilla-t-elle. Il… il n'a encore jamais fait ça… Je ne comprends pas comment il…

Elle réagissait comme une écolière prise en faute, pas comme une adulte de trente-cinq ans.

L'homme la fusilla du regard.

— Eh bien, moi non plus, je ne comprends pas ! Quand on n'est pas capable de contrôler son chien, on élève des cochons d'Inde !

— Je vous assure, il n'a encore jamais…

— Jamais ! Et alors ? Qu'est-ce que vous voulez que ça me fasse, ce que votre chien *n'a encore jamais fait* ? Ce que je sais, c'est qu'il vient de saloper ma voiture ! C'est répugnant !

Karen se souvint d'avoir lu quelque part que les hommes considéraient leur voiture comme un prolongement de cette partie de leur anatomie qui leur était si précieuse. Vu sous cet angle, l'irrespect de Kenzo prenait une autre dimension. Pas étonnant que le type soit si énervé.

— Si… s'il a endommagé quoi que ce soit… Nous avons une assurance… Je prendrai tous les frais à ma charge…

Si seulement elle ne bafouillait pas autant ! Si seulement elle n'était pas en train de lutter contre les larmes !

L'homme fit deux pas rageurs vers l'objet du préjudice, se pencha, marmonna quelques mots incompréhensibles dans lesquels elle crut entendre « Pauvre idiote ! », remonta dans sa voiture et claqua la portière. Karen reprit son chemin vers la forêt, rouge de honte. Jusqu'à ce qu'elle ait atteint le couvert des arbres, elle sentit peser sur sa nuque son regard haineux. Les larmes brûlaient ses yeux.

Elle s'exhortait à ne pas pleurer, cela n'en valait pas la peine, mais elle savait qu'elle ne résisterait pas longtemps. Ses mains tremblaient, ses jambes flageolaient. Mais que lui arrivait-il donc ? Pourquoi pleurait-elle à tout bout de champ ? Pourquoi fallait-il qu'elle se retrouve toujours en situation d'être agressée ? Le voisin qui lui cherchait querelle parce qu'elle s'était mal garée. Un inconnu qui la traitait de *pauvre idiote* parce que son chien avait fait trois gouttes sur sa voiture. Que se passait-il ? Surtout, était-ce bien ainsi que les choses se présentaient ? Ne se faisait-elle pas des idées ? Ne vivait-elle pas ce que tout le monde autour d'elle vivait ? N'était-elle pas simplement moins armée pour se défendre ?

Les autres sont plus sûrs d'eux, se dit-elle tandis que les premières larmes roulaient sur ses joues. Être malmenés ne les affecte pas autant. Ça glisse sur eux.

Elle ne parviendrait jamais à cette indifférence. C'était sans espoir.

Elle s'accroupit, noua les bras autour de Kenzo, enfouit le visage dans l'odeur familière du pelage brun foncé un peu rugueux, et pleura. Une fois encore, elle versa des torrents de larmes, accrochée au cou de son chien qui lui offrait au moins le réconfort de son corps chaud et ferme.

Parce que Wolf ne ferait que lever les yeux au ciel quand, tout à l'heure, elle s'assiérait en face de lui à la table du petit déjeuner, le visage ravagé par les larmes. Quant aux enfants, gênés, ils regarderaient ailleurs.

Une chose était sûre, en tant qu'épouse et mère, elle était bel et bien en train de sombrer.

Mercredi 21 juillet

1

Inga marchait derrière Marius sur la route chauffée à blanc. Ce n'était pas la première fois depuis qu'ils étaient ensemble – et mariés il y a deux ans – qu'elle pensait qu'il était dur avec elle. Et ce n'était pas non plus la première fois qu'elle se disait qu'elle resterait néanmoins avec lui. Il y avait chez lui un grain de folie, une impétuosité brouillonne, qui lui valait de se trouver constamment dans des situations impossibles, mais à laquelle elle ne résistait pas, elle qui était toujours si raisonnable et réfléchie. Marius n'était pas dur uniquement avec elle, il l'était aussi envers lui-même. Cette dureté venait de sa totale incapacité à prévoir, organiser, mesurer les risques d'une action, et d'une égale incapacité à renoncer, le cas échéant, à un « plan génial » dont les inconvénients l'emportaient sur les avantages.

Elle hésitait entre la colère et la résignation. Aujourd'hui, l'incurie de Marius leur valait cette marche forcée dans une rue de village poussiéreuse et écrasée de soleil, quelque part dans le midi de la France, par près de quarante degrés à l'ombre.

Ce n'aurait pas pu être pire, et c'était du Marius tout craché.

Elle s'arrêta et essuya la sueur sur son front. Elle portait un tee-shirt sans manches qui lui collait à la peau comme un chiffon mouillé et un short en jean qu'elle aurait volontiers jeté dans la première poubelle venue tant il lui tenait chaud. Elle se serait bien mise en petite culotte, mais elle avait beau se sentir au bord de l'évanouissement, sa pudeur avait encore le dessus. Quoique... si ça se prolongeait, elle se voyait bien nue comme un ver au milieu de la rue et se souciant comme d'une guigne des réactions de la population.

— Je peux avoir un peu d'eau ? demanda-t-elle à Marius.

Il ne devait pas y avoir plus de dix minutes qu'elle avait bu, mais elle avait à nouveau la bouche sèche comme du coton et des petites étoiles dansaient devant ses yeux.

Ce n'était pas quarante, mais au moins cinquante degrés qu'il faisait sur cette fichue route.

Marius se retourna. Il portait sa part du matériel de camping sur le dos, comme Inga, mais il avait aussi offert de prendre leurs provisions communes. À vrai dire, ce n'était pas ce qui pesait le plus lourd ; là aussi le défaut d'organisation se faisait cruellement sentir.

— La bouteille est presque vide. On devrait peut-être attendre encore un peu avant de la finir, dit-il.

— Il faut que je boive quelque chose. Sinon, je vais m'effondrer.

Marius fit glisser son énorme sac à dos par terre et ouvrit une poche latérale d'où il sortit une bouteille d'eau en plastique aux trois quarts vide. Inga se jeta littéralement dessus et aurait donné cher pour pouvoir tout boire d'un trait. Elle ne pouvait pas faire ça à Marius, elle devait lui en laisser la moitié, mais il lui en coûta physiquement de lui tendre le reste d'eau tiède.

Marius finit la bouteille et la jeta négligemment dans un jardin en friche à droite de la route. En temps normal, Inga, soucieuse de la préservation de l'environnement, aurait protesté, mais elle n'en avait pas la force.

— Terminé ! fit Marius. À partir de maintenant, nous n'avons plus d'eau !

— Il y a sûrement un magasin dans les parages. Les gens de ce fichu patelin font bien leurs courses quelque part !

Inga regarda autour d'elle. Une rue de village déserte. À droite et à gauche, des maisons aux volets clos. Pas un bruit. Personne ne mettait le nez dehors à midi par une chaleur pareille. Il n'y avait que des fadas de campeurs avec leur attirail sur le dos pour hanter les rues et risquer l'insolation.

— Il y a forcément un magasin, renchérit Marius. Mais il est sans doute dans le centre du village, pas ici en périphérie.

— Je n'ai pas la force d'explorer le village.

Inga fit glisser son sac à dos par terre et s'assit dessus. Ses jambes tremblaient légèrement.

— On pourrait peut-être sonner chez quelqu'un et demander de l'eau ?

Marius émit un grognement dubitatif et examina à son tour leur environnement immédiat comme si entre-temps quelqu'un avait pu surgir de quelque part. Pas un bruit, pas le moindre souffle de vent, tout était silencieux et immobile.

Inga était au bord des larmes. Elle n'aurait pas dû s'arrêter. Elle n'aurait pas dû boire. Surtout, elle n'aurait jamais dû s'asseoir sur son sac. Parce qu'elle avait maintenant l'impression qu'elle ne pourrait plus jamais se lever, qu'elle n'aurait plus jamais la force de mettre un pied devant l'autre.

— Marius, mais pourquoi… ? Je veux dire, qu'est-ce qui nous a pris de descendre dans le Midi en stop au mois de juillet ?

À vrai dire, elle n'avait nul besoin de poser une question dont elle connaissait parfaitement la réponse : ils étaient descendus dans le Midi en stop parce qu'une fois de plus Marius avait eu une idée géniale, que cette idée s'était finalement révélée beaucoup moins géniale que prévu, et que Marius, fidèle à lui-même, n'avait pas envisagé une seule seconde de corriger son projet initial.

« Inga ! J'ai des nouvelles formidables ! » s'était-il exclamé, tout excité, au téléphone.

Inga se trouvait à Berlin où elle profitait des vacances universitaires pour participer à un séminaire de deux semaines dans le cadre de ses études d'histoire. Marius était resté à Munich. Ils se téléphonaient tous les soirs.

« On va avoir une voiture ! Un ami me prête la sienne ! Dès que tu seras revenue, on pourra partir en vacances, traverser la France, descendre dans le Midi !

— Qui est-ce qui te prête sa voiture ? C'est qui, cet ami ?

— Tu ne le connais pas. Je lui ai donné un coup de main pour son diplôme, c'est une façon de me remercier. C'est super, non ? »

Elle s'en était voulu du scepticisme qui s'emparait d'elle dès que Marius lui soumettait une idée. Pourquoi fallait-il qu'elle mette toujours le doigt sur la faille, qu'elle douche l'enthousiasme de Marius ?

« Marius, nous n'avons aucun point de chute sur place. Et nous n'allons certainement pas trouver quelque chose maintenant.

— On va camper.

— Mais nous n'avons aucun matériel de camping...

— Prévu avec le prêt de la voiture ! Tente, sacs de couchage, réchaud, vaisselle. C'est déjà réglé.

— Cet ami doit t'être sacrément redevable...

— Tu parles ! Je lui ai pratiquement tout fait ! Il n'est pas près de l'oublier.

— Écoute, Marius, il risque de faire très chaud, en juillet, dans le Midi, et ce sera bondé...

— Et alors ? On sera libres de nos mouvements. On pourra trouver des coins tranquilles. Si ça ne nous plaît pas quelque part, on ira voir plus loin. Allez, Inga, dis oui et réjouis-toi ! »

Qu'aurait-elle pu faire d'autre ? Elle avait accepté, elle s'était réjouie qu'au moins lui soit heureux, et elle avait fait taire son inquiétude. Quand il était apparu que l'ami en question n'était plus disposé à prêter sa voiture, mais seulement le matériel de camping qui envahissait l'entrée de leur petit appartement quand Inga était revenue de Berlin, elle n'en avait conçu aucun sentiment de triomphe, elle s'était simplement sentie très triste, et elle s'était résignée.

« C'est trop compliqué, la voiture, tu comprends, avait expliqué Marius. À cause de l'assurance et tout ça... »

Pardi. C'était précisément ce à quoi elle avait immédiatement pensé quand il lui avait parlé de cette histoire de voiture et de camping. Mais ils avaient au moins une tente flambant neuve, des sacs de couchage fantastiques, de super sacs à dos et, question vaisselle, ce qu'on trouvait de mieux sur le marché. Du haut de gamme, indubitablement, et qui paraissait n'avoir encore jamais servi.

« Ton copain a l'air de dépenser sans compter », avait remarqué Inga.

Marius avait haussé les épaules.

« Ses parents ont du fric. On a de la chance ou on n'en a pas. »

Inga, qui croyait s'évanouir de soif et souffrait le martyre à cause d'ampoules aux pieds, ne pouvait s'empêcher de repenser au commentaire de Marius. De la chance, ils n'en avaient pas beaucoup, même si

Marius aurait soutenu le contraire. Le voyage avait bien commencé, elle l'admettait. Ils étaient partis la veille en fin de journée, dès que Marius, qui travaillait pendant son temps libre dans une société de transport, avait pu se libérer. Un jeune couple les avait pris jusqu'à Lyon, mais ils y étaient arrivés à trois heures du matin et avaient dû monter leur tente dans le noir complet sur un terrain de camping peu engageant de la périphérie. Inga était tellement fatiguée qu'elle en aurait pleuré. Ils avaient dormi à peine trois heures, puis ils s'étaient postés à l'entrée d'une bretelle d'autoroute et avaient commencé à attendre. Qui avait envie de s'embarrasser de deux auto-stoppeurs avec des sacs à dos aussi énormes ? Finalement, une jeune femme avec un enfant dans un siège auto à l'arrière eut pitié d'eux, mais elle rendait visite à sa mère auprès de laquelle elle comptait rester quelques jours et ils ne firent avec elle qu'un saut de puce. Elle les déposa à un embranchement en rase campagne, à une petite demi-heure du village le plus proche, leur dit-elle. En fait de petite demi-heure, ils marchaient à présent depuis plus d'une heure. Résultat : ils s'étaient beaucoup éloignés de l'autoroute et il n'y avait pas un point d'eau, pas un café, pas un magasin à l'horizon alors qu'il était urgent qu'ils achètent de l'eau.

— On aurait dû se faire déposer sur la dernière aire de repos, dit Inga.

— Oui, mais on a fait vingt bons kilomètres de plus.

— Et ça nous avance à quoi ? Si jamais une voiture passe dans ce village, ce ne sera pas pour aller plus loin que le suivant. Ce qui veut dire qu'il faut qu'on retourne à l'autoroute, et elle est au moins à cinq kilomètres. Avec cette chaleur…

Sa voix vacilla ; par prudence elle n'acheva pas sa phrase. Elle voyait à l'expression de Marius qu'il avait peur qu'elle ne se mette à pleurer. Ses larmes le rendaient malheureux et le déconcertaient. Elle ne pleurait pas souvent, très rarement même.

C'était l'épuisement. Si elle pleurait, ce serait essentiellement d'épuisement. Elle n'en pouvait plus. Vraiment plus.

Elle dénoua les lacets de ses baskets et lentement ôta les pieds de ses chaussures sans pouvoir se retenir de gémir. Elle baissa délicatement ses chaussettes, dévoilant de grosses ampoules enflammées.

— Il faut que je trouve une pharmacie, dit-elle, tout en sachant que ce serait sans doute encore plus difficile d'en dénicher une dans ce village qu'une épicerie.

Une première larme perla puis roula sur sa joue d'un rouge incandescent.

— Non !

Marius se précipita et arrêta la larme avec un doigt.

— Ne pleure pas. Ça va aller. Mais tu n'aurais pas dû enlever tes baskets. Tu ne vas jamais réussir à les remettre.

— Il me faut de quoi désinfecter, et du sparadrap.

— C'est vrai que ce n'est pas beau à voir, dit Marius sur un ton presque respectueux. Pourtant, on n'a pas marché tant que ça. Si ?

Il minimisait tout. Systématiquement.

— La femme qui nous a pris n'a jamais fait le chemin à pied. Ou alors par temps froid quand ce n'est pas fatigant de marcher. Tu parles d'une demi-heure !

— Tout de même, je trouve que tu as les pieds très fra…

Elle lui jeta un regard agacé, consciente d'avoir fait une bêtise.

— Bon, d'accord, mes baskets sont neuves. Et je sais qu'on ne met pas des chaussures neuves quand on doit beaucoup marcher. Il faut dire aussi que, quand tu m'as vanté les mérites de ces vacances de rêve, je n'ai pas compris qu'on allait atterrir au milieu de nulle part et devoir faire je ne sais combien de kilomètres à pied. C'est bizarre, mais tu as complètement oublié de le préciser.

Il s'agenouilla devant elle, examina ses pieds, puis releva la tête. Comme toujours, la colère et l'agressivité d'Inga ne résistèrent pas à la douceur de son expression et à son regard bleu presque enfantin.

— S'il te plaît, on ne se dispute pas, dit-il gentiment. C'est une perte d'énergie.

Elle effleura de la main ses cheveux blonds. Ils formaient sur son front une boucle rebelle qui l'empêcherait toujours d'avoir l'air sérieux.

— D'accord. Mais...

Elle s'interrompit. À quoi bon lui expliquer que c'était, une fois de plus, sa légèreté et son imprévoyance qui les avaient mis dans cette situation et qu'il faudrait vraiment qu'il tâche à l'avenir de se comporter en adulte, de se montrer plus mûr. Elle ne le ferait pas changer, ou si peu. Personne ne changeait sur les conseils d'autrui. Un bouleversement majeur, une expérience déstabilisante mettrait peut-être un peu de plomb dans la tête de Marius, mais ce n'était pas à la portée d'Inga.

— Écoute, commença Marius, je te propose le plan suivant : tu restes ici, tu te reposes. Moi, je te laisse mon sac et je vais chercher une pharmacie. Et un supermarché. Je te rapporte une bouteille de limonade glacée et une super crème cicatrisante pour tes pieds. Qu'est-ce que tu en dis ?

La proposition était alléchante, mais Inga attendrait de voir Marius revenir avec ce qu'il avait promis pour se réjouir. Pour le moment, le risque était trop grand qu'il se perde et ne revienne pas avant plusieurs heures ou oublie en cours de route ce pour quoi il était parti. Inga le jugeait tout à fait capable de surgir devant elle en brandissant le CD d'un groupe qu'il cherchait depuis longtemps et sur lequel il était tombé par hasard au supermarché. Et, dans son excitation, d'avoir oublié son intention initiale.

Mais, comme elle n'avait pas le choix, elle acquiesça.

— D'accord. C'est gentil. Tu crois que tu y arriveras ?

— Je suis tout à fait en forme... Et très à l'aise dans mes baskets ! ajouta-t-il en bondissant sur ses pieds. J'y vais ! Ne bouge pas, je ne serai pas long !

Elle eut un sourire las et le regarda rebrousser chemin sur quelques mètres pour prendre une petite rue sur la gauche. Il était visiblement en excellente forme. Il est vrai qu'il faisait beaucoup de sport, contrairement à elle, qui se concentrait sur ses études.

À la rentrée, il faudrait qu'elle s'inscrive à un cours de gymnastique.

Un peu plus bas dans la rue, elle repéra quelques mètres carrés d'ombre au pied d'un mur et décida de se transporter jusque-là pour éviter un coup de soleil carabiné. L'effort qu'elle dut fournir pour se lever, rassembler leurs affaires et faire vingt mètres en courant sur la pointe des pieds pour éviter la morsure de l'asphalte brûlant sous ses pieds nus épuisa ses dernières forces. Trois voyages lui furent nécessaires pour tout transporter à l'ombre, puis elle s'effondra sur son sac de couchage et souffla comme une locomotive. Elle se sentait légèrement nauséeuse. Sans doute les premiers effets d'un coup de chaleur. Son manque d'entraînement physique n'était pas seul responsable de son épuisement.

Être assise à l'ombre lui fit du bien. Si elle avait eu un peu d'eau fraîche, elle se serait presque sentie renaître.

Elle ferma les yeux, en veillant cependant à ne pas s'endormir. Ce n'était pas le moment, avec toutes leurs affaires autour d'elle... Cette pensée lui fit rouvrir les yeux.

Toutes leurs affaires... Est-ce que Marius avait pensé à prendre de l'argent ?

Quelle idiote de ne pas y avoir songé plus tôt ! Elle tendit le bras pour attraper le sac de Marius et ouvrit la poche extérieure. Pas de porte-monnaie. Elle poussa un soupir de soulagement. Apparemment, son portable n'était pas là non plus, elle avait donc la possibilité de le joindre. Peut-être le condamnait-elle trop vite, peut-être n'était-il pas aussi irresponsable qu'elle voulait le croire. Il réussissait brillamment ses études, il faisait même le boulot de ses copains. Il provoquait parfois de véritables catastrophes, mais était aussi capable de bien faire. C'était important, pour son couple et son mariage, qu'elle garde cette idée à l'esprit.

Elle referma les yeux.

Elle devait s'être endormie car elle n'avait pas entendu la voiture arriver. Elle sursauta quand quelqu'un se pencha vers elle. Il lui sembla qu'une main l'avait touchée, mais elle n'aurait pas pu l'affirmer.

— *Ja bitte ?* fit-elle, complètement déboussolée.

Elle cligna des yeux et découvrit un visage inconnu. Le visage d'un homme d'une quarantaine d'années qui paraissait sympathique, et inquiet.

Oui, surtout inquiet. C'est l'adjectif qui lui semblait le mieux refléter sa première impression.

— Ah, vous êtes allemande ! dit-il.

Il parlait allemand sans accent, Inga supposa donc qu'il était lui aussi allemand. Puis elle vit la voiture derrière lui, immatriculée à Munich.

— Je me suis endormie, dit-elle. Quelle heure est-il ?

L'homme regarda sa montre.

— Une heure et quart.

Quand Marius était parti, il était midi vingt. Elle avait dormi presque une heure.

Elle se redressa, regarda à droite et à gauche la rue déserte écrasée de soleil.

— J'attends mon mari. Il cherche un magasin où acheter à boire.

En parlant, elle se rendit compte à quel point sa bouche et ses lèvres étaient sèches.

— Vous avez soif ? On va remédier à ça tout de suite ! Ne bougez pas, je reviens !

Il se releva, gagna sa voiture puis revint avec un sac isotherme. Il l'ouvrit devant Inga et en sortit une canette de Coca-Cola couverte de buée glacée.

— Tenez. Quand je fais de longs trajets en voiture, je bois des litres de Coca, ce qui explique que je n'aie malheureusement rien d'autre, mais...

Elle lui prit la canette des mains, l'ouvrit en tremblant, la porta à ses lèvres et but. Elle but à longues gorgées avides, presque sans reprendre sa respiration, et elle sentit la vie revenir lentement dans son corps.

— Merci, dit-elle quand la canette fut vide. Vous êtes un véritable sauveur.

— Quand je vous ai vue, en passant, adossée à ce mur, je me suis demandé si tout allait bien... et je me suis arrêté.

Son regard descendit le long de ses jambes nues et s'immobilisa, horrifié, sur ses pieds.

— Mon Dieu, vous avez les pieds dans un état épouvantable !

— On a beaucoup marché. Et j'ai eu la bêtise de mettre des chaussures neuves... On pensait que ce serait plus facile. Je veux dire, de faire de l'auto-stop.

L'homme regarda autour de lui.

— On dirait bien que je suis le seul et unique automobiliste à me hasarder par ici. Vous n'avez pas choisi le meilleur endroit pour faire du stop. Enfin... Je ne sais pas où vous allez, mais...

— Sur la côte.

— Vous vous êtes un peu éloignés de votre chemin.

— Je sais. D'ailleurs nous voulons retourner à l'autoroute, mais, avec cette chaleur, on va attendre ce soir.

Il l'observa pensivement ; il avait l'air de réfléchir à quelque chose.

— Je descends en Provence. Dans le Var, au cap Sicié.

— Vraiment ? Alors... vous vous êtes, vous aussi, un peu éloigné de votre chemin, non ?

Il releva la mèche qui lui barrait le front. Ses cheveux étaient brun foncé avec quelques fils gris.

— La radio a annoncé un accident. Avec un gros embouteillage. Tel que vous me voyez, je suis en train d'essayer de le contourner.

Elle le regarda. Elle savait qu'elle inspirait confiance. Mais elle ne comprenait que trop les gens qui, par principe, refusaient de prendre des auto-stoppeurs. Elle-même ne prenait jamais personne. Un jour de froid polaire, une de ses amies s'était arrêtée, attendrie par un jeune couple qui paraissait frigorifié. Au bout d'un moment, le type lui avait mis brusquement un couteau sous la gorge et l'avait contrainte, sous la menace, à bifurquer dans un chemin forestier. Là, ils l'avaient forcée à descendre et ils avaient fichu le camp avec sa voiture et son sac à main, dans lequel se trouvaient de l'argent, ses cartes de crédit, ses papiers, ses clefs. Et elle s'était estimée heureuse qu'il ne lui soit rien arrivé de pire.

L'homme soupira.

— En fait, je ne fais jamais monter d'inconnus dans ma voiture, mais j'ai l'impression que je ne peux pas vous laisser là. Donc, si ça vous tente...

— Eh bien, c'est-à-dire que...

— Je sais. Vous n'êtes pas seule. Vous attendez votre mari.

— Je ne peux pas partir comme ça.

— Bien sûr que non. Savez-vous où il est allé ?

— Par là, fit-elle en désignant la rue. Puis dans la première à gauche. Je n'en sais pas plus. J'espère qu'il a pu trouver un magasin. Je peux essayer de l'appeler sur son portable.

— Ne vous donnez pas cette peine. Le village n'est pas grand. On va sûrement le trouver très vite.

L'homme referma son sac isotherme et se releva.

— Venez. On met vos bagages dans le coffre et on y va.

— Je suis désolée de vous créer ces complications, s'excusa Inga en se levant.

Elle posa un pied sur l'asphalte brûlant et réprima un petit cri de douleur.

— Installez-vous dans la voiture et n'en bougez plus. Je m'occupe de vos affaires. Vous n'êtes pas en état de marcher pieds nus.

Soulagée, elle se laissa choir sur le siège passager. La climatisation avait dû fonctionner à plein régime car une agréable fraîcheur régnait encore à l'intérieur de l'habitacle. L'homme revint vers Inga et lui mit dans les mains une pharmacie de première urgence.

— Fouillez là-dedans et soignez vos pieds. Il ne faudrait pas que ça s'infecte.

Tandis qu'Inga découpait des pansements, son sauveur chargea une partie de leur matériel de camping dans le coffre, l'autre sur la banquette arrière, puis il se glissa derrière le volant et mit le moteur en marche. Des gouttes de sueur perlaient sur son front.

— Quelle chaleur ! On reste cinq minutes dehors et on ruisselle. Au fait… je m'appelle Maximilian. Maximilian Kemper.

— Moi, c'est Inga Hagenau.

— Et maintenant, Inga – je peux vous appeler Inga, n'est-ce pas ? –, commençons par nous mettre en quête de votre mari. Et, si tout se passe bien, vous serez ce soir au bord de la mer.

C'était trop beau pour être vrai. Elle se laissa aller contre le cuir frais et lisse du siège en songeant qu'elle agissait de façon bien légère, du moins sa mère et quelques-unes de ses amies le penseraient-elles. Elle s'était inquiétée de savoir si elle inspirait suffisamment confiance pour être prise en stop, mais elle ne s'était pas demandé un seul instant si elle pouvait faire confiance à cet homme.

Les yeux mi-clos, elle l'observa à la dérobée. Il regardait la route, droit devant lui. Il ne s'intéressait pas à ses jambes, c'était déjà ça. Ça l'aurait mise mal à l'aise. Si tout à l'heure elle avait voulu arracher tout ce qu'elle avait sur elle, les quelques centimètres carrés de tissu de son short lui paraissaient à présent presque indécents. Elle aurait bien voulu avoir quelque chose à mettre sur ses cuisses, mais son sac était inaccessible, et elle se serait sentie ridicule d'étaler un pull-over sur ses jambes par une chaleur pareille.

Elle lui jeta un nouveau coup d'œil. Il était toujours concentré sur la route.

Inga soupira. Elle avait hâte qu'ils trouvent Marius.

2

En ce mercredi matin de juillet, Rebecca Brandt décida qu'il était temps de mettre un terme à une existence qui lui semblait ne plus avoir de sens.

L'idée du suicide ne l'assaillait pas subitement. Elle y avait plusieurs fois songé, c'était même, paradoxalement, une idée qui l'avait aidée à vivre, à laquelle elle s'était raccrochée dans ses périodes les plus noires, quand le chagrin et le désespoir atteignaient des profondeurs insondables et qu'elle ne voyait pas comment un jour elle pourrait s'en sortir. Elle se disait alors : quand ce sera trop difficile, je m'en irai. Il me reste ça. Le pouvoir de décider de ne plus supporter ce que je vis.

Elle avait pris ses dispositions. Ce serait la morphine. Son mari avait été médecin, il ne lui avait pas été difficile, à l'époque, de s'en faire prescrire par quelques-uns de ses anciens collègues. Elle en avait amassé une belle quantité. Une dose massive suffirait à l'endormir, et à faire en sorte qu'elle ne se réveille jamais. Les boîtes se trouvaient dans le placard de la salle de bains, tout au fond, à peine dissimulées derrière une boîte de cachets d'aspirine, un spray pour pulvérisation nasale et divers somnifères. Au cours des derniers mois, il lui était arrivé d'ouvrir la porte du placard et de rester de longues minutes à simplement fixer les boîtes. Et il était arrivé que cela lui redonne un soupçon de courage.

Elle savait qu'aujourd'hui cela ne fonctionnerait pas. La seule vue des gélules ne lui redonnerait pas de courage. Ses forces étaient arrivées à épuisement. On ne gagnait pas contre la dépression. L'idée de renoncer définitivement à se battre brillait d'un éclat de plus en plus séduisant.

Ce matin-là, elle songeait que, du jour où l'on était sur terre, on apprenait qu'il ne fallait jamais renoncer. Cela expliquait qu'on développe tant de résistance. Et tant de culpabilité. Surtout de la culpabilité.

Elle s'interrogea. Non, ce matin-là, elle ne trouvait en elle aucun sentiment de culpabilité. Si toutefois elle en avait encore au fond d'elle-même, il n'était plus accessible à sa conscience. C'était une situation qu'elle devait impérativement exploiter. La culpabilité était le principal obstacle à la mise en œuvre d'un suicide. Qu'elle s'efface était signe que le destin lui donnait une chance.

En réalité, cette matinée avait commencé comme toutes les autres. Elle s'était levée de bonne heure, avait enfilé une tenue de jogging et était sortie dans le jardin. Le soleil était déjà haut, l'air encore frais picotait agréablement la peau et laissait sur les lèvres un goût de sel. La journée serait chaude et ensoleillée.

Le jardin avait été la passion de Felix. Il en était tombé amoureux quand ils avaient pris la décision, il y avait maintenant huit ans, d'acheter une maison en Provence, quelque part au bord de la mer, une petite maison avec un grand terrain autour. À vrai dire, ils n'avaient pas été aussi sûrs que cela de leur décision. Au début, Rebecca se disait qu'ils avaient surtout envie de se promener dans la région, de voir des maisons, de rêver. À l'époque, ils étaient l'un et l'autre très pris par leurs activités professionnelles. La vie qu'ils menaient chez eux, à Munich, était certes heureuse, mais particulièrement stressante. La seule idée d'un refuge lointain, un lieu où dételer, oublier, se détendre, suffisait parfois à rendre supportable le rythme démentiel de leur quotidien. Puis, un jour, une photo dans la vitrine d'une agence immobilière les avait conduits au Brusc, à la pointe de la presqu'île de Sicié, là où le lumineux paysage méditerranéen cédait la place aux austères roches sombres d'un cap dont les marins avaient toujours redouté le contournement par gros temps. Brusquement, les idées avec lesquelles ils aimaient jouer, les rêves qu'ils se plaisaient à faire avaient semblé vouloir devenir réalité.

« Je ne suis pas sûre de me plaire par ici », avait dit Rebecca alors qu'ils grimpaient à l'assaut du cap par une route étroite et escarpée.

La forêt était dense. Ils avaient eu le sentiment d'avoir laissé la lumière du jour derrière eux et de s'enfoncer dans un monde d'ombres et d'obscurité.

« Allons tout de même voir », avait insisté Felix.

Ils avaient traversé un maquis, longé des propriétés où de vieilles maisons délabrées disparaissaient derrière la végétation de jardins à l'abandon. Un camp de gens du voyage avec leurs caravanes colorées au bord de la route... Des vergers, ordonnancés et entretenus avec le même soin qu'une pépinière... puis à nouveau la forêt. La route goudronnée s'était transformée en un chemin de terre semé de nids-de-poule dans lesquels stagnait encore l'eau des averses qui s'étaient abattues sur la région quelques jours auparavant.

« Mon Dieu, mais c'est le bout du monde », avait dit Rebecca, qui ne pouvait empêcher sa voix de trembler.

La maison qui semblait correspondre à la photo de la vitrine était l'une des dernières. Du moins son jardin était-il clos d'une barrière en bois blanche très délabrée dont Felix croyait se souvenir. De la maison elle-même, on n'apercevait que quelques pans de murs blancs à travers un fouillis végétal. Un frisson involontaire avait parcouru Rebecca quand elle était descendue de voiture et le premier mot qui lui était venu à l'esprit avait été : jamais. Jamais elle ne tiendrait le coup dans cet endroit, ne serait-ce qu'une seule semaine.

Felix ouvrait déjà le portail, dont les gonds rouillés faillirent lâcher, et pénétrait dans le jardin.

« Arrête ! avait voulu le retenir Rebecca. Tu ne sais même pas s'il y a quelqu'un dans la maison.

— Ça m'étonnerait que quelqu'un habite ici. Ça ressemble tout de même beaucoup à une maison à l'abandon. Regarde la hauteur de l'herbe. Il y a une éternité que ça n'a pas été tondu ni débroussaillé. »

Des branches leur avaient fouetté le visage et s'étaient prises dans leurs cheveux quand ils s'étaient faufilés dans ce qui restait du chemin qui menait à la maison. Rebecca avait dû reconnaître qu'il était effectivement improbable que quelqu'un habite les lieux. De près, la maison paraissait aussi peu entretenue que le jardin. Le crépi des murs se délitait, des vitres manquaient aux fenêtres du premier étage. La porte d'entrée était de guingois dans son cadre, comme le portail du jardin.

« ... Il y aurait beaucoup de travaux à faire », avait marmonné Felix.

Rebecca le dévisageait, atterrée.

« Tu ne songes pas sérieusement à...

— Non, non. »

Ils avaient alors contourné la maison, et tout avait changé. La lumière, le ciel, le paysage. Le jardin s'ouvrait largement devant eux et devenait une vaste garrigue qui descendait en pente douce vers l'horizon. Jusqu'aux rochers, rien n'arrêtait le regard, et, au-delà des rochers, la mer scintillait, bleue, immense. Le ciel immaculé, l'éclat du soleil qui s'y reflétait chassaient d'un coup l'impression lugubre qui jusque-là les avait oppressés.

Ils étaient subjugués par le panorama, bouleversés l'un et l'autre par les sensations qu'ils éprouvaient.

« C'est... avait commencé Felix.

— ... incroyable, avait poursuivi Rebecca. C'est d'une beauté incroyable. »

Ils avaient traversé la garrigue et s'étaient avancés jusqu'aux rochers. Le jardin s'achevait en à-pic dans la mer. En bas, les mouvements furieux du ressac projetaient des gerbes d'écume blanche. Entre mer et rochers, le sable blanc d'une petite crique formait une tache claire.

« On pourrait se baigner là, avait dit Felix.

— Sauf qu'on ne peut pas descendre, avait objecté Rebecca.

— Mais si. Il n'y a qu'à tracer un chemin.

— La mer est beaucoup trop agitée.

— Ce n'est sûrement pas tous les jours comme ça. »

Ils s'étaient tournés vers la maison. De ce côté-ci, elle possédait une petite terrasse couverte. Une chaise longue défoncée y était entreposée et une bougainvillée souffreteuse s'enroulait autour d'un des piliers de l'auvent pour grimper à l'assaut du pignon.

« S'asseoir là et regarder la mer...

— Le soir, au soleil couchant...

— Ou le matin, au lever du jour...

— Écouter le bruit des vagucs...

— Regarder le ciel...

— Et les mouettes... »

Ils s'étaient pris par la main pour remonter lentement vers la maison. Leur maison.

Ils l'avaient achetée deux semaines plus tard.

Ce matin-là, Rebecca avait fait un tour rapide dans le jardin en fumant une cigarette puis elle avait regagné la maison pour se faire du thé. Elle l'avait bu brûlant, légèrement sucré au miel, dans un mug en porcelaine sur lequel deux chats, dont les queues enlacées formaient un cœur, se détachaient en noir sur fond jaune. Rebecca possédait un mug identique avec un fond rouge. Le jaune, qui était celui qu'elle utilisait désormais, avait appartenu à Felix. Des amis les leur avaient offerts pour leurs dix ans de mariage. Ils avaient apporté les mugs au cap Sicié car il leur avait semblé qu'ils s'accordaient bien avec la maison.

En vacances, Felix avait toujours apprécié les vrais petits déjeuners, alors comme tous les matins, à sept heures, Rebecca avait dressé la table dans le séjour avec une baguette fraîchement décongelée, du beurre et diverses confitures. Elle avait posé une assiette à la place de Felix, une à la sienne, puis elle s'était assise, elle avait regardé le pain, le beurre, les confitures et elle s'était rendu compte qu'elle serait, une fois de plus, incapable de manger. Le matin était le pire moment de la journée. Il marquait le début d'une succession sans fin de longues heures de vide béant et de solitude. Le soir était si loin. La promesse de l'instant où elle pourrait prendre un somnifère, se coucher et trouver quelques heures d'oubli était si lointaine...

Alors que son désespoir était absolu, qu'elle redoutait la journée qui s'annonçait au point d'en avoir la nausée, elle se dit : je ne veux plus. Je ne veux plus vivre. Rien ne change, rien ne s'améliore. Je ne peux plus supporter ces matins épouvantables.

Elle était très calme, lucide. Elle sentit la peur refluer et le sentiment de solitude perdre ce qu'il avait d'effrayant maintenant qu'elle lui avait fixé une limite.

Elle débarrassa la table, rangea la cuisine, se rendit dans sa chambre, où elle étendit le couvre-lit coloré sur le lit. La pièce se trouvait au premier étage. De la fenêtre qui donnait sur la mer, la vue était magnifique. L'air du large faisait bouffer les rideaux blancs. Sur la commode, une photo dans un cadre argenté représentait Felix et Rebecca le jour de leur mariage. Ils souriaient, radieux, amoureux, au milieu d'un paysage immaculé. Ils s'étaient mariés en janvier. D'importantes chutes de neige avaient eu lieu au cours de la nuit précédant la cérémonie, et de nombreux invités avaient préféré se décommander plutôt que de se risquer en voiture sur les routes. Au bout du compte, la fête s'était transformée en une petite réception intime très chaleureuse qu'ils avaient beaucoup appréciée.

Elle rangea dans le placard des tee-shirts oubliés sur un fauteuil. Il fallait que la maison soit en ordre, propre, en un mot impeccable, elle que Felix avait tant aimée. Les fenêtres, le sol, les étagères, les placards, le carrelage mural de la salle de bains... elle allait tout nettoyer à grande eau, frotter et astiquer. Il fallait que ça brille quand elle s'en irait pour toujours.

Elle s'échina toute la matinée, indifférente à la sueur qui coulait dans son dos. Quand elle vida le dernier seau d'eau sale, il était plus d'une heure et demie.

Elle redressa son dos douloureux en réprimant un gémissement.

Le sol en carrelage blanc brillait au soleil. Un calme intérieur qu'elle n'avait pas connu depuis longtemps, presque oublié, l'envahit. Le sentiment était proche de la plénitude. Elle avait un but, enfin, et, autour d'elle, tout était en ordre.

Elle se rendit dans la salle de bains, au premier étage, et prit les gélules dans le placard. Elle redescendit et posa les boîtes sur la table de la cuisine. Il lui restait à faire le tour du jardin et de la maison pour s'assurer qu'elle n'avait rien négligé, puis elle avalerait les gélules, peut-être quelques somnifères et deux ou trois verres de whisky. Ce serait terminé.

Elle venait de découvrir dans le séjour un cendrier plein qu'il fallait qu'elle vide et nettoie avant d'entreprendre l'ultime vérification du jardin, quand la sonnerie du téléphone déchira le silence.

Elle sursauta violemment et mit un certain temps à identifier l'origine du son. Figée au milieu de la pièce, elle finit par comprendre qu'il s'agissait du téléphone, et qu'elle devait décider soit de répondre, soit de laisser sonner.

Depuis qu'elle s'était retirée du monde, depuis qu'elle avait radicalement rompu avec toutes les personnes qui avaient autrefois fait partie de sa vie, elle recevait si peu d'appels qu'elle en avait presque oublié l'existence de l'appareil. Il avait sonné pour la dernière fois quatre semaines auparavant, et c'était une erreur de numéro.

Il y avait des chances pour que ce soit à nouveau quelqu'un qui se trompait. Elle décida de ne pas répondre.

Le téléphone se tut. Elle reprit sa respiration et saisit le cendrier. Le téléphone recommença à sonner.

Après tout, c'était peut-être quelque chose d'important. Bien qu'elle eût du mal à imaginer que quelque chose pût encore avoir de l'importance. Elle avait coupé tous les ponts. Les gens l'avaient oubliée. Elle avait payé en temps et en heure ce qu'elle devait au fisc, réglé ses factures d'eau et d'électricité.

Ou bien croyait-elle seulement l'avoir fait ? Avait-elle oublié quelque chose ? Pourquoi cherchait-on à la joindre ?

Elle décrocha le combiné en hésitant.

— Allô ? fit-elle d'une voix mal assurée.

Dans la seconde qui suivit, elle regrettait déjà du fond de son âme d'avoir décroché.

3

Il avait tout fichu par terre. Elle aurait eu largement le temps de mettre son plan à exécution. Il s'écoulerait au moins deux heures et demie avant qu'il ne soit là, et il aurait en prime le plaisir de découvrir son corps. Après tout, que lui importait que ce soit lui ou un autre qui la trouve ? Et, du point de vue esthétique, le tableau serait sûrement plus réussi. Parce que sinon, avant que quelqu'un ne se manifeste, avec la chaleur de l'été, le spectacle avait toutes les chances d'être peu ragoûtant.

Debout devant la table de la cuisine, elle fixait les boîtes de gélules en se demandant ce qui avait changé. Pourquoi ne pouvait-elle plus faire ce qui, quelques minutes auparavant, l'emplissait d'un tel sentiment de plénitude et d'apaisement ? Une sonnerie de téléphone. Une voix au bout du fil qu'elle n'avait pas entendue depuis longtemps, une voix qui lui était encore familière. Un rire empreint de gaieté.

C'était trop bête. Elle serra les poings avec une telle violence que ses ongles entamèrent la chair de ses paumes. Elle ne sentit pas la douleur, comme si celle-ci concernait quelqu'un d'autre, quelqu'un de très éloigné d'elle. Il avait brisé sa solitude. Avec son coup de fil, il avait détruit le cocon qu'elle avait tissé autour d'elle. Elle avait eu besoin de ce long tête-à-tête avec elle-même, de cet isolement absolu, pour arriver au point qu'elle avait atteint ce matin-là, peu après son réveil, pour enfin s'autoriser à en finir avec la vie.

Le processus avait été si long, si difficile, si douloureux, qu'elle en aurait pleuré de rage et de déception. Ce qui était, là aussi, une sensation oubliée qu'elle redécouvrait. Il y avait si longtemps que des larmes ne lui avaient pas brûlé les yeux. Elle avait pleuré pour la dernière fois peu après la mort de Felix. Puis plus rien. Son chagrin avait été un de ceux qui n'autorisent pas les larmes.

Elle pouvait maintenant recommencer à zéro. Le monde lui avait tendu la main, l'avait touchée, avait libéré ses larmes. On pouvait utiliser d'autres mots, dire que quelqu'un s'était précipité sur elle pour l'arrêter au moment où elle s'apprêtait à sauter du haut de la falaise. Mais ce n'était que partie remise. Elle allait reprendre la longue et périlleuse ascension de la falaise, étape par étape, et elle mettrait toutes ses forces dans la bataille. Elle y arriverait. Un jour, elle serait à nouveau au sommet, et, ce jour-là, elle débrancherait le téléphone.

Elle prit les boîtes de gélules, monta dans la salle de bains et les rangea tout au fond du placard. Elle s'imprégna de leur présence, rassurante et encourageante. *Elles étaient là.* Elle pouvait y avoir recours à tout instant. Il fallait simplement qu'elle garde cette idée à l'esprit.

Le visage qu'elle surprit dans le miroir du lavabo était d'une blancheur spectrale. Comment pouvait-on vivre dans le Midi et être si pâle par un aussi bel été ? Elle n'aurait pas vu le soleil depuis au moins un an que cela n'aurait pas été pire. À la réflexion, ce n'était pas si loin de la vérité. Quand sortait-elle de sa maison ? Tôt le matin, pour faire le tour du jardin, alors que le soleil se levait à peine. Le soir, elle se tenait parfois quelques minutes sur la terrasse. Mais c'était rare. Felix avait tant aimé les longues soirées qui se prolongeaient jusqu'au milieu de la nuit quand ils s'installaient dehors et buvaient un vin léger en comptant les étoiles filantes. Comment supporter sans lui la tiédeur de l'air, la brillance d'un clair de lune ?

Elle brossa ses cheveux. Maintenant que, malheureusement, de la visite s'annonçait, il fallait qu'elle aille faire des courses. Son congélateur n'était pas vide, mais elle ne voulait pas cuisiner. Elle ne se voyait pas se mettre aux fourneaux après la tension qui l'avait habitée toute la matinée. Elle connaissait un petit magasin qui proposait des salades toutes prêtes et d'excellents fromages. Avec une baguette, cela devrait suffire. Après tout, elle n'avait pas demandé qu'on vienne la voir.

Le magasin où elle souhaitait faire ses courses se trouvait sur le port du Brusc. Des cohortes de vacanciers déambulaient sur la jetée, corps hideux à demi nus et luisants d'huile solaire, d'hommes avec de gros ventres, de femmes dont la cellulite débordait de bikinis trop petits, d'enfants braillards, d'adolescents renfrognés, qui lorsqu'ils avaient des corps d'éphèbes avaient aussi l'air abruti. Une odeur de friture empestait l'air. Les stands de plats à emporter se succédaient sur le trottoir, les étals regorgeaient de frites, de saucisses grasses, de demi-poulets grillés, de pizzas dégoulinantes de mauvais fromage, de quiches dont la composition indéfinissable faisait irrésistiblement penser au mélange de tous les restes de la semainc précédente. Rebecca se demandait comment on pouvait manger des choses pareilles, surtout par cette chaleur. Elle se demandait comment on pouvait supporter cette promiscuité, ce grouillement de corps qui sentaient la transpiration.

Et pourquoi ne voyait-elle que des gens laids ?

Au fond d'elle-même, elle savait bien qu'il n'y avait pas que des hommes qui se dandinaient, leur gros ventre en avant, et que Le Brusc n'était pas le point de rencontre de femmes qui se promenaient en bikini en dépit de leurs bourrelets. Assurément, il y avait aussi des adolescents souriants et chahuteurs, des enfants charmants. Mais la laideur et la vulgarité avaient peut-être ceci de caractéristique qu'elles écrasaient tout de leur supériorité, qu'elles prévalaient jusqu'à rendre le beau et le délicat invisibles. Sans doute l'état d'esprit de Rebecca y était-il aussi pour quelque chose. Sa volonté de rompre avec la vie focalisait son attention sur tout ce que l'existence avait de détestable et la rendait aveugle aux aspects positifs.

Il est vrai que ce jour-là, sur la jetée, les bons côtés de l'existence n'étaient pas ce qu'il y avait de plus facile à détecter. Quand elle avait franchi le seuil du magasin, elle avait été bousculée, heurtée, malmenée un nombre incalculable de fois, elle avait écopé d'une tache de crème solaire marron sur la manche de son tee-shirt blanc et échappé de justesse à un casse-cou en skateboard qui zigzaguait à pleine vitesse au milieu de la foule. Elle avait chaud, la migraine commençait à la gagner. Quand elle poussa la porte du petit magasin, l'étrangeté de sa situation la laissa un instant interdite. Si les événements n'avaient pas pris ce tour inattendu, à cet instant elle serait morte, et ce corps qui lui pesait, qui l'embarrassait, qui souffrait de la chaleur et de la foule, elle ne l'aurait plus senti.

Un frisson la parcourut. Brusquement, elle eut froid, sans que la fraîcheur qui régnait dans la boutique climatisée puisse à elle seule expliquer cette sensation.

Par chance, ce n'était pas le propriétaire qui officiait derrière le comptoir, mais une jeune fille, probablement embauchée pour l'été, qui ne connaissait pas Rebecca. Autrefois, Felix et elle fréquentaient assidûment le magasin. Depuis la mort de Felix, elle n'y était pas revenue et elle redoutait d'avoir à répondre à des questions. Ou, pire encore, que quelqu'un lui présente des condoléances. Les gens, bien sûr, ne cherchaient qu'à faire part de leur amitié et de leur compassion, mais, à partir du moment où Felix était mort, tout ce qu'elle avait pu entendre lui avait paru faux. Parce qu'ils étaient incapables de soupçonner l'ampleur de son chagrin, parce que tout le bien qu'ils lui voulaient n'était jamais à la hauteur de ce que signifiait pour elle la perte de son mari. La fin de Félix marquait sa fin à elle. Mais qui aurait pu le comprendre ? Le plus dérisoire était ce *la vie continue* cent fois répété. *Foutaises*, aurait dit Felix. Non, la vie ne continuait pas. On pouvait encore respirer, manger, boire, sentir son cœur battre et être quand même mort. Mais il lui avait toujours paru inutile d'essayer d'expliquer ça à qui que ce soit.

Elle acheta un assortiment de fromages, des salades toutes prêtes et des olives. Quand elle se retrouva sur le trottoir, elle se rendit compte qu'inconsciemment elle avait acheté exactement la même chose que du temps de Felix. Elle avait choisi ce qu'il aimait. De même que, jusqu'à aujourd'hui, elle ne pouvait préparer que les plats préférés de Felix, quitte ensuite à les jeter parce que ce n'était pas ce qu'elle aimait ou parce qu'elle n'avait pas faim. C'était comme une loi à laquelle elle ne pourrait jamais déroger. Elle ne pouvait pas faire comme s'il était mort.

Comme s'il était mort !

C'était presque risible, pourtant elle n'avait vraiment pas envie de rire. Quelle formulation idiote ! Elle ne pouvait pas faire comme s'il était mort. Pourtant il était mort ! Bien mort ! Il avait été enseveli sous ses yeux, elle avait jeté une poignée de terre sur son cercueil, elle avait bien perçu, à travers le brouillard de son chagrin, la peine de tous autour d'elle, les visages décomposés de leurs amis, les larmes, les voix qui parlaient de perte irremplaçable, de Felix arraché trop tôt à leur affection.

« Ne pensez pas que sa mort est arbitraire et injuste, lui avait dit le pasteur, dont la voix lui parvenait aussi comme à travers un voile épais. C'était son destin de mourir ce jour-là et de cette façon. Gardez espoir, un jour vous trouverez une réponse à votre pourquoi. »

N'importe quoi. Elle avait planté là le pasteur.

Ses achats serrés contre elle, elle plongea dans la foule, déterminée à s'en échapper au plus vite pour retrouver le calme de ses quatre murs. Elle était presque tirée d'affaire quand une main se posa sur son bras. Elle se dégagea d'un mouvement brusque, mais une voix familière l'interpella :

— Madame !

Elle se retourna, leva les yeux et découvrit le visage tanné par le soleil d'Albert, le capitaine du port.

Felix et lui n'avaient pas été loin d'être de vrais amis. Si beaucoup de choses dans leur culture et leur éducation les séparaient, ils partageaient une passion commune pour la voile et la mer, qui leur fournissait un merveilleux terrain d'entente. Ils pouvaient passer des heures ensemble à discuter d'aventures maritimes en buvant du pastis. Rebecca n'avait que rarement participé à ces rencontres. Elle ne s'y connaissait absolument pas en voile et elle avait l'impression que sa présence était plutôt un frein à l'enthousiasme débridé des deux loups de mer. Elle préférait rester de son côté et laisser Felix profiter pleinement de ses échanges avec Albert.

— Eh bien, vrai ! Ça fait plaisir de vous voir ! s'exclama Albert, dont le visage s'illumina.

Il parlait un français qui ne respectait pas toujours la grammaire, avec un accent du Midi à couper au couteau, que Rebecca avait toujours eu du mal à comprendre.

— Comment va ? Je ne savais pas que vous passiez l'été ici !

Rebecca n'avait pas l'intention de lui avouer qu'elle vivait au Brusc depuis neuf mois, que sa maison de Munich avait été vendue et qu'elle n'avait aucune envie de retourner un jour en Allemagne. Elle ne voulait pas qu'il vienne la voir et reporte sur elle son amitié pour Felix.

— Il y a toujours un peu d'entretien dans une maison, dit-elle évasivement. Et il faut aussi s'occuper du jardin, sinon il aurait vite fait de retourner à l'état sauvage…

— Si vous avez besoin d'aide…

— J'y arrive toute seule, merci.

Consciente de sa froideur, elle ajouta :

— C'est très gentil à vous, Albert. Je ne manquerai pas de vous appeler si j'ai un problème.

Albert soupira.

— C'est que, monsieur Felix, je l'aimais bien. Un chic type. Et, question voile, il en connaissait un rayon.

— Oui, répondit succinctement Rebecca.

Un silence gêné s'installa tandis qu'autour d'eux la foule des vacanciers était toujours aussi dense et bruyante.

— Et, pour la *Libellule*, vous avez prévu quelque chose ? demanda enfin Albert. Je veux dire, je continue à m'en occuper, bien sûr, mais c'est pitié que personne ne la sorte. Un voilier de cette classe ! Et la location de l'anneau, à ce prix-là, ce serait…

— Y a-t-il eu un problème quelconque ?

Albert leva promptement les mains.

— Par Dieu, non ! Non… c'est au bateau que je pense. Monsieur Felix l'aimait tellement. Des fois, je me dis que…

Il s'interrompit.

— Oui, Albert ?

— Eh bien, des fois, je me dis qu'il ne serait peut-être pas d'accord qu'il se languisse à seulement faire des ronds au moteur dans le port. C'est un bateau qui a besoin de tâter de la mer, de prendre un bon coup de mistral dans les voiles, de renifler l'air du large… Le teuf-teuf, ça lui vaut rien.

Felix avait lui aussi toujours parlé de la *Libellule* comme d'une créature vivante, si bien que l'éloquence d'Albert ne troubla pas Rebecca. Elle eut un petit sourire impuissant.

— Je ne sais pas naviguer. Je n'ai jamais appris.

— Il n'est pas trop tard !

C'était vraiment absurde. Tout depuis le matin était absurde. Voilà que maintenant on l'encourageait à faire un stage de voile.

Alors qu'elle aurait dû être morte !

C'était comme si brusquement la vie sortait encore une fois la grande artillerie. Comme si elle voulait la détourner de son projet. Elle essayait de se rendre intéressante, importante, digne d'être vécue. Avec Rebecca, ça ne marcherait pas. En matière de vie, elle n'était plus corruptible.

— Je vais voir, dit-elle sans s'engager.

— Maintenant, si vous vouliez la vendre, je pourrais aussi vous aider, proposa Albert. Je ferais ce qu'il faut pour lui trouver une bonne place. Chez quelqu'un qui saurait l'apprécier.

— Il faut que j'y réfléchisse, Albert. Je vous tiendrai au courant. Et encore merci de ce que vous faites. C'est vraiment très aimable à vous.

En poursuivant son chemin vers l'endroit où elle avait laissé sa voiture, elle se demanda si elle prendrait réellement un jour contact avec Albert. Sur le moment, son intention avait été de faire une petite phrase polie pour se débarrasser de lui sans paraître grossière. Mais, à la réflexion, elle avait peut-être tort de ne voir dans les événements de la journée – le coup de téléphone, les courses en ville auxquelles elle avait dû se résoudre, la rencontre avec Albert – que l'enchaînement stupide et fortuit d'incidents qui l'avaient empêchée de mettre un projet longuement mûri à exécution. Derrière ce hasard apparent, il y avait aussi un signe du destin. Elle avait voulu s'en aller sans s'occuper de ce que Felix avait eu de plus cher.

« Juste après toi, se plaisait-il à dire. La *Libellule* vient juste après toi. »

Elle accepterait l'offre d'Albert qui se proposait de chercher une « bonne place » pour le bateau. Quand il l'aurait trouvée, elle tirerait sa révérence.

À l'intérieur de la voiture restée en plein soleil, la chaleur était suffocante. Elle abaissa toutes les vitres, posa ses achats sur le siège avant à côté d'elle et regarda la mer. En dépit d'une absence presque totale de vent, elle repéra au loin quelques voiles. Elle revit Felix, l'expression de son visage quand il revenait d'une sortie en mer. Il paraissait complètement en accord avec lui-même, détendu, heureux, comme si, l'espace de quelques heures, tout ce qui lui pesait, tous ses soucis s'étaient évanouis.

Elle mit le moteur en marche.

À l'évidence, il y avait un ultime devoir dont elle devait s'acquitter.

4

Karen avait à peine ouvert la porte donnant sur le jardin que Kenzo se précipita vers la clôture séparative et aboya en direction de la maison voisine. C'était une journée étrange, il faisait lourd, le ciel plombé ne laissait filtrer aucun rayon de soleil, pourtant, depuis le matin, la chaleur était étouffante et un vent chaud et sec soufflait par rafales.

« Ça va se terminer par un bel orage d'ici ce soir », avait prédit Wolf au petit déjeuner, la bouche encore pleine, avant de partir comme une flèche pour assister à une réunion importante dont la préparation lui avait déjà valu de ne rentrer la veille que quelques minutes avant minuit. Il fuyait la présence de sa femme. Karen ignorait pourquoi et, naturellement, il interrompait toutes ses demandes d'explication avant même qu'elle ait fini de les formuler.

En souffrait-elle ? Elle n'aurait su le dire. Sa vie se déroulant sous une chape de solitude et de frustration, elle était à peine en état de faire le tri entre les différentes vexations qu'elle subissait. Le comportement de Wolf s'inscrivait dans une situation de crise globale, en devenait l'un des éléments, se fondait dans l'océan de soucis au milieu duquel elle se mouvait au quotidien.

Kenzo ne cessait pas d'aboyer. Karen venait de s'asseoir sur le canapé du séjour en se prenant la tête dans les mains, dépassée par les efforts que la journée qui s'annonçait allait exiger d'elle. Elle se releva péniblement. La journée qui s'annonçait… Il était déjà deux heures et demie. Qu'avait-elle donc fait jusque-là ? Elle avait préparé le déjeuner des enfants, avec des surgelés parce qu'elle n'avait pas eu le courage de faire les courses. Les enfants étaient ensuite partis pour la piscine avec des amis. C'était extraordinaire, l'énergie que certains étaient capables de déployer.

Kenzo aboyait. Depuis trois jours, dès qu'il était dans le jardin, il jappait sans discontinuer en direction de la maison voisine.

Que lui arrivait-il ? Pourquoi ce chien d'ordinaire si paisible se mettait-il à casser les oreilles de tout le voisinage avec ses aboiements incessants ?

Elle sortit sur la terrasse.

— Kenzo ! Kenzo, rentre immédiatement !

Il tourna la tête vers elle, agita brièvement son moignon de queue puis, brusquement, sauta sur la clôture en poussant un hululement puissant.

— Kenzo ! Ça suffit maintenant. Tais-toi et viens ici !

Il ignora superbement l'injonction. Pourquoi son chien se serait-il soucié de ce qu'elle disait ? Son mari et ses enfants ne le faisaient pas.

La voix courroucée d'une femme âgée parvint à Karen de l'autre jardin mitoyen de sa maison.

— Ça ne va donc jamais s'arrêter ! C'est insupportable ! Vous ne pouvez pas apprendre à votre chien à se taire ?

Karen fut tentée de rentrer discrètement chez elle en faisant semblant de ne pas avoir entendu, puis elle se souvint combien, depuis le jour où ils s'étaient installés, il lui avait paru important de vivre en bonne entente avec ses voisins. Elle rassembla son courage et se dirigea vers la haie en se forçant à sourire.

— Bonjour ! Je suis désolée que mon chien vous dérange, mais...

— En été, je fais toujours la sieste sur ma terrasse, grommela la vieille dame acariâtre. C'est très désagréable, ce chien qui ne cesse pas d'aboyer dans les oreilles.

— Je ne sais pas ce qu'il a. Il n'aboie presque jamais. Depuis quelques jours, il y a quelque chose qui ne lui plaît pas chez nos voisins, de l'autre côté. On dirait qu'il est très en colère.

À l'évidence, la vieille dame s'intéressait moins aux raisons des jappements du chien qu'au moyen de les faire cesser.

— Ils avaient aussi un chien jusqu'à il y a deux ans, dit-elle en lançant un regard noir à Karen comme si elle la rendait personnellement responsable du fait. Vos autres voisins. Il obéissait, celui-là, c'est moi qui vous le dis. On ne l'a jamais entendu aboyer.

— Eh bien... commença timidement Karen.

Mais la vieille dame poursuivit son idée sans l'écouter.

— Ils m'ont expliqué ça par le fait qu'un chien devait totalement se soumettre. Il doit savoir qu'il est le dernier de la famille, vous comprenez ? Qu'il a le rang le plus bas. Chez eux, il était toujours le dernier à passer la porte, et il mangeait toujours en dernier. Quand l'un d'eux rentrait tard à la maison, le chien devait attendre, la moitié de la nuit au besoin. C'est comme ça qu'ils lui ont cloué le bec.

Karen reprit sa respiration.

— Mais c'est anormal de traiter un animal comme ça, souffla-t-elle.

La vieille dame haussa les épaules.

— En tout cas, ils étaient très fiers qu'il n'ait jamais rien fait qu'ils ne voulaient pas qu'il fasse. Rien de rien. Il n'aurait jamais aboyé comme le vôtre.

Au-delà de la tristesse qui l'accablait, au-delà de sa résignation, très loin au fond de Karen, quelque chose s'éveilla. Ça ressemblait à de la colère, à une toute petite flamme de colère qui manquait d'oxygène pour grandir, pour devenir un grand feu rougeoyant, mais qui, au moins, et à sa propre surprise, n'était pas complètement éteinte. Il y avait si longtemps que sa colère ne s'était pas rappelée à sa mémoire. Cette vieille dame grincheuse et le souvenir d'un pauvre chien mort depuis des mois, que ses maîtres avaient humilié, la tirèrent brusquement de sa torpeur.

— Pour ma part, je n'ai pas l'intention de briser ainsi la volonté de mon chien, dit-elle abruptement.

À son étonnement, le ton sévère sur lequel elle avait dit cela eut pour effet immédiat de modifier le discours de son interlocutrice.

— C'est vrai que ce sont des gens peu ordinaires, concéda-t-elle. Ils sont… comment dire… orgueilleux. Lui, en tout cas. Elle, ma foi, elle a toujours l'air un peu triste. Et ils sont arrogants. Ils n'ont pas beaucoup d'amis. En tout cas, personne ne vient jamais les voir. Pas d'enfants ou de petits-enfants, je le leur ai demandé un jour. Je crois qu'ils n'ont pas du tout de famille. Mais ça ne me regarde pas. Je n'ai jamais eu beaucoup de contacts avec eux. Faut dire aussi que je n'ai jamais eu envie de les fréquenter.

— Vous savez s'ils devaient s'absenter ? Les volets roulants sont fermés en permanence.

— Je ne m'occupe pas de ce que font les autres. Et je m'en porte très bien. Il n'y a que dans mes affaires que je fourre mon nez. « Mêle-toi de ce qui te regarde, et tu auras la paix », voilà ce que je me dis toujours. On a bien assez de problèmes comme ça sans devoir en plus se coltiner ceux des autres, non ? Vous n'êtes pas de mon avis ?

— Ce n'est pas toujours aussi simple.

— Pour moi, si, affirma la vieille dame.

Karen frémit à l'idée qu'elle puisse avoir raison.

Sa voisine lui faisait l'effet d'une femme inflexible, sèche, insensible à ce qui pouvait se passer autour d'elle.

On pourrait mourir devant elle que ça ne l'intéresserait pas, songea Karen avec un frisson d'épouvante. À cet instant, une rafale plus forte que les autres souleva un nuage de poussière. Le ciel de plus en plus bas se teintait de jaune soufre et un léger grondement était perceptible dans le lointain.

— Dans la nuit de dimanche à lundi, j'ai vu de la lumière dans la maison et un des volets était remonté, reprit Karen. Mais, le lendemain, il n'y avait à nouveau plus rien et pas un bruit. C'est tout de même curieux. J'ai sonné plusieurs fois, personne ne s'est montré.

— Mais qu'est-ce que vous leur voulez de si important ?

Karen exposa brièvement son problème de courrier en souffrance dans la boîte aux lettres pendant leur absence.

Sa voisine parut mener un combat intérieur, puis elle déclara d'un ton bougon :

— Je peux m'en occuper, si vous voulez. Vous n'aurez qu'à me laisser la clé de votre boîte avant de partir.

— Vraiment ? Vous me rendriez un grand service ! s'exclama Karen, sincèrement reconnaissante. C'est très aimable à vous.

La vieille femme grommela quelque chose et pivota sur ses talons. Karen en conclut que la conversation était terminée. Elle appela Kenzo, qui cette fois obéit et la rejoignit au petit trot. Il regarda le ciel en poussant des gémissements inquiets. À l'évidence, c'était plus par crainte de l'orage qui menaçait que par respect pour sa maîtresse qu'il se montrait disposé à rejoindre sa corbeille dans la maison.

— Reste là, lui dit Karen. J'en ai pour une minute.

Elle venait d'avoir une idée.

Elle n'avait qu'à aller voir. Tout simplement.

Ignorant les premières gouttes de pluie, elle traversa son jardin en courant et sortit sur le trottoir. Elle n'eut même pas besoin d'aller jusqu'au portail du jardin voisin pour voir ce qu'elle voulait voir : une boîte aux lettres d'où dépassait le coin d'une enveloppe. Et surtout le cylindre destiné aux journaux dans lequel s'entassaient deux quotidiens, tandis qu'un troisième avait été posé au-dessus, sur le muret, où il allait prendre la pluie.

Ils n'étaient pas là. Apparemment, ils n'avaient demandé à personne de s'occuper de leur courrier. Ils n'avaient pas pensé non plus à suspendre l'abonnement de leur journal.

Ça ne leur ressemblait pas. Pour le peu que Karen les connaissait, elle était certaine qu'ils ne seraient pas partis sans prendre un minimum de dispositions. Ces gens étaient peut-être antipathiques, orgueilleux et tyranniques, ils étaient aussi suffisamment exigeants et organisés pour ne pas être négligents.

Elle regarda les volets roulants baissés, la maison silencieuse. La pluie s'intensifiant, Karen releva les épaules avec un frisson. Sans être bien sûre que c'était à cause de la pluie qu'elle avait froid.

Comment sa vieille voisine, à l'instant, avait-elle formulé cela ? *On a bien assez de problèmes comme ça sans devoir en plus se coltiner ceux des autres.*

Karen fit lentement demi-tour pour rentrer chez elle.

5

Découvrir Rebecca dans cet état l'accabla. Il l'avait vue pour la dernière fois à l'enterrement de Felix. Elle était alors anéantie par le choc, dévastée par le chagrin, mais, en dépit de tout, toujours la femme qu'il avait connue. Neuf mois plus tard, il avait l'impression de se trouver face à quelqu'un d'autre.

Qu'elle ait fortement maigri était prévisible. Cependant, bien qu'elle ait dû perdre plus d'une dizaine de kilos, à en juger par son pantalon et son tee-shirt trop grands, elle ne s'était pas acheté de nouveaux vêtements et ce qu'elle portait renforçait l'impression de maigreur. Sa peau d'une pâleur effroyable paraissait presque diaphane et son visage avait complètement changé d'expression. Ses joues avaient tellement fondu que ses pommettes paraissaient plus hautes et plus larges, lui donnant un air sévère qu'elle n'avait pas auparavant et qui la faisait paraître plus vieille que ses quarante-trois ans.

Mais ce qui lui fit réellement peur, c'était son regard absent, fixe, presque mort, fut-il tenté de penser. Ses yeux avaient perdu tout éclat, il n'y décela pas la moindre petite flamme, pas la moindre émotion non plus. Il n'aurait même pas pu dire qu'il y lisait de la tristesse. Ils étaient totalement inexpressifs, vides. Comme si elle était morte avec Felix, songea-t-il, bouleversé.

Ils dînaient dehors sur la terrasse, avec pour toile de fond la mer, les rochers sombres et le ciel dont le bleu lumineux commençait à se teinter de mauve. Rebecca avait ouvert une bouteille de vin blanc léger. Elle trempait de temps à autre ses lèvres dans son verre, mais elle ne toucha ni aux salades ni aux fromages.

Après être demeuré comme elle un long moment silencieux – silence qui pour Maximilian était accompagné de la désagréable impression que Rebecca n'espérait rien tant qu'il se décide enfin à partir –, il déclara sans préambule :

— Ce n'est pas vrai ce que je t'ai dit, ce midi, au téléphone. Que je passais dans la région. En réalité, je suis venu exprès.

— Je m'en doutais.

Sa voix elle-même avait changé. Elle avait perdu sa vivacité, ses intonations mélodieuses. En fait, elle était aussi terne et dénuée d'expression que ses yeux.

— Qu'est-ce que tu serais venu faire dans la région ?

— Évidemment. Autrefois, je venais pour vous voir. Aujourd'hui, je viens pour toi.

Elle se tourna vers lui.

— Ne t'inquiète pas pour moi, Maximilian. J'ai tout ce dont j'ai besoin. Felix m'a laissé suffisamment d'argent pour…

Il l'interrompit.

— Rebecca, il ne s'agit pas du tout de savoir si tu as tout ce dont tu as besoin ! Ou si tu as assez d'argent ! Je m'inquiète pour toi. Tu as presque du jour au lendemain coupé tous les ponts avec l'Allemagne pour venir te cacher ici où tu ne connais personne, où tu n'as pas de travail et où tu vis seule dans un coin complètement désert. Pas une seule fois tu n'as décroché ton téléphone pour donner des nouvelles. J'ai craqué, tout simplement. Il fallait que je sache si tu étais au moins encore en vie !

Elle eut un pâle sourire. À vrai dire, il s'agissait plutôt d'un vague étirement des lèvres, qui, avec beaucoup de bonne volonté, pouvait être interprété comme un sourire.

— Comment savais-tu que j'étais ici ?

— Je l'ai deviné. Mais ce n'était pas très difficile. Tu ne pouvais être que là, dans cet endroit que Felix aimait par-dessus tout. Je n'imaginais pas que tu puisses être ailleurs.

— Tu le dis toi-même. C'est l'endroit que Felix préférait. C'est pour ça que j'y suis bien.

Il sentit la colère le gagner et dut se contenir pour n'en rien laisser paraître.

— Écoute, Rebecca, ne le prends pas mal, mais je ne trouve vraiment pas que tu aies l'air d'aller bien. Tu es livide, tu n'as plus que la peau sur les os et tu es complètement ailleurs. Tu devrais te voir. Cela dit, ce n'est pas étonnant. Tu vis avec un mort et tu…

Il la vit tressaillir violemment.

— Excuse-moi, dit-il alors d'une voix plus douce. Mais c'est l'impression que j'ai. Tout ici rappelle Felix, mais Felix, lui, n'est pas là.

— Ah oui ? fit-elle cyniquement.

Elle alluma une cigarette. Ses mains tremblaient légèrement.

— Je ne dis pas que tu dois l'oublier, reprit Maximilian. Aucun de nous ne le pourra jamais. Mais nous devons continuer à vivre.

— Qui a dit que nous le devions ?

Il soupira.

— Tu as besoin d'avoir des gens autour de toi. Des amis, des relations. Un travail qui t'apporte des satisfactions. Tu ne trahirais pas Felix pour autant. Et tu ne l'oublierais pas non plus. Quant à la maison, tu l'auras toujours. Tu pourras…

— Maximilian, dit-elle d'un ton déterminé, je ne t'ai pas demandé de te mêler de ma vie. Tu as voulu me voir, j'ai accepté. Pour autant, je ne veux pas avoir à me justifier. La façon dont je vis me regarde.

Il prit lui aussi une cigarette. Il avait cessé de fumer, mais continuer sans le soutien d'une cigarette lui paraissait au-dessus de ses forces.

— Felix était mon meilleur ami, dit-il avec véhémence. Et tu étais sa femme. Je lui dois de ne pas te laisser couler comme tu le fais. Tu ne te débarrasseras pas de moi aussi facilement que tu t'es débarrassée de ton ancienne vie. Tu sais quoi ?

Il se leva et se mit à faire les cent pas devant la table en agitant nerveusement sa cigarette.

— J'en arrive à regretter qu'il t'ait laissé de quoi vivre. Tu aurais été obligée de travailler ! Tu ne serais pas là cloîtrée dans cette maison vide !

Elle se leva à son tour. Son visage était à nouveau aussi dénué d'expression qu'un masque. Elle n'eut pas besoin de dire un seul mot pour qu'il comprenne qu'elle voulait qu'il parte. En ce qui la concernait, la visite avait bien assez duré.

— Rebecca, insista-t-il une dernière fois.

Elle ne répondit pas. Dans le silence qui suivit, ils entendirent le portail du jardin légèrement grincer.

Rebecca fronça les sourcils.

Jamais personne ne vient la voir, songea Maximilian. Quand le portail grince, elle fait la même tête que d'autres quand la terre tremble.

— Ce doit être pour moi, dit-il. Mes jeunes compagnons de voyage...

Le fait ne parut pas l'intéresser. Cependant, elle ouvrit la bouche et, pour la première fois depuis qu'il l'avait revue, son regard se fixa sur lui.

— Ça t'intéresserait de reprendre la *Libellule* ? demanda-t-elle.

6

L'état de ses pieds commençait à effrayer Inga. Ses ampoules l'élançaient sans discontinuer, la douleur irradiait jusqu'aux chevilles. Tandis que Marius montait la tente, elle avait décollé ses pansements et découvert deux cratères sanglants qui, depuis qu'elle les avait soignés, paraissaient s'être creusés au lieu de commencer à cicatriser.

— Je crois qu'il faudrait que je voie un médecin, dit-elle.

Marius était en train de se battre avec les montants de l'armature. Maximilian Kemper les avait déposés devant un terrain en friche qui jouxtait la propriété de l'amie chez qui il se rendait. Des herbes hautes le disputaient à des buissons épineux quasi impénétrables, mais ils s'étaient frayé un chemin jusqu'à un bosquet où ils avaient découvert un carré de végétation rase relativement adapté au montage d'une tente. Marius, qui avait poursuivi l'exploration du terrain, était revenu en poussant des cris enthousiastes.

« Il faut que tu voies ça ! Viens vite, la mer est juste là ! C'est incroyable !

— Pas maintenant, Marius, avait répondu Inga. Je ne peux presque plus marcher. Je ne vais même pas pouvoir t'aider à monter la tente. Mes pieds me font horriblement mal.

— Ce n'est pas grave. J'y arriverai bien tout seul. Reste assise et repose-toi. »

Quand il l'entendit parler de voir un médecin, il abandonna momentanément son montage et leva les yeux.

— Vraiment ? C'est si vilain que ça ?

— Ça commence à m'inquiéter.

Il la rejoignit, se pencha sur ses pieds et lâcha une exclamation horrifiée.

— Je n'imaginais pas que c'était à ce point ! Ça doit faire affreusement mal !

— J'ai effectivement vécu des moments plus agréables. Il faudrait que je mette quelque chose dessus, du désinfectant, un baume cicatrisant...

Il réfléchit.

— Écoute, je vais aller à côté. L'amie de Maximilian a peut-être de quoi te soigner. Sinon, il pourra sûrement te conduire chez un médecin.

— Ça me gêne un peu, dit Inga.

Mais elle savait qu'elle n'avait pas d'autre choix que de solliciter à nouveau l'aide de l'homme si gentil qui les avait pris en stop.

Elle suivit des yeux Marius qui disparaissait d'un pas léger dans les hautes herbes. Ce midi, ils n'avaient pas eu à le chercher longtemps. Ils avaient tourné dans quelques rues et ils étaient tombés sur lui. Il somnolait, assis par terre à l'ombre d'un platane. Inga en avait eu un hoquet de surprise.

« Ce n'est pas comme ça qu'il risque de trouver un supermarché ! avait-elle remarqué, furieuse.

— Il n'y a à coup sûr aucun supermarché ici », avait répliqué Maximilian en riant de bon cœur.

Quand la voiture s'était arrêtée à sa hauteur, Marius avait sursauté et dévisagé Inga sans comprendre.

« Hé ! Mais qu'est-ce qui se passe ? Comment est-ce... ?

— Monte, avait dit Inga sèchement. Pendant que tu rêvassais sous ton arbre, j'ai trouvé quelqu'un qui propose de nous descendre dans le Midi. »

Il était visiblement penaud.

« J'ai eu un étourdissement. Probablement à cause de la chaleur. Je pensais me reposer deux ou trois minutes, mais... j'ai dû m'endormir... »

Il s'était frotté les yeux. Inga avait regretté son accès de colère. Elle-même était fatiguée au point de ne plus pouvoir mettre un pied devant l'autre et Marius n'aurait pas eu droit à la moindre faiblesse ?

Elle avait fait les présentations. Maximilian avait renouvelé son offre de les conduire jusqu'au cap Sicié.

« Je me rends chez une amie qui habite là-bas. Si ça vous tente... »

Marius avait aussitôt recouvré tout son entrain, comme s'il avait toujours dit que quelqu'un allait surgir de nulle part pour les emmener d'une traite sur les rives de la grande bleue. Il avait eu droit lui aussi à une canette de Coca-Cola et, les deux pouces en l'air, il n'avait pu retenir un geste de triomphe à l'intention d'Inga. Elle avait regardé ses pieds tuméfiés. La rapidité avec laquelle il fonctionnait, son extraordinaire aptitude à oublier un problème sitôt celui-ci surmonté la bluffaient. Mais cela tenait peut-être simplement au fait que les problèmes ne l'affectaient ni autant ni de la même façon qu'ils l'affectaient, elle. *Elle* avait paniqué, pas lui. *Elle* avait prédit que leur voyage se passerait mal, pas lui. *Elle* avait été persuadée que jamais personne ne viendrait les chercher dans ce trou perdu. *Elle* avait presque tourné de l'œil. Pas lui. Il ne craquait jamais. Était-ce parce qu'il était plus courageux, plus confiant, plus sûr de lui ? Curieusement, ni le courage ni la confiance en soi ou l'assurance n'étaient des qualités qu'elle lui aurait facilement attribuées.

Elle y songeait encore en le regardant s'éloigner vers la maison voisine. Non, elle avait plutôt le sentiment que les événements ne le touchaient pas réellement. En dépit de sa joyeuse insouciance, que de prime abord on aurait pu prendre pour de la joie de vivre, elle le trouvait singulièrement coupé des réalités, enfermé dans une sorte de cocon protecteur qui tenait à distance tout ce qui pouvait ressembler de près ou de loin à un désagrément ou une difficulté. Mais sans doute aussi tout ce qui pouvait être bien ou bon. En dépit du visage éternellement souriant de son mari, Inga avait parfois le sentiment qu'il n'était pas heureux. C'était essentiellement l'absence de malheur qui lui donnait cet air radieux.

Ce n'est pas authentique.

Elle s'efforça de penser à autre chose. Elle avait toujours eu tendance à décortiquer les faits et gestes des uns et des autres. Sa dernière relation amoureuse n'y avait pas résisté. Elle ne voulait pas commettre deux fois la même erreur. Il était normal qu'il y ait parfois du tirage entre Marius et elle. Un homme qui prenait la vie comme elle venait et se souciait peu du lendemain et une femme qui ne prenait rien à la légère et ne s'en remettait jamais au hasard, c'était deux mondes opposés. Quand ils se heurtaient, les étincelles étaient inévitables.

Mais peut-être gagnaient-ils l'un et l'autre à cette relation, songea-t-elle alors que la somnolence la gagnait. Elle s'allongea dans l'herbe, les mains derrière la tête, et regarda le ciel d'un bleu irréel. Il me rend peut-être un peu plus insouciante, et moi je lui mets un peu de plomb dans la tête. Un jour, ça lui évitera peut-être des déconvenues…

Elle ferma les yeux.

Quand elle les rouvrit, elle ne savait pas si elle avait dormi ou pas. Le visage de Marius lui souriait. Maximilian se tenait à côté de lui. Il l'observait, le front soucieux. Une femme les accompagnait. Une très belle femme, avec de longs cheveux noirs, le teint pâle et des yeux infiniment tristes. Elle avait un tube de crème et de quoi faire des pansements dans une main. Elle secouait la tête.

— Je ne peux rien faire. Les blessures se sont infectées. Il vaudrait mieux montrer ça à un médecin.

— Dans ce cas… fit Maximilian en tendant la main à Inga. Vous pouvez marcher jusqu'à la voiture ?

Elle acquiesça de la tête.

— Alors allons-y ! Je vous emmène chez le médecin.

Jeudi 22 juillet

1

Le téléphone sonna au milieu de la nuit. Karen, qui ne dormait que superficiellement, fut réveillée à la première sonnerie. Elle s'assit dans son lit et écouta, le cœur battant. Le radio-réveil posé sur sa table de nuit indiquait deux heures et demie. Un appel à cette heure-là n'était jamais de bon augure.

La sonnerie retentit à nouveau. Elle paraissait beaucoup plus forte qu'en plein jour.

— Wolf, murmura-t-elle, le téléphone !

Wolf grommela quelque chose d'inintelligible, remit son oreiller en place sous sa tête et roula sur le ventre. Il était clair qu'il n'irait pas répondre, alors Karen se leva et se dirigea dans l'obscurité vers le téléphone qui se trouvait sur le palier.

Elle décrocha le combiné.

— Allô ? Oui ?

Elle pensa tout d'abord qu'il n'y avait personne à l'autre bout de la ligne, puis elle crut entendre une respiration. Une respiration difficile, haletante.

— Allô ? répéta-t-elle. Qui est à l'appareil ?

Elle n'obtint pas de réponse, mais elle ne douta plus d'entendre quelqu'un respirer. C'était effrayant. Il lui revint en mémoire ce que l'on disait d'hommes qui téléphonaient à des femmes à des heures indues, et qui prenaient un plaisir pervers à les troubler ou à leur faire peur. Toutefois, ces appels, qui servaient essentiellement à la satisfaction de pulsions sexuelles, donnaient généralement lieu à un déferlement d'obscénités ou de menaces, or son correspondant ne disait rien. Au surplus – elle n'aurait pas su expliquer pourquoi – le souffle qu'elle percevait ne ressemblait pas au halètement d'excitation d'un pervers sexuel. Elle avait plutôt l'impression de quelqu'un qui avait peur, ou qui avait trop de difficultés à respirer pour pouvoir parler.

C'est sans doute pour cette raison qu'elle ne raccrocha pas immédiatement et résista à l'envie de regagner le cocon de son lit.

— Je vous en prie, dites quelque chose, insista-t-elle.

Son correspondant parut vouloir prononcer un mot, mais seul un son étouffé franchit ses lèvres. Le halètement faiblit, puis commença à ressembler à un râle.

— Dites-moi qui vous êtes, reprit Karen. Sinon, je vais raccrocher.

Elle ne perçut qu'un souffle, faible et irrégulier.

— Écoutez, qui que vous soyez, je ne peux rien faire pour vous. Il faudrait que je connaisse au moins votre nom, ou votre adresse, ou votre numéro de téléphone. Si vous ne me dites rien, je ne pourrai vraiment pas vous aider.

Elle attendit. Elle n'aurait pas su dire combien de temps s'écoula, peut-être une minute ou deux, peut-être plus. En dépit de la douceur de l'air, le froid commençait à monter le long de ses jambes nues. Et quelque chose de plus insidieux la gagnait, l'intuition d'un danger, le sentiment diffus qu'elle venait de toucher du doigt une réalité à laquelle elle n'avait jamais été confrontée.

— Il faut que je raccroche, dit-elle précipitamment.

Elle s'exécuta, puis elle fixa l'appareil comme si elle attendait de lui une explication, ou une quelconque réaction, qu'il se remette par exemple à sonner. Il ne se passa rien. La nuit redevint aussi calme et silencieuse que s'il ne s'était rien produit.

Karen regagna son lit sur la pointe des pieds. Elle savait qu'elle ne pourrait pas se rendormir.

— Wolf, appela-t-elle à mi-voix.

Il émit un grognement.

— Qu'est-ce qu'il y a ?

— C'est drôle, ce qui vient de se passer. Il y avait quelqu'un au téléphone, mais on n'a rien dit. Seulement respiré.

— Bah, on t'a fait une blague. Il y en a que ça amuse.

— Eh bien... Je ne sais pas... Il... ou elle... respirait bizarrement.

Wolf bâilla.

— Ce devait être un pervers qui a pris son pied en entendant ta voix.

— Ce n'était pas ce genre de respiration. C'était...

Comment trouver les mots justes ?

— On aurait dit quelqu'un qui avait peur, qui avait vraiment besoin d'aide. Quelqu'un qui avait du mal à respirer, mais qui essayait de dire quelque chose...

Wolf bâilla à nouveau.

— Karen, tu as une imagination formidable. Tu inventes des choses très intéressantes. Mais tu sais ce qui serait bien ? Que tu ne fasses pas ça au milieu de la nuit. Il y a des gens qui dans la journée travaillent et ont besoin de dormir.

— Ce n'est pas moi qui ai demandé au téléphone de sonner !

Soudain, une idée lui vint et elle se dressa dans son lit.

— Et si c'était ma mère ?

— Ta mère ne téléphonerait pas à une heure pareille !

— Si elle avait besoin d'aide, bien sûr que si.

Sa mère était un sujet d'inquiétude pour Karen. Elle vivait seule dans l'immense appartement qu'elle avait partagé avec son défunt mari et résistait avec une belle obstination aux efforts que déployait sa fille pour la convaincre d'emménager dans un appartement plus petit et à proximité de la famille. Le souhait le plus cher de Karen aurait été qu'elle s'installe chez eux, mais, les rares fois où le sujet avait été abordé, Wolf avait protesté avec la dernière énergie.

« Pitié, Karen, pas ça ! Ta mère est une femme délicieuse, mais vivre avec ma belle-mère sous mon toit, il n'en est pas question. Ôte-toi ça tout de suite de la tête ! »

— Je vais appeler maman, décida Karen en se relevant. Je n'arriverai pas à dormir, sinon.

Wolf soupira.

— Karen, il y a des fois où tu es franchement impossible ! Laisse donc cette pauvre femme dormir. Et à quoi rime cette hystérie ? Les gens qui sont réveillés la nuit par des plaisantins, ce n'est pas ce qui manque. Personne n'en fait une histoire pareille !

Elle était déjà sur le palier, devant le téléphone. Elle composa le numéro de sa mère. Un long moment s'écoula avant que la vieille dame ne décroche. Elle avait la voix endormie et parut très étonnée d'entendre sa fille.

— Mon Dieu, Karen ! Il est arrivé quelque chose ? Ce sont les enfants ? Wolf ?

Il apparut qu'elle n'était pour rien dans le mystérieux coup de fil et elle fut surprise que Karen ait imaginé qu'elle puisse l'appeler à l'aide en pleine nuit.

— Si quelque chose n'allait pas, je commencerais par appeler le médecin de garde. Je dois dire que tu m'as fait une de ces peurs, ajouta-t-elle d'un ton réprobateur. J'en ai encore des palpitations. Ne recommence pas, Karen. Qu'est-ce qui t'arrive ? Tu me sembles un peu sur les nerfs, ces derniers temps.

Le reproche fit mouche, d'autant que Wolf prétendait la même chose. Karen se sentit gagnée par une envie de pleurer.

— Pas du tout, pourquoi ? répliqua-t-elle d'une voix qu'elle-même jugea suraiguë et aussi peu assurée que celle d'une enfant.

— Il y a quelques jours, tu me disais que tu ne trouvais personne pour s'occuper de votre courrier pendant vos vacances, et tu m'as paru extrêmement contrariée. Comme si la terre allait cesser de tourner !

À croire qu'elle s'était mise d'accord avec Wolf. *Nous devons absolument parler à Karen. Elle devient de plus en plus bizarre. La moindre petite chose la met dans tous ses états. Ça commence à devenir pénible. Elle qui était si équilibrée !*

— C'est arrangé, dit-elle, en trouvant insupportable que ces mots sonnent comme une justification. Je veux dire, pour le courrier. J'ai trouvé quelqu'un.

— Tu vois. Ce n'était pas la peine de t'affoler. Bon, je vais me faire une camomille, maintenant. Se faire réveiller au milieu de la nuit par le téléphone, ça flanque une sacrée peur.

C'est vrai, surtout quand à l'autre bout du fil on entend seulement quelqu'un respirer, ajouta Karen pour elle-même. Mais que j'aie eu peur et que je m'inquiète, tout le monde trouve ça anormal. Je suis sur les nerfs, hystérique... Et, pendant ce temps-là, maman se fait une camomille pour recouvrer ses esprits et décrète qu'elle, contrairement à moi, va tout à fait bien.

Karen remonta sa couette sous son menton. Elle aurait voulu s'enfoncer dans une grotte, être au chaud, à l'abri, seule. Surtout être seule. Si elle avait pu être seule au monde, son vœu le plus cher aurait été comblé.

— Alors ? s'enquit Wolf d'un ton narquois. Ta mère était-elle notre mystérieux correspondant au souffle terrifiant ?

— Non, répondit sèchement Karen.

— Et voilà. Maintenant, elle est réveillée, sans doute chamboulée par ton appel, et elle n'ira pas se recoucher sans une bonne camomille pour se remettre de ses émotions. C'est très réussi, Karen. Je te félicite. Bravo.

Pourquoi fallait-il qu'il mette toujours dans le mille ? C'était désespérant. Les yeux grands ouverts, elle fixait l'obscurité. À la régularité de sa respiration, elle entendit que Wolf se rendormait rapidement.

Si j'en avais le courage, songea-t-elle soudain, je le quitterais.

Cette idée folle et les conséquences qu'elle impliquait l'effrayèrent tant qu'elle ne put penser à autre chose jusqu'au petit matin et qu'elle en oublia momentanément l'étrange appel.

2

Le frottement les uns contre les autres des pare-battage accrochés aux flancs des bateaux au mouillage dans le port se mêlait aux éclats de voix et aux rires qui montaient de la foule sur la jetée, aux cris des mouettes et aux aboiements des quelques chiens qui couraient au milieu des promeneurs ou jouaient sur les pontons. Les drisses claquaient doucement sur les mâts. Une brise légère soufflait de la mer sans apporter dc fraîcheur, comme si elle n'avait rien perdu de la chaleur du sable africain en traversant la Méditerranée. Le ciel était d'un bleu écrasant, sans le moindre nuage à l'horizon.

— Le bateau est magnifique, dit Maximilian, admiratif. Vous l'avez vraiment bien entretenu, Albert.

Albert s'épanouit sous le compliment comme une fleur au soleil. Il rejeta sa casquette en arrière pour se donner une contenance, la ramena en avant, décocha un sourire éclatant à Maximilian.

— Ça me fait plaisir. Un si beau bateau. J'aime bien m'en occuper.

— Un Vindö[1] ! s'exclama Marius avec un enthousiasme stupéfait en découvrant la *Libellule*. Ça doit être génial de naviguer là-dessus !

Maximilian se tourna vers lui sans dissimuler sa surprise.

— Vous vous y connaissez en voiliers ?

— Oui. J'ai enchaîné les stages, y compris de navigation hauturière, et j'ai fait de la voile un peu partout. Même en mer du Nord. Mon vieux m'emmenait toujours avec lui. Il était dingue de régate.

Marius et Inga étaient descendus en voiture au Brusc avec Maximilian, Inga pour une visite de contrôle chez le médecin, Marius pour faire quelques courses. Maximilian en avait profité pour aller jeter un œil à la *Libellule*. Il connaissait le bateau pour avoir souvent navigué avec Felix. Que Rebecca lui ait proposé de le reprendre l'avait surpris. Il n'aurait pas imaginé qu'elle soit prête à se séparer du joyau de Felix.

— Je vais parler à Rebecca, dit-il. Elle sera peut-être d'accord pour vous le prêter. Vous pourriez ainsi vous

---

1. Marque mythique de yachts et de voiliers fabriqués en Suède jusque dans les années 1980. (*N.d.T.*)

baigner en mer. En cette saison, sur les plages de la côte, c'est tout juste si on peut poser ses fesses sur le sable.

— Ce serait vraiment gentil, dit Marius, dont le visage s'illumina. Nos finances ne nous permettraient pas de louer un bateau. Je suis sûr qu'Inga sera elle aussi emballée.

Ils prirent congé d'Albert et regagnèrent la voiture. Inga, qui venait de sortir de chez le médecin, les attendait. Maintenant qu'elle savait que les plaies de ses talons étaient en bonne voie de cicatriser et qu'elle pourrait bientôt courir et se baigner, elle reprenait confiance.

Au moment où Maximilian mit le moteur en marche, elle demanda sans préambule :

— Qu'est-ce qu'elle a, au juste ?

Maximilian la regarda sans comprendre.

— Qui ça, elle ?

— Rebecca. Je veux dire Mme Brandt. Elle est tellement triste. Elle ne sourit jamais. Elle a l'air extrêmement malheureuse.

— Il y a juste neuf mois, elle a perdu son mari. Dans un accident de voiture. Il a heurté de plein fouet un automobiliste qui avait pris l'autoroute à contresens. Pour elle, le choc – si je peux m'exprimer ainsi – a été épouvantable. Et je crains qu'elle ne s'en soit toujours pas remise.

— Elle vit ici en permanence ?

— Jusque-là, c'était une maison de vacances, mais elle s'y est retirée. Ce n'est pas une bonne chose. En fait, elle ne connaît personne ici, hormis peut-être le capitaine du port, et on ne peut pas parler d'amitié. Elle est très seule.

Ils avaient quitté Le Brusc et son animation, et suivaient à présent une route étroite qui s'enfonçait dans une forêt ombreuse. La pénombre qui y régnait en dépit du plein soleil était surprenante.

— C'est drôlement isolé, là où elle habite, remarqua Marius, songeur... On ne s'attend pas à trouver un paysage comme ça dans la région, mais c'est magnifique.

— Attendez de voir le cap et ses rochers de schiste noir. C'est exceptionnel, dit Maximilian. Et impressionnant. Voire un peu inquiétant. Du reste c'est un endroit qui a mauvaise réputation chez les marins. Juste à la pointe, les courants sont complètement désordonnés et la mer peut y être redoutable.

— De quoi vit Rebecca ? demanda Marius.

Maximilian lui jeta un regard de côté. Marius montrait toujours le même visage ouvert et spontané.

— Felix, son mari, lui a laissé un beau capital. C'était un médecin très connu qui avait de gros revenus. Elle n'a pas besoin de travailler... Elle peut s'adonner tout entière à son chagrin, conclut-il d'un ton amer.

Marius se tourna vers lui.

— Elle devait être très heureuse, avec son mari.

Maximilian eut un rire triste.

— Heureuse ? Le mot est faible. Felix et Rebecca formaient un couple exceptionnel. Ils s'adoraient. Qu'ils soient si tôt arrachés l'un à l'autre était inconcevable. Quand Felix est mort, il venait juste d'avoir quarante-quatre ans. Rebecca en avait quarante-deux. C'était... c'est injuste.

Tous trois demeurèrent silencieux tandis que la voiture enchaînait les virages de la mauvaise route qui serpentait vers le sommet du cap. De petits triangles de mer d'un bleu intense surgissaient de temps à autre dans l'échancrure des arbres ou des rochers. Le soleil jouait dans le feuillage argenté des oliviers séculaires, aux troncs noueux et à la ramure tourmentée, qui jalonnaient le bord de la route.

— Ce n'est pas toujours l'été ici, reprit Maximilian, poursuivant le cours de ses pensées. Il existe aussi des nuits d'hiver longues et sombres, des matins d'automne noyés de brume, des jours où le ciel et la mer se fondent en une masse uniformément grise et où il pleut sans discontinuer. Comment est-ce, alors, là-haut, dans sa maison ? Comment supporte-t-elle cette solitude ?

Inga se tourna vers lui.

— Vous vous faites beaucoup de souci pour elle, n'est-ce pas ?

— Oui. Felix était mon meilleur ami. Je me sens une responsabilité envers sa veuve. Mais je ne sais pas quoi faire.

— Ils n'avaient pas d'enfants ?

— Non. Je crois qu'ils n'ont pas réussi à en avoir. Mais Rebecca s'est énormément investie dans la cause des enfants. Elle a commencé des études de médecine, puis bifurqué en cours de route vers la psychologie. Il y a quinze ans, elle a fondé une association, baptisée Enfance Écoute, qui s'occupait à la fois de familles en difficulté, d'enfants maltraités et de parents maltraitants. Avec assistance téléphonique, prises en charge individuelles, thérapies de groupe et que sais-je encore. Rebecca était très prise par son association. Elle travaillait en collaboration avec plusieurs juges aux affaires familiales et jouissait d'une excellente réputation. Cette femme, martela-t-il en frappant le volant du plat de la main dans un geste plus désespéré qu'agressif, cette femme qui n'est plus que l'ombre d'elle-même, qui s'est volontairement enfermée dans la solitude, était il y a moins d'un an une personne pleine de vie et engagée qui avait toujours du monde autour d'elle, qui se donnait sans compter pour les autres, qui avait dix idées à l'heure, de l'énergie à revendre. Qui avait toujours le sourire et un optimisme sans faille. C'était quelqu'un de très positif avec une excellente influence sur les autres. Je n'arrive pas à comprendre qu'elle…

Il n'acheva pas sa phrase. Était-ce réellement si difficile à comprendre ? Pour qui avait fréquenté Felix et Rebecca, il était évident que la mort de Felix ne pouvait que briser Rebecca. Pourtant, il voulait croire que, au-delà du chagrin et du désespoir qu'elle ne parvenait pas à surmonter, l'ancienne Rebecca existait toujours. Le problème était qu'elle refuserait de laisser quiconque accéder à cette ancienne Rebecca pour la ramener à la vie. Elle avait rompu si radicalement avec sa vie d'avant que, hormis lui, il n'y aurait sans doute personne pour tenter de franchir les barrières qu'elle avait dressées autour d'elle.

Ils n'échangèrent plus aucune parole durant le reste du trajet. Maximilian réfléchissait à la conduite à tenir. Il avait pris une chambre dans un hôtel de Sanary le soir de son arrivée – il n'avait pas osé demander à Rebecca s'il pouvait s'installer dans la chambre d'amis, et elle ne le lui avait pas proposé non plus. Depuis, il l'avait vue deux fois, et elle n'avait pas paru se réjouir de ses visites. Il ne pouvait plus justifier ses incursions chez elle que par un intérêt pour le bateau, et encore cela n'aurait-il qu'un temps. Devenir propriétaire de la *Libellule* ne le tentait pas. Elle lui rappelait trop Felix.

Il déposa Marius et Inga devant leur terrain de camping improvisé et les suivit des yeux. Ils étaient tous les deux en short et légèrement bronzés. La démarche d'Inga était encore mal assurée. Marius balançait à bout de bras le sac en plastique contenant ses achats.

Comme on est insouciant, à cet âge ! songea Maximilian. Du soleil, la mer, une tente pour abriter leur amour… Il ne leur en faut pas plus pour être heureux.

Il redémarra pour franchir les quelques mètres qui le séparaient du portail de Rebecca, puis il s'arrêta et descendit en s'armant intérieurement contre l'accueil glacial qu'il allait devoir affronter. Le portail grinça quand il l'ouvrit.

Elle vient d'entendre le portail grincer et doit soupirer en levant les yeux au ciel…

Il la découvrit derrière la maison, occupée à étendre du linge sur un petit séchoir pliant, des tee-shirts, des sous-vêtements, des chaussettes. Elle ne leva pas les yeux pour accueillir Maximilian.

— J'ai fait un peu de lessive pour les jeunes, expliqua-t-elle comme si elle éprouvait le besoin de se justifier. La jeune femme – comment s'appelle-t-elle ? Inga ? – est passée ce matin me demander s'il y avait une laverie automatique en ville. Je lui ai proposé de…

Elle s'interrompit.

— J'espère que ça ne te dérange pas trop que… que je les aie amenés ici, s'excusa Maximilian, gêné.

Elle haussa les épaules.

— Ils ne vont pas rester éternellement.

— C'est vrai.

Il l'observa. Elle avait encore les gestes vifs d'une femme qui fait les choses rapidement car son temps est compté.

Rebecca, quel gâchis…

— Je voulais passer ce matin, mais je les ai d'abord descendus en ville. Inga devait revoir le médecin et Marius avait quelques courses à faire. J'en ai profité pour acheter deux ou trois choses pour toi aussi…

Il souleva le panier à provisions qu'il avait posé par terre en arrivant.

— Des fruits, du fromage, un rosé de Bandol qui devrait être parfait. Je me suis dit qu'on pourrait peut-être dîner ensemble ce soir.

Elle ne répondit pas.

— Je suis allé au port, poursuivit-il, voir la *Libellule*. J'ai parlé avec Albert. Il l'entretient vraiment bien.

— Et… ça te dit de la reprendre ?

— Je ne sais pas. Elle me rappelle trop Felix.

— Dis simplement oui ou non. Tu peux tout à fait refuser, je ne t'en voudrai pas.

— Ce n'est pas aussi simple.

— Je ne peux pas résoudre ce problème pour toi.

— Au moins, tu comprends qu'il y en a un.

À nouveau, elle ne répliqua rien et, brusquement furieux de n'avoir aucun pouvoir sur elle, il explosa :

— Écoute, Rebecca, maintenant ça suffit ! Tu n'es pas la seule à avoir du chagrin ! Tu as perdu ton mari. J'ai perdu mon meilleur ami. Les parents de Felix ont perdu leur fils. Nous devons tout de même continuer à vivre ! Nous n'avons pas le choix. Sa vie est finie. Pas la nôtre. On ne peut pas aller contre ça.

Elle étendit une dernière serviette, ramassa la corbeille à linge vide, puis leva les yeux et pour la première fois posa le regard sur lui. Il tressaillit devant la vacuité de son expression.

— Rebecca, dit-il doucement.

Un rictus où se mêlaient agacement et résignation déforma les lèvres de Rebecca.

— Laisse-moi faire mon deuil à ma façon. Et fais le tien comme tu veux.

— Mais tu ne maîtrises rien du tout ! s'exclama-t-il avec véhémence.

Il n'avait pas fini sa phrase qu'il se rendait compte que ni ses mots ni sa colère ne l'atteignaient. Ses efforts étaient désespérément vains. Exactement comme il l'avait redouté. Avec la mort de Felix, Rebecca était devenue inaccessible, et le seul effet que sa visite au Brusc risquait d'avoir était que l'amitié qui les liait – du moins les pitoyables miettes qui en restaient – n'y survive pas.

— Dînons-nous ce soir ensemble ?

Elle hésita puis acquiesça d'un signe de tête. Elle ne voulait pas se montrer impolie, mais elle ne manifesta aucun signe de plaisir.

Il allait prendre congé quand quelque chose lui vint à l'esprit.

— Le jeune homme, Marius, a l'air de bien savoir naviguer. La *Libellule* l'a enthousiasmé. Il aimerait beaucoup faire une sortie en mer avec sa femme. Tu serais d'accord ?

Alors qu'il s'attendait qu'elle refuse, elle haussa simplement les épaules.

— Pourquoi pas ? fit-elle d'un ton indifférent.

3

Quand elle allait relever le courrier, la peur la prenait toujours à l'idée qu'*il* lui ait à nouveau écrit. Elle ne pouvait pas être certaine qu'il s'agissait d'un homme, mais dès le début et sans hésitation elle avait exclu la possibilité qu'une femme ait rédigé ces horribles lettres. Non que leur contenu ait été d'une extrême violence ou particulièrement injurieux, mais il exprimait une menace insidieuse proprement terrifiante. En outre, l'idée de *peine de mort* revenait régulièrement dans le discours. Peut-être était-ce cette façon sadique de jouer avec l'angoisse qu'elle ne parvenait pas à prêter à une femme. En même temps, elle se laissait peut-être abuser par une image de la femme qui n'avait plus cours, si tant est qu'elle ait jamais existé.

Elle maudit les battements effrénés de son cœur qui redoublaient à mesure qu'elle s'approchait de la boîte aux lettres. Au fond, qu'importait qui avait imaginé ces horreurs ? C'était immonde, mais depuis deux semaines elle n'avait rien reçu, alors pourquoi se mettre dans un état pareil ?

Sa main tremblait tout de même quand elle ouvrit la petite porte métallique. Elle repéra un journal et plusieurs lettres. Peu de temps auparavant, elle se serait réjouie à l'avance de découvrir qui avait pu lui écrire. À présent, elle était tendue comme un arc et incapable de ressentir autre chose que de l'angoisse. Elle aurait préféré que la boîte soit vide.

Cela devenait absurde.

Elle examina rapidement les lettres. Il n'y en avait aucune de *lui*. Elle avait appris à identifier d'un coup d'œil le caractère qu'il utilisait sur son ordinateur. Ce jour-là, aucune enveloppe ne portait l'étiquette adhésive familière sur laquelle son nom était écrit. *Madame Clara Weyler*. Puis, au-dessous, son adresse.

La facture du téléphone, une lettre de sa sœur qui se trouvait en vacances à Majorque, une invitation à participer à un tirage au sort fabuleux, une carte postale des Maldives...

Tiens ? Qui donc était en ce moment aux Maldives ? Tant que ce n'était pas lui... Son cœur commençait à retrouver un rythme normal, elle se sentait plus solide sur ses jambes.

Elle retourna vers la maison en lisant rapidement la carte.

Agneta. Elle se souvenait d'Agneta. Une ancienne collègue, il y a longtemps. Une Suédoise, jolie, blonde, très naturelle. Agneta avait fait un beau mariage – si Clara se souvenait bien, son mari appartenait au directoire d'une importante chaîne de grands magasins – et elle l'imaginait sans peine passant régulièrement ses vacances à l'autre bout du monde. À Munich, elle habitait le très chic quartier de Grünwald et les vols long-courriers ne devaient pas avoir de secret pour elle.

Tout ici est merveilleux, écrivait-elle. *Le soleil, la mer turquoise, le ciel, le sable tellement fin et presque blanc. Je fais de la plongée ! Formidable pour se changer les idées. Je suis passée ces derniers temps par des moments assez désagréables et j'avais vraiment besoin de vacances. Je te raconterai à mon retour – j'aimerais bien savoir ce que tu en penses. D'ici là, je t'embrasse, Agneta.*

Clara s'arrêta. Son cœur battait à nouveau à grands coups.

De quoi Agneta parlait-elle ?

Il y avait à peu près trois ans qu'elles ne s'étaient pas vues. Du reste, elles n'avaient jamais été de grandes amies, simplement des collègues qui s'entendaient bien, qui s'appréciaient. Hormis pour des questions de travail, jamais elles n'auraient sollicité l'avis l'une de l'autre et elles ne se faisaient guère de confidences. Clara ayant été invitée au mariage d'Agneta, six mois plus tard elle avait en retour invité Agneta et son riche époux à son propre mariage avec Bert. Et l'année précédente, quand Marie était née, elle lui avait envoyé un faire-part. Cela expliquait qu'Agneta ait son adresse. Mais jamais elle ne lui avait envoyé de carte postale, et encore moins soumis un problème personnel.

Quelque chose clochait. Agneta avait des amies, Clara aussi. Alors pourquoi… ?

À moins que…

Clara se pencha à nouveau sur la carte postale qui tremblait très légèrement dans sa main. Agneta ne parlait pas d'un problème personnel. Mais de « moments assez désagréables ». Puis elle disait qu'elle « avai[t] vraiment besoin de vacances ».

Clara aurait pu dire exactement la même chose. Des moments désagréables, ces derniers temps, elle aussi en vivait plus souvent qu'à son tour, et une femme qui allait chercher son courrier les jambes flageolantes, qui tremblait quand elle ouvrait sa boîte aux lettres, qui le soir peinait à s'endormir et la nuit se réveillait en sursaut au moindre bruit avait à l'évidence « vraiment besoin de vacances ».

Agneta avait reçu les mêmes lettres qu'elle et elle se tournait aujourd'hui vers son ancienne collègue parce que ces lettres avaient un rapport avec le métier qu'elles exerçaient autrefois ensemble. Ce n'était pas à une de ses amies actuelles qu'elle pouvait en parler, mais à quelqu'un de cette époque, quelqu'un qui avait travaillé en même temps qu'elle auprès du juge aux affaires familiales.

Clara rentra dans la maison et verrouilla soigneusement la porte derrière elle. C'était une belle journée de plein été, en temps normal elle aurait tout laissé ouvert pour que la chaleur et le soleil pénètrent à flots dans les pièces. Depuis qu'elle avait reçu les lettres, c'était tout juste si elle osait laisser une fenêtre à l'espagnolette. La peur s'était insinuée dans sa vie, s'y était peu à peu construit un nid solide et confortable et elle ne semblait pas vouloir la quitter. Tout avait changé. Et justement maintenant. Pourtant, depuis la naissance de Marie, en septembre, il ne se passait pas de jour sans que Clara s'émerveille de son bonheur, de sa chance de voir son existence prendre ce tour heureux. Non qu'elle ait été jusque-là particulièrement malheureuse. Elle avait beaucoup aimé son travail. Tout au moins au début. Les années passant, il lui avait surtout pesé et elle avait compris qu'elle n'était ni assez armée psychologiquement ni suffisamment solide pour se confronter sa vie durant au monde impitoyable de ceux qui vivaient en marge de la société et compensaient leurs frustrations par la violence. Elle avait longtemps accepté la situation, puis elle avait démissionné et, à présent, elle s'en réjouissait. Elle aimait Bert et savait que son avenir était avec lui. Il n'était pas riche, sans doute n'iraient-ils jamais en vacances aux Maldives, mais ils vivaient bien, comme on disait, et de surcroît Bert avait hérité de ses parents cette petite maison aux portes de Munich, presque à la campagne. Marie grandirait au grand air, avec un jardin où elle pourrait jouer et dans un environnement de bois et de prairies qui commençaient au-delà de la haie. Comme ses frères et sœurs. Clara voulait d'autres enfants, cependant elle avait déjà quarante et un ans et les chances que cette joie lui soit donnée étaient assez minces. Mais elle avait au moins Marie et elle s'épanouissait dans son rôle de mère. Elle n'aurait rien changé à sa vie. Absolument rien.

Elle voulait seulement que cet homme cesse de lui écrire. Pourtant elle se doutait que la peur ne la quitterait pas, même si elle ne recevait plus de lettres. Du moins, pas avant longtemps. Ce type était quelque part dehors. Elle ne pourrait plus jamais faire comme s'il n'avait pas existé.

Elle posa la carte des Maldives devant le petit tableau des clés dans l'entrée. Du soleil, des palmiers. Agneta avait de la chance d'être si loin ! Mais elle allait devoir rentrer. Elle ne pourrait pas éternellement échapper à ses peurs.

Clara reparlerait de tout cela avec Bert ce soir. Il connaissait l'existence des lettres, mais il ne les prenait pas au sérieux.

« C'est quelqu'un qui s'amuse à faire peur aux gens, avait-il dit sur un ton rassurant quand la première lettre était arrivée. N'y attache pas plus d'importance que ça n'en a. Laisse-le à son délire. »

Verrait-il toujours les choses sous le même angle quand il apprendrait pour Agneta... ?

Elle l'entendait déjà protester. *Mais tu ne sais pas du tout si Agneta reçoit elle aussi des lettres ! Tu as échafaudé ça dans ta tête et tu t'emballes. Laisse donc Agneta revenir et nous raconter elle-même ce qu'il en est.*

Elle soupira. Une petite voix intérieure lui disait qu'elle ne se trompait pas, qu'elle ne s'était pas du tout laissé emporter par son imagination. Mais la voix paisible de Bert lui ferait du bien, et ce serait bon – ne serait-ce qu'un bref instant – de se bercer de l'illusion que cette histoire n'était qu'une plaisanterie, et au fond pas bien méchante.

Il était temps maintenant qu'elle s'occupe de Marie. Et qu'elle fasse un peu de ménage. Puis elles iraient acheter quelque chose pour le dîner de ce soir. Quelque chose de bon, pour Bert et elle.

Qui que soit le cinglé qui lui écrivait, elle n'allait pas le laisser détruire sa vie.

Vendredi 23 juillet

1

Inga avait toujours mal aux pieds, mais, depuis qu'elle utilisait la pommade que le médecin lui avait prescrite et changeait régulièrement ses pansements, ça allait beaucoup mieux. Elle ne pouvait porter que des chaussures ouvertes et, faute de mieux, devait donc se promener en permanence en tongs de plage, mais c'était encore ce qu'il y avait de plus adapté à la chaleur et au bord de mer. Elle avait toujours un peu de mal à marcher sans boitiller, cependant elle souffrait surtout d'être dans une région aussi merveilleuse sans pouvoir en profiter pleinement. Elle ne pouvait pas se baigner, ni entreprendre de longues balades, ni faire de jogging au petit matin dans la forêt. Son inactivité forcée commençait à lui peser. Quand Marius lui avait appris que Rebecca leur prêtait le bateau pour une sortie en mer, elle avait retrouvé le sourire.

Finalement, les vacances se présentaient beaucoup mieux qu'elle ne l'avait craint. Au lieu d'un terrain de camping surpeuplé, le hasard les avait déposés dans une sorte d'éden sauvage, loin des hordes de touristes, avec une vue magique sur la mer et la côte. Un décor de carte postale. Si elle n'avait pas été handicapée par ses blessures aux pieds, elle était certaine qu'elle aurait pu passer par les rochers pour atteindre la petite baie en contrebas et se baigner. Trouver un endroit pareil dans le Midi au mois de juillet était un véritable rêve.

Encore deux ou trois jours et ses ampoules auraient complètement cicatrisé. Résolument optimiste, elle se voyait déjà plongeant dans la mer et courant sur les rochers comme un cabri.

Assise au soleil sur le ponton de bois, elle regardait Marius et Maximilian préparer la *Libellule*. Après les avoir descendus en voiture au port, Maximilian avait proposé de les aider à gréer le bateau.

Dans la nuit, le mistral s'était déchaîné. Inga avait cru cent fois que la tente n'allait pas résister aux bourrasques, mais ils se trouvaient à l'abri des arbres et ils avaient conservé leur toit sur la tête. Depuis, le vent était retombé, le ciel était uniformément bleu et transparent, l'air un peu plus frais et plus piquant que les jours précédents, et l'horizon d'une netteté irréelle. Le monde entier paraissait avoir été lavé à grande eau.

Inga observait Maximilian, touchée par sa complaisance. En même temps, elle sentait intuitivement qu'il espérait, par le biais de l'intérêt qu'il leur portait, se rapprocher de Rebecca. Marius et Inga lui offraient la possibilité de monter chaque jour au cap et, du même coup, de pousser brièvement la porte de Rebecca.

Il n'arriverait pas à ses fins, elle en avait la quasi-certitude. Rebecca s'était complètement repliée sur elle-même. Il était possible qu'elle ne laisse plus personne rompre un jour sa solitude.

Agacée par ses cheveux qui ne cessaient de lui tomber sur le visage, Inga pêcha un élastique dans une de ses poches et les attacha sur sa nuque. Marius s'affairait avec le génois qu'il amurait sur un bout-dehors, entre le beaupré et le grand mât.

— Vous vous y prenez remarquablement bien, le félicita Maximilian. Vos gestes sont très sûrs. C'est pourtant la première fois que vous montez sur ce bateau.

— Je vous ai dit que, gamin, je passais le plus clair de mes vacances à faire de la voile, répliqua Marius sans interrompre son travail.

Maximilian plia la grand-voile sur la bôme et la noua solidement.

— Voilà une bonne chose de faite, dit-il. Voyons maintenant si le moteur veut bien démarrer. Il y a longtemps qu'il n'a pas tourné, j'espère que la batterie n'est pas à plat.

Il se tourna vers Inga.

— Et vous ? Êtes-vous aussi une vraie pro ?

Inga secoua la tête en riant.

— J'ai souvent accompagné Marius, si bien que je ne suis pas totalement ignorante. Mais je suis loin d'avoir les compétences d'une pro.

— Elle est excellente, intervint Marius. Bien meilleure qu'elle ne le prétend.

— Si tu dis vrai, c'est essentiellement grâce à tes talents de professeur, concéda Inga en échangeant avec lui un regard complice et tendre.

— Vous voulez sortir aujourd'hui ? demanda une voix en français derrière Inga.

Elle se retourna, surprise. Elle ne connaissait pas l'homme au visage buriné qui s'était approché sans qu'elle s'en rende compte, mais Maximilian le lui présenta aussitôt.

— Bonjour, Albert. Inga, voici Albert, le capitaine du port. Albert, Inga est l'épouse de Marius, que vous avez rencontré hier. Ils vont faire prendre un peu l'air à notre *Libellule*.

Albert fronça les sourcils et observa longuement le ciel.

— On va avoir à nouveau du mistral, lâcha-t-il.

— Aujourd'hui ? s'étonna Inga. Tout a l'air si calme, pourtant.

— C'est comme je vous le dis, s'entêta Albert. Et il sera là avant ce soir.

— Un problème ? s'enquit Maximilian qui venait sans succès d'essayer de lancer le moteur et n'avait pas suivi la conversation.

Albert fit un signe du menton vers les montagnes. Inga regarda dans la direction qu'il indiquait, mais ne vit rien que des lignes de crêtes bleutées et un ciel extraordinairement bleu. Des signes mystérieux durent toutefois apparaître aux deux hommes car Maximilian hocha la tête avec un air entendu.

— Le mistral. On ne l'a pas encore derrière nous.

Marius, qui avait fini avec le génois, se redressa en se massant le dos.

— Bah, ce n'est sûrement pas pour tout de suite, dit-il.

Albert hochait la tête.

— Avant ce soir, répéta-t-il. Pour moi, cet après-midi.

— Pas plus tôt ? interrogea Inga qui cherchait à se rassurer.

— C'est peu probable.

— Les prévisions météo d'Albert sont très sûres, dit Maximilian. Il est né ici. Je ne l'ai encore jamais vu se tromper. Avec Felix, nous ne partions pas sans l'interroger, et nous n'avons jamais eu de problème.

— Il est dix heures, dit Marius. Je propose que nous soyons de retour pour quatre heures cet après-midi. Ça nous laisse le temps de faire une belle sortie, et nous ne risquerons pas de coup de vent.

— Mais c'est quatre heures au plus tard, insista une fois encore Albert.

— Inga y veillera, dit Marius. Vous pouvez lui faire confiance !

Maximilian, qui avait disparu dans la cabine, en ressortit avec deux gilets de sauvetage.

— Avec ça, vous serez parés. Mettez-les. C'est la règle sur la *Libellule*.

Il tendit la main pour aider Inga à monter à bord. Elle n'avait pas le pied très sûr avec ses tongs, mais elle se sentait des ailes et atterrit sans encombre sur la plage arrière. Son enthousiasme monta encore d'un cran quand elle enfila son gilet de sauvetage.

— Quelle magnifique journée ! dit-elle. C'est vraiment gentil de la part de Rebecca de nous prêter le bateau. Remerciez-la encore pour nous, Maximilian.

— Je n'y manquerai pas. Et maintenant, dit-il en s'adressant à Marius, je vais essayer de lancer le moteur à la manivelle. La batterie n'est pas brillante, mais, dès que le moteur tournera, elle se rechargera. Il faudra que vous gardiez un œil dessus.

— Entendu. Où est la manivelle ?

Ils la dénichèrent dans un coffre du rouf. Plusieurs minutes s'écoulèrent ensuite avant qu'ils parviennent à décrocher l'échelle qui menait à la cabine afin d'accéder au moteur placé derrière. Inga retenait son souffle. Soudain, le ronflement attendu s'enclencha en même temps qu'une odeur d'essence emplissait l'air.

D'un bond, Maximilian regagna le ponton d'amarrage.

— Je passe vous prendre à quatre heures ! lança-t-il.

Inga était sur un petit nuage. Elle gagna la proue, et quand Marius, qui avait pris place à la barre, lui en donna l'ordre, elle détacha les amarres.

Lentement, la *Libellule* quitta son mouillage. Une mouette que rien jusque-là n'était parvenu à déloger du haut du mât prit son envol en poussant des cris furieux.

— Ça y est, on est partis ! s'écria Inga.

Sur le ponton, Maximilian levait la main pour leur souhaiter bonne route. À côté de lui, Albert ne s'était pas départi de sa mine sombre. Inga se demanda ce qui le contrariait autant. Était-ce le temps ? Ou bien tenait-il à la *Libellule* comme si ellc était à lui et ne la voyait-il partir qu'à contrecœur ? S'il désapprouvait que Rebecca prête son bateau à des inconnus, il devait enrager de ne pas pouvoir s'y opposer.

Tant pis. De toute façon, ça ne la regardait pas. La journée promettait d'être magnifique et elle allait la passer avec Marius, l'homme qu'elle aimait, sur un superbe voilier.

Une ombre lui cacha le soleil. C'était Marius qui avait lâché un instant la barre afin d'attraper sa casquette de base-ball et de la mettre sur sa tête pour se protéger du soleil.

— Avoue que ce n'était pas une si mauvaise idée que ça de descendre dans le Midi, dit-il.

Elle ne put s'empêcher de rire. Il avait l'air d'un petit garçon qui attend une récompense.

— C'était une idée géniale. Et je suis très contente de n'avoir eu de succès ni avec mes prédictions de malheur ni avec mon pessimisme. Ça te va ?

Il grimaça un sourire.

— Ça me va.

Un bond aérien et il avait repris son poste à la barre.

Le moment était important. Ils sortaient du port, devant eux la mer s'ouvrait, bleue, infinie. Encore quelques dizaines de mètres et ils fileraient vers le large toutes voiles dehors.

2

Quand Maximilian l'ouvrit, le portail du jardin de Rebecca émit son petit grincement habituel. Chaque fois qu'il le franchissait, il songeait malgré lui à l'expression de lassitude qui devait se peindre alors sur le visage de Rebecca. Cette seule idée suffisait à ralentir son pas et à rendre ses mouvements maladroits et hésitants.

Il la trouva dans la cuisine. La porte-fenêtre de la terrasse étant ouverte, il était entré dans la maison sans frapper. Un chiffon à la main, Rebecca frottait avec une folle énergie un plan de travail déjà étincelant de propreté. Ça ne lui ressemblait pas. Jusque-là, son intérieur était plutôt un modèle de négligence, parce qu'elle n'avait pas le temps de s'en occuper elle-même et pas envie de faire la leçon à sa très insouciante femme de ménage. Quand il venait chez Felix et Rebecca, Maximilian s'amusait toujours du joyeux désordre, non dénué de charme, qui régnait dans la maison. Il avait passé de nombreuses soirées dans sa grande cuisine chaleureuse, assis devant un verre de vin, à la regarder s'activer furieusement au milieu du chaos ambiant pour mener à bien une recette de spaghettis à la sauce en boîte.

La femme totalement différente qu'il avait devant lui l'inquiétait de plus en plus.

— Bonjour, Rebecca, dit-il.

Elle ne manifesta aucune surprise. Elle avait très certainement entendu le grincement du portail, et sans doute, juste avant, le bruit du moteur de sa voiture. Elle leva à peine les yeux et continua à tenter de faire disparaître des taches invisibles.

— Nos jeunes amis sont en mer, annonça-t-il. Marius est un vrai marin. Il a gréé le bateau comme un chef. Tu n'as aucun souci à te faire.

— Je ne m'en fais pas.

— Je leur ai promis d'être au port à quatre heures pour les raccompagner. D'après Albert, on va avoir à nouveau du mistral. Il vaut mieux qu'ils rentrent tôt.

— C'est plus prudent.

— Oui…

Il la regardait sans savoir quelle attitude adopter quand, pris d'un soudain accès de rage, son bras jaillit et il saisit le poignet de Rebecca pour la forcer à s'interrompre.

— Ça suffit, Rebecca ! Tu arrêtes, maintenant ! Je ne supporte plus de te voir comme ça. Je ne supporte plus que tu t'enfermes dans cette maison, que tu gaspilles ta vie et ton temps à astiquer pour la centième fois en deux jours une cuisine parfaitement propre ! C'est maladif, Rebecca ! C'est le pire gâchis de temps, d'énergie et de capacités auquel j'aie jamais assisté !

Elle essayait de se libérer de son emprise.

— Lâche-moi immédiatement, Maximilian ! Immédiatement !

— Non. Parce que sinon tu vas recommencer à martyriser ce malheureux plan de travail jusqu'à ce que tu aies fait un trou dedans ! Je rentre demain en Allemagne, et je ne reviendrai plus jamais me mêler de ta vie, mais, avant, il faut au moins que je te dise que je ne comprends pas ce que tu es devenue. Je ne comprends pas la lâcheté geignarde avec laquelle tu rejettes tout ce qui te reste malgré la mort de Felix. Ton chagrin, tes larmes, ton désespoir sont compréhensibles. Mais pas le fait que tu envisages délibérément de passer les cinquante années qu'il te reste à vivre dans cette solitude sans rien faire d'autre qu'astiquer du matin au soir une maison qui n'a pas le temps de prendre la poussière et de te figer dès que la porte de ton jardin grince parce que, catastrophe, on dirait bien qu'un être humain, et ne serait-ce que le facteur, s'est mis en devoir de te déranger !

Enfin, elle réussit à dégager sa main. Elle jeta par terre de toutes ses forces le chiffon qu'elle n'avait pas lâché. Ses yeux étincelaient de colère. C'était la première fois depuis son arrivée que Maximilian y percevait de la vie.

— Mais qui te dit, s'emporta-t-elle, que j'envisage de vivre encore cinquante ans ?

Il recula d'un pas. Le silence se fit dans la cuisine. Seul le discret bourdonnement du réfrigérateur était encore perceptible.

— C'est donc ça, dit Maximilian après un instant de sidération. C'est donc ça… Je me suis décidé à venir te voir parce qu'une idée me taraudait. J'avais un mauvais pressentiment. J'avais peur que tu te… fasses du mal. Je me disais que c'était idiot. Je te connaissais. Tu étais quelqu'un de solide et équilibré. Tu n'étais pas du genre à baisser les bras, tu étais au contraire du genre à toujours aller de l'avant. Et pourtant je n'arrivais pas à m'ôter cette idée de l'esprit. Elle a fini par prendre une telle place que j'ai décidé de venir. Si j'en crois ce que tu viens de dire, mon intuition ne me trompait pas.

Elle était à nouveau maîtresse d'elle-même. Elle se baissa pour ramasser le chiffon et le déposa dans l'évier derrière elle. Quand elle fit face à Maximilian, ses yeux ne reflétaient plus de colère, mais du cynisme.

— Ne me raconte pas d'histoires, Maximilian. Nous savons l'un et l'autre pourquoi tu es venu.

Il prit une longue inspiration.

— Rebecca…

— Depuis que tu as divorcé – non, je crois même que c'était avant –, tu me cours après. Manque de chance, il se trouve que j'étais la femme de ton meilleur ami, et je devais donc rester pour toi un tabou absolu. Mais Felix est mort, et, après ce qui t'a paru un délai de bienséance décent, tu t'es dit…

— Rebecca ! l'interrompit-il durement. Tais-toi ! Ne nous fais pas ça. Ce que tu dis est faux. Je suis venu parce que j'étais très inquiet pour toi, c'est tout.

— Tu voulais profiter de la mort de ton ami pour mettre enfin la main sur ce que tu convoitais depuis un bon moment, poursuivit-elle sans s'émouvoir, et je dois dire que j'ai rarement eu l'occasion de rencontrer une telle bassesse.

Il vacilla sous le coup. Le visage de Rebecca n'était que haine et mépris. Non ! Non ! Comment pouvait-elle dire des choses pareilles ?

Depuis que tu as divorcé, tu me cours après…

Elle s'exprimait avec une agressivité et un cynisme qui ne rendaient pas justice à la réalité. Mais, sur le fond, elle disait vrai. Il l'admirait et la désirait depuis le premier instant où il avait fait sa connaissance, et il voulait bien croire qu'après son divorce, quand ils avaient pris tous les trois l'habitude de se fréquenter, il n'avait pu que difficilement cacher ses sentiments.

Le premier choc passé, il sentit la colère le gagner devant sa déloyauté et la violence avec laquelle elle lui avait jeté à la figure ce qu'elle imaginait de ses intentions.

— Tu es malheureuse et amère. Et sans doute cela explique-t-il que tu te heurtes de front avec les gens qui ne te veulent que du bien. Je t'ai toujours admirée. Peut-être t'ai-je plus admirée qu'il n'est admis de le faire s'agissant d'une femme mariée, c'est possible, mais je n'ai jamais nourri pour toi des sentiments dont je n'aurais pu à chaque instant m'ouvrir à Felix. Je trouvais formidable ce que tu faisais de ta vie. Felix avait tellement d'argent ! Tu aurais pu devenir une de ces épouses écervelées qui partagent leur temps entre le golf, le tennis, le shopping et, occasionnellement, les soirées de charité, et qui sont toujours fourrées chez le coiffeur, l'esthéticienne ou je ne sais quel couturier à la mode. Comme ma femme, ce qu'à la fin je ne supportais plus. Tu étais différente. J'aimais la façon dont tu t'investissais dans ton travail, dont tu parlais des problèmes qu'on te soumettait chaque jour. Certains te bouleversaient au point que tu n'en dormais pas la nuit, mais tu consacrais toujours tout ton courage et ton énergie à les résoudre. Je me vois encore avec Felix, le soir, chez vous, devant la cheminée, un verre de whisky à la main, et tu arrivais, parfois très tard, parce que tu avais été retenue par tes consultations de conseil aux parents en difficulté, ou un séminaire sur la prévention de la violence... Tu étais fatiguée mais heureuse, il émanait de toi un tel sentiment de plénitude, de force, de jeunesse ! Tu étais différente des femmes que je fréquentais. Toujours en jean et pull-over, tes longs cheveux jamais trop peignés et ces bijoux de pacotille qu'inexplicablement tu préfères à tous les autres... Tout ça ensemble...

Il s'interrompit, cherchant les mots justes, essayant de déchiffrer quelque chose dans ses yeux, mais il ne rencontra qu'un visage distant et froid. Il comprit qu'elle était à nouveau inaccessible.

— Ah, Rebecca, je n'arrive pas à comprendre pourquoi nous ne devrions plus nous voir. Je ne comprends pas ce qui se passe. La façon dont tu as changé. Où donc a disparu la femme si forte que tu étais ?

— Je ne pense pas que ça te regarde, répliqua-t-elle d'un ton glacial.

Il aurait voulu la secouer.

— Tu te détruis, ici, Rebecca. Tu meurs. Soit parce qu'un jour tu vas finir par faire pour de bon ce qu'il faut pour ça, soit parce que tu ne seras plus qu'une coquille vide. Et si tu veux mon avis, pour ce qui est de la seconde possibilité, tu as déjà fait un sacré bout de chemin.

— C'est mon problème.

— Tu as donc l'intention de continuer comme ça ? Tu t'enterres ici, tu briques ta maison, tu penses à Felix et tu rejettes tout ce que l'avenir a encore à t'apporter ?

Elle le regarda d'un air moqueur.

— Qu'est-ce que l'avenir a donc à me proposer de si formidable ? Toi ?

La colère de Maximilian se réveilla, s'enflamma comme si quelqu'un avait jeté de l'huile sur des braises. Il songea que rien ne l'obligeait à subir ça. Rien ne l'obligeait à être là et à se faire humilier. Qu'elle aille au diable !

Aussi calmement qu'il le put, il dit :

— Je m'en vais. J'ai fait tout ce que j'ai pu. Je ne reviendrai pas, je te l'assure. Tu es adulte et suffisamment grande pour savoir ce que tu veux.

Il se rendit compte qu'il parlait comme un vieux monsieur offensé dont les jeunes ignorent superbement les bons conseils. Ce n'était pourtant pas ce qu'il voulait dire.

— Au revoir, Rebecca…

Il n'était pas question qu'il l'embrasse.

— … en dépit de tout, si tu as besoin d'aide, je t'en prie, appelle-moi. On ne sait jamais…

Il eut un geste d'impuissance. Transformée en statue de sel, Rebecca ne cilla pas.

Une fois dehors, il comprit qu'il fallait qu'il parte. Aussi vite que possible. Plus il s'attarderait près de Rebecca, plus grand était le risque qu'il cède à nouveau, tente de s'occuper d'elle, et se fasse humilier. Regagner son hôtel au plus vite était ce qu'il avait de mieux à faire.

Une chose lui revint à l'esprit, il se retourna et passa la tête par la porte de la cuisine. Rebecca, parfaitement immobile, était telle qu'il l'avait laissée.

— Marius et Inga seront de rctour à quatre heures. Peul-être peux-tu passer les prendre ? Sinon, il faudra qu'ils se débrouillent pour remonter. Moi, je rentre à l'hôtel et je prends la route de Munich dès ce soir.

Elle ne manifesta par aucun signe qu'elle l'avait entendu.

3

Karen avait décidé d'aller en ville à l'heure du déjeuner pour s'acheter des vêtements. Il faisait très chaud, mais le ciel s'était couvert et elle n'aurait pas à courir les boutiques sous le soleil. Il était midi et quart. D'ordinaire, à cette heure-là, elle commençait à préparer le repas de ses enfants, mais ils devaient participer à une rencontre sportive organisée par leur école et ils ne rentreraient qu'en fin d'après-midi. Karen disposait donc d'une plage de temps libre inespérée et, comme elle se sentait en meilleure forme que d'habitude, elle avait eu l'idée de faire du shopping. Il y avait une éternité qu'elle ne s'était rien acheté, car elle n'en avait pas éprouvé la nécessité. Comme sa vie se déroulait essentiellement entre ses quatre murs, elle n'avait pas besoin de vêtements chics, et elle avait encore moins besoin de se mettre en frais pour jardiner ou sortir le chien. D'après les journaux féminins, rien n'était meilleur pour le moral qu'un bon renouvellement de garde-robe ou une révision générale chez le coiffeur, l'institut de beauté et le centre de fitness, ce dont Karen n'avait jamais fait grand cas. Jusqu'à ce matin. Pour la première fois depuis longtemps, elle avait pris le temps de se regarder dans la grande glace de sa chambre et elle avait eu l'impression d'avoir beaucoup minci. Ses côtes saillaient, son ventre s'était creusé, ses hanches et ses cuisses avaient fondu. Elle était montée sur la balance et avait poussé une exclamation de surprise : elle pesait huit kilos de moins que la dernière fois qu'elle s'était pesée, en janvier ou février.

Elle ne s'était pas rendu compte qu'elle avait perdu tant de poids, mais elle se souvenait de tous ces jours où l'abattement et la tristesse avaient si fermement pris le dessus qu'elle s'était sentie incapable de manger. Ces derniers temps, il lui était même arrivé de vomir à force de tension et d'inquiétude. Elle se faisait beaucoup de souci. Surtout pour son couple.

Puis, soudain, elle s'était dit que, au lieu de broyer du noir en permanence, elle pourrait peut-être faire quelque chose de positif. Elle avait une jolie silhouette, mais, avec les vêtements informes qu'elle portait, il était difficile de s'en rendre compte. Et si elle donnait à Wolf l'occasion, ce soir, en rentrant, de la redécouvrir ?

L'idée lui avait donné des ailes et un regain d'énergie pour mettre la maison en ordre, faire une lessive et un peu de ménage. À midi, elle avait fini. Elle fit sortir une dernière fois Kenzo dans le jardin avant de partir. Il fila droit sur la haie mitoyenne, aboya plusieurs fois en direction de la maison voisine, puis fit demi-tour, leva la patte sur un rosier et revint vers la maison en trottinant.

— Tu es un bon chien, le félicita Karen, et tu vas rester bien sagement à la maison. D'accord ? Je ne serai pas absente longtemps.

Il l'observa attentivement en penchant légèrement la tête de côté. Une fois dehors, elle ne put s'empêcher de regarder la maison vers laquelle il avait à nouveau aboyé. Aucun signe de vie. Les volets roulants étaient aussi fermés que la veille.

Je m'étais dit que je ne m'en occupais plus !

Dans la seconde qui suivit, elle rompit une deuxième fois le pacte qu'elle avait scellé avec elle-même. Il faut dire aussi qu'il aurait fallu qu'elle ferme les yeux pour ne pas voir la boîte aux lettres de ses voisins quand elle se rendait à son garage. Elle avait pris tout le courrier qui dépassait du petit rabat en laiton et l'avait posé sur le dessus d'un placard de la cuisine. Wolf n'en savait rien. Elle n'avait pas voulu lui donner l'occasion de faire une de ces remarques acerbes dont il avait le secret, mais elle pensait qu'entre voisins c'était le moindre des services que l'on pouvait se rendre.

Deux lettres, un journal et un catalogue de vente par correspondance dépassaient de la boîte. Karen les prit sans hésitation. Elle sonna plusieurs fois, par acquit de conscience. Elle savait que la porte de la maison resterait close.

Wolf avait raison. Elle se rendait folle avec cette histoire.

En ville, au début, tout se déroula à la perfection. Elle trouva une place de parking sans avoir besoin de chercher et, quand elle entra dans la boutique où elle achetait autrefois beaucoup de vêtements – autrefois, quand tout était différent, quand ils vivaient encore dans l'ancienne maison et que parfois Wolf lui disait qu'il l'aimait –, la vendeuse, qui la reconnut immédiatement, l'accueillit avec une grande gentillesse.

— Vous avez extraordinairement minci ! Il faut que vous me donniez votre secret !

Sevrage permanent d'amour, eut envie de répondre Karen, ça fait de vrais miracles !

Elle garda ses pensées pour elle et au lieu de cela bafouilla quelques mots sur le stress du déménagement.

— Déménager est une réelle épreuve, renchérit la vendeuse d'un ton compatissant. Mais si, en contrepartie, on retrouve sa silhouette de jeune fille… Vos vêtements ne vous vont plus du tout, ça saute aux yeux. Il vous faut bien deux tailles de moins !

Encouragée par les compliments de la vendeuse et légèrement grisée par la coupe de champagne qu'on lui avait offerte et qui lui monta d'autant plus vite à la tête qu'il faisait chaud et qu'elle était à jeun, Karen se laissa entraîner à dépenser beaucoup plus qu'elle ne l'avait prévu.

Elle s'acheta deux jeans taillés très près du corps, plusieurs tee-shirts, eux aussi extrêmement moulants, une robe courte, une plus longue et – cela devait vraiment tenir au champagne – un minuscule bikini. Jamais elle n'en avait porté, même quand elle était toute jeune, et après ses deux grossesses elle n'aurait pas imaginé le faire dans ses rêves les plus fous.

— Mais il est fait pour vous ! s'était exclamée la vendeuse avec un enthousiasme communicatif.

Puis elle avait ajouté, et c'est ce qui avait emporté la décision de Karen :

— Et ça plaira sûrement à votre mari !

Karen quitta la boutique avec deux grands sacs. Elle se sentait légèrement ivre et se demandait confusément quelle tête ferait Wolf en découvrant son prochain relevé bancaire, mais l'alcool l'empêchait de se poser sérieusement la question. Elle s'arrêta un instant au milieu du trottoir et réfléchit. Maintenant qu'elle avait commencé, autant aller jusqu'au bout et s'offrir le restaurant. Il lui faudrait prendre son courage à deux mains, aller seule au restaurant n'était pas dans ses habitudes, pourtant l'idée lui paraissait adaptée à la situation. Il y avait longtemps qu'elle n'avait pas mangé autre chose que sa propre cuisine et se faire servir lui parut brusquement plein d'attraits. Peut-être cela l'aiderait-il à manger un peu plus que d'ordinaire.

Elle rangea les sacs contenant ses achats dans le coffre de la voiture, puis elle prit la direction d'un petit restaurant italien situé non loin de la banque où travaillait Wolf. Avant la naissance des enfants, ils s'y retrouvaient souvent pour déjeuner. Ils prenaient un plat de pâtes, puis partageaient une part de tiramisu qu'ils se donnaient mutuellement à manger à la cuillère. Entre les plats, ils se racontaient leur matinée en se tenant la main. À l'époque, Karen travaillait encore et, parfois, ils avaient l'un et l'autre tant de choses à se dire qu'ils parlaient en même temps et pour finir se regardaient et éclataient de rire. Alors ils s'embrassaient, négociaient pour savoir qui raconterait son histoire en premier, et s'embrassaient encore. Ils ne pouvaient pas s'en empêcher…

Elle soupira. Au premier bébé, leurs déjeuners en amoureux avaient brutalement pris fin. Karen ne pouvait plus s'échapper de la maison. Ils avaient bien essayé à plusieurs reprises d'emmener le petit avec eux, mais chaque fois il n'avait cessé de pleurnicher et de s'agiter. Wolf avait fini par déclarer que ces déjeuners lui mettaient les nerfs à vif et qu'il était préférable de renoncer temporairement à leur rituel.

Temporairement… Le deuxième bébé était arrivé, encore un braillard (« Il doit y avoir quelque chose que tu fais complètement de travers avec ces enfants ! » répétait Wolf), et un jour il devint tacitement entendu qu'il n'y avait plus de déjeuners au restaurant italien et qu'il n'y en aurait plus.

Ce qu'elle ne comprenait pas, c'est pourquoi tout cela avait débouché sur une telle froideur. D'autres amants devenaient parents, et par voie de conséquence n'avaient plus autant de temps l'un pour l'autre, d'autres maris faisaient brillamment carrière et vivaient dans le stress permanent de nouvelles responsabilités. Pourtant, ils réussissaient à préserver leur couple.

Ou ne réussissaient-ils pas ?

Tous les couples évoluaient-ils comme le leur ? Ce qui leur arrivait était-il normal ? Était-ce simplement qu'elle n'acceptait pas la situation au point de s'en rendre malade, de sombrer dans la dépression, de devenir lentement anorexique ? Dans ce cas, Wolf avait raison. Si elle n'avait pas eu cette disposition à la dramatisation, cette tendance à l'hystérie…

Tout en refaisant le trajet encore familier jusqu'au restaurant, elle se rendit compte que sa bonne humeur était en train de s'évanouir. Le découragement et la tristesse reprenaient leurs droits. Cette tristesse désormais étroitement liée à Wolf, ou plutôt étroitement liée à ces remarques qu'il lui faisait si souvent. Ces remarques blessantes. Du moins était-ce ainsi qu'elle les percevait. Mais peut-être, là aussi, se faisait-elle des idées.

Le mécanisme était lancé. Les idées avaient recommencé à tourner dans sa tête. Il lui faudrait à présent des heures pour s'en défaire. Le manège s'était mis en marche si lentement et si discrètement qu'elle n'en avait pas pris conscience à temps. Parfois, quand il venait juste de démarrer et tournait encore très doucement, il y avait un court laps de temps pendant lequel il était encore possible de sauter en marche. À vrai dire, il était rare qu'elle réussisse à saisir l'occasion. Aujourd'hui, elle lui avait complètement échappé.

Quand elle se trouva en face du restaurant, avec juste la rue à traverser, elle comprit qu'elle n'y entrerait pas. Elle serait incapable d'avaler quelque chose, et surtout elle ne se sentait plus le courage de revoir la salle familière, d'avoir devant les yeux ces images d'un temps qui ne reviendrait plus. Au surplus, c'était prendre le risque qu'un serveur la reconnaisse et lui demande pourquoi il y avait si longtemps qu'on ne l'avait pas vue. Elle n'était pas certaine, alors, de ne pas fondre en larmes et elle n'avait pas du tout envie de tenter l'expérience.

Elle aperçut Wolf au moment où elle faisait demi-tour.

Il arrivait sur l'autre trottoir, reconnaissable de loin à sa démarche toujours un peu arrogante et à son costume gris clair qui signalait le banquier sérieux. La lumière de midi soulignait ses premières mèches argentées, ce qui le rendait très séduisant. Du reste, il émanait de sa personne entière un rayonnement qui eut pour effet que Karen se sentit instantanément quelconque, terne, petite, assurément inapte à paraître aux côtés d'un homme pareil. La belle apparence de Wolf y était certes pour quelque chose, mais ce qui lui donnait ce sentiment, c'était surtout l'aisance avec laquelle il marchait, l'assurance qu'il portait en bandoulière. L'autorité satisfaite avec laquelle il descendait la rue, confiant, serein, sans se comparer aux autres, sans se demander s'ils étaient mieux que lui, plus beaux, plus intelligents, plus cultivés ou plus intéressants.

À vrai dire, il ne faisait, ne pensait ou ne percevait rien de ce que Karen faisait, pensait ou percevait. Un monde les séparait. Il y avait d'un côté l'homme d'affaires qui réussissait, de l'autre une femme insignifiante.

Et, même avec une pleine collection de nouveaux vêtements, une femme insignifiante restait une femme insignifiante, Karen venait d'en prendre conscience. Rien n'avait changé. Elle avait seulement dépensé beaucoup trop d'argent, et fait tout ce qu'il fallait pour s'attirer les foudres de son mari.

Wolf n'était pas seul. Une jeune femme, qui justement éclatait de rire, marchait à côté de lui. Elle rejeta ses cheveux en arrière et remonta ses lunettes de soleil sur sa tête en un geste très sensuel.

L'effet du champagne s'évanouit d'un coup. Dégrisée et presque indifférente – au point qu'elle se demanda si elle était trop sidérée pour éprouver encore quelque chose –, Karen observait la scène.

La tenue de la jeune femme n'était ni très attrayante ni très à la mode, son tailleur-pantalon beige et son chemisier blanc étaient même presque trop stricts pour son âge. Nul besoin d'être extralucide pour deviner qu'elle travaillait elle aussi dans une banque. Sans doute la même que celle de Wolf. Une collègue. Wolf déjeunait avec une collègue. Dans le restaurant italien où il invitait autrefois sa femme. Il n'y avait rien d'extraordinaire à cela. Rien d'inquiétant.

Wolf aurait-il dû déjeuner seul face à son assiette ? Aurait-il dû éviter l'unique bon restaurant de son quartier sous prétexte qu'à une époque proche de la préhistoire il y flirtait avec sa femme entre les spaghettis et le tiramisu ?

Ils étaient à présent devant l'entrée du restaurant. Wolf tint la porte ouverte à sa compagne puis la suivit à l'intérieur. Pour autant que Karen put en juger à travers les baies vitrées, le maître d'hôtel les accueillit avec empressement.

On les connaît, ils ont *leur* table, comme nous autrefois, songea Karen. On sait à l'avance ce qu'ils boivent, et, quand à la fin du repas ils commandent un seul dessert, on le leur apporte d'autorité avec deux cuillères afin qu'ils puissent…

Elle reprit sa respiration et secoua la tête pour ne pas laisser l'image s'imposer à son esprit. Non, Wolf et sa collègue ne mangeaient pas leur dessert dans la même assiette. Ils n'avaient pas l'air d'un couple d'amoureux. Ils avaient l'air d'amis, de collaborateurs qui s'entendent bien et profitent d'une pause entre midi et deux heures pour déjeuner ensemble. Au-delà de ça, il était évident que Wolf se montrait volontiers avec cette femme. Sans doute beaucoup plus volontiers qu'avec la sienne.

Le premier effet de surprise se dissipa. Brusquement, Karen se sentit presque mal à l'idée que, si elle avait terminé ses achats un peu plus tôt, si elle avait bu un peu plus de champagne, elle aurait eu le courage d'entrer seule dans le restaurant. Elle s'y serait trouvée quand Wolf était entré. L'étonnement l'aurait cloué sur place, puis il se serait ressaisi, il aurait fait les présentations et pour finir ils se seraient tous assis à une même table... L'horreur. L'horreur absolue. Cette idée lui fut si insupportable qu'elle ne put rester une seconde de plus devant le restaurant. Elle partit comme une folle à travers les rues. Quand elle atteignit sa voiture, elle était hors d'haleine et tremblait comme une feuille. Elle extirpa les clés du fond de son sac, déverrouilla les portières et s'effondra devant le volant. Un bref coup d'œil dans le rétroviseur lui confirma ce qu'elle redoutait. Les joues en feu, le front trop pâle, une coiffure qui ne ressemblait plus à rien, son rouge à lèvres effacé, elle avait une tête épouvantable. Pas étonnant que Wolf ne sorte plus avec elle. Il était au courant de la manifestation sportive de l'école, il aurait pu lui proposer de déjeuner avec lui en ville. Mais il n'était pas aussi bête. Il avait bien mieux sous la main. Et Wolf avait toujours estimé qu'il lui fallait ce qu'il y avait de mieux.

Karen ne pensait pas qu'ils couchaient ensemble. Alors qu'est-ce qui la mettait dans cet état ? Qu'il l'ait depuis longtemps exclue de sa vie ? Qu'il ne s'intéresse plus à elle ? Qu'elle ne soit plus que la femme qui tenait sa maison et élevait ses enfants ? Cela faisait mal. Épouvantablement mal.

Elle fut soulagée d'arriver saine et sauve chez elle. Sur le trajet du retour, on l'avait plusieurs fois klaxonnée parce qu'elle oubliait de redémarrer au vert, et, perdue dans ses pensées, elle avait refusé la priorité à une voiture de sport décapotable, ce qui lui avait valu d'être poursuivie par les invectives du conducteur et de la jolie blonde qui l'accompagnait.

Elle avait essayé de se convaincre que ce qu'elle avait vu n'avait pas d'importance, que ça lui était égal. À la vérité, ça ne lui était pas égal du tout.

En sortant de son garage, elle vit quelqu'un devant le portail de ses voisins. Un homme qui avait encore le doigt sur la sonnette. À la façon incrédule dont il fronçait les sourcils en regardant la maison puis la rue dans un sens et dans l'autre, ce ne devait pas être la première fois qu'il sonnait. Dès qu'il aperçut Karen, il vint vers elle.

— Excusez-moi, sauriez-vous si M. et Mme Lenowsky sont bien là ? demanda-t-il en la saluant d'un signe de tête. J'avais rendez-vous aujourd'hui…

Elle le regarda en écarquillant les yeux et s'efforça de se concentrer sur ce qu'il disait.

— Rendez-vous ? fit-elle d'une voix rauque.

Elle s'éclaircit la gorge, se dit qu'il devait la trouver stupide, mais répéta néanmoins d'une voix plus claire :

— Vous aviez rendez-vous ?

— Je fais de l'entretien de jardin. Je dois m'occuper à partir d'aujourd'hui de la propriété des Lenowsky. Il y a deux semaines qu'on a fixé la date. Et c'était drôlement impératif.

— Et il était prévu que les Lenowsky soient là ? Parce que vous pourriez entrer dans le jardin et…

— Oh, là, surtout pas ! M. Lenowsky a une conception très précise de la façon dont il souhaite que ce soit fait. Nous en avons discuté, mais il tenait expressément à être présent au cas où il aurait eu des modifications à me faire connaître.

— Je comprends, dit Karen, qui commençait à retrouver une voix normale. En fait, je m'interroge aussi depuis quelques jours. Les volets roulants sont fermés, personne n'ouvre quand on sonne, et en même temps la boîte aux lettres déborde… Je prends le courrier qui dépasse, sinon le trottoir serait jonché de lettres. Personne ne m'a demandé de m'en occuper, mais je n'ai pas l'impression que quelqu'un ait été chargé de le faire. Ça me semble curieux.

— C'est effectivement curieux, acquiesça le jardinier. Très curieux.

— Nous n'habitons pas ici depuis longtemps, poursuivit Karen.

Cela faisait du bien de parler à quelqu'un...

— En fait, je connais assez peu mes voisins. Toutefois ils m'ont semblé... eh bien, je ne pense pas qu'ils partiraient comme ça en laissant tout en plan. Ils m'ont donné l'impression d'être très méticuleux et organisés.

— C'est aussi l'impression que j'ai eue. Ça ne leur ressemble pas de ne demander à personne de prendre leur courrier. Et ça ne leur ressemble pas de poser des lapins. Ils m'auraient décommandé s'ils avaient eu un contretemps. On peut en penser ce qu'on veut, mais on ne peut pas leur reprocher de ne pas être réglo. Pour ça, on peut leur faire confiance.

Karen approuva. Ils regardaient l'un et l'autre la maison. Les volets roulants fermés lui donnaient un air hostile, froid, mort. La seule vie émanait des abeilles qui bourdonnaient dans le jardin et des quelques papillons qui voletaient d'une fleur à l'autre.

— Mon chien ne cesse pas d'aboyer en direction de la maison, dit Karen. Depuis déjà une semaine. Jamais il ne fait ça, d'habitude.

— On devrait peut-être entrer dans le jardin. Il doit bien y avoir une fenêtre dont le volet roulant n'a pas été abaissé. On pourra voir ce qui se passe à l'intérieur.

Karen sentit le froid l'envahir.

— Qu'espérez-vous donc découvrir ?

Le jardinier haussa les épaules.

— Aucune idée. Ces gens ne sont plus tout jeunes. Ils ont peut-être eu un malaise. Ou un accident…

— Tous les deux ?

— J'y vais, dit le jardinier en poussant le portail.

Karen le suivit.

Dans le jardin, l'herbe était haute. C'était d'autant plus surprenant que Fred Lenowsky mettait un point d'honneur à la tondre ras. Les pluies d'orage des deux jours précédents avaient rempli les petits bassins de pierre où les oiseaux s'abreuvaient, mais les effets de la sécheresse commençaient à apparaître. Les feuilles des géraniums pendaient pitoyablement dans les jardinières de la terrasse. Près de la porte d'entrée, un gros pied de marguerites se desséchait et toutes les fleurs étaient cernées d'un liseré brunâtre. Des pissenlits poussaient entre les dalles de l'escalier de l'entrée ; ils n'étaient pas hauts, mais, à l'évidence, personne ne les arrachait plus. Le jardin ne donnait pas l'impression d'être à l'abandon, beaucoup des jardins alentour n'étaient pas mieux entretenus. Cependant, au regard des critères d'exigence des Lenowsky, il était incontestablement négligé.

La porte de la maison était un solide cadre de bois au sein duquel d'épais carrés de verre teintés en vert foncé s'ordonnaient selon un ordre géométrique peu ordinaire. Elle était translucide, mais ne permettait pas de voir à l'intérieur. À gauche de la porte, un chemin dallé faisait le tour de la maison. Les volets roulants de toutes les fenêtres du rez-de-chaussée étaient fermés.

— Il est possible que les Lenowsky soient partis en vacances, aient demandé à quelqu'un de s'occuper de la maison et du jardin, mais que cette personne ait eu un empêchement. Qu'elle soit malade, ou ait tout simplement oublié…

— C'est possible, dit le jardinier sans paraître convaincu. Il faudrait se renseigner auprès des voisins.

Ils avaient contourné la maison et atteint la terrasse couverte située à l'arrière. Une table de jardin en plastique blanc et quatre chaises étaient disposées sous l'auvent ; des galettes d'assise à rayures bleues et blanches étaient soigneusement nouées aux dossiers des chaises. Dans un coin de la terrasse, une nappe à fleurs, sans doute balayée par le vent, était tassée sur le pied en maçonnerie d'un support de parasol vide.

— On ne part pas en vacances en laissant les coussins des chaises dehors ! s'exclama le jardinier. Il y a vraiment quelque chose qui ne va pas dans cette maison.

Les volets de la fenêtre et de la porte-fenêtre qui donnaient sur la terrasse étaient clos. Au premier étage, un balcon s'étirait sur toute la longueur de l'auvent. Le jardinier s'éloigna de la maison pour essayer de voir au-delà de la rambarde.

— Je ne distingue pas grand-chose, mais j'ai l'impression que le volet roulant d'une des fenêtres est ouvert. On pourrait escalader le balcon…

— Ce que nous faisons n'est pas très légal, objecta Karen, mal à l'aise. Nous sommes sur une propriété privée…

— Ce n'est vraiment pas ça qui m'inquiète, répliqua le jardinier en plissant le front. Il y a quelque chose de louche, ici. En fait, on devrait…

Il laissa sa phrase en suspens.

— On devrait quoi ? demanda Karen, qui avait encore devant les yeux l'image de Wolf et de la jeune femme descendant la rue et n'était pas complètement présente.

— On devrait prévenir la police.

Elle prit peur à l'idée de la façon dont Wolf réagirait.

— Je ne sais pas… S'il s'avère qu'il n'y a aucun problème, on aura l'air ridicule.

— Hum…

Il devait la prendre pour une petite-bourgeoise timorée qui répugnait à se mêler de ce qui risquait de lui attirer des ennuis.

— OK Attendons deux ou trois jours avant d'intervenir. Mais pas plus. Vous avez la maison quasiment sous les yeux. Vous pouvez m'appeler s'il se passe quelque chose ?

— Bien sûr, répondit Karen, tout en priant intérieurement pour qu'il se passe vite, très vite, quelque chose. Pour que les Lenowsky reviennent bronzés et en pleine forme de vacances au soleil, pour qu'il s'avère que tout cela n'était qu'un malentendu entre eux et la personne qui devait s'occuper de la maison. Elle repensa aux lumières allumées au milieu de la nuit. Au fond d'elle-même, elle ne croyait pas à une issue heureuse.

Le jardinier lui donna sa carte de visite et nota le nom et le numéro de téléphone de Karen dans un petit calepin.

— On ne sait jamais, dit-il. Il peut me revenir un détail important...

Il s'appelait Pit Becker. Des fleurs et des arbres étaient imprimés sur sa carte de visite.

— Et, au cas où vous auriez un jour besoin d'un bon jardinier, n'hésitez pas ! ajouta-t-il en riant.

Karen imagina malgré elle combien ce serait agréable, dans sa situation, d'entamer une liaison avec un jardinier. Le matin, pendant que les enfants seraient à l'école... Pit était très beau, il était grand, large d'épaules, bronzé à souhait. Et, du moins en tant que liaison possible, il devait trouver Karen aussi parfaitement inintéressante qu'elle le trouvait beau. Nul doute qu'elle n'était à ses yeux qu'une femme au foyer comme il y en avait des milliers d'autres dans ces faubourgs résidentiels, une cliente potentielle, rien de plus.

Ils sortirent du jardin et refermèrent le portail sur la maison sombre et silencieuse. Pit monta dans un minibus décoré des mêmes fleurs et des mêmes arbres que sa carte de visite, fit un dernier signe de la main et démarra. Karen le suivit des yeux jusqu'à ce qu'il disparaisse de sa vue, puis elle entra lentement dans son propre jardin et ouvrit la porte d'entrée de la maison. Kenzo bondit sur elle pour l'accueillir et, dans son enthousiasme, faillit la renverser.

— Toi, au moins, tu es heureux de me voir, dit-elle.

Il posa un instant sur elle ses grands yeux noirs humides. Puis il sortit comme une flèche dans le jardin. Il courut à la haie, se planta devant la maison et aboya.

Il aboya plusieurs minutes d'affilée, en fait jusqu'à ce que Karen, qui craignait que quelqu'un ne se plaigne à nouveau, le rappelle.

4

La *Libellule* se balançait, voiles affalées, sur une mer encore agitée par le récent épisode de mistral. L'eau avait des reflets turquoise, le ciel était bleu avec de rares nuages blancs. Devant eux la côte rocheuse, couverte de végétation à son sommet, plongeait à pic dans la mer.

Une journée presque parfaite.

Des vacances presque parfaites, songea Inga, qui somnolait allongée sur l'un des bancs du cockpit. Vêtue d'un minuscule bikini, un chapeau de paille posé sur le visage pour se protéger du soleil, elle goûtait au plaisir de sentir la chaleur sur son ventre nu. Elle avait dû s'assoupir un instant et se demanda ce qui l'avait réveillée. Depuis leur départ, la mer était agitée, mais jusque-là le voilier avait suivi le rythme régulier de vagues longues et bien formées. L'état de la mer devait avoir changé car le rythme du bateau était devenu désordonné. Peut-être était-ce ce changement de rythme qui l'avait tirée de sa sieste. Elle repoussa son chapeau et se redressa. Le vent s'était levé, les nuages s'étaient creusés en forme de grosses virgules toutes tournées dans le même sens. Albert ne s'était pas trompé. Le mistral serait là avant ce soir.

Elle regarda autour d'elle, mais ne vit Marius nulle part sur le bateau. En fouillant la mer des yeux, elle le découvrit dans l'eau entre deux vagues. Rattaché à la *Libellule* par une corde de sécurité, il nageait vite et nerveusement, fidèle à un style toujours un peu agressif. À cet instant, il tourna la tête et regarda le bateau. Peut-être venait-il lui aussi de se rendre compte que le vent se levait.

Elle lui fit signe. Il lui répondit par un signe de la main, puis nagea vers le bateau en un crawl puissant.

Rassérénée, Inga se laissa aller au bonheur extraordinaire d'être ainsi seuls au milieu de la mer. Pourvu qu'ils puissent à nouveau emprunter le bateau…

Marius avait déjà rejoint la *Libellule*. Inga le regarda remonter par l'échelle et le trouva décidément séduisant. Depuis deux ans qu'ils étaient mariés, ils ne se regardaient plus avec l'émerveillement et la passion des premiers jours, pourtant, à cet instant, elle tomba sous le charme de sa beauté, de sa jeunesse, de sa force.

Le soleil, la chaleur… elle se serait bien laissée aller à faire l'amour avec lui, là, immédiatement, sur le bateau. Le mistral aurait-il la bonté d'attendre avant de se lever complètement ?

C'était peu probable. Mieux valait oublier cette idée.

Elle regarda Marius hisser la grand-voile. Ses gestes étaient sûrs, précis. Il se déplaçait sur le bateau comme s'il faisait cela tous les jours. Elle ouvrait la bouche pour lui dire son admiration devant tant de maîtrise quand il dit soudain, sur un ton léger, comme si l'idée venait de lui traverser l'esprit :

— On devrait partir avec le bateau. Qu'est-ce que tu en penses ?

Elle rit. Il disait parfois des choses un peu folles. Il aimait discuter avec le plus grand sérieux de sujets complètement déraisonnables et souvent Inga s'amusait à le suivre dans son jeu.

— J'en pense que c'est une excellente idée, dit-elle en s'étirant paresseusement. On pourrait enfin faire le tour du monde à la voile. Ça m'amuserait beaucoup plus que de retourner à la fac.

Marius frottait ses cheveux mouillés avec une serviette.

— On ne peut pas faire le tour du monde avec ce bateau. Mais on pourrait le vendre. Ça nous ferait un joli paquet de fric. De quoi commencer une nouvelle vie quelque part.

— D'accord, mais au soleil. Quelque part où il fera toujours aussi chaud qu'aujourd'hui. Je ne veux plus d'hivers longs, froids et pluvieux. On ne pourrait pas poser nos valises en Californie ou quelque part par là ?

Marius avait fini de se sécher les cheveux. Il mit un short et un tee-shirt et enfila son gilet de sauvetage.

— Tu devrais toi aussi te rhabiller et mettre ton gilet de sauvetage, dit-il. Le vent se lève drôlement.

Inga bondit sur ses pieds et attrapa ses affaires. Non seulement le vent s'était levé, mais l'air avait beaucoup fraîchi. Elle frissonna.

— On devrait vite rentrer. Je n'ai pas très envie d'être secouée comme dans un panier à salade.

— Pas question, répliqua sèchement Marius. Rien ne nous dit que la vieille nous prêtera le bateau une deuxième fois. On a une chance, on ne va pas la laisser passer.

Elle enfila lentement son tee-shirt, étonnée qu'il fasse soudain si froid, et regarda Marius. Ce n'était plus le moment de jouer. Il fallait qu'il arrête, maintenant. Le vent ne cessait d'enfler. Ils s'étaient déjà bien trop attardés.

— Marius, ça commence vraiment à m'inquiéter. Je ne suis pas aussi à l'aise que toi sur un bateau. Je veux être sur la terre ferme quand le mistral se déchaînera pour de bon. Tu peux comprendre ça, non ?

— J'ai navigué dans des conditions autrement difficiles. Ce n'est pas un ridicule petit coup de mistral qui va m'impressionner.

— Nous avons promis de rentrer pour quatre heures. Maximilian vient nous chercher. On ne peut pas le faire attendre.

— Notre brave Maximilian attendra jusqu'à minuit s'il le faut. De toute façon, il commence à me gonfler, celui-là. Si tu crois que je ne vois pas comment il te regarde. Il en a les yeux qui lui sortent de la tête !

Elle rit à nouveau, mais, cette fois, même à ses propres oreilles son rire sonna faux.

— Là, Marius, tu te fais des idées. C'est Rebecca qui l'intéresse, avec nous il est simplement gentil. Ne pars pas dans ce délire.

— Ben voyons. Tu ne vas pas dire le contraire. La façon qu'il a de te reluquer ne te déplaît pas. Ça ne t'a pas effleurée que je puisse ne pas trouver ça aussi drôle que toi ?

Il y avait dans sa voix une intonation qu'elle ne lui connaissait pas. Elle le regarda, mal assurée.

— Est-ce un jeu ou n'en est-ce pas un ? demanda-t-elle. Si c'est un jeu, j'aimerais qu'il s'arrête. J'ai peur de la mer. Je veux rentrer au port.

— Et moi je veux qu'on se casse avec le bateau et qu'on le vende !

— Tu es fou ? Tu ne parles pas sérieusement ?

Il n'y avait pas que cette intonation nouvelle dans sa voix, il y avait aussi une expression inconnue dans ses yeux.

— Quand je dis quelque chose, je parle toujours sérieusement. Il serait temps que tu t'en rendes compte.

— Mais... mais c'est un truc dingue ! On ne peut pas faire quelque chose qui... Marius, c'est un délit ! Et à quoi bon se mettre dans une situation pareille ? Je veux dire, on ne s'en sort pas si mal. Tu veux voler un bateau et passer le reste de tes jours à fuir devant la police ?

Elle n'arrivait pas à croire à ce qu'elle vivait. Il devait plaisanter, mais pourquoi n'arrêtait-il pas ?

— La salope ne va pas s'en remettre quand elle aura compris que son rafiot a disparu pour toujours !

— La salope ? Tu veux dire Rebecca ?

— À ton avis ? Si je ne m'abuse, c'est à elle, le truc sur lequel on est !

Inga avait fini de se rhabiller, elle ne parvenait toujours pas à comprendre ce qui se passait. Elle enfila son gilet de sauvetage en regardant Marius, espérant qu'il allait brusquement éclater de rire et que tout rentrerait dans l'ordre. Mais quelque chose lui disait qu'il n'en ferait rien. Cette expression inconnue dans ses yeux... Elle ne l'avait encore jamais vu comme ça, et il lui faisait peur.

Il s'accroupit au fond du cockpit et tenta de faire démarrer le moteur. Le ronflement familier ne voulait pas s'enclencher. Alors qu'il était resté de longues minutes dans l'eau froide et qu'il ne faisait pas un travail de force, il se mit aussitôt à transpirer, de grosses gouttes de sueur ruisselaient sur son front et ses bras. Il était énervé et agressif. Méconnaissable.

— Tu veux naviguer au moteur ? demanda Inga. En plus des voiles ?

— Tu n'arrêtes pas de dire qu'il faut qu'on se dépêche à cause du mistral. Avec le moteur, ça ira plus vite.

— C'est vrai.

Elle reprit espoir. Il était peut-être disposé à rentrer.

Enfin le moteur démarra. Marius se releva en soufflant comme un phoque et d'un geste agacé rejeta en arrière une mèche humide qui lui tombait sur les yeux.

— C'est pas trop tôt ! Saloperie d'engin !

Il se glissa derrière la barre.

— Assieds-toi, dit-il. On y va.

Il ne lui avait jamais parlé sur un ton aussi brutal.

Elle s'assit sans oser répliquer sur le banc où un quart d'heure plus tôt elle somnolait encore paisiblement, toute au bonheur d'une journée qui lui paraissait alors idyllique. Dans un instant, elle saurait si Marius avait décidé de rentrer ou de doubler le cap Sicié pour sortir de la baie. Ce qu'elle ferait dans le second cas, elle n'en avait pas la moindre idée. Que devait-on faire quand un cauchemar devenait réalité ?

Marius avait l'air très concentré, en même temps il paraissait très loin, fermé sur lui-même, inaccessible.

Malgré elle, Inga se demanda si, après cette histoire, elle pourrait rester avec lui, et se sentit brusquement encore plus mal à l'idée qu'un événement aussi soudain, aussi irréel, puisse ouvrir le champ à des questions aussi définitives.

Ainsi qu'elle l'avait redouté, Marius mit le cap sud-est. Les rochers de schiste noir du cap Sicié se dressaient sur leur gauche, menaçants. Du sommet des vagues les plus hautes, on pouvait déjà apercevoir l'île de Porquerolles. La mer était maintenant très formée, les vagues étaient creuses et sombres avec à leurs crêtes des gerbes d'écume que le vent balayait devant lui. La grand-voile claquait et, totalement hors de contrôle, passait brusquement d'un côté à l'autre du bateau.

— Rentre ta tête, cria Marius, sinon tu vas prendre un coup de bôme !

Elle baissa la tête.

— Marius, c'est de la folie ! Le cap est dangereux et le mistral est de plus en plus fort ! J'ai peur. Je t'en prie, rentrons !

— Sûrement pas. Je ne veux plus revoir la vieille. Point final. On va se faire un joli paquet de fric avec le bateau, et à nous la belle vie !

— Et si on chavire ? Si on se fracasse sur les rochers ?

— Tu oublies que tu as affaire à un pro !

Il partit d'un rire hystérique, qui lui fit froid dans le dos.

Il était devenu fou, complètement fou.

— Marius, je t'en prie...

Elle pleurait presque, à présent. Elle ne savait pas ce dont elle avait le plus peur, des énormes vagues et de la tempête ou de Marius, qu'elle ne reconnaissait plus.

— Je t'en prie, Marius, explique-moi ce qui se passe ! Je ne comprends pas. Qu'est-ce qui t'arrive ? Pourquoi voler son bateau à Rebecca ? Qu'est-ce qu'elle t'a fait ?

— Tu ne peux pas comprendre. Et rentre ta tête, bon sang !

Elle se baissa in extremis. La bôme de la grand-voile siffla au ras de ses cheveux. Le voilier était ballotté comme une coquille de noix. Marius parvenait à peine à le diriger, Inga le voyait bien.

— Ça devient de pire en pire ! cria-t-elle.

— Les courants ! cria-t-il en retour. À l'aplomb du cap, il y en a dans tous les sens, certains exactement contraires au sens des vagues. C'est pour ça qu'on est secoués !

— Fais demi-tour ! S'il te plaît !

Il ne répondit pas. Inga se leva et se dirigea vers lui. Le voilier tanguait tellement qu'elle perdait constamment l'équilibre et finit par tomber. Elle glissa de biais le long du banc de gouvernail et faillit renverser Marius. Quelque chose érafla douloureusement le haut de sa cuisse, peut-être un éclat de bois, mais elle était trop bouleversée pour se rendre compte que du sang coulait sur sa jambe.

— Marius, je ne suis pas d'accord !

Le bruit du vent était tel que, même à quelques centimètres de Marius, elle devait crier pour se faire entendre.

— Je ne sais pas ce qui te prend, mais il n'y a pas que toi dans cette histoire. Moi, je rentre. Après tu feras ce que tu veux !

Elle empoigna la barre et tenta de virer de bord. Elle comprit rapidement qu'elle n'avait pas la moindre chance. Marius était non seulement beaucoup plus fort qu'elle, mais sa position assise sur le banc derrière la barre, quand elle était à demie affalée en dessous, lui donnait un net avantage. À cela s'ajoutaient les courants qu'il avait lui-même de la peine à maîtriser. Inga avait l'impression que ce qu'elle faisait n'avait strictement aucun effet. Marius et elle se livrèrent une brève lutte dans laquelle elle mit toute sa détermination, puis ses forces l'abandonnèrent et elle lâcha la barre avec un sanglot.

— Ne recommence pas un truc pareil ! cria Marius. Sinon, tu vas vraiment réussir à nous faire chavirer !

— Qu'est-ce que tu as contre Rebecca ?

— Je la déteste.

— Mais pourquoi ? Tu la connais ?

Dans son désespoir, Inga se disait que, s'il parlait, si enfin elle comprenait ce qui se passait, elle pourrait peut-être faire quelque chose.

— Non. Mais je la déteste quand même.

— On ne déteste pas une personne sans raison !

— Je suis quelqu'un, déclara-t-il sans transition.

Il avait parlé sans élever la voix. À peine avaient-elles franchi ses lèvres que le vent avait emporté ses paroles, mais Inga avait réussi à comprendre ce qu'il avait dit. Ou plutôt à entendre ce qu'il avait dit, parce que le sens de sa déclaration lui échappait.

— Tu es quelqu'un ? Bien sûr que tu es quelqu'un !

— Ah, vraiment ?

Il la dévisageait avec hostilité. Cette expression dans ses yeux, trouble, instable. Était-ce de l'hystérie ? Était-ce… de la folie ?

Qui était cet homme ? Qui était cet homme qu'elle avait épousé ?

— C'est bien que tu t'en rendes compte. Malheureusement, ce n'est pas le cas de tout le monde. À vrai dire, ce n'est le cas de personne. Tu dis ça seulement pour ne pas m'énerver.

— Marius, est-ce que Rebecca, un jour, t'a fait du mal ? Est-ce que tu as été d'une façon ou d'une autre en contact avec elle ?

— Bien sûr que non. D'où est-ce que je la connaîtrais ? Je veux seulement dire que…

Il s'interrompit, lutta avec la barre que la mer démontée voulait lui arracher des mains, puis souffla bruyamment une fois qu'il eut enfin réussi à stabiliser le bateau.

— Je n'ai pas besoin de la connaître pour la connaître. Tu comprends ?

— Non.

— Je sais qui elle est et ce qu'elle est. C'est suffisant. Mais je sais aussi qui je suis. Je ne suis pas le dernier. Un jour, je serai même le premier !

Inga, perplexe, comprit qu'il était inutile de discuter avec lui. Il lui était arrivé quelque chose, elle ne savait pas quoi et ce n'était assurément pas le moment d'essayer de le découvrir. Ils filaient sur les vagues, poussés par le mistral, poussés vers le large par les redoutables courants de la sortie de la baie, et Marius ne semblait pas le moins du monde vouloir faire demi-tour. Quelles que soient ses intentions, il ne ramènerait pas la *Libellule* dans le port du Brusc.

Elle s'éloigna de lui à quatre pattes. Le vent ne cessait de rabattre la voile d'un côté ou de l'autre du bateau. Elle savait combien c'était dangereux. Prendre violemment la bôme sur la tête pouvait être mortel.

— Qu'est-ce que tu fais ? aboya Marius.

Elle ne répondit pas. La *Libellule* allait beaucoup trop vite et elle venait de songer à une possibilité, probablement la seule, de ralentir sa vitesse : couper l'alimentation électrique générale. Sans le soutien du moteur, Marius ne devrait pas pouvoir mener son projet à terme. Elle ne voyait pas d'autre chance de s'en sortir et priait pour que Marius ne perce pas ses intentions à jour et pense qu'elle souhaitait simplement se mettre à l'abri du vent. L'interrupteur se trouvait juste à l'entrée de la cabine, en bas des marches. Si elle l'atteignait, Marius ne pourrait pas l'empêcher de l'actionner.

— Qu'est-ce que tu fais ? aboya-t-il à nouveau.

À nouveau elle ne répondit pas. Elle avait presque atteint les marches quand elle se sentit saisie par le bras et violemment retournée. Une douleur fulgurante lui déchira l'épaule, et les larmes lui montèrent aux yeux. Stupéfaite, choquée, elle ouvrit la bouche pour reprendre sa respiration. Marius se tenait au-dessus d'elle, menaçant, le regard fou, le visage déformé par la haine et la colère.

— Sale petite garce, dit-il entre ses dents.

Inga devina les mots plus qu'elle ne les entendit.

— Tu voulais couper le moteur, hein ?

Désormais sans barreur, le voilier grimpait vers le ciel, piquait dans l'eau ou tournait sur lui-même au gré des vagues. Des paquets de mer s'abattaient sur le pont. Marius était trempé des pieds à la tête et qu'il soit encore sur ses deux pieds quand la frêle embarcation dansait comme un bouchon de liège tenait du miracle. Deux fois de suite, il évita la bôme au dernier moment, à croire qu'il disposait d'un sixième sens, car pas une seconde il n'avait quitté des yeux Inga, qui, paralysée par la douleur, était assise, ramassée sur elle-même, sur la première marche de l'escalier de la cabine.

Il devait lui avoir déboîté l'épaule, sinon elle n'aurait pas aussi mal.

— Je veux rentrer, dit-elle avec difficulté. Je t'en prie, Marius.

— Je ne retourne pas chez ces gens ! cria-t-il. Jamais, tu as compris ? Jamais !

Inga réussit à déplacer son poids de manière à se laisser glisser lentement sur la marche inférieure. La douleur lui interdisait tout mouvement brusque, mais si elle parvenait, imperceptiblement, à descendre...

Si Marius n'avait pas tous ses esprits, l'instinct ne lui faisait pas défaut. Son bras jaillit et son poing s'écrasa avec une inutile cruauté sur l'épaule meurtrie d'Inga.

— Comme ça, tu seras plus vite en bas !

Elle entendit encore l'insulte avant de s'évanouir à demi de douleur, puis elle perdit l'équilibre et tomba à la renverse dans la cabine. Sa tête heurta violemment un objet. Dans la seconde qui suivit, le hurlement de la tempête devint à peine audible, puis la silhouette de Marius qui se découpait sur le rectangle clair de l'entrée de la cabine s'estompa. Elle se dit encore qu'elle devait absolument garder le contrôle de la situation, que ce n'était pas le moment de lâcher prise, mais déjà un voile noir l'enveloppait, son esprit s'embruma, puis elle ne sentit plus rien.

5

Elle s'efforçait de ne pas penser aux mots que Maximilian lui avait jetés à la tête, avec colère et dépit, et peut-être aussi avec tristesse. À vrai dire, elle s'efforçait de ne pas penser du tout à Maximilian, mais ses efforts n'étaient guère couronnés de succès. Elle était stupéfaite qu'il ait réussi aussi facilement et aussi vite à briser son cocon et à mettre le doigt sur tout ce qu'elle repoussait à l'extrême limite de sa conscience avec une volonté confinant à l'obsession. Ses souvenirs d'avant, sa maison de Munich, son travail, son engagement, ses collègues, ses amis. Les moments avec Felix et Maximilian.

Après le divorce de Maximilian, ces moments passés avec lui avaient pris une grande place dans leur vie. Au point que Felix disait parfois en plaisantant qu'ils avaient « adopté » Maximilian. Il était comme un nouveau membre de la famille, toujours le bienvenu, qui pouvait arriver sans prévenir et dînait souvent avec eux, avec lequel ils regardaient la télévision, bavardaient, qui, quand il buvait un peu trop, dormait la nuit dans la chambre d'amis et le matin se glissait dans la cuisine où Rebecca, en chemise de nuit, pieds nus, les cheveux en bataille, préparait le café. Ils étaient si proches que leurs réserves et leurs préventions s'étaient effacées. Rebecca n'avait jamais eu le sentiment de ne pouvoir affronter le regard de Maximilian qu'habillée de pied en cap et maquillée, et elle ne s'était jamais émue de le croiser sur le chemin de la salle de bains vêtu d'un caleçon ou qu'il fût encore au lit quand elle passait la tête par la porte de sa chambre pour lui dire au revoir. Il n'était pas rare, lorsque Felix était en voyage d'affaires, que Maximilian vienne voir Rebecca et passe la nuit sous le même toit qu'elle. Personne n'avait jamais songé à s'en offusquer. Cependant, environ six mois avant sa mort, Felix lui avait dit un jour : « Je crois qu'il est amoureux de toi. »

C'était un soir d'avril glacial. Exceptionnellement, Rebecca et Felix étaient seuls. Dans le jardin, tous les cerisiers étaient en fleur et alors que la nuit tombait, brusquement, comme cela arrive parfois en cette saison capricieuse, des flocons de neige avaient commencé à tourbillonner. Felix avait allumé un feu dans la cheminée. Elle se souvenait qu'il avait dit : « C'est sûrement le dernier feu que j'allume d'ici l'hiver prochain ! »

Ce fut le dernier feu qu'il alluma de sa vie.

« Qui est amoureux de moi ? avait demandé Rebecca.

— Maximilian. Je le vois à la façon dont il te regarde. »

Elle en était un instant restée sans voix, puis, une fois remise de sa première stupéfaction, c'était le naturel, l'apparente absence d'émotion avec lesquels Felix avait déclaré cela qui l'avaient déconcertée.

« Je crois que tu te trompes. »

Il avait souri.

« J'ai connu Maxim quand on était encore tout gamins. Il n'y a pas grand-chose qu'il puisse me dissimuler. Et, depuis son divorce, ses sentiments se sont affirmés. »

Elle avait caché son trouble en buvant rapidement une gorgée de vin.

« Ça n'a pas l'air de te contrarier outre mesure », avait-elle alors remarqué.

Il avait réfléchi.

« Non. C'est étonnant, mais ça ne me contrarie pas du tout. Peut-être parce que nous sommes très amis. J'ai la certitude absolue que jamais il ne se permettra de donner libre cours à ses sentiments. Il se consumera peut-être secrètement d'amour pour toi, mais tu seras toujours pour lui une femme intouchable.

— Nous espérions qu'il rencontre une autre femme et refasse sa vie... S'il s'accroche comme ça à moi, ce sera difficile. »

Felix avait haussé les épaules.

« On ne peut pas changer le cours des choses. Mais Maximilian est quelqu'un de très concret. Il a les deux pieds sur terre. Il sera le premier à se rendre compte, un jour, qu'il est temps pour lui de cesser de fantasmer et de songer sérieusement à son avenir. »

Quand elle y repensait, c'était à compter de ce soir-là qu'elle ne s'était plus sentie aussi libre vis-à-vis de Maximilian. Depuis qu'elle le regardait d'un autre œil, elle s'était rendu compte qu'il était littéralement suspendu à ses lèvres quand elle parlait, qu'il suivait chacun de ses mouvements, qu'il recherchait constamment sa présence. Il ne se trahissait cependant par aucun mot, aucun geste. Son attitude lui inspirait du respect et, en même temps, la déstabilisait. Les six mois qui précédèrent la mort de Felix ne furent plus tout à fait comme avant.

Que Maximilian surgisse au Brusc comme il venait de le faire l'avait indignée. Elle ne croyait pas un instant à une démarche amicale désintéressée. Comment pouvait-il, si peu de temps après sa mort, trahir ainsi Felix ? S'il avait pleuré sur sa tombe, il ne lui avait pas fallu bien longtemps pour réfléchir au parti qu'il pouvait tirer de la situation. Et c'était précisément ce qu'elle ne le laisserait jamais faire. Personne ne tirerait un jour profit de quelque façon que ce soit de la mort de son mari. Personne.

Toutefois, si elle voulait être honnête avec elle-même, elle devait reconnaître qu'avec tout autre que Maximilian elle aurait aussi été agressive et désagréable. Quiconque de sa vie antérieure serait arrivé sans prévenir aurait plus ou moins entamé sa carapace, et elle n'aurait pardonné l'intrusion à personne. Il y a trois jours, elle était prête à suivre Felix dans la mort. Depuis, quelque chose avait changé. Elle n'aurait pas su dire quoi, mais ce devait être important car elle ne pouvait plus monter au premier étage, ouvrir le placard de la salle de bains, prendre les gélules et les avaler pour mettre fin à ses jours. Elle ne pouvait plus, alors même que toutes ses pensées tendaient vers ce geste ultime.

C'était la vie, songea-t-elle, comme brusquement dégrisée, la vie qui avait refait une percée jusqu'à elle, qui s'était glissée entre elle et la mort. Il allait lui falloir un sacré courage pour s'en débarrasser à nouveau.

Se couper du monde, rompre avec tout être humain et se consacrer à la seule préparation de ce qu'elle percevait comme un bien et une nécessité pour elle avait été une démarche dans laquelle elle s'était sentie à l'aise, dans son élément, du moins était-ce ainsi qu'elle l'analysait, et elle n'avait pas de désir plus cher que de recréer les conditions de cette situation. Elle savait toutefois que ce ne serait ni facile ni rapide. Certains prétendaient même que jamais l'histoire ne se répétait, mais Rebecca refusait de considérer cette éventualité. Ce qu'elle avait pu faire une fois, elle serait capable de le refaire. Peut-être pas immédiatement. Malheureusement pas immédiatement. Mais elle le referait.

À quatre heures et demie, elle accepta de reconnaître que les deux jeunes campeurs allemands ne cessaient de lui trotter dans la tête. Ils devaient être revenus de leur sortie en mer et attendre au port que l'on vienne les chercher.

Elle sentit la colère la gagner. En quoi cela la concernait-il ? Ce n'était pas elle qui les avait traînés jusque-là. Que Maximilian les ait laissés tomber n'était pas son problème. Qu'ils se débrouillent pour remonter seuls !

Cette Inga lui était néanmoins sympathique. Rebecca s'était juré de ne plus laisser la sympathie ou l'amitié s'immiscer dans sa vie, mais elle soupçonnait que les sentiments dont on se défendait étaient souvent ceux qui lâchaient prise le moins facilement. Elle se sentait attirée par Inga, en accord avec elle, et elle n'y pouvait malheureusement rien changer. C'était une jeune femme intelligente, ouverte, attentive aux autres. Son Marius était peut-être un hurluberlu – quoiqu'elle pressentît chez lui une part d'ombre qu'elle n'avait nulle envie de mettre au jour –, mais Inga était indubitablement quelqu'un de sérieux et fiable. Rebecca avait toujours eu un faible pour ce genre de personnalités. Autrefois, le sérieux et la fiabilité avaient été les deux principaux critères d'embauche de ses collaborateurs.

Elle regardait distraitement la mer, au-delà du jardin, par la baie vitrée du salon. Si elle n'y prenait pas garde, la visite impromptue de Maximilian allait avoir des effets dévastateurs. L'association, son travail, ses collaborateurs, les enfants en détresse, elle avait réussi à les oublier, à les bannir durablement de ses pensées. Et voilà qu'ils revenaient la hanter. Elle serra les poings à s'en faire mal aux paumes.

— Mais fichez-moi donc la paix ! s'exclama-t-elle à haute voix.

Les murs lui renvoyèrent l'écho de son cri, puis le silence se réinstalla et le tic-tac de la pendule posée sur le rebord de la cheminée reprit. Il était cinq heures moins vingt.

Elle se rendit dans l'entrée, décrocha en hésitant ses clés de voiture du tableau. Allait-elle compliquer les choses en descendant chercher les jeunes au port ? Ou bien n'était-ce que très raisonnable de faire ce qu'elle brûlait de faire, et que de toute façon elle ne parviendrait pas à chasser de ses pensées ?

J'y vais et je les remonte, décida-t-elle. Ensuite, je leur fais comprendre que je ne souhaite pas m'engager plus avant avec eux. Ils sont venus, ils vont repartir, comme Maximilian est venu et est reparti. C'est une péripétie. L'incident est clos.

Elle avait certes entendu le vent mugir, mais sans y prêter attention. Lorsqu'elle ouvrit la porte pour sortir, la bourrasque qui l'accueillit la cloua sur le seuil, dans tous les sens du terme. Le ciel était d'un bleu foncé intense, quelques lambeaux de nuages filaient à une vitesse vertigineuse vers le sud, les arbres ployaient, un arrosoir roula bruyamment sur le chemin du portail. Rebecca dut rentrer la tête dans les épaules et lutter contre le vent pour atteindre le garage. Le mistral était revenu, et avec encore plus de force que pendant la nuit.

Ils auraient de la chance si leur tente ne s'envolait pas, songea-t-elle. Et elle aussi, parce que, s'ils n'avaient plus de toit, elle aurait la désagréable obligation de les héberger.

La route de la forêt était jonchée de détritus et elle devait freiner constamment pour éviter de prendre de plein fouet les branches cassées qui volaient. Le mistral pouvait balayer un salon de jardin comme un fétu de paille, et une personne pouvait se laisser porter par lui. Felix aimait le mistral, le phénomène le fascinait.

Je ne pense pas à Felix ! Je ne pense pas à Felix !

La plupart des vacanciers avaient déserté la plage et la jetée du port pour regagner leurs pénates, aussi Rebecca trouva-t-elle aussitôt une place où se garer. Elle dut peser de toutes ses forces sur la portière pour l'ouvrir et, quand elle descendit sur le trottoir, elle évita de peu une corbeille en métal qu'une rafale avait dû arracher à son support et que le vent poussait devant lui comme une plume.

La température avait sensiblement baissé. Mais, après plusieurs jours de canicule, l'impression de fraîcheur était bienvenue. Il devait faire un peu moins de trente degrés, de quoi espérer pouvoir à nouveau dormir la nuit. À moins d'avoir d'autres raisons de ne pas trouver le sommeil, ce qui risquait toujours d'être le cas de Rebecca, elle ne l'ignorait pas.

Elle vit de loin que la place de la *Libellule* était vide. Les autres bateaux amarrés au ponton étaient furieusement secoués. Ici et là, des propriétaires resserraient des amarres ou vérifiaient la solidité des attaches. Rebecca regarda sa montre. Il était cinq heures passées. Soit Marius et Inga avaient oublié le rendez-vous, soit ils avaient laissé passer l'heure et luttaient à présent contre un fort mistral et une mer démontée pour regagner le port. Les pires conditions qui soient. Et Marius n'était peut-être pas le marin chevronné qu'il avait prétendu être devant Maximilian.

Elle n'aurait pas dû se laisser embarquer dans cette histoire. Maximilian n'était décidément qu'une source d'ennuis.

— Madame Brandt ! Ah, madame Brandt, je suis content que vous soyez là !

Albert venait de surgir de nulle part. Il paraissait extrêmement inquiet.

— Ils ne sont pas encore rentrés. Je veux dire, les petits à qui vous avez prêté votre bateau. Je leur ai pourtant bien dit que c'était quatre heures au plus tard… Ça m'étonnerait qu'ils réussissent à rentrer avec cette mer !

— Il paraît que le jeune homme a une grande expérience.

— Possible. N'empêche qu'ils ne sont pas là.

Rebecca tentait de contenir ses cheveux, que le vent rabattait sur son visage.

— Ils sont jeunes. Et les jeunes ne font pas toujours grand cas des conseils de leurs aînés !

— Le bateau ne leur appartient pas. Ce serait très désinvolte de faire exprès de ne pas rentrer.

Rebecca soupira. Elle ne voulait pas rester sur ce ponton. Elle n'avait pas envie de parler avec Albert. Elle n'avait pas envie d'être impliquée. Elle aspirait au calme et à la solitude de sa maison.

— J'espère seulement qu'il ne leur est rien arrivé, dit-elle.

Albert scrutait la mer. Il n'y avait pas une seule embarcation en vue. Personne ne sortait par ce temps.

— Vous les connaissez depuis longtemps ? voulut-il savoir.

Elle hésita. Il allait la trouver extraordinairement naïve et bien imprudente. Mais pourquoi se soucier de ce qu'il pensait ?

— Je ne les connais pas du tout, répondit-elle. C'est Maximilian qui les a amenés. Ils faisaient du stop.

Albert la dévisagea en écarquillant les yeux.

— Vous prêtez votre bateau à des gens que vous ne connaissez pas ?

— Maximilian a su plaider leur cause. Et il faut reconnaître qu'ils n'ont vraiment pas l'air méchant. D'après Maximilian, Marius est très expérimenté.

— Il s'y connaît, admit Albert du bout des lèvres. Tout de même, ce n'est pas une garantie de...

Il n'acheva pas sa phrase.

— Qu'y a-t-il, Albert ?

— Un bateau comme la *Libellule* coûte cher. Ils n'ont peut-être jamais eu l'intention de revenir.

Rebecca releva les épaules en frissonnant. Un petit couple d'escrocs venait de disparaître dans la nature avec le précieux voilier de Felix.

Il ne manquait plus que ça.

Que pouvait-elle répondre ? Merci, Maximilian, c'est très réussi ?

Elle se sentit soudain infiniment lasse.

Albert dut se rendre compte que cette idée l'affectait, car il ajouta, sur un ton qu'il s'efforça de rendre léger :

— Mais il ne faut pas tout de suite voir tout en noir, n'est-ce pas ? Ils sont jeunes, ils paraissent très amoureux. Avec un peu de chance, ils ont mouillé quelque part le long de la côte et oublié le reste du monde. Un petit café à la capitainerie en attendant qu'ils rentrent, ça vous tenterait ? Comme ça, vous n'auriez pas besoin de remonter et de redescendre deux fois de suite dans la journée.

L'offre était aimable, mais Albert ne pouvait pas se douter de ce qu'il lui demandait. Des heures avec quelqu'un devant une tasse de café… Cela faisait partie des choses qu'elle avait volontairement et à dessein rayées de sa vie, et elle n'avait aucunement l'intention de remettre le doigt dans l'engrenage. La cascade de contrariétés qu'entraînait la venue de Maximilian ne laissait de la surprendre. Il avait beau être parti, le processus infernal continuait, à croire qu'elle ne s'en sortirait jamais.

— Je crains de ne pas avoir le choix, dit-elle sans dissimuler sa contrariété.

Voyant à l'expression d'Albert qu'il était vexé, elle se reprit :

— Excusez-moi, Albert. J'accepte naturellement votre offre avec plaisir. C'est très aimable à vous. Je suis seulement… un peu nerveuse.

C'était quelque chose qu'Albert pouvait comprendre. Un bateau comme la *Libellule*… À la place de Rebecca, il aurait été au bord de l'infarctus. Sauf que lui n'aurait jamais prêté son bateau. Un bateau, c'était comme une femme, ça ne se prêtait pas.

Mais, ça, il n'y avait que les hommes qui pouvaient le comprendre.

6

Elle ouvrit péniblement les yeux en se demandant où elle était. La première idée qui lui vint à l'esprit fut que c'était lundi matin, et qu'elle était dans son lit. Elle avait un mauvais goût dans la bouche et les lundis matin avaient cette particularité de s'accompagner de ce mauvais goût dans la bouche. Tout au moins chez elle. Ce n'était pas parce que le lundi marquait le redémarrage du travail. Mais une semaine s'ouvrait devant elle, longue, immense, et de ce fait vaguement menaçante à ses yeux.

Non, elle n'était pas dans son lit. Son lit ne bougeait pas comme ça, et il n'était pas aussi dur. Elle s'assit avec difficulté. Son épaule droite était effroyablement douloureuse, un gémissement lui échappa et des larmes lui montèrent aux yeux. Une douleur lancinante battait dans sa tête, et elle sentait quelque chose de visqueux au-dessus de son oreille droite. Elle glissa prudemment la main sous ses cheveux, puis regarda, sans y croire, ses doigts tachés de sang. Brusquement, le souvenir de sa chute dans la cabine lui revint. Le choc avait été violent, et apparemment elle s'était sérieusement blessée à la tête.

Elle s'était sentie perdre connaissance.

Combien de temps était-elle restée inconsciente ?

L'esprit encore embrumé, elle tentait de répondre à la question quand il lui vint l'idée de regarder sa montre. Il était presque cinq heures et demie. Cela signifiait qu'elle était restée inconsciente plus de deux heures. Cela signifiait... Épouvantée, elle se releva lentement, ignorant sa tête et son épaule douloureuses. D'un coup, elle se souvenait de ce qui s'était passé, de l'étrange comportement de Marius, de son incompréhensible changement d'attitude, de son intention de voler le bateau pour le vendre dans un port. C'était tellement fou, tellement absurde que ce ne pouvait être qu'un mauvais rêve, pourtant elle avait à présent les idées suffisamment claires pour savoir que ce n'était *pas* un mauvais rêve. Ce dont elle se souvenait s'était réellement passé. Elle avait bien vécu un cauchemar éveillé qui en quelques minutes avait bouleversé sa vie.

Le voilier bougeait tellement qu'elle s'étonna de ne pas être malade. Elle faisait un pas après l'autre, mais il était pratiquement impossible de garder l'équilibre et elle se trouva plusieurs fois violemment projetée contre les parois de la cabine. Quand elle parvint suffisamment haut dans l'escalier de la cabine pour passer la tête dehors, elle constata que le bateau était vide.

Il n'y avait personne à la barre. Livrée à elle-même, la grand-voile claquait et balayait le pont à chaque nouvelle rafale. Inga se hissa sur le degré supérieur de l'échelle en surveillant les mouvements de la bôme pour ne pas risquer de se faire assommer, puis elle explora des yeux l'avant du voilier. Personne non plus de ce côté-là. Et, autour du bateau, seulement la mer démontée, la tempête, et, au-delà, la menace des rochers de la côte.

Marius avait quitté le voilier.

C'était tellement inconcevable qu'elle redescendit pour fouiller une deuxième fois des yeux la cabine, pourtant si petite qu'on l'embrassait d'un seul regard et qu'il était pratiquement impossible de s'y cacher. À l'avant, la cabine proprement dite, ouverte, avec deux étroites couchettes, devant une table à cartes, de part et d'autre des bancs en bois, au-dessus des étagères vide-poches aménagées dans la coque, dans lesquelles divers objets glissaient dans un sens puis dans l'autre, des cartes marines, des lunettes de soleil, une casquette, une bouteille d'huile solaire... Et le portable de Marius, malheureusement d'aucune utilité puisque

Inga ne connaissait aucun des numéros d'urgence qu'elle aurait pu composer pour demander de l'aide. Elle ignorait même le numéro du service des secours en mer.

Aucune trace de Marius.

La *Libellule*, qui venait d'atteindre la crête d'une vague, resta une seconde en équilibre, puis piqua presque à la verticale dans le creux suivant. Inga se rattrapa à temps à un pied de la table à cartes pour ne pas être projetée à travers la cabine. Elle atterrit brutalement sur les genoux.

Il était parti. Elle ne savait pas par quels moyens, ni pourquoi il avait fait cela, mais il l'avait bel et bien laissée seule sur un minuscule bateau au milieu de la tempête, alors qu'elle n'avait pas suivi un seul stage de voile de sa vie et que ce qu'elle savait de la navigation se limitait à ce qu'elle avait pu observer quand elle l'accompagnait lors de sorties en mer. La Méditerranée n'était plus bleue, paisible et scintillante sous le soleil, elle était noire et tumultueuse, hostile, dangereuse.

Elle s'assit sur le plancher de la cabine, les genoux remontés sous le menton, les bras noués autour d'un pied de la table, et essaya de clarifier ses idées sur la conduite à tenir.

En dépit de la précarité de sa situation, elle ne parvenait pas à se concentrer sur les mesures à prendre pour son sauvetage, son esprit revenait sur ce qui avait pu se passer dans la tête de Marius. Comment avait-il pu changer aussi brusquement ? Pourquoi ne s'était-elle jamais rendu compte qu'il y avait chez lui quelque chose d'inquiétant, d'agressif, un danger latent ? Y avait-il eu des signes qu'elle n'avait pas voulu voir et qu'elle avait si bien refoulés dans un coin de sa tête qu'elle avait fini par les oublier ? Pour être tout à fait honnête, elle devait reconnaître qu'il lui était arrivé de se trouver démunie face à un Marius impénétrable et incompréhensible. Et, bien sûr, elle l'avait aussi pratiqué en colère et agressif. Mais qui ne l'était jamais ?

Et quel était le lien avec Rebecca ? Cette femme dont ils avaient fait la connaissance de façon tout à fait fortuite. Du reste, elle observait une telle distance que « connaissance » était un bien grand mot. Rebecca était originaire de Munich. Marius et elle-même également. Leurs destins s'étaient-ils déjà croisés ?

Quand ils avaient commencé à s'éloigner du port et que Marius avait parlé de s'enfuir avec le bateau, le nom de Rebecca était revenu à plusieurs reprises dans sa bouche. Elle avait cru qu'il plaisantait, puis elle avait compris qu'il était sérieux. Et il respirait la haine. Ses yeux, son ton, ses propos n'étaient que haine. Mais il exprimait aussi autre chose, une colère extrême, et des sentiments mêlés de rage, d'humiliation, de vexation, de dépit, de tristesse.

Marius. Toujours gai et sans complexe. Souvent un peu trop gai et sans complexe à son goût. Elle l'aurait volontiers aimé un peu plus grave, un peu plus attentionné, un peu plus prévoyant, moins léger et insouciant. Mais elle se disait aussi qu'il n'avait peut-être jamais rien vécu de difficile. Si la vie ne l'avait jamais malmené, comment aurait-il pu connaître l'inquiétude, l'appréhension, la détresse ?

Elle s'était lourdement trompée. Il y avait dans la vie de Marius des blessures qu'il cachait avec soin, mais qui n'en cessaient pas moins de le tourmenter et qui à présent…

Elle se passa la main sur les yeux, comme si le geste avait le pouvoir de faire taire ses pensées. Il fallait qu'elle ramène ce fichu bateau au port. Et qu'elle sauve sa peau. C'était autrement plus important que de se perdre en conjectures sur le caractère de Marius. Il serait toujours temps d'y réfléchir plus tard.

En serrant les dents pour ne pas laisser la douleur qui lui déchirait l'épaule prendre le dessus, elle se hissa à nouveau sur les premières marches de l'escalier et passa la tête dehors. Le plus urgent lui parut d'affaler la grand-voile. Elle claquait avec une violence terrifiante et déséquilibrait le bateau. Ensuite, il faudrait qu'elle se débrouille pour regagner le port au moteur. Une chance qu'elle soit encore suffisamment près de la côte pour pouvoir s'orienter ; le cap Sicié, qu'elle reconnaissait nettement, lui indiquait dans quelle direction se trouvait Le Brusc. Restait à savoir si elle parviendrait à affaler la voile sans se faire assommer par la bôme. L'idée que ce puisse être ce qui expliquait la disparition de Marius lui traversa l'esprit. Il n'avait peut-être pas quitté le bateau volontairement. D'ailleurs, pourquoi l'aurait-il fait alors qu'il avait eu l'intention de le voler pour se faire de l'argent ? Il avait peut-être été précipité pardessus bord. La dernière image qu'elle avait eue de lui avant de perdre connaissance lui revint en mémoire : Marius dans l'encadrement de la porte de la cabine, secoué par la tempête, mais debout. Et s'il avait un instant oublié la bôme qui balayait le pont ?

Il était peut-être mort.

Il portait son gilet de sauvetage, elle en était certaine. Mais s'il avait perdu connaissance et était tombé le visage dans l'eau… Sans compter qu'un coup de bôme particulièrement violent pouvait être mortel. Ou provoquer un traumatisme crânien. Et une hémorragie cérébrale.

Elle finit d'escalader le petit escalier, sortit de la cabine et rampa le long du bastingage. Une vague s'abattit sur le pont ; elle eut juste le temps de s'accrocher à un câble du garde-corps pour ne pas être projetée de l'autre côté du bateau. Elle avala de l'eau de mer, suffoqua, s'étrangla. Dans sa tête, le martèlement infernal reprit de plus belle – et si c'était une hémorragie cérébrale ? pourrait-elle encore bouger dans ce cas ? – tandis que la douleur qui martyrisait son épaule irradiait maintenant jusqu'à son poignet. Elle scruta la mer autour du bateau, mais ne vit nulle part de corps qui flottait dans l'eau. Cela ne voulait pas dire grand-chose. Marius pouvait être déjà très loin. De plus, repérer quelque chose dans le chaos des vagues relevait de l'exploit.

La grand-voile.

Elle ne pouvait plus se permettre de penser à autre chose. Elle devait absolument l'affaler. Ensuite, il faudrait qu'elle essaie de lancer le moteur. En bas, dans le carré, elle s'était rendu compte qu'il ne fonctionnait plus, mais elle espérait que ce n'était pas faute de carburant ou à cause d'une panne. Peut-être serait-il plus sensé de commencer par mettre le moteur en marche, puis d'affaler la voile seulement quand elle serait certaine qu'il voulait bien démarrer. Une fois la voile abaissée, jamais elle ne parviendrait à la hisser de nouveau. Cela étant, elle ignorait totalement comment s'y prendre pour regagner le port à la voile et décida de laisser la question temporairement de côté.

Elle se traîna sur les fesses jusqu'au démarreur ; elle tremblait de tout son corps, claquait des dents, la température avait certes beaucoup baissé, mais ses blessures et sa longue perte de conscience devaient y être pour quelque chose. Pour couronner le tout, elle avait l'impression d'avoir de la fièvre.

Était-ce réellement ce matin qu'elle croyait vivre une journée « presque parfaite » ?

La clé était sur le démarreur, mais rien ne se produisit quand elle la tourna. Elle essaya une deuxième fois, puis une troisième. Toujours rien. Ses yeux s'emplirent de larmes.

— Allez, murmura-t-elle, allez, démarre !

Elle supposa qu'ils n'avaient pas laissé le moteur tourner assez longtemps pour recharger la batterie.

Elle se trouvait devant le même problème que le matin, avant de partir, lorsqu'ils avaient essayé de le faire démarrer pour la première fois. Où était la manivelle ? Maximilian ne s'était-il pas servi d'une manivelle ? Si elle avait su, elle se serait un peu plus intéressée à ces problèmes mécaniques, parce que réussir à refaire les bons gestes, à moins d'avoir beaucoup de chance…

L'alimentation électrique. Était-il possible qu'elle ait été coupée ? Il fallait qu'elle vérifie.

Elle se releva, et, en titubant comme une ivrogne à cause des mouvements du bateau, redescendit à l'intérieur de la cabine.

Je ne sais pas faire marcher un voilier, si ce truc ne démarre pas je suis fichue.

La panique commençait-elle à l'envahir ? Brusquement, elle ne supporta plus d'être secouée et ballottée par les vagues. Une nausée irrépressible la submergea. Elle tendit la main vers la porte des toilettes, mais n'eut pas le temps de l'ouvrir et vomit par terre au milieu de la cabine. Épuisée, elle s'assit alors sur un banc du carré et attendit que son estomac s'apaise. Le goût qui lui restait dans la bouche était près de lui redonner la nausée, mais elle se souvint des bouteilles d'eau que Marius et elle avaient rangées dans le coffre sur lequel elle était assise. Elle souleva le couvercle, mais dut s'y reprendre à deux fois et rassembler toutes ses forces.

Elle était complètement vidée. Autant dire que ses chances de venir à bout de la voile étaient proches de zéro.

Elle but plusieurs gorgées d'eau et sentit un peu de vie circuler à nouveau dans ses veines. Elle referma le couvercle du coffre, se propulsa jusqu'à l'interrupteur et l'actionna. Puis, haletant, crachant et toussant à cause des embruns, elle regagna l'extérieur. La bôme fendait l'air comme une épée géante. Elle rentra la tête dans les épaules, s'accroupit devant le moteur et tourna la clé en retenant son souffle. Le moteur démarra, comme s'il n'avait jamais eu la moindre faiblesse. Un miracle. Elle faillit se remettre à pleurer de soulagement. Le moteur marchait. Elle avait un gouvernail.

Elle pouvait y arriver.

Il ne lui restait plus qu'à rabattre cette satanée voile.

7

Wolf rentra dès six heures du soir, ce qui ne s'était pas produit depuis des années. La dernière fois qu'il était apparu aussi tôt après une journée de travail, il avait une gastro-entérite carabinée, des nausées, de la fièvre et il tenait à peine sur ses jambes. La première réaction de Karen, qui avait toujours l'épisode en mémoire, fut de lui demander s'il était malade.

Il la regarda d'un air à la fois courroucé et hargneux, en d'autres termes de la façon dont il la regardait quasi constamment ces derniers temps.

— Comment ça, malade ? Je viens seulement me changer pour la soirée de tout à l'heure.

— Quelle soirée ?

Il entra dans la chambre en dénouant sa cravate.

— Je te l'ai dit. Grand dîner pour les soixante ans de notre président.

Karen était certaine que Wolf ne lui en avait pas parlé, mais elle ne dit rien. Il prétendrait le contraire et, en outre, cela lui donnerait l'occasion de se sentir conforté dans l'idée qu'elle était coupée des réalités au point de ne plus se souvenir de ce qu'on lui disait.

— Apparemment, il n'a pas invité les conjoints, remarqua-t-elle d'un ton léger en entrant à son tour dans la chambre.

Wolf, qui avait jeté sa veste sur le lit, déboutonnait sa chemise.

— Bien sûr que si, répliqua-t-il sans la regarder et du même ton léger que le sien. Mais je savais bien que tu ne voudrais pas venir.

— Tu le savais bien ? Tu ne m'as même pas posé la question.

— Tu ne veux jamais m'accompagner nulle part !

— Ce n'est pas vrai. Simplement, pendant des années, on a pensé qu'il valait mieux que je garde les enfants. Entre-temps, ils ont grandi, et on peut tout à fait les laisser seuls.

— Si tu le dis...

Il était à présent en caleçon, grand, mince, musclé, encore un peu trop pâle, mais après les vacances il serait irrésistible.

— Je tenterai, à l'avenir, de m'en souvenir.

Il prit une chemise propre dans le placard, la raccrocha aussitôt.

— J'allais oublier de me doucher, bougonna-t-il. Écoute, Karen, ça me rend nerveux de te voir là, au milieu de la pièce, avec ton air effarouché. Pour ce soir, malheureusement, c'est raté, on ne peut pas revenir en arrière. Je ne vais pas arriver avec toi sans avoir prévenu.

Les vêtements qu'il venait d'enlever gisaient en vrac sur le lit. Il était clair que Karen devrait les ramasser. Tellement clair qu'il n'avait même pas besoin de le signifier.

Si seulement il pouvait, ne serait-ce qu'une fois, lui demander de faire quelque chose pour lui au lieu de considérer que cela allait de soi.

— Ta cavalière, qui est-ce ? demanda-t-elle.

Il se figea sur le seuil de la salle de bains.

— Pardon ?

— Dans ce genre de grands dîners, les messieurs ont toujours une compagne de table attitrée. Étant donné que tu y vas sans moi, il doit bien y avoir quelqu'un d'autre.

— « Il doit bien y avoir quelqu'un d'autre... » Franchement, Karen, tu as une façon très orientée de formuler les choses. On croirait que... J'ignore qui est ma « compagne de table ». Peut-être la femme d'un collègue, ou une de mes collaboratrices. Comment veux-tu que je le sache ?

Il était sur la défensive, et d'une nervosité inhabituelle. Qu'une question au fond très anodine provoque chez lui une telle réaction effraya brusquement Karen. Alors qu'elle avait eu la ferme intention de ne pas l'interroger sur son déjeuner au restaurant italien, elle ne put retenir sa langue.

— Qui est la jeune femme avec laquelle tu déjeunais, ce midi ? Brune, avec les cheveux longs.

Il réagit comme s'il avait été frappé par la foudre.

— Quoi... ? Mais... Comment sais-tu avec qui je déjeune le midi ?

Elle haussa les épaules et se mordit les lèvres. Leur discussion allait inévitablement tourner à la dispute. Malheureusement, il était trop tard pour rattraper sa question.

— L'école des enfants organisait une rencontre sportive. Ils viennent à peine de rentrer. J'ai profité du fait qu'ils ne déjeunaient pas à la maison pour aller en ville. Je me suis acheté deux nouveaux jeans. Ensuite, j'ai...

Il plissa le front.

— Ensuite quoi ?

— L'envie m'a prise de déjeuner dans notre restaurant italien. Quand j'y suis arrivée, je t'y ai vu. Avec une autre femme.

Wolf, qui s'était vite remis de sa surprise, était déjà fin prêt à la riposte, comme d'habitude.

— Et ça recommence ! Tu m'as vu « avec une autre femme »... Je crois que tu deviens paranoïaque, Karen. Qu'est-ce que tu essaies de me dire ? Ou plutôt qu'est-ce que tu essaies de me faire dire ? Tu veux savoir si j'ai une maîtresse ?

— Non, je...

— Alors à quoi rime cet interrogatoire ? J'ai eu une journée particulièrement pénible, je rentre, j'ai peu de temps devant moi, je dois me changer, tout ça pour me précipiter à une soirée fatigante qui, crois-moi, ne m'amuse que très moyennement, et c'est le moment que tu choisis pour me bassiner avec tes soupçons et je ne sais quels reproches ! Tu es vraiment impossible, Karen ! Tu as tellement de loisirs que tu es incapable de te rendre compte que le reste de la terre travaille beaucoup trop pour avoir le temps de s'intéresser à des sujets aussi débiles !

Les larmes lui brûlaient les yeux. Comme de coutume, Wolf avait habilement retourné la conversation contre elle. Au lieu de répondre à ses interrogations – qui, elle voulait bien l'admettre, étaient peut-être teintées de reproches –, il l'attaquait de front, la culpabilisait, la forçait à se justifier, lui donnait le sentiment d'être hystérique, de dérailler, de tout faire de travers. Elle se sentait acculée et n'espérait qu'une chose, que la dispute s'arrête avant que Wolf lui dise quelque chose dont elle mettrait une semaine à se remettre.

— J'étais seulement déçue, dit-elle finalement d'une voix qu'elle ne parvenait pas à empêcher de trembler.

Il soupira de façon particulièrement théâtrale. Puis il regarda ostensiblement sa montre.

— C'est un moment particulièrement bien choisi pour s'expliquer. Vraiment. Si j'arrive en retard à la petite réception de mon président, cela aura un effet assurément positif sur le déroulement de ma carrière.

Je me demande bien pourquoi je ne suis pas parti ce matin avec de quoi me changer au bureau. Quelle idée de prendre le risque de rentrer chez moi ! Il y a des jours où on est vraiment bête, ce n'est pas ton avis ? conclut-il en se frappant exagérément le front du plat de la main.

— C'est bon, arrêtons, marmonna Karen, qui se sentait sur le point de fondre en larmes.

— Quoi ? Alors pourquoi tu me fais une scène pareille si « c'est bon » ?

— Je me disais... je pense que tu aurais pu me proposer de venir déjeuner avec toi en ville, c'est tout. Et j'aurais pu aussi t'accompagner ce soir.

— Je ne supporte plus ça ! On voit bien que tu n'as aucune idée de la vie que je mène. *Aucune !* Tu te figures que je sais le matin en arrivant si j'aurai le temps de prendre quelques minutes pour déjeuner ? Tu te figures que je déjeune tous les jours au restaurant ? Tu crois que l'argent rentre tout seul ? Ta petite vie tranquille dans ta belle maison, tu sais ce que ça me coûte ? Je bosse comme un malade pour te la payer ! Normalement, le midi, je ne m'arrête pas, tout simplement parce que je n'en ai pas le temps ! Quand je peux aller me chercher un yaourt à la cantine, je m'estime heureux ! Aujourd'hui, c'était exceptionnel. Et je le répète : imprévisible. J'ai décidé au dernier moment de profiter de l'annulation d'un rendez-vous pour déjeuner à l'extérieur, et une collègue – *avec laquelle je n'ai pas de liaison !* – a décidé, elle aussi au dernier moment, de m'accompagner. C'est bon ? Ça te va comme explication ? Pourrais-tu, maintenant, me laisser entrer dans la salle de bains et prendre ma douche afin que j'aie une petite chance d'arriver à l'heure à une soirée qui n'est pas complètement sans importance pour moi ?

Il avait fortement haussé le ton.

— Wolf, s'il te plaît. Les enfants...

— Les enfants ? Tu auras tout loisir de leur expliquer, une fois que je serai parti, que tu as soupçonné leur père de te tromper et que ça m'a passablement énervé. Je présume qu'ils sont assez grands pour comprendre ce que ce genre d'accusation peut avoir de vexant et d'humiliant !

Les larmes qu'elle ne pouvait pas retenir n'arrangeaient rien.

— Tu n'as pas compris, Wolf. Je n'ai jamais pensé que tu me trompais. En tout cas, pas au sens où on l'entend habituellement. Je pensais simplement que tu aurais pu… J'ai l'impression que je ne compte plus pour toi, et…

Sa voix se brisa.

Il approcha son visage tout près du sien. Elle sentit son haleine, et elle put voir dans ses yeux toute la froideur qu'elle lui inspirait.

— Serait-il possible de mettre un terme à cette discussion ? demanda-t-il à voix très basse en martelant chaque mot. Je veux dire : daigneras-tu enfin me laisser prendre une douche ? Si ce n'est pas le cas, il va falloir que je me décommande, et ce serait aimable de ta part de m'en informer avant que je me couvre de ridicule.

Pour la première fois depuis qu'elle le connaissait, elle eut peur de lui. Peur de sa colère et peur de l'aversion qu'il éprouvait pour elle.

Oui, c'était bien cela. De l'aversion.

Il ne l'aimait plus. Elle l'énervait, lui était insupportable. Il n'éprouvait rien d'autre pour elle. Plus d'amour, plus d'affection, plus de complicité. Rien. Et, dans des moments comme celui-ci, son aversion confinait à la haine.

— Bien sûr que tu peux prendre une douche, murmura-t-elle dans un dernier effort, avant de se détourner pour qu'il ne voie pas les larmes qui inondaient son visage.

Elle eut brusquement le désir fou qu'il la prenne ne serait-ce qu'un instant dans ses bras. C'était un désir fou, car elle savait qu'il ne le ferait pas. Il disparut dans la salle de bains sans lui accorder un regard.

Un instant plus tard, elle entendit l'eau couler.

Dans le jardin, les enfants riaient.

Kenzo aboyait en direction de la maison voisine.

Elle pleurait.

C'était une fin de journée d'été comme toutes les autres.

8

Albert fit deux fois de suite du café. Rebecca buvait lentement, à petites gorgées, plus pour se donner une contenance que par plaisir. Quand elle n'y tenait plus, elle se levait, marchait dans la pièce, se rasseyait, étonnée d'être là depuis si longtemps. Étonnée d'accepter l'hospitalité d'Albert. Étonnée de supporter son bavardage incessant.

Il parlait essentiellement de Felix. De sa passion pour la *Libellule*, de son sens de la mer, du plaisir toujours renouvelé de discuter de bateaux avec lui. Des longs moments passés à échanger des idées et des souvenirs devant un verre de rosé.

— Ce sont toujours les meilleurs qui partent en premier, marmonnait-il de temps à autre en hochant tristement la tête.

Rebecca s'accrochait à sa tasse et essayait de calmer son anxiété. Le sort de son bateau ne l'inquiétait pas réellement et, à vrai dire, celui des jeunes gens non plus. C'était sa capacité de résistance qui la préoccupait. Combien de temps supporterait-elle encore cette proximité avec quelqu'un ? Ces heures passées hors de l'environnement familier de sa maison ?

Ces heures ?

Sa montre indiquait sept heures et quart. Il y avait donc deux heures qu'elle attendait dans le bureau de la capitainerie. Jamais elle ne s'était absentée aussi longtemps de chez elle.

Jamais depuis la mort de Felix.

Debout devant les baies vitrées, Albert scrutait l'horizon avec une longue-vue.

— Je ne vois vraiment rien, dit-il.

— Je me demande si ça vaut la peine que j'attende plus longtemps, remarqua Rebecca.

Elle rejoignit Albert. Le jour déclinait déjà, mais sans doute n'était-ce qu'une impression due à la tempête.

— Il n'y a plus qu'à croiser les doigts pour qu'ils soient à l'abri quelque part et préfèrent ne pas prendre le risque de rentrer par ce temps, dit Albert. Le jeune homme connaît indéniablement son affaire, mais…

Soudain, sans quitter l'horizon des yeux, il porta à nouveau à son œil la longue-vue qu'il avait un instant abandonnée. Rebecca l'entendit retenir sa respiration.

— Ça alors… murmura-t-il au bout de quelques secondes.

Elle aperçut le bateau au même instant. Jusque-là, une langue de terre le masquait et ils n'avaient pas pu le voir approcher. Poussé par le vent, ballotté par les vagues comme une coquille de noix, il se dirigeait cahin-caha vers les deux bouées qui marquaient l'entrée du chenal. La voile n'était pas hissée, et apparemment personne ne le pilotait.

Non, ce n'est pas possible. Il doit y avoir quelqu'un à la barre, se dit aussitôt Rebecca. On ne surgit pas à l'entrée du chenal par hasard.

— C'est la *Libellule* ? demanda-t-elle.

— Je n'en suis pas certain, répondit Albert, mais ça pourrait l'être.

— Sans aucune voile…

— Ils ne vont jamais y arriver. Je ne comprends pas… le gamin avait pourtant l'air de savoir manœuvrer…

— Ce n'est peut-être pas la *Libellule*.

— Je crois bien que si.

Albert posa sa longue-vue sur son bureau et dans un même mouvement se dirigea vers un placard, d'où il sortit un gilet de sauvetage orange qu'il commença à enfiler.

— Il faut que j'y aille. Je ne sais pas ce qu'ils fabriquent, mais ce n'est pas comme ça qu'ils vont réussir à entrer dans le chenal. Il va falloir remorquer le bateau.

— Ce n'est pas dangereux ?

— Bah, j'y arriverai bien. On en a vu d'autres, par ici.

Il s'arrêta sur le seuil.

— Vous attendez ici ?

Elle hocha affirmativement la tête.

— Faites bien attention à vous ! lança-t-elle avant qu'il disparaisse.

Elle resta devant la baie vitrée et suivit des yeux le canot à moteur d'Albert qui s'éloignait rapidement de la zone de mouillage et mettait le cap sur le voilier en détresse. Entre-temps, le frêle esquif s'était à nouveau éloigné de l'entrée du chenal et la mer démontée menaçait de le refouler vers le large. Rebecca ne pensait pas qu'il pût s'agir de la *Libellule*. Il lui semblait inconcevable que quelqu'un d'expérimenté comme Marius éprouve tant de difficultés à entrer dans le chenal. Mais, *Libellule* ou pas, Albert devait intervenir, et le courage tranquille et l'absence d'hésitation avec lesquels il avait fait face à ses obligations forçaient son admiration.

Pas étonnant que Felix l'ait tant apprécié. Elle se faisait à peine la réflexion qu'une vague de chagrin la submergea. Ce sauvetage, comme tant d'autres événements, était quelque chose qu'elle ne pourrait pas partager avec Felix. En rentrant à la maison, elle ne lui raconterait pas, tout excitée : « Albert est sorti avec son canot pneumatique pour ramener un bateau ! Par ce temps, tu te rends compte ! »

Et elle ne verrait plus jamais le petit éclair qui s'allumait dans ses yeux dès qu'elle arrivait avec une histoire qu'elle souhaitait lui faire partager, si insignifiante fût-elle. Il disait toujours : « Vraiment ? Il faut que tu me racontes ça ! »

Cette façon de ne jamais manifester d'ennui ni d'indifférence lui donnait le sentiment d'être acceptée sans réserve, d'être une partie de lui-même, comme il était une partie d'elle-même. Rien de ce qui l'occupait ne le laissait indifférent, de même que de son côté elle participait à tout ce qui l'intéressait.

Son désespoir ne lui en semblait aujourd'hui que plus insurmontable. Leur relation avait été si fusionnelle que sa mort impliquait qu'une part importante d'elle-même était morte avec lui. La moitié de son cœur, de son âme, de ses pensées, de son souffle. La moitié de ses sens. C'était pour cette raison que sentir le goût des aliments sur sa langue lui était désormais impossible, que le chant du ressac lui parvenait de si loin, que le soleil avait perdu sa chaleur dorée, que le bleu du ciel était si terne. La vie se jouait à présent derrière un rideau de brume qui masquait l'horizon, tout s'était éloigné, tout avait pâli, tout s'était délité. Sauf sa douleur. Sa douleur, elle était toujours là, prête à planter ses griffes dans son cœur.

Elle serra les poings, se retint de frapper la vitre. Elle refusait de toutes ses forces que la douleur reprenne le dessus. Elle voulait retrouver cet état d'hébétude qu'elle avait si péniblement construit. Elle y était parvenue une fois, elle y parviendrait à nouveau.

Ne pas penser à Felix. Ne plus penser à Felix. Et surtout pas à l'envie, au plaisir, au besoin de lui raconter cet après-midi. Malgré elle, la seule idée de l'impossibilité de communiquer avec Felix la précipita dans un abîme de désespoir. Elle eut l'impression que son cœur cessait de battre, qu'il n'y avait plus autour d'elle que le noir et le vide qu'elle avait connus au lendemain de l'accident. Et qu'elle ne supportait pas.

Pour tromper son chagrin, elle prit la longue-vue d'Albert et la colla sur son œil. Il avait presque atteint la sortie du port. Son canot, qui, à l'abri de la baie, tanguait déjà dangereusement, allait devoir affronter les turbulences de la haute mer. La partie n'était pas gagnée. En dépit du mistral, des badauds s'étaient massés sur le quai, surtout des hommes. Ils vacillaient sous les rafales, mais ils avaient compris qu'une opération de sauvetage était en cours et ils ne voulaient pas manquer le spectacle.

De son poste d'observation, Rebecca ne pouvait plus voir le canot d'Albert. Il devait presque avoir atteint le voilier. C'était maintenant que commençait la phase la plus dangereuse de l'opération. Albert devait arrimer son canot au voilier et ensuite monter à bord de celui-ci. Avec une mer démontée comme elle l'était, l'entreprise était à haut risque.

Pour essayer de penser à autre chose, elle décida de nettoyer la bouilloire pour préparer du thé. Quand ils reviendraient, épuisés et trempés jusqu'aux os, autant Albert que les plaisanciers qu'il était en train de secourir auraient besoin d'une boisson chaude. Elle découvrit une bouteille de rhum dans un placard. Une petite rasade dans un thé brûlant serait peut-être la bienvenue.

Elle faisait les cent pas dans la pièce en évitant de regarder dehors, s'arrêtait, repartait. Elle observa longuement une carte marine accrochée à un mur, essuya avec un mouchoir la poussière qui s'était déposée sur une ancre en laiton fixée à côté de la porte.

Elle jeta vivement le mouchoir dans une corbeille à papier ; il fallait vraiment qu'elle perde l'habitude de nettoyer tout ce qui lui tombait sous la main. Maximilian avait raison, ça devenait pathologique. Rien n'échappait à son obsession de propreté. Jusque-là, elle en avait fait un moyen de garder la tête hors de l'eau, une stratégie de survie, mais, puisqu'elle n'avait pas l'intention de vivre encore longtemps, c'était inutile.

Quand elle osa enfin regarder à nouveau dehors, le voilier entrait dans le port. Les éléments le mettaient toujours à rude épreuve, mais on devinait une main sûre derrière la barre. Albert avait réussi. Soulagée, Rebecca reprit la longue-vue et la pointa sur le bateau. C'était bien la *Libellule*. Qu'avait-il pu se passer à bord pour qu'elle soit ainsi en perdition ?

Piloter la *Libellule* au milieu des autres bateaux jusqu'à son anneau de mouillage ne fut pas l'étape la moins délicate du sauvetage. Un petit groupe d'hommes – Rebecca supposa qu'il s'agissait de marins, ou tout au moins de plaisanciers aguerris – attendaient sur le ponton, prêts à intervenir pour aider Albert à amarrer le bateau. Même à l'abri au fond du port, tous les bateaux dansaient au bout de leurs amarres, les drisses claquaient furieusement et, de temps à autre, les mâts des voiliers les plus petits s'entrechoquaient sous le coup de rafales plus violentes que les autres. Rebecca vit Albert sauter sur le ponton puis tendre la main pour aider une jeune femme à gagner à son tour la terre ferme. Elle semblait à bout de forces. Rebecca plissa les yeux. C'était bien Inga. Elle tenait à peine sur ses jambes et dut s'y reprendre à trois fois pour sortir du bateau. Plus portée que soutenue par Albert, elle remonta le ponton vers le quai principal. Nul ne descendit derrière elle. Apparemment, il n'y avait pas de troisième personne sur le bateau.

Où était Marius ?

Rebecca remplit en hâte deux grandes tasses de thé chaud, y ajouta un trait de rhum et du sucre, puis se précipita pour ouvrir la porte de la capitainerie. Albert entra, chancelant, trempé des pieds à la tête, le souffle court. Inga, épuisée, était accrochée à son bras. Elle était dans un état effroyable. La moitié de son visage et ses jambes portaient des traces de sang séché, son tee-shirt était maculé de vomissures et tout son corps était agité de tremblements. Elle essayait de parler, mais aucun son intelligible ne parvenait à franchir ses lèvres. Quand elle fit un geste pour écarter de son front ses cheveux mouillés, Rebecca remarqua sur ses mains des éraflures qui saignaient encore.

— Mon Dieu, Inga, mais que s'est-il passé ?

Rebecca libéra Albert du poids de la jeune femme et la conduisit à une chaise sur laquelle elle la força doucement à s'asseoir.

— Vous êtes dans un tel état… Et Marius, où est-il ?

Inga la regardait sans pouvoir parler, mais elle réussit à saisir la tasse de thé qu'elle lui offrait et à la porter à ses lèvres. Elle but à petites gorgées, sans parvenir à cesser de trembler.

— Détendez-vous, disait Rebecca pour l'apaiser. Détendez-vous. Tout va bien, maintenant.

Rebecca n'était pas du tout aussi confiante qu'elle s'efforçait de le paraître. Quelque chose de terrible s'était produit, probablement un accident. Elle redoutait que Marius ne soit tombé à la mer, qu'il ne se soit noyé.

Un garçon si jeune, sportif... Elle n'arrivait pas à le croire.

Elle se tourna vers Albert, qui n'avait toujours pas repris son souffle.

— Vous a-t-elle dit quelque chose ? Savez-vous où est Marius ?

Il secoua la tête.

— Il n'y avait qu'elle à bord. Aucune trace du jeune homme. Et elle n'a pas réussi à me parler non plus. Apparemment, c'est seule qu'elle a affalé la grand-voile et piloté la *Libellule* au moteur jusqu'à l'entrée de chenal. Avec ce mistral... pas étonnant qu'elle soit plus morte que vive !

— Buvez donc vous aussi un peu de thé chaud, Albert, insista Rebecca. Vous avez besoin de reprendre des forces.

Il but avec avidité.

— Il faut qu'on prévienne les secours, dit-il. Nous devons faire rechercher le jeune homme...

— Je crois qu'il faudrait d'abord que nous sachions ce qui s'est passé.

Elle se pencha vers Inga, releva ses cheveux mouillés.

— Inga, nous devons faire quelque chose pour Marius, dit-elle prudemment. Pouvez-vous parler ? Pouvez-vous me raconter ce qui s'est passé ?

Inga claquait toujours des dents, mais elle s'efforça de prononcer quelques mots.

— Je ne sais pas, dit-elle d'une voix hachée, il n'était plus là quand je me suis réveillée.

— Quand vous vous êtes réveillée ?

— Je... suis tombée. Ma tête...

Elle toucha sa blessure à la naissance des cheveux et ne put retenir une grimace de douleur.

— J'ai perdu connaissance. Après, il avait disparu.

— Où étiez-vous ? Savez-vous à peu près où se trouvait le bateau à cet instant ?

— À la hauteur du cap Sicié. La tempête était terrible...

À mesure qu'elle parlait, la voix d'Inga s'affirmait.

— Les vagues étaient énormes. Je crois que la bôme l'a heurté. La bôme de... la grand-voile. Elle ne cessait pas de balayer le pont. Il a dû tomber par-dessus bord.

Rebecca se mordit les lèvres – le récit d'Inga était très inquiétant. Elle se tourna vers Albert et lui rapporta ce qu'elle venait d'apprendre en le traduisant en français.

— Elle était inconsciente et ne peut donc pas savoir ce qui s'est réellement passé, ajouta-t-elle. Mais, Marius ayant effectivement disparu, il est probable que les faits se sont déroulés comme elle le suppose. Mon Dieu, Albert, vous pensez qu'il est encore en vie ?

— Demandez-lui s'il portait son gilet de sauvetage.

Rebecca posa la question en allemand à Inga.

— Oui, répondit-elle en hochant la tête. J'en suis certaine.

Albert posa sa tasse. Il avait récupéré.

— Je préviens les secours. Vous vous occupez de la petite ?

— Bien sûr. Nous allons commencer par aller chez le médecin. Il faut qu'il examine sa blessure à la tête. Puis nous remonterons chez moi. Si quelque chose lui revient, je vous téléphone.

Albert griffonna sur un bloc, arracha la feuille et la tendit à Rebecca.

— Mon numéro de portable. Vous pouvez m'appeler à n'importe quelle heure.

— Entendu, le remercia Rebecca.

Elle regarda le port par la baie vitrée. Dehors, le mistral se déchaînait.

Ça ressemble à la fin du monde, songea-t-elle. Et, pour tout arranger, j'ai maintenant cette Inga sur le dos.

Rebecca venait de se laisser embarquer dans une histoire qui promettait de ne pas être facile. Elle avait le sentiment désagréable et inquiétant d'avoir déjà perdu le contrôle de la situation.

Lundi 26 juillet

1

Clara regardait Agneta avec une pointe d'envie.

Des jambes immenses, des cheveux blonds très pâles qui lui arrivaient à la taille, de grands yeux bleu pervenche : elle était l'image même de la Suédoise, et réellement belle. De ses récentes vacances aux Maldives, elle conservait un bronzage doré qui mettait encore plus en valeur ses cheveux, ses yeux et ses dents éclatantes. Autrefois, lorsqu'elle travaillait avec Clara, elle portait quasi exclusivement des jeans, ou l'été de simples jupes en coton, qu'elle accompagnait de modestes tee-shirts ou de sweat-shirts délavés. Les choses avaient changé. On devinait à sa tenue actuelle que son mari disposait de gros moyens. Avec sa veste étroite, sa jupe au genou, son ensemble en lin bleu clair était parfaitement coupé, et ses escarpins beiges à hauts talons provenaient de l'un des chausseurs les plus chers de la ville. Elle portait un rang de perles autour du cou, aux oreilles des clips assortis, et au poignet une montre fine et élégante. Son sac à main était estampillé du logo, discret mais tout à fait identifiable, d'un grand nom de la mode.

Elle avait indéniablement fait du chemin.

Partagée entre l'admiration et l'envie, Clara s'efforçait de ne pas laisser la jalousie l'envahir. L'argent ne faisait pas le bonheur. En tout cas, l'argent seul ne suffisait pas à rendre heureux.

Il n'empêche qu'à côté d'Agneta Clara avait l'impression d'être une souillon. Elle s'était préparée à sa visite, avec beaucoup de soin même, mais elle ne se battait pas avec les mêmes armes que son ancienne collègue. Son jupon à fleurs qui lui arrivait à mi-mollet faisait définitivement province et son tee-shirt blanc s'ornait d'une tache vert clair qu'elle ne remarqua qu'en allant ouvrir la porte à Agneta, alors qu'elle n'avait plus la possibilité de se changer.

Tant pis, mais elle en voulut à Marie, qui, la semaine précédente, avait renversé sa purée d'épinards sur elle, et elle en voulut à sa machine à laver qui n'était pas venue à bout de la tache.

Agneta était souriante et charmante, moins naturelle qu'autrefois, mais néanmoins très agréable. Le rôle d'épouse d'un homme en vue lui allait à la perfection. Clara la voyait très bien organisant des réceptions, allant d'un groupe d'invités à l'autre, faisant les présentations, trempant avec élégance ses lèvres dans une coupe de champagne et trouvant toujours le mot juste au bon moment. Si elle était secrètement rebutée par le mode de vie de Clara, sa petite maison et son minuscule jardin, elle n'en laissa rien paraître, mieux, elle usa de tous les superlatifs possibles pour décrire son enthousiasme. Tout ce qu'elle découvrait était « absolument ravissant », elle tomba littéralement en extase devant Marie et, pour finir, elle jugea Clara « absolument superbe ».

— Ma chérie, le mariage te réussit merveilleusement !

— Je ne peux que te retourner le compliment, répliqua Clara. J'imagine que ta vie doit être formidable.

— Formidable ? Je ne sais pas… mais les Maldives, c'était magnifique. Exactement comme sur la carte postale. Du sable presque blanc, une mer turquoise, du soleil… Tu devrais y aller !

— C'est difficile avec un enfant de l'âge de Marie, le vol est très long…

Et de toute façon beaucoup trop cher pour nous, ajouta-t-elle pour elle-même.

— Tu as tout à fait raison, renchérit aussitôt Agneta. Du reste, je me dis toujours qu'on se repose tout autant chez soi dans son jardin.

— Mais, pour envoyer des cartes postales, ce n'est pas tout à fait la même chose. D'ailleurs j'ai reçu la tienne il n'y a pas longtemps. Et tu es déjà là !

— Le courrier met toujours beaucoup de temps pour arriver. Mais n'est-ce pas formidable de se revoir après tout ce temps ?

Clara eut un petit sourire contraint.

— Si, c'est formidable. Mais les circonstances…

Agneta haussa gracieusement ses sourcils parfaitement épilés.

— Tu sais déjà de quoi il s'agit ?

— Je m'en doute. Je crains que tu n'aies le même problème que moi.

Les deux jeunes femmes gagnèrent la terrasse où Clara avait dressé une table pour le goûter. Tandis qu'elle découpait la tarte aux pommes qu'elle avait préparée pour l'occasion, puis servait le café, Agneta sortit un paquet de lettres de son sac à main. En reconnaissant le caractère d'imprimerie sur les étiquettes des enveloppes, Clara sursauta si violemment qu'elle renversa du café sur la jupe d'Agneta.

— Mon Dieu, murmura-t-elle en même temps qu'elle se sentait blêmir.

— Ce n'est pas grave, dit Agneta en épongeant le café avec une serviette. Je la porterai chez le teinturier.

— Je ne pensais pas à ta jupe…

Elle reposa la cafetière sur la table. Ses mains tremblaient.

— Les lettres… c'est bien ce que je pensais.

— Aucune n'est arrivée pendant que j'étais aux Maldives et je n'en ai pas reçu depuis. Ça me rassure un petit peu.

— Je n'en ai pas reçu non plus depuis presque trois semaines. Mais j'ai toujours les genoux qui tremblent quand je vais à la boîte aux lettres. C'est… c'est tellement effrayant, ce qu'il écrit.

— Tu penses que c'est un homme ?

— Je ne sais pas… je crois. Mais je ne saurais pas dire pourquoi.

Les deux femmes se regardèrent.

— Il y a un rapport avec notre travail auprès du tribunal pour enfants, dit finalement Agneta. En tout cas, il – ou elle – y fait constamment allusion dans ses lettres.

— Dans celles que je reçois également.

— J'essaie de me souvenir de ce qui a pu se passer, à l'époque. Il doit s'agir de quelqu'un qui a le sentiment d'avoir subi, par notre faute, une grave injustice. J'ai beau me creuser la tête, il ne me revient aucun cas plus marquant qu'un autre. En fait, il y a énormément de gens qui pourraient nous en vouloir, mais je ne vois aucune affaire dont je puisse dire d'emblée : « C'est celle-là. »

— Sais-tu si d'autres de nos anciens collègues ont également reçu des menaces ? demanda Clara.

— Je n'ai encore pris contact avec personne. Mais il faut qu'on le fasse. Si nous savons qui reçoit des lettres, nous pourrons peut-être délimiter le nombre d'affaires.

— Déjà parmi les parents auxquels on a retiré la garde de leurs enfants, il doit y en avoir des dizaines qui ne nous ont toujours pas pardonné d'être intervenues, dit Clara.

— Nous avons mis sous tutelle des familles qui ne supportaient pas qu'on se mêle de leurs affaires, même si elles étaient incapables de s'en sortir seules, ajouta Agneta.

— Et souviens-toi des familles d'accueil auxquelles on reprenait les enfants pour les rendre à leurs parents. C'était parfois de vrais déchirements. Certains en ont sûrement conçu beaucoup d'amertume.

— Mais je ne peux pas imaginer qu'une famille d'accueil soit aussi malfaisante et cynique que la personne qui écrit ces lettres, objecta Agneta. Il faut tout de même être détraqué pour faire ça ! Apparemment, c'est quelqu'un qui se prend pour l'exécuteur de je ne sais quelle justice suprême. J'ai beau chercher, je crois bien que je n'ai jamais rencontré quelqu'un qui soit pervers à ce point.

— Penses-tu que nous devrions prévenir la police ?

Agneta hésita.

— J'en ai parlé avec mon mari. Lui me le déconseille. Il pense que la police, de toute façon, ne pourra rien faire et qu'en revanche je risque fort d'éveiller la curiosité de la presse. En fait, précisa-t-elle avec un petit sourire triste, ce qu'il redoute, c'est surtout que la presse s'intéresse à lui. Il n'a pas du tout envie de voir son nom associé à une histoire glauque. Et il ne goûterait que très modérément que le passé de sa femme soit étalé au grand jour.

— Que reproche-t-il donc à ton passé ?

— Bah… disons qu'il manque un peu de glamour. Qu'est-ce que j'étais sinon une obscure travailleuse sociale en charge de familles à problèmes auprès du tribunal pour enfants ?

— Mais c'est tout à ton honneur !

— Peut-être. N'empêche que, pour quelqu'un qui brille au firmament de la réussite, le milieu dans lequel nous évoluions, autrefois, a des relents de pauvreté, de misère sociale. Il n'aime pas que j'en parle.

— Bert est lui aussi d'avis qu'il est inutile de prévenir la police, dit Clara. Toutefois, je ne suis pas certaine qu'il n'a pas simplement peur que je m'effondre s'il parle d'informer la police. Cela dit, depuis que je ne reçois plus de lettres, je crois qu'il pense que c'est une affaire terminée.

Agneta demeura silencieuse.

Clara se fit la réflexion que c'était une journée d'été parfaite.

Quelque part dans le lointain, un petit avion de tourisme sillonnait le ciel bleu, le vrombissement de son moteur était à peine plus audible qu'un murmure. Les oiseaux gazouillaient, des abeilles bourdonnaient. Du premier étage leur parvenait le babillage de Marie qui se réveillait doucement de sa sieste.

La peur reprit Clara. Depuis plusieurs semaines, particulièrement dans des moments comme celui-ci, quand le temps était au beau fixe, paisible, ensoleillé, elle sentait un nuage sombre et menaçant planer au-dessus de sa tête. Pour elle, l'affaire n'était pas du tout terminée, peut-être le serait-elle dans des années, si entre-temps l'auteur des lettres ne se manifestait pas. Mais ce serait long, très long avant qu'elle oublie, parfois elle se demandait même si elle y parviendrait un jour, si l'ombre de ce satané nuage ne planerait pas toujours au-dessus de sa famille.

— Il est là, dehors, dit Agneta. Il est là avec sa haine, avec ce désir malade de nous faire souffrir. Pourquoi suis-je incapable de croire que je ne recevrai plus de menaces ? Que c'est fini, qu'il s'est défoulé, qu'il a assouvi sa haine et va maintenant me laisser tranquille ? Pourquoi est-ce que j'ai si peur ?

Agneta n'était plus la même. Elle n'irradiait plus l'assurance et l'insouciance de la jeune femme sûre de sa beauté, de sa richesse, de sa position sociale et de l'amour de son mari. Elle ressemblait brusquement à une petite fille qui faisait la nuit des cauchemars si terrifiants qu'ils la poursuivaient encore en plein jour.

— J'ai peur moi aussi, dit Clara à mi-voix. Et je pense comme toi qu'il ne nous laissera jamais en paix.

Dans la maison, le babillage de Marie devint plus insistant. Clara se leva.

— Je vais la voir.

Quand elle redescendit, Marie sur un bras, Agneta s'était ressaisie. Une cigarette allumée à la main, elle affichait à nouveau le masque de l'assurance tranquille. Elle regarda Clara installer sa fille au milieu de la pelouse. Marie commença aussitôt à arracher des brins d'herbe qu'elle lança sur elle en poussant des petits cris joyeux.

— Écoute, on s'est construit l'une et l'autre des vies réellement agréables, dit Agneta. Tu as une fille ravissante, un mari charmant ; je suis, moi aussi, très heureuse avec mon mari, je fais chaque jour des milliers de choses passionnantes. On ne va laisser personne détruire cela, d'accord ?

— Non, personne, dit Clara, sur le ton docile d'une élève qui répète après sa maîtresse.

— Je vais prendre contact avec quelques-uns de nos anciens collègues. En rassemblant nos souvenirs, nous parviendrons peut-être à des recoupements qui nous mettront sur la piste de ce dingue. Mais, jusque-là, on ne va pas se laisser pourrir la vie. Tu n'es pas de mon avis ?

— Si, dit Clara sans conviction.

Agneta soupira.

— Tu sais quoi ? Ton café est délicieux, Clara, mais... je crois qu'on a bien mérité un petit alcool fort. Qu'est-ce que tu en dis ?

— J'en dis que tu as raison ! répondit Clara, cette fois avec un empressement et un enthousiasme qu'elle n'avait pas encore manifestés devant Agneta.

Elle entra dans la maison pour rapporter de quoi se remonter le moral et oublier, ne serait-ce que quelques heures, ce très mauvais tour que leur jouait le passé.

2

— Je vais chercher un hôtel, dit Inga, qui venait de surgir sur la terrasse.

Debout dans le soleil, sa frêle silhouette se découpait à contre-jour, mince, effroyablement mince.

Peut-on perdre autant de poids en si peu de temps ? s'étonna Rebecca. Puis elle se souvint de ce que les gens autour d'elle disaient, peu de temps après la mort de Felix.

« Mon Dieu, Rebecca, tu as incroyablement maigri ! Tu ne manges plus rien, n'est-ce pas ? »

Que mangeait-elle, à l'époque ? Elle ne savait plus. Et Inga, se nourrissait-elle ? Il y avait trois jours qu'elle était chez elle, pourtant Rebecca n'aurait pas su dire si, quand elles étaient à table, elle mangeait réellement ou si elle se contentait d'émietter distraitement un morceau de pain entre ses doigts. À en juger par son apparence, la deuxième proposition était probablement la bonne.

Rebecca, culpabilisée, résolut d'accorder plus d'attention à Inga, tout en sachant que la simple idée de s'occuper de quelqu'un contrecarrait sa décision de se replier sur elle-même, de se couper mentalement du monde avant de faire le dernier pas, de le quitter physiquement.

Elle posa sa tasse de café.

— Venez, Inga. Asseyez-vous et prenez un café avec moi !

Rebecca, comme toujours, avait préparé deux tasses. Inga s'assit en hésitant dans l'un des fauteuils d'osier laqués blanc. Rebecca lui servit du café, puis lui passa le sucre et le lait.

— Vous n'avez pas besoin de chercher d'hôtel, dit-elle sur un ton qui lui parut un peu contraint. Il y a bien assez de place ici.

Inga releva les cheveux qui lui tombaient sur le visage. Elle portait toujours un pansement sur sa blessure à la tempe. Un léger traumatisme crânien avait été diagnostiqué, mais le médecin lui avait assuré qu'avec du repos elle se rétablirait rapidement. Son épaule, dans laquelle il avait directement injecté un puissant antalgique, ne la faisait presque plus souffrir. Les ampoules de ses pieds étaient cicatrisées.

— C'est une drôle de situation, pour vous, n'est-ce pas ? dit Inga. Un de vos amis ramasse deux autostoppeurs sur la route, les amène chez vous, il s'en faut d'un cheveu que vous ne récupériez pas le bateau que vous leur avez prêté, et, pour couronner le tout, l'un disparaît dans la nature et l'autre s'invite chez vous. Au final, vous vous retrouvez avec une étrangère chez vous. Une intruse.

— Vous ne m'êtes pas si étrangère que cela, Inga. Marius me l'est davantage. S'il s'était installé ici, sans doute aurais-je eu le sentiment qu'un parfait inconnu vivait sous mon toit.

— En tout cas, ce n'est sûrement pas comme ça que vous aviez imaginé passer l'été.

— Non, concéda Rebecca. Effectivement.

Je pensais être déjà morte depuis presque une semaine, songea-t-elle.

— Albert a téléphoné, tout à l'heure, dit-elle pour changer de sujet. Les secours en mer vont tenter une dernière sortie pour rechercher votre mari demain matin. S'ils ne trouvent rien…

Elle n'acheva pas sa phrase.

— … ils arrêteront les recherches, dit Inga à sa place. Je m'y suis préparée. À vrai dire… je ne pensais même pas qu'ils chercheraient aussi longtemps. Déjà, quatre jours…

Elle était très pâle sous son hâle, ses lèvres étaient exsangues.

— C'était… c'est un excellent nageur. Et il portait un gilet de sauvetage.

— N'imaginez pas tout de suite le pire, Inga. Il est tout à fait possible que des plaisanciers l'aient repêché.

— Il aurait donné signe de vie.

— Peut-être pas… D'après ce que vous m'avez dit de son comportement sur la *Libellule,* il ne doit pas savoir comment reprendre contact avec vous. Il ne peut pas débarquer ici comme s'il ne s'était rien passé.

Inga buvait son café à petites gorgées. Elle était tendue et si triste que Rebecca en eut le cœur serré.

— Je n'arrive toujours pas à comprendre. Cette scène sur le bateau… j'ai l'impression que c'était un mauvais rêve. C'était tellement irréel. Marius qui tout à coup… Au début, j'ai cru qu'il plaisantait. C'est quelque chose que nous avons souvent fait… Parler, comme ça, avec le plus grand sérieux, de choses délirantes. On pouvait s'amuser à ça pendant des heures. Mais là…

— Est-il tout à fait exclu qu'il s'agisse d'un malentendu ? N'est-il pas possible que Marius ait simplement poussé la plaisanterie un peu trop loin, alors que vous n'en aviez plus envie ? Vous m'avez dit que vous n'étiez pas à l'aise, que vous aviez peur à cause du mistral qui se levait. Peut-être n'a-t-il pas compris que vous vouliez réellement arrêter. Ou bien il voulait vous forcer à continuer.

Inga se prit le front dans la main.

— Je n'arrête pas de décortiquer ce qui s'est passé sur le bateau, nuit et jour. J'espère toujours qu'un déclic va se produire, que je vais avoir une illumination soudaine et découvrir que c'était bien une plaisanterie, que j'étais seulement trop angoissée pour m'en rendre compte… Mais, au fond, je n'y crois pas, Rebecca. Il était… tellement différent. Quand il m'a poussée à l'intérieur de la cabine, j'aurais pu me faire extrêmement mal. Il me regardait d'une drôle de façon. Je ne l'avais jamais vu comme ça. Je ne le reconnaissais pas. Ce n'était plus lui. Il me faisait peur.

— Quelque chose a dû se passer qui a réveillé chez Marius un aspect de sa personnalité qui ne s'était encore jamais manifesté. Faire du bateau a peut-être ravivé des souvenirs. À moins que ce ne soit une chose que lui ait dite Maximilian avant de partir. Ou Albert…

Inga se prit à nouveau le front dans la main. Elle souffrait en permanence de légers maux de tête, séquelle probable de son traumatisme crânien, mais qu'elle attribuait aussi au cauchemar au milieu duquel elle se débattait.

— Je crois que cela avait un rapport avec vous, dit-elle enfin.

Rebecca écarquilla les yeux. Sa surprise était sincère.

— Avec moi ? Mais comment cela ?

— Je ne sais pas. On aurait dit que ce n'était pas tant pour avoir de l'argent que pour… vous ennuyer qu'il voulait voler le bateau. Pour vous faire du mal. Il paraissait vous en vouloir terriblement. D'ailleurs, il a dit qu'il vous haïssait. Clairement. Il disait qu'il savait très bien qui vous étiez. Je lui ai demandé plusieurs fois s'il vous connaissait, il répondait qu'il n'avait pas besoin de vous connaître pour tout savoir de vous. C'était complètement absurde !

— Effectivement, dit Rebecca. Pour ma part, je suis tout à fait certaine de ne pas connaître Marius. Je ne l'avais jamais vu avant la semaine dernière. Vous êtes tous les deux encore étudiants, et je m'occupais d'enfants en difficulté. Sans compter qu'il y a presque un an que je ne vis plus en Allemagne. Où nous serions-nous rencontrés ? Que pouvons-nous avoir en commun ?

— Je ne sais pas. Et j'ai beau chercher, je ne vois vraiment pas.

Rebecca resservit du café.

— Que savez-vous de Marius ? Je veux dire, de son passé ? Il y a longtemps que vous vous connaissez ?

Elle s'interrompit.

— Si je vous parais indiscrète...

— Non, protesta vivement Inga. Non, vous n'êtes pas du tout indiscrète. Ça me fait au contraire beaucoup de bien de pouvoir parler avec vous. À force de retourner le problème toute seule dans ma tête, je finis par ne plus avoir les idées très claires. Je trouve très gentil que vous vous y intéressiez... et que vous ayez pensé à mettre une tasse et une assiette pour moi, ajouta-t-elle en désignant la table, devant elle. Je pensais que, l'après-midi, vous aimiez bien prendre votre café seule.

Le regard de Rebecca s'assombrit. Inga vit littéralement une ombre s'arrêter sur son visage.

— À vrai dire, ça ne vous était pas destiné. Ce sont la tasse et l'assiette de mon mari. Vers quatre heures de l'après-midi, nous... nous prenions toujours un café ensemble. Pendant les vacances, bien sûr. Felix s'accordait un croissant. Moi, pas. Je... faisais plus attention à ma ligne que lui.

Elle se mordit les lèvres. Inga reposa sa tasse.

— Rebecca, je ne voudrais pas m'imposer. Si vous préférez être seule...

— Bien sûr que non, protesta Rebecca. Sinon, je ne vous aurais pas proposé de vous asseoir près de moi.

Elles n'échangèrent plus de paroles pendant plusieurs minutes. Puis Rebecca rompit le silence.

— Je vous demandais ce que vous saviez de Marius. Il a peut-être vécu quelque chose, avant que vous le connaissiez, qui nous aiderait à comprendre.

— En fait, c'est bizarre, mais je sais très peu de chose de Marius. Un peu comme s'il avait surgi de nulle part, comme s'il n'y avait pas eu d'avant. Ça m'a toujours troublée, mais il faut croire que j'ai réussi à le refouler. Nous nous connaissons depuis deux ans et demi, et nous sommes mariés depuis deux ans. Nous faisons, chacun, des petits boulots, et mes parents me donnent également un peu d'argent. On s'en sort. Marius ne reçoit aucune aide, mais il n'en parle pas, sauf pour dire qu'il ne s'entend pas du tout avec ses parents. Nous nous sommes rencontrés à la fac. Au restaurant universitaire. Il était derrière moi, j'hésitais devant les plats à choisir quand il m'a brusquement adressé la parole pour me dire de prendre tel plat au lieu de tel autre qu'il avait choisi la semaine précédente et qui était absolument infâme. J'aurais voulu rentrer sous terre. La dame de service attendait que je me décide, derrière nous, il y avait une queue qui n'en finissait plus, et Marius continuait à discuter de la qualité des plats…

Elle se souvenait combien elle avait été gênée que cet étudiant qu'elle ne connaissait pas ne paraisse pas se rendre compte qu'ils bloquaient tout le service et qu'autour d'eux les gens commençaient à s'impatienter. Ils avaient plusieurs fois reparlé de l'incident, le plus souvent sur un mode humoristique. Par exemple avec des amis, étudiants comme eux, lorsqu'ils racontaient comment ils s'étaient rencontrés. Inga disait en riant : « J'étais morte de honte ! Et Marius, imperturbable, continuait à me dispenser ses conseils et ses recommandations. Exactement comme si on avait été dans un restaurant trois étoiles. Derrière nous, les gens étaient excédés, mais il s'en moquait éperdument ! »

À ce stade du récit, Marius intervenait pour conclure, narquois : « Après tout, on les paye, ces repas. On a bien le droit de choisir tranquillement ce qu'on a envie de manger. »

Les rires fusaient. C'était typique de Marius ! Le gamin insouciant qui s'arrangeait pour s'attribuer ce qui lui convenait de la vie. Et se souciait comme d'une guigne qu'une femme sur le point de lui sauter à la gorge attende derrière un comptoir…

Une fois, pourtant, ils avaient évoqué l'incident avec sérieux. Inga s'en souvint brusquement.

— C'est drôle, j'avais complètement oublié cette histoire, remarqua-t-elle, songeuse.

— Quelle histoire ?

— Il y a à peu près un an et demi, nous avons eu une dispute effroyable dans un supermarché. C'était un samedi. Le magasin était plein à craquer. Il n'y avait qu'une caisse ouverte et la queue des clients qui attendaient pour payer serpentait dans toutes les allées. Il y avait de bonnes raisons de s'énerver, d'autant que nous n'avions qu'une bouteille de lait à régler, mais on pouvait aussi décider d'en rire. C'est ce que faisaient certains. L'ambiance était plutôt bon enfant… Les gens s'adressaient la parole, discutaient, plaisantaient sur le marasme dans lequel ils étaient englués. Justement parce que ce n'était pas un vrai marasme.

Inga s'interrompit un bref instant, chercha ses mots.

— C'était agaçant, mais pas réellement grave. Ce sont des choses qui arrivent. C'était tellement absurde : tout ce monde et une seule caisse ouverte ! Finalement, les gens prenaient ça plutôt bien.

— Sauf Marius ?

Inga hocha affirmativement la tête.

— Sauf Marius. Au début, je ne me suis pas rendu compte que son humeur était en train de tourner. Devant nous, il y avait un client qui lui aussi n'achetait que très peu de chose, une plaquette de beurre ou de la farine, et qui se moquait de la situation, de lui, des autres clients, qui avaient décidément tiré un mauvais numéro, qui venaient pour acheter rapidement une bricole et se retrouvaient avec le droit de passer l'après-midi entier dans le magasin... Il s'amusait. Je suis intervenue à mon tour, je trouvais effectivement que c'était plus drôle que grave...

Elle réfléchit.

— À un moment, ce type a dit « Faut vraiment qu'on soit des nuls », ou quelque chose comme ça, en tout cas il a prononcé le mot « nuls ». Et là, brutalement, Marius a explosé. C'était terrible. Il hurlait. Il n'était pas un nul, et de quel droit l'autre se permettait de dire ça ? « Je ne suis pas un nul, je ne suis pas le dernier ! criait-il. Je suis quelqu'un, et je n'ai pas à accepter d'attendre de cette façon ! »

Inga secoua lentement la tête.

— C'est curieux, dit-elle, ça me revient, maintenant. Ce sont exactement les mots qu'il a employés sur le bateau. *Je ne suis pas le dernier ! Je suis quelqu'un !* Exactement les mêmes.

Rebecca l'observait attentivement.

— Oui, c'est étrange, Inga. Mais, quel que soit le lien avec moi, je ne pense pas que j'aie un rapport avec cette histoire de supermarché.

— Je ne le pense pas non plus. Mais on aurait dit qu'il avait l'impression qu'il n'y avait que lui qui était obligé d'attendre démesurément. Ou plutôt que c'était dirigé contre lui. Pour l'embêter, pour lui nuire. Ce n'était pas normal de réagir comme ça.

— Comment s'est terminée l'histoire ?

— Mal, très mal. Il s'est rué vers la caisse en passant devant tout le monde et s'est mis à hurler après la caissière. Qu'est-ce qu'elle se figurait, il n'allait pas se laisser traiter de cette façon ! La pauvre était au bord des larmes. Elle essayait de faire de son mieux, compte tenu des circonstances, et la dernière chose dont elle avait besoin était qu'un client l'agresse de cette façon. Elle s'est excusée, a expliqué que presque tout le personnel du magasin avait la grippe, que c'était pour cette raison qu'elle était seule, qu'elle n'était pas responsable… J'aurais voulu rentrer sous terre. Tout le monde s'était tu et regardait Marius. Pour finir, il a flanqué la bouteille de lait sur un rayonnage, m'a prise par la main, m'a aboyé à la figure que maintenant on s'en allait, et on a filé.

Inga soupira.

— Je n'ai plus jamais osé retourner dans le magasin. Et, à la maison, on s'est disputés pendant des heures. Il ne voulait pas admettre qu'il avait été absolument impossible.

— Il a l'air très sensible à ce qu'il prend pour de l'hostilité ou du rejet, remarqua Rebecca. C'est peu fréquent, une telle susceptibilité. C'est presque de…

— C'est presque de la paranoïa, dit posément Inga. Vous pouvez prononcer le mot, je le sais, Rebecca.

Elle posa à nouveau son front douloureux dans sa main.

— C'est ce jour-là que j'ai reparlé de l'incident au restaurant universitaire. Il ne s'était pas mis à hurler, mais il s'était comporté avec une telle… arrogance. Je m'étais sentie presque aussi gênée. Je n'ai pas réussi à lui expliquer ce que j'avais ressenti, combien il m'avait paru déplaisant. Il ne comprenait pas ce que je voulais dire. Il répétait que dans les deux cas on avait manifestement essayé de l'humilier : au restaurant universitaire en lui refilant un plat, au supermarché en lui imposant une attente inadmissible. Il n'en démordait pas, il était même très étonné que de mon côté j'accepte tout ça sans piper mot. On a fini par cesser de se disputer, mais sans avoir réussi à nous entendre. Aucun de nous deux n'a lâché.

— Vous deviez avoir un peu l'impression de vivre sur un baril de poudre, non ? observa prudemment Rebecca. Ça pouvait éclater à tout moment. Vous en aviez conscience, n'est-ce pas ?

Inga ne pouvait s'empêcher de masser ses tempes du bout des doigts. Son mal de tête s'amplifiait.

— Oui, dit-elle à mi-voix. Encore que je me sois donné beaucoup de mal pour ne pas y penser. J'essayais de me convaincre qu'il avait simplement un peu dérapé… qu'il devait avoir eu une journée difficile… que ça pouvait arriver… En même temps…

— En même temps ?

— Eh bien, c'était toujours latent, chez lui. Parfois, c'était à peine perceptible, parfois plus évident. Ça se sentait par exemple à la façon dont, au restaurant, il traitait le serveur. Ou au ton sur lequel il s'adressait aux ouvriers, ou aux livreurs… Il leur parlait toujours un peu de haut, parfois presque grossièrement. Et je… je retenais ma respiration. Je devinais confusément que, s'il venait à l'idée des gens en face de lui de prendre des airs supérieurs ou de l'envoyer promener, c'était le clash garanti. Et il les avait drôlement à l'œil. Quand ça se terminait sans bagarre, c'était chaque fois un vrai soulagement.

Elle se tut et s'absorba dans la contemplation du ciel. Rebecca demeura également quelque temps silencieuse, puis elle dit :

— Ce ne devait pas être facile… Vous n'avez pas eu que des bons moments, tous les deux, n'est-ce pas ?

— Non, dit lentement Inga, vraiment pas. Pourtant…

Un sourire éclaira son visage.

— C'était aussi parfois tellement drôle, avec lui. Spontané, sans complications. Il avait dix idées à l'heure. Nous avons atterri dans des bistrots complètement fous, dans d'obscurs théâtres d'arrière-cour, des caves de jazz, des spectacles de travestis ahurissants. L'été, nous prenions des bains de minuit dans l'Isar, l'hiver, on séchait les cours pour se balader dans le Chiemgau parce qu'il était tombé cinquante centimètres de neige et que ça rendait Marius fou de joie. Vous savez, c'est ça qui était formidable chez lui, cette aptitude à s'enthousiasmer. J'en profitais. Je suis beaucoup plus sérieuse et j'ai toujours des scrupules à ne pas faire exactement ce qu'on attend de moi. De nous deux, c'est moi la plus âgée. J'ai vingt-six ans et Marius vingt-quatre. Mais, parfois, j'avais l'impression d'avoir au moins dix ans de plus que lui.

— Vous étudiez quoi ?

— Les lettres et l'histoire. J'ai presque fini. Marius, lui, prend son temps. Il fait du droit, avec le projet d'être avocat, mais il n'a encore jamais validé un seul semestre du premier coup. Ce n'est pas qu'il n'en est pas capable, au contraire. Il a d'excellentes notes. Mais il s'arrête souvent en cours de route. Il commence un mémoire puis le laisse tomber parce que ça ne l'intéresse plus. Il quitte l'amphi au milieu d'un examen parce que dehors il fait trop beau pour ne pas aller à la piscine, et tout à l'avenant. Ça m'impressionnait. Comparée à lui, j'avais l'impression d'être épouvantablement studieuse et ennuyeuse. Je me disais que c'était une chance d'avoir quelqu'un qui me faisait faire des choses un peu folles.

Elle regarda anxieusement Rebecca.

— Vous me comprenez ? Ou bien pensez-vous… pensez-vous que Marius a un réel problème psychologique et que j'aurais dû m'en rendre compte ?

Une myriade de mouettes surgies de nulle part se mirent à tournoyer au-dessus du jardin en criaillant furieusement, et Rebecca dut attendre qu'elles s'éloignent avant de pouvoir répondre.

— Je vous comprends très bien, Inga, dit-elle alors. Vraiment. J'imagine tout à fait ce que peut avoir de séduisant une personnalité comme celle de votre mari. Du reste, vous vous êtes mariés plutôt vite, non ? Il y a tout un pan de la vie de Marius que vous ne connaissez pas, et qui manifestement a aujourd'hui encore des répercussions dont vous souffrez. Quand il reviendra – et je pense sincèrement qu'il est prématuré d'envisager le pire –, il faudra que vous en parliez avec lui. Vous ne pouvez pas à la fois vivre avec ce poids et ignorer de quoi il s'agit. À terme, ça ne peut pas fonctionner.

— Je sais, dit Inga. Vous avez raison.

— Si nous savions pourquoi il semble me considérer comme une personne qui lui a fait du tort, qui lui a donné le sentiment d'être inférieur, je crois que nous commencerions à entrevoir la solution de l'énigme, dit Rebecca. Où nos deux vies ont-elles bien pu se croiser ?

Les mouettes revinrent tournoyer au-dessus du jardin. Ajoutés à la soudaine atmosphère d'incompréhension et d'inquiétude qui s'était installée, leurs cris prirent un accent sinistre.

— Oui, où se sont-elles croisées ? répéta pensivement Inga.

Elle était dans le noir complet.

Mardi 27 juillet

1

Ce mardi-là, Karen décida de quitter la chambre qu'elle partageait avec Wolf. Après un week-end où il avait beaucoup été à la maison et avait néanmoins réussi à ne quasiment pas lui adresser la parole, la situation lui était devenue insupportable. Depuis leur dernière dispute, et alors même qu'elle pensait que c'était impossible, la froideur hautaine qu'il lui manifestait s'était encore accentuée.

Samedi soir, elle avait pris l'initiative de provoquer une explication. Les enfants recevaient des amis pour la soirée ; ils s'amusaient au sous-sol, où ils avaient organisé un tournoi de ping-pong. Karen avait allumé un feu dans la cheminée extérieure de la terrasse. Wolf sortit de son bureau alors qu'il était plus de neuf heures et que la pénombre et les bruits mystérieux de la nuit envahissaient déjà le jardin. Karen portait un tee-shirt profondément échancré et un de ses nouveaux jeans, qui, elle l'avait constaté en s'observant dans la glace, mettaient sa silhouette en valeur. Elle s'était maquillée et, pour la première fois depuis longtemps, parfumée.

Ne s'était-elle pas trop négligée, ces derniers temps ?

Pourtant, Wolf ne parut pas se rendre compte du changement. Il sortit sur la terrasse, vit qu'elle y était et rentra aussitôt dans la maison, mais elle le retint en lui adressant la parole.

« Wolf ! tu as fini ? Reste donc un peu sur la terrasse. Il fait délicieusement bon ! »

Il considéra le feu qui crépitait dans la cheminée en fronçant les sourcils d'un air courroucé.

« C'est quoi, ce feu ? Tu as prévu des grillades ? »

Son ton désagréable anéantit une bonne part du courage et des espoirs de Karen.

« Non… je me disais simplement que… ça crée une ambiance un peu romantique, tu ne trouves pas ? Et nous avons beaucoup négligé le romantisme, ces dernières années. »

Il soupira.

« Et tu as décidé de le remettre à l'ordre du jour ? »

Elle se leva – il fallait qu'il voie combien elle avait minci –, se dirigea vers la table, prit un verre et sortit du seau à glace la bouteille de champagne qu'elle avait déjà largement entamée. Elle emplit le verre et le lui tendit.

« Tiens ! »

Il s'en empara et, sans trinquer avec elle, le porta aussitôt à ses lèvres, tout en s'avançant au bord de la terrasse, d'où il observa la maison voisine, parfaitement silencieuse derrière ses volets clos.

« Ça commence à faire un moment qu'ils sont partis », remarqua-t-il.

Elle le rejoignit. Kenzo, qui s'était roulé en boule devant la cheminée pour dormir, leva la tête et gronda doucement.

« Tais-toi, Kenzo, intervint Karen. Oublie un peu cette maison !

— Il aboie toujours après la maison ? demanda Wolf.

— Il n'arrête pas. Les voisins vont finir par se plaindre. Je ne sais pas ce qui lui prend. »

Wolf haussa les épaules.

« Personne ne s'occupe du jardin, reprit Karen. Tout est en train de faner. »

Wolf, à nouveau, soupira. Ostensiblement, cette fois.

« Mais ça ne nous regarde pas ! Pourquoi as-tu besoin de te mêler de ce qui ne te regarde pas ?

— Je ne me mêle pas du tout de ce qui ne me regarde pas. Le jardinier… enfin, c'est le jardinier qui devait s'occuper du jardin qui m'a abordée, l'autre jour, et… »

Elle se tut. Wolf ne l'écoutait pas et elle se sentait déjà perdre pied. Sa mise en scène avec le feu dans la cheminée, le champagne et le parfum lui avait totalement échappé. Elle était à nouveau un animal pris au piège et s'entendait bafouiller des justifications qui n'intéressaient personne. Pourquoi fallait-il que ça tourne toujours de cette façon ? C'était lui qui avait lancé le sujet sur la maison en remarquant qu'il commençait à y avoir longtemps que leurs voisins étaient partis. Qu'avait-elle fait sinon se mettre au diapason ? Pourtant, sans qu'elle voie le coup venir, il avait retourné contre elle les quelques malheureux mots qu'elle avait prononcés, et voilà qu'elle se retrouvait implicitement accusée de passer son temps à se mêler de ce qui ne la regardait pas, qu'il la faisait passer pour une mère au foyer oisive pathologiquement dépendante de ce qui se passait chez ses voisins.

C'était faux, bien sûr, mais comment le lui faire comprendre ? Elle ne parvenait pas à modifier l'image détestable qu'il avait d'elle.

Je ne suis pas à sa hauteur, songea-t-elle en luttant contre les larmes qui lui nouaient la gorge, je ne suis pas assez intelligente pour lui, pas assez combative, pas assez sûre de moi. Je suis insignifiante, fade, incolore, et sans doute regrette-t-il amèrement de m'avoir épousée. Dans sa vie, je n'ai plus qu'une fonction, une seule : j'élève ses enfants. Quand ils seront grands, il partira.

« Wolf… » commença-t-elle sur un ton plaintif dans lequel toutes les larmes qu'elle refoulait étaient perceptibles, alors même qu'elle savait qu'il n'en fallait pas plus pour agacer son mari.

« Wolf, c'était différent, avant. Que s'est-il passé ? Pourquoi ça a changé ? »

Il se tourna vers elle. Elle distingua nettement les traits de son visage dans la lumière des lanternes du jardin. Ils ne reflétaient aucune compréhension, aucune chaleur.

« De quoi faut-il encore que tu te plaignes ? Ce n'est donc pas possible que tu cesses un jour, un seul jour, de gémir et de te lamenter ?

— Si je pouvais comprendre… »

Elle se mordit les lèvres. Saleté de larmes. Il fallait toujours qu'elles gâchent ses chances de discuter sereinement avec lui.

« Comprendre quoi ? Nous ? Moi ? Toi-même ? Mais c'est vrai, je me souviens, maintenant : tu as un problème parce que j'ai une liaison avec une collègue. C'est ça ? C'est ce que tu essaies de comprendre ?

— Je n'ai pas dit que…

— Ah bon ? C'est vraiment extraordinaire toutes les interprétations qu'on peut donner d'une même déclaration. Tu ne m'as pas fait une scène digne des meilleurs feuilletons ? Et justement un soir où j'étais particulièrement fatigué, à bout de nerfs et contraint, par-dessus le marché, d'assister à une soirée importante pour mon boulot ? Mais ce qui est important pour mon boulot te passe au-dessus de la tête ! Et tu te moques pas mal que je puisse être fatigué. Il y a des choses bien plus importantes dans ta vie. Toi. Toi et tes désirs. Toi et tes problèmes. Tes soucis et tes malheurs ! Comment espérer que tu t'intéresses aux miens ? »

Il haussa les sourcils avec mépris et vida son verre de champagne.

Elle déglutit à plusieurs reprises, serra les lèvres. Il fallait qu'elle réussisse, ne serait-ce qu'une fois, à lui parler sans fondre en larmes.

« On part en vacances dans deux semaines, dit-elle. Comment vois-tu la chose ? Je veux dire, nous deux, à l'hôtel, dans ces conditions ?

— Oh non ! s'exclama-t-il en levant les yeux au ciel. S'il te plaît, ne viens pas maintenant remettre les vacances en question ! Si je me souviens bien, c'est toi qui as insisté pour qu'on parte ! Je trouvais que ça faisait un peu cher cette année, après l'achat de la maison. Mais madame a pleurniché et supplié et n'a cessé de répéter que nous étions une famille, que c'était important de partir ensemble, que c'étaient les seuls moments de l'année où on avait du temps l'un pour l'autre et pour les enfants, et blablabla... Jusqu'à ce que je cède et signe quelques chèques supplémentaires pour... »

Elle se rendit compte que sa colère montait au fil des mots.

« Je ne veux pas annuler notre séjour, le coupa-t-elle précipitamment d'une voix mal assurée. Je me demande seulement si... si je vais tenir deux semaines avec toi dans une chambre d'hôtel, avec la façon dont tu...

— Avec la façon dont je quoi ?

— Dont tu te comportes avec moi.

— Et je me comporte comment, selon toi ? » interrogea-t-il d'un ton glacial.

Ses larmes jaillirent. Ce n'était même pas la peine d'essayer de répondre.

« Bon sang ! s'écria-t-il en reposant brutalement son verre sur la table. C'est samedi soir. J'ai moi aussi droit à un week-end tranquille. Je te serais reconnaissant de ne plus jamais me refaire ce ridicule numéro du feu dans la cheminée et du champagne au clair de lune dans le jardin si tu n'as en vérité que tes pleurnicheries habituelles à me jeter à la figure ! »

Il quitta la terrasse. À l'intérieur, la porte du salon claqua. Kenzo gémit.

C'était ainsi que le samedi s'était achevé.

Le lendemain, sitôt le petit déjeuner avalé, Wolf fila à la piscine avec les enfants. Karen savait qu'il détestait les piscines publiques, et plus encore le dimanche quand il faisait beau et chaud et qu'il y avait un tel monde qu'on se marchait presque dessus. Mais il fallait qu'il parte. N'importe où pourvu que ce soit loin de sa femme. Personne n'avait demandé à Karen si elle voulait venir, pas même les enfants.

Il commence à déteindre sur eux, songea-t-elle quand elle se retrouva seule devant la table du petit déjeuner qu'ils avaient quittée en hâte sans la débarrasser. Elle entendait Kenzo, dehors, qui aboyait en direction de la maison voisine. Les enfants se rendent compte qu'il fait comme si je n'existais pas, alors ils agissent comme lui. Ils voient bien que je ne me défends pas. Ils doivent me mépriser.

Elle rassembla son courage et se leva pour ranger dans le lave-vaisselle les assiettes maculées de miel et d'œuf séché, secouer les miettes de pain de la nappe et laver la gamelle de Kenzo. Elle alla ensuite dans les chambres des enfants et ramassa les culottes, les chaussettes et les tee-shirts sales qui traînaient en se demandant pourquoi ses enfants ignoraient avec une telle constance que le linge sale devait être mis chaque soir dans le panier à linge de la salle de bains. Elle commençait à croire qu'ils ne l'entendaient pas quand elle parlait. Ou alors ils se moquaient de ce qu'elle disait.

Le dimanche s'écoula, triste et solitaire. Il faisait si chaud dehors, même à l'ombre du store de la terrasse, que Karen dut se réfugier dans la relative fraîcheur du séjour. Auparavant, elle était allée chercher au moins trois fois de suite Kenzo à la haie mitoyenne et elle avait tenté de lui expliquer qu'il allait finir par attirer des ennuis à tout le monde avec ses aboiements incessants. Il l'avait attentivement écoutée en inclinant la tête de côté, mais il n'avait tenu aucun compte de ce qu'elle avait dit.

À croire que Wolf déteignait même sur lui.

À midi, elle avait grignoté un peu de pain sec. Elle n'avait eu le courage ni de se préparer à manger ni même de sortir le beurre ou un morceau de fromage du réfrigérateur. Elle avait essayé de lire un roman, pour rapidement se rendre compte qu'elle ne retenait aucune des phrases qu'elle lisait. Pour faire quelque chose d'utile, elle finit par mettre la machine à laver en route, à demi pleine car elle avait déjà fait une lessive la veille. Wolf lui reprocherait de gaspiller de l'énergie. Mais, pour ça, il faudrait qu'il le remarque, ce qui n'était pas réellement à craindre.

En fin d'après-midi, elle se sentit tellement seule qu'elle téléphona à sa mère. Elle savait d'avance que l'appel ne lui apporterait aucun réconfort, mais son besoin d'entendre une voix humaine était si grand qu'elle était prête à supporter même sa mère.

Comme prévu, sa mère se plaignit de la chaleur, de son balcon, sur lequel il était impossible de se tenir car il était si petit que l'entourage de béton n'était bon qu'à emmagasiner un peu plus la chaleur, d'ailleurs tout était impossible et infernal.

« Un jardin, voilà ce qu'il me faudrait en ce moment, dit-elle. Un beau jardin bien vert, avec de l'herbe, un grand arbre pour pouvoir m'allonger à l'ombre et un peu de vent, un tout petit peu, juste pour rafraîchir. Ça, ce serait bien ! »

Karen savait que sa mère se plaindrait alors d'autre chose, de fourmis qui grouillaient partout, de brins d'herbe trop piquants, ou d'un avion qui était passé une fois au-dessus du jardin au cours de l'après-midi. Elle se sentit néanmoins aussitôt coupable. Elle aurait dû proposer à sa mère de venir passer le week-end chez eux. Elle l'invitait beaucoup trop rarement, par égard pour Wolf, qui estimait que supporter sa belle-mère tout un dimanche était trop lui demander. Elle était bien bête de se soucier de Wolf quand il vivait sa vie de son côté et se moquait bien qu'elle souffre d'être seule.

Il était temps qu'elle songe à elle et fasse enfin ce dont elle avait envie. Le problème, c'était que parfois elle ne savait pas ce dont elle avait réellement envie. Avait-elle envie d'un dimanche avec sa mère ? À vrai dire, non. Cela soulagerait assurément sa conscience, mais elle n'en tirerait pas de réel plaisir.

« Nous devrions peut-être envisager un autre arrangement pour les vacances, proposa-t-elle. Au lieu de t'amener Kenzo, tu viendrais t'installer ici. Tu pourrais ainsi profiter du jardin pendant deux semaines. Qu'en penses-tu ?

— Ça ne me dit absolument rien ! Toute seule dans votre grande maison… Pas question ! Je m'ennuierais à mourir ! Je préfère mille fois que tu m'amènes Kenzo.

— Entendu. On ne change rien dans ce cas. »

Sauf que je n'ai plus envie de partir. Pourquoi Wolf et les enfants ne partiraient-ils pas sans moi ? Je ne leur manquerais certainement pas.

« Sinon, tu vas mieux ? interrogea sa mère.

— Comment ça ? Je n'allais pas bien ?

— Eh bien, je pensais à ton dernier coup de fil. Quand tu m'as réveillée au milieu de la nuit parce que tu craignais qu'il ne me soit arrivé quelque chose. J'ai trouvé que... que tu avais les nerfs bien à vif.

— Maman, je t'ai expliqué pourquoi je t'avais dérangée. Je n'ai pas eu brusquement une lubie ou une crise d'angoisse. J'avais reçu un appel vraiment inquiétant. J'ai préféré m'assurer que... »

Tout en parlant, Karen se disait qu'il était vain de revenir sur cet incident. Les tenants et les aboutissants de l'histoire n'intéressaient absolument pas sa mère. Il y avait longtemps qu'elle s'était forgé une opinion, rien ne la ferait revenir dessus.

« Mais peu importe, tout est rentré dans l'ordre », dit-elle en manière de conclusion, tout en se demandant comment sa mère réagirait si elle lui annonçait que son mariage partait à vau-l'eau. Que Wolf et elle ne parvenaient plus à s'entendre et qu'elle en était à entrevoir une séparation comme la seule issue possible.

Elle ne dit rien de tout cela, elles échangèrent encore quelques propos anodins, puis Karen prit congé de sa mère et raccrocha.

En fin de journée, la chaleur redevint supportable et Karen sortit dans le jardin. De l'autre côté de la clôture, avec leurs fleurs flétries et leurs feuilles qui pendaient tristement, les rosiers faisaient peine à voir. Karen n'eut pas une hésitation. Elle alla chercher le tuyau d'arrosage et dispensa une pluie bienfaisante sur les plantes assoiffées. Qu'importait ce que Wolf en dirait, elle pouvait bien s'occuper un peu du jardin délaissé de ses voisins.

Elle songea combien ce serait agréable d'avoir une amie. Au lieu d'être seule comme aujourd'hui, elle aurait pris un thé sur la terrasse avec elle et, les heures passant, peut-être un verre de vin blanc frais. Elles auraient parlé de tout et de rien. De leurs enfants, de leurs problèmes conjugaux... Le pire, dans son histoire, c'était peut-être cela. Qu'elle n'ait personne à qui parler, personne auprès de qui s'épancher. Personne pour de temps en temps lui changer les idées. Personne avec qui rire aux éclats. Peut-être était-ce aussi ce qui la rendait si peu attirante aux yeux de Wolf. Elle était devenue si solitaire, si repliée sur elle-même, si soucieuse.

Je ne ris pas assez. Il faut dire aussi que je n'ai pas beaucoup de raisons de rire.

Les enfants rentrèrent vers six heures, leurs cheveux encore mouillés et hirsutes, mais en pleine forme et d'excellente humeur. Ils laissèrent tomber leurs sacs de piscine dans l'entrée et se précipitèrent sur le téléviseur pour ne pas manquer une de leurs séries favorites.

« Où est votre père ? » interrogea Karen en sortant les maillots de bain et les serviettes mouillés des sacs abandonnés dans l'entrée, ce qui lui valut de découvrir des chewing-gums mâchés, des morceaux de chocolat fondu et de constater que sa fille, apparemment, avait perdu une de ses claquettes de bain.

Les enfants ne quittèrent pas l'écran des yeux.

« Papa nous a seulement déposés. Il devait aller à son bureau. Il a dit de ne pas l'attendre pour dîner. Il va rentrer tard. »

Ce n'est que longtemps après, en y repensant, que Karen se rendit compte que cet instant avait marqué un tournant décisif. À cette minute, alors que s'achevait un long dimanche de solitude, quelque chose était mort en elle : l'espoir qu'elle et Wolf puissent se retrouver, que s'effacent comme par magie les années qui venaient de s'écouler et que leur vie reprenne là où elle était encore si gaie, tendre et harmonieuse. Quelque part au fond d'elle-même, elle avait encore espéré que la froideur et l'hostilité de leurs relations allaient se révéler les symptômes d'une maladie passagère dont ils se souviendraient encore quelque temps avec un frisson d'effroi rétrospectif, mais dont les contours peu à peu s'estomperaient jusqu'à ne plus représenter qu'une tache nébuleuse dans leur passé.

Ce mince espoir s'évanouit définitivement, rien ne pourrait plus le ranimer. Wolf déposait les enfants devant la porte, un dimanche soir, après avoir laissé sa femme seule toute la journée, et il ne jugeait même pas nécessaire de descendre de voiture pour lui expliquer de vive voix pourquoi il ne passerait pas non plus la soirée avec elle. Il chargeait ses enfants de transmettre le message.

Je lui suis indifférente. Mes sentiments lui sont indifférents. Plus rien ne m'attache encore à lui.

Elle avait préparé à dîner pour les enfants, mais elle-même ne participa pas au repas. Elle faisait tout dans une sorte d'état second. Elle mit à sécher les maillots de bain et les serviettes, arrosa les fleurs des jardinières du balcon, sortit, comme tous les soirs, promener Kenzo, bavarda brièvement avec une autre propriétaire de chien, sans se souvenir du tout, une fois rentrée à la maison, de ce dont elles avaient parlé. Elle envoya les enfants se coucher, s'assit un moment sur la terrasse et, pour la première fois depuis des années, fuma quelques cigarettes d'un paquet qu'elle avait pris dans un distributeur automatique au cours de sa promenade avec Kenzo. À onze heures du soir, Wolf n'avait toujours pas réapparu. Karen se coucha, mais elle ne put trouver le sommeil. Elle fixait l'obscurité, les yeux grands ouverts. C'était fini entre Wolf et elle. Il lui restait maintenant à trouver la voie qui lui permettrait de conserver sa dignité. Ou de la retrouver. Parce qu'il ne semblait pas qu'il lui en restât encore beaucoup.

Quand elle l'entendit ouvrir la porte d'entrée, elle redressa la tête pour regarder le radio-réveil. Presque deux heures et demie. Il était peu probable qu'il soit resté aussi longtemps à son bureau. Elle avait froid, mais – et c'était nouveau – elle n'avait aucune envie de lui parler. Elle n'éprouvait pas le besoin de lui demander ce qu'il avait fait ni pourquoi il n'avait pas jugé bon de l'informer de ses projets pour la soirée. Elle n'éprouvait plus aucun besoin de clarifier quoi que ce soit. Quand il entra dans la chambre, elle fit semblant de dormir. Il se déplaçait à pas de loup et très précautionneusement. De toute évidence, il espérait s'en tirer sans avoir à rendre de comptes.

Le lendemain matin au petit déjeuner, elle ne fit aucune allusion à la soirée de la veille. Elle eut l'impression que Wolf en était légèrement contrarié, mais ça lui était égal. Elle ne suivait aucune stratégie.

Le lundi soir, quand il rentra, Karen, à nouveau, dormait déjà. Le mardi matin, de même que la veille, elle ne fit pas état de la soirée du dimanche. Wolf parut confusément inquiet.

Quand ils furent partis, Wolf à son travail, les enfants à l'école, Karen entreprit d'aménager la chambre d'amis pour elle.

C'était une très agréable petite chambre sous les toits. Les murs en soupente étaient tapissés de papier à fleurs et elle possédait une fenêtre en chien-assis qui dominait les jardins alentour et d'où l'on apercevait la forêt. Une minuscule salle de bains au carrelage vert y attenait. La mère de Karen, qui avait eu l'occasion de l'occuper quelques jours, n'avait rien trouvé à y redire, ce qui en soi était tout à fait exceptionnel.

Karen monta ses vêtements et les rangea dans le placard, disposa ses articles de toilette dans la salle de bains, fit le lit, puis empila autour les livres auxquels elle tenait particulièrement. Elle décrocha de la chambre conjugale deux aquarelles de fleurs qu'elle avait peintes quelques mois auparavant – quand je croyais que créer quelque chose de mes mains m'aiderait à remonter la pente, songea-t-elle avec amertume – et les accrocha dans son nouveau domaine. Elle épousseta les meubles, mit des roses dans un vase sur la table, puis ouvrit grande la fenêtre pour laisser pénétrer le soleil. Son travail accompli, elle fit lentement des yeux le tour de la pièce et se sentit en accord avec les lieux. S'installer ici était une première étape. Une première étape sur un chemin dont elle se doutait qu'il serait long, semé d'embûches et ponctué de nombreux revers.

Il y va de ta dignité, rien de moins, se dit-elle en manière de piqûre de rappel.

Elle réfléchit à ce qu'elle allait faire ensuite. Continuer sur sa lancée était sa meilleure garantie de ne pas recommencer à tourner à vide.

Je pourrais appeler l'agence de voyages et me renseigner sur les conditions de remboursement, songea-t-elle. Il y a peut-être une possibilité de récupérer quelque chose, même en annulant notre séjour si peu de temps avant le départ. Curieusement, avec l'emménagement dans sa nouvelle chambre, la question qui la tourmentait depuis des semaines avait d'un coup trouvé sa réponse. Elle ne partirait pas. C'était désormais une telle évidence qu'elle s'étonnait d'en avoir douté si longtemps.

Elle en était là de ses réflexions quand le téléphone sonna.

Elle dévala les deux étages et décrocha sans se donner le temps de reprendre son souffle.

— Oui ? Allô ?

— Tout va bien ? interrogea une voix d'homme vaguement familière.

— Qui est à l'appareil ?

— Pit Becker. Le jardinier des Lenowsky…

— Ah oui… je me souviens ! Bonjour ! Pourquoi me demandez-vous si tout va bien ?

— Eh bien, vous aviez une drôle de voix quand vous avez répondu.

— Ah bon ? Non, il n'y a rien. Tout va bien.

Sauf que mon mariage est en train de partir en miettes et que je viens de quitter la chambre conjugale, ajouta-t-elle en pensée.

— J'appelais seulement pour vous demander si les Lenowsky étaient rentrés, ou si par hasard vous aviez appris quelque chose.

— Non. Ils ne sont pas rentrés et je n'ai rien appris de plus. Apparemment, rien n'a bougé.

— Je crois que nous devrions intervenir, dit Pit. Nous ne pouvons pas faire comme si tout cela ne nous concernait pas.

C'était étrange. Pit, qui lui était apparu comme un jeune homme incontestablement réaliste et bien de son temps, ressentait et disait la même chose que ce qui la hantait quand elle observait la maison abandonnée. Pourtant, s'il lui arrivait de faire une remarque dans ce sens devant Wolf, aussitôt il lui reprochait d'être stupidement angoissée, hystérique ou, dans le meilleur des cas, d'inventer des histoires sensationnelles pour mettre un peu de piment dans son quotidien.

Sa prochaine étape, urgente et capitale, serait de cesser de considérer Wolf comme une référence pour chacun des faits et gestes de sa vie.

— Oui… Vous pensez que nous devrions prévenir la police ? Je me demande si… Ne risquons-nous pas d'avoir des ennuis s'il s'avère qu'il n'y a rien ? Je veux dire, à part un vague pressentiment, nous n'avons pas grand-chose comme arguments.

Une petite voix intérieure lui soufflait qu'en vérité ce n'était pas de la police qu'elle avait peur, mais de Wolf. Elle n'imaginait que trop ses commentaires acerbes, son cynisme destructeur, si elle déclenchait inutilement une intervention des forces de l'ordre.

À l'autre bout du fil, Pit paraissait réfléchir.

— Je pense toujours qu'on peut passer par le balcon, dit-il enfin. Je pourrais venir maintenant. J'ai une échelle… rien de plus simple que de grimper, d'enjamber la rambarde et d'essayer d'ouvrir une fenêtre.

— Tout de suite ?

— Oui, pourquoi pas ? Vous serez là ? Je préférerais que quelqu'un puisse témoigner que je ne cherchais pas à cambrioler.

Elle considéra la proposition. C'était si soudain, et tout de même très aventureux. Cependant…

Le téléphone à l'oreille, elle se dirigea vers la fenêtre et leva les yeux vers la maison. Un frisson la parcourut.

Elle regarda l'heure. Un peu plus de onze heures.

— Mes enfants rentrent de l'école à une heure. D'ici là, je suis libre.

— Parfait. Je suis chez vous dans un quart d'heure.

Il avait raccroché. Elle ne pouvait plus changer d'avis.

Elle se rendit dans sa salle de bains sous les toits et se brossa les cheveux. De retour dans le séjour, elle se servit un verre de porto et le but d'un trait.

Puis elle attendit.

2

Inga n'avait pas imaginé qu'il serait aussi difficile de convaincre Rebecca de sortir de chez elle. Elle avait certes compris que la vie de son hôtesse obéissait à une stratégie de repli, mais elle n'avait pas mesuré à quel point Rebecca se coupait du monde.

« Allez-y seule, Inga, lui avait-elle dit le matin quand elle lui avait proposé de faire une longue promenade au bord de la mer, puis de déjeuner dans un restaurant. Ce n'est pas pour moi. Mais vous devez, malgré tout, profiter un peu de votre séjour ici. Pensez-vous que vos pieds sont en état de supporter une randonnée ?

— Ils sont presque guéris. Cela dit, je ne pense pas avoir la tête à profiter de quoi que ce soit, mais je ne veux pas rester ici à attendre... C'est aujourd'hui qu'ils vont arrêter les recherches, et j'espère encore qu'il va y avoir un miracle, que Marius va passer la porte et que je vais comprendre que ce qui s'est passé sur le bateau n'était qu'un mauvais rêve... Je me rends compte que je n'ai plus du tout les idées claires. Je ne sais pas où j'en suis... D'ailleurs, je commence à aligner des phrases sans queue ni tête. Je crois que ça nous ferait du bien à toutes les deux de sortir un peu.

— Je suis dans une situation très différente de la vôtre », avait promptement répliqué Rebecca.

Inga s'était tournée vers la fenêtre. Il faisait moins chaud que les jours précédents, bien qu'en cette fin de juillet on fût à la veille de la période la plus chaude de l'année. Le ciel était bleu, il y avait du soleil, mais le vent venait du nord. Ce serait une journée où il serait possible de faire un peu de marche sans trop souffrir de la chaleur.

« Rebecca, s'il vous plaît ! Je pars demain. D'ici là, j'aimerais beaucoup vous inviter à déjeuner. Vous avez fait tellement de choses pour moi... Je vous en prie, ne dites pas non ! »

À voir son expression, l'idée n'enthousiasmait pas Rebecca, mais elle accepta.

« Eh bien, c'est entendu, Inga. Mais j'aimerais que nous évitions les restaurants du Brusc ou des environs. On risquerait de tomber sur quelqu'un qui a connu Felix et...

— Cela vous ennuierait ?

— Je ne veux rencontrer personne », avait simplement dit Rebecca d'une voix dure.

Inga avait compris qu'insister eût risqué de compromettre un accord obtenu à l'arraché.

Elles avaient pris la voiture et roulé en direction de Marseille. À la hauteur de Cassis, Rebecca avait quitté l'autoroute, puis emprunté plusieurs petites routes qui les avaient menées au parking d'une calanque.

— Nous y sommes. De là, on peut rattraper le chemin qui longe la côte. On surplombe la mer et les criques, c'est superbe, vous verrez.

Le chemin était étroit et escarpé. En de nombreux endroits, elles ne pouvaient marcher que l'une derrière l'autre et elles étaient souvent si concentrées sur ce qu'elles faisaient et si attentives aux pierres qui roulaient sous leurs pieds qu'elles ne se parlaient plus. Rebecca n'accordait que peu d'attention au paysage, Inga, en revanche, ne cessait de s'arrêter pour regarder autour d'elle. La mer, toujours présente, était merveilleusement bleue. Au loin, elle paraissait lisse et calme, mais c'était un calme trompeur. Les vagues qui se fracassaient à leurs pieds, sur les rochers blancs des calanques, étaient puissantes et couronnées d'écume. Inga se demanda si cette mer, si belle, était devenue la tombe de Marius. Cette idée lui paraissait totalement irréelle, impossible à inscrire dans sa vie. Marius ne pouvait pas être mort. Elle était persuadée que, s'il était mort, elle le sentirait ; quelque chose, elle ne savait pas comment, le lui dirait. Simplement, il lui était terriblement difficile d'accepter que ce qu'ils avaient vécu ensemble puisse être terminé. Ils étaient arrivés à la fin de quelque chose. Elle savait que, même si Marius réapparaissait, rien ne serait plus comme avant.

— Vous pensez à Marius, n'est-ce pas ? dit Rebecca, rompant le silence.

Elle avait pris de l'avance, puis s'était rendu compte qu'Inga, perdue dans ses pensées, ne suivait pas le rythme, et elle était revenue sur ses pas.

Inga hocha la tête.

— Je fais mes adieux à Marius.

— Mais vous ne savez même pas si…

— Ça ne fait rien. Je lui fais tout de même mes adieux. C'est fini entre nous. Ce que nous avons vécu ensemble est terminé.

— À cause de ce qui s'est passé sur le bateau ?

Inga réfléchit.

— Pas seulement. Peut-être n'est-ce même que secondaire. Me trouver face à cet étranger a été épouvantable, entendre tout ce discours délirant, être poussée dans la cabine et laissée là, inconsciente… Après coup, pourtant…

Elle cherchait ses mots. Comment exprimer ce qu'elle ressentait ? Cela paraissait tellement déraisonnable.

— En y repensant, je me rends compte que ça ne m'a pas vraiment surprise. Je ne savais pas ce qui se passerait, mais, ces derniers jours, j'ai compris qu'au fond de moi j'ai toujours su qu'il y avait quelque chose de bancal, dans notre histoire, quelque chose qui n'allait pas du tout. Simplement, je ne voulais pas le reconnaître parce que…

— Pourquoi ? l'encouragea Rebecca.

Inga haussa les épaules.

— Pourquoi tant de gens se mentent-ils à eux-mêmes quand ils sont pris dans une histoire alors qu'au fond ils savent parfaitement qu'ils ne s'accordent pas du tout avec le compagnon ou la compagne qu'ils ont choisis ? Par peur de se retrouver seuls. Ce sentiment d'appartenir à un autre, de se sentir protégé, même imparfaitement, on ne veut pas le perdre. C'est tellement agréable de savoir que quelqu'un vous attend à la maison.

— Je sais, dit doucement Rebecca en évitant de regarder Inga.

— J'ai toujours su que quelque chose n'allait pas chez Marius, poursuivit Inga. C'était insaisissable, je ne pouvais pas mettre de nom dessus. Et je ne le peux toujours pas. Ce qu'il est, ce qu'il a, est pour moi une énigme. Mais je sais maintenant qu'il en a toujours été ainsi. En fait, depuis l'instant même où nous nous sommes rencontrés. Je vous ai raconté la scène. Et, avec des variantes, cela a été le fil rouge de notre histoire. Je passais mon temps à redouter que Marius, le gentil et si séduisant Marius, n'explose. C'est fatigant, à la longue.

— Et vous ne savez vraiment rien de lui ? De sa famille... d'où il vient ?

Inga secoua la tête.

— Non, quasiment rien. Il a toujours esquivé mes questions. Je ne connais personne de sa famille. J'aurais aimé faire la connaissance de ses parents, mais après avoir mille fois repoussé la rencontre il a fini par me dire qu'il ne s'entendait pas du tout avec eux. Un jour, il a carrément traité son père de sale con autoritaire. Je ne voulais pas le forcer à tout de même me les présenter. Et puis, qu'il n'ait aucun contact avec ses parents ne me paraissait pas extraordinaire. À la fac, il y a des dizaines d'étudiants indépendants, qui se sentent en désaccord avec des familles bornées, bourgeoises, et qui ont radicalement coupé le cordon. On se réconcilie plus tard... Je crois que j'imaginais quelque chose comme ça chez Marius. Je me disais : il a besoin de se détacher d'eux, un jour il les verra avec d'autres yeux et les relations seront plus faciles.

— Vous l'avez présenté à votre famille ? demanda Rebecca.

Inga hocha affirmativement la tête.

— Je l'ai amené à la maison pour notre premier Noël commun. Nous n'étions pas encore mariés, nous ne vivions pas encore ensemble. Il avait passé un des dimanches de l'avent chez ses parents. Le lendemain, au téléphone, ça n'allait pas du tout, il était d'une humeur massacrante et m'a dit qu'en aucun cas il ne passerait Noël chez eux. Ça m'ennuyait qu'il soit seul, je lui ai proposé de m'accompagner. Je viens d'un village du nord de l'Allemagne. Nous sommes une grande famille et, du 23 décembre au 1er janvier, nous nous retrouvons tous chez mes parents. Ce sont toujours de merveilleux moments, chaleureux, très gais. Ça me faisait plaisir de les faire partager à Marius. Mais…

— Ça ne s'est pas bien passé ?

— Si. En tout cas, il n'y a pas eu de prises de bec ou de coups d'éclat. Mais j'étais d'une nervosité…

Inga regarda Rebecca.

— C'est drôle, non ? J'avais complètement refoulé ces souvenirs. Cette semaine-là, j'ai eu constamment mal à la tête. À un moment, je souffrais tellement que mon père est allé en pleine nuit me chercher des médicaments à la pharmacie de garde. Personne ne comprenait ce qui m'arrivait. Je n'avais jamais eu de pareils maux de tête auparavant. Je sentais bien que cela avait un lien avec Marius. Nous étions chaque jour quatorze à table. C'était très animé, on riait beaucoup, et moi j'étais malade d'angoisse à l'idée que quelqu'un puisse dire un mot de travers. Ou, plutôt, fasse une remarque tout à fait banale, mais qui toucherait un point sensible chez Marius. Je crois que j'ai retenu mon souffle pendant une semaine entière.

— De quoi avoir un solide mal de tête, dit Rebecca.

— Bien sûr. Mais je ne voulais pas voir le rapport. Peu de temps avant que nous repartions…

Les mots ne voulaient pas franchir ses lèvres. Elle fit une pause, prit une longue inspiration, puis reprit son récit.

— Peu avant que nous repartions, j'ai demandé à ma mère ce qu'elle pensait de lui. C'était le 31, en fin de journée, Marius était parti avec mon père et mes frères, au café du village. C'est une tradition, le jour de la Saint-Sylvestre, que tous les hommes du village se retrouvent là… Je me sentais affreusement mal.

Marius seul avec au moins quarante étrangers, tous paysans. Ce sont pour certains des gens assez rustres qui ne s'embarrassent pas de bonnes manières, surtout quand ils ont bu. Il n'était pas exclu qu'ils s'amusent à bousculer un peu Marius, le petit jeune homme bien propret de la ville. J'avais à nouveau mal à la tête, et ça devait se voir. En tout cas ma mère s'est inquiétée de me voir si pâle.

Inga revoyait la scène. Sa mère et elle dans la grande et chaleureuse cuisine de la maison au toit de chaume, seules, ce qui ne s'était pas encore produit au cours des dix jours qui venaient de s'écouler. Elles buvaient du café, dehors il faisait déjà presque nuit et quelques flocons de neige commençaient à tomber. Par les fenêtres, on apercevait les immenses prairies qui s'étendaient au-delà du jardin. Loin à l'horizon, les saules dénudés se fondaient peu à peu dans le gris du crépuscule.

« Je n'aime pas te voir comme ça, avait dit sa mère. Je ne te reconnais pas. Tu es tendue, inquiète. Tu as l'air sur tes gardes, comme un petit animal craintif. »

Inga avait ri, d'un rire qu'elle-même avait trouvé un peu forcé.

« Ce doit être le boulot. Ou la vie en ville. L'air qu'on y respire n'est pas du tout le même qu'ici, tu sais !

— Peut-être, avait admis sa mère avec une moue dubitative. Mais il y a longtemps que tu vis à Munich, loin de chez nous, et jusque-là ça te réussissait plutôt bien. »

Inga avait bu une gorgée de café en regardant par la fenêtre. Les flocons devenaient plus denses.

« Au fait, comment trouves-tu Marius ? » avait-elle demandé comme si la question venait de lui traverser l'esprit.

Elle avait trouvé que sa mère réfléchissait longtemps – trop longtemps.

« Ce n'est pas facile de porter un jugement, avait-elle enfin dit.

— Tu trouves ? » avait fait Inga, surprise.

Sa mère était l'être le plus optimiste qu'elle connaissait. Elle s'attendait qu'elle lui dise, sans une once d'hésitation, qu'elle le trouvait charmant. Ou bien l'espérait-elle de tout son cœur parce qu'elle ne souhaitait rien tant qu'être confortée dans les sentiments qu'elle éprouvait pour lui ?

« J'ai l'impression qu'il est très compliqué », avait prudemment dit sa mère.

Peu de personnes auraient associé le nom de Marius à l'adjectif « compliqué ». Marius, qui parlait si facilement et avait toujours une idée originale en réserve, l'heureuse nature qui ne s'inquiétait jamais bien longtemps ; Marius, que l'on aurait aimé, parfois, un peu plus sérieux, un peu plus réfléchi... Apparemment, sa mère le voyait sous un tout autre jour.

« C'est un peu comme si j'avais une façade en face de moi, avait-elle poursuivi, et que derrière... Ah, j'ai du mal à trouver les mots justes... Disons que derrière cette façade il y a peut-être des traits de son caractère que je n'ai pas très envie de connaître. »

Il n'y avait pas un bruit dans la cuisine. Inga se souvint qu'elle avait eu l'impression qu'un poids lui tombait sur la poitrine.

« Tu n'as encore jamais porté de jugement aussi dur sur quelqu'un », avait-elle dit.

La remarque avait paru surprendre et peiner sa mère.

« Je suis désolée que tu le perçoives comme ça. Mon intention n'était pas d'être dure ou de le critiquer. Je voulais seulement dire qu'il y a chez lui quelque chose de difficilement saisissable...

— Que tu n'as pas très envie de connaître. »

Sa mère avait hoché la tête.

« Oui, parce que ça me trouble. Mais ça vient peut-être de moi. »

Moi aussi, ça me trouble, avait alors songé Inga, soudain pleine d'inquiétude.

En cette radieuse journée de juillet, cette scène d'un soir d'hiver, dans la chaude cuisine de la maison familiale, lui paraissait à la fois très lointaine dans le temps et très proche. Très proche car elle n'avait rien perdu de son acuité ni de son actualité.

Inga se tourna vers Rebecca.

— Ce n'est pas que ma mère ne l'aimait pas. Mais elle devinait chez lui quelque chose qui lui faisait peur. Ce n'est pas la même chose. Et c'est plutôt inquiétant.

— Mais vous vous êtes efforcée de ne pas y penser ?

— C'est vrai. Je suis la plus jeune de la famille, je me disais que maman me surprotégeait. Que ce n'était que très naturel, qu'elle aurait peur de n'importe quel homme qui tournerait autour de sa petite dernière.

Elles marchaient lentement. Le chemin était à présent large, plat et sablonneux. Rebecca regarda l'heure.

— Bientôt midi. Dans une demi-heure environ, nous serons à la Madrague. C'est un endroit très agréable, avec une excellente pizzeria : Chez Henri. Nous pourrions y déjeuner.

— Volontiers. Et boire. J'ai une de ces soifs !

— De qui était-ce l'idée ? demanda soudain Rebecca après quelques minutes de silence. Je veux dire : de venir ici, dans le Midi ?

— La sienne. Ça lui a pris tout à coup, comme d'habitude. Il est rentré un soir en me disant qu'un de ses amis pouvait nous prêter tout son matériel de camping. Il m'a littéralement assaillie avec son projet. J'étais plutôt réticente. Je ne pensais qu'à la chaleur, aux plages surpeuplées en cette saison… Mais il était tellement enthousiaste qu'il ne me laissait aucune marge de manœuvre. Dès que je critiquais un peu trop sa formidable idée, je sentais que je le vexais.

— Autant agiter un chiffon rouge sous son nez.

— Précisément. J'ai donc fini par accepter, et…

Elle haussa les épaules.

— … et me voilà quelque part dans le midi de la France devant les ruines de mon mariage.

— Tôt ou tard, la même chose se serait passée chez vous, en Allemagne.

— Sans doute. Il y avait longtemps que la fin se profilait à l'horizon. Simplement, je ne voulais pas le voir.

À nouveau, Rebecca s'immobilisa au milieu du chemin.

— Tout de même, je me demande vraiment pourquoi Marius nourrit à mon égard de tels sentiments, une telle haine. J'ai beau me creuser la tête, je n'arrive pas à comprendre. Je ne le connais pas. J'en suis certaine.

— Mais lui vous connaît peut-être ?

— Ou il connaissait mon mari. Et il reporte sur moi ce qu'il lui reprochait.

Inga plissa le front.

— Votre mari était médecin, n'est-ce pas ?

— Oui, chirurgien. Chirurgien cardiaque. Pensez-vous qu'il ait pu, un jour, y avoir un problème avec un membre de sa famille ? Quelqu'un qui n'aurait pas été satisfait de la façon dont mon mari l'aurait soigné ? Ou autre chose…

— Ce n'est pas impossible, mais je sais tellement peu de chose sur Marius. Il ne m'a jamais rien confié sur sa famille.

— Cela fait tout de même beaucoup de hasards. Trop de hasards. Marius voue une haine tenace à mon mari, ou à moi-même, sans doute depuis plusieurs années, toutefois il ne nous a, ni lui ni moi, jamais rencontrés, ni en Allemagne ni ici au Brusc. Un jour, il descend en France en stop, se fait ramasser sur la route par le meilleur ami de mon mari et il atterrit directement chez moi. Là, il découvre que je suis la personne qu'il hait tant depuis des années – ou la veuve de l'homme qu'il détestait plus que tout. Il décide de voler le bateau…

Elle s'interrompit.

— Ce n'est pas possible, cette succession de hasards, si ?

— Il y a parfois des hasards extraordinaires, dit Inga, mais, là, ça fait effectivement beaucoup, je suis d'accord avec vous.

— N'est-il pas possible qu'il se soit arrangé pour être pris en stop par Maximilian ? suggéra prudemment Rebecca. Qu'il ait pu organiser une sorte de rendez-vous avec lui ?

— Je ne vois pas comment il aurait pu, dit Inga tout en réfléchissant. Il ne pouvait pas prévoir que nous atterririons dans ce village que nous ne connaissions même pas avant que la jeune femme qui nous avait pris sur l'autoroute nous y dépose. Et Maximilian est passé par là tout à fait par hasard pour éviter un embouteillage. Cet embouteillage n'était absolument pas prévisible.

Rebecca réfléchit.

— Il y a une phrase qui ne veut pas me sortir de la tête. Quand vous m'avez raconté ce qui s'était passé sur le bateau, vous avez dit que Marius prétendait qu'il n'avait pas besoin de me connaître pour tout savoir de moi. Cela pourrait vouloir dire…

— Oui ?

— Cela pourrait effectivement vouloir dire qu'il ne me connaît pas. Et qu'il ne connaissait pas mon mari non plus. Mais que je représente quelque chose qu'il ne supporte pas. Qui le rend malade. Dans ce cas, cette histoire de hasards ne serait plus aussi extraordinaire.

— Mais qu'est-ce que cela pourrait être ?

— Je ne sais pas… peut-être l'argent ? La maison de vacances sur la Méditerranée, le voilier, la grosse assurance souscrite par mon mari qui me permet aujourd'hui de vivre confortablement tout en ne travaillant pas… Il a peut-être quelque chose contre les gens fortunés.

Inga secoua la tête.

— Je m'en serais rendu compte à un moment quelconque. Il aurait forcément, un jour, fait une remarque dans ce sens. Je n'ai jamais eu l'impression qu'il était envieux.

— Peut-il avoir des griefs contre les médecins ? Les psychologues ?

— Non, pas que je sache.

— Enfance Écoute, mon association, a pour objet essentiel la protection des enfants maltraités. Serait-il possible qu'un jour il ait été en contact avec nous, à un titre ou à un autre ?

Inga releva les cheveux qui lui tombaient sur le front. Il faisait chaud, sur le chemin écrasé de soleil, pourtant elle frissonna. *Je ne sais rien de lui !*

— Je ne sais pas, dit-elle. Je n'en ai aucune idée. Je ne sais pas s'il a été en contact avec cette association ou avec une autre identique. Je ne sais rien. Rien du tout.

À sa grande honte, elle se sentit brusquement sur le point de fondre en larmes.

— Et je ne saurai peut-être jamais rien, dit-elle d'une voix tremblante. Je me répète que je sens qu'il est encore en vie, mais c'est tout de même très improbable. On l'aurait trouvé depuis longtemps. Il se serait manifesté. S'il est mort…

Sa voix se brisa. Elle pressa ses poings sur ses yeux pour empêcher ses larmes de jaillir. Elle sentit Rebecca lui caresser doucement le bras.

— Que vouliez-vous dire, Inga ? Que se passera-t-il s'il est mort ?

Inga baissa les bras. Les larmes lui brûlaient les yeux, mais elle ne pleurait pas.

— S'il est mort, eh bien non seulement j'aurai perdu mon mari, mais je devrai affronter toutes ces questions sans réponse. Ce sera comme si un des fils de ma vie avait été arraché et pendait, effiloché, sans aucune réparation possible. Je ne sais rien et je ne saurai jamais rien.

Elle chercha le regard de Rebecca, s'y accrocha, et lut dans ses yeux de la sympathie et de la compassion.

— Inga, si on en arrive là, je vous promets de vous aider à tout retrouver du passé de Marius. Personne au monde n'a aucun lien avec son passé. Nous trouverons une trace, une piste, nous la remonterons. Et vous mettrez l'une après l'autre les pièces du puzzle en place, jusqu'à ce qu'une image apparaisse.

Inga hocha la tête.

Jusqu'à ce qu'une image apparaisse...

Elle frissonna à l'idée que ce puisse être une image qu'elle souhaiterait plus tard ne jamais avoir vue.

3

Vingt minutes s'écoulèrent avant que Pit Becker sonne à la porte. Karen, qui entre-temps avait bu trois portos, ne se sentait pas armée pour affronter l'aventure qui l'attendait.

— Salut ! dit Pit. Ça va ?

Elle s'efforça de sourire.

— Ça va. Je suis seulement un peu nerveuse à l'idée de ce qu'on va faire.

— Moi aussi, avoua Pit.

Ils se regardèrent, conscients l'un et l'autre qu'il était encore temps de renoncer à leur projet.

— Pourquoi le faites-vous, alors ? interrogea Karen.

Pit hésita.

— Je ne sais pas. Ça se fait, non, de se soucier un peu des autres ?

Il dansa d'un pied sur l'autre, passa les doigts dans ses cheveux, puis parut brusquement se raviser.

— Et merde, je vous raconte n'importe quoi ! Je ne suis pas du tout quelqu'un de soucieux de son prochain. J'ai des ennuis jusqu'au cou. Qui de nos jours va s'amuser à engager un jardinier ? Tout le monde compte ses sous. Si mon boulot ne se décide pas à démarrer, je suis bon pour aller m'inscrire au chômage dans les mois qui viennent.

— Oh, fit Karen.

— Oui, oh ! répéta Pit. C'est à ça que ressemble le monde au-delà des belles maisons avec leurs jolis jardins, les grosses berlines et les épouses bien pomponnées. Faut sacrément se bagarrer pour survivre, dans ce pays, vous pouvez me croire.

— Je ne vis pas sur la lune, répliqua Karen. Et, du côté des belles maisons, il y a aussi des soucis et des problèmes, moi aussi vous pouvez me croire.

— OK, je vous crois, dit Pit.

Son mouvement d'humeur était déjà passé, il était à nouveau le grand et beau jeune homme bronzé au sourire insouciant.

— C'est une sorte de boulot fixe que m'ont proposé les Lenowsky, expliqua Pit. Je devais m'occuper du jardin, mais aussi me charger, à la demande, des petites réparations à faire dans la maison. Et, si besoin, fendre et ranger du bois pour leur cheminée, balayer les feuilles en automne, déneiger en hiver. Bref, toutes ces petites choses qu'on ne fait plus aussi facilement quand on vieillit. On était convenus d'une rémunération mensuelle fixe. Ce n'était pas le Pérou, loin s'en faut, mais une base qui allait me permettre de survivre. Sans l'aide sociale. Ça fait des semaines que je ne pense plus qu'à cette chance de m'en sortir. La seule et unique, du moins pour le moment. Vous comprenez ? Ça me tue qu'ils se soient brusquement évaporés. Il faut que je sache ce qui se passe. Vous pouvez penser que je suis bassement intéressé, calculateur, qu'il n'y a que l'argent qui me motive, mais il y va de ma survie !

Karen ferma la porte de la maison derrière elle.

— Je ne pense pas que vous êtes intéressé ou calculateur. Je vous comprends et ce que nous faisons me paraît désormais avoir un sens. Allons-y.

Elle l'avait surpris, elle le devina à son expression.

La camionnette verte de Pit était garée devant le jardin des Lenowsky. Il se hissa sur la plate-forme arrière et prit l'échelle. Karen ouvrit le portail du jardin. Ils gagnèrent l'arrière de la maison et s'arrêtèrent sous le balcon en ciment. Entre les dalles de l'allée, les pissenlits avaient encore poussé de quelques centimètres. Avec les coussins des chaises défraîchis et la nappe à fleurs balayée dans un coin, la terrasse offrait le même spectacle de désolation que quelques jours auparavant.

— J'ai un mauvais pressentiment, déclara Karen.

— Moi aussi, dit Pit en examinant la façade.

Il redressa l'échelle et l'appuya sur le balcon. Elle atteignait le haut de la rambarde.

— Bon, j'y vais et je regarde. Attendez-moi là. Pas la peine que vous montiez s'il n'y a aucun accès possible.

Une fois en haut de l'échelle, il enjamba la rambarde et disparut. Karen regardait en l'air. De l'autre côté de la clôture, Kenzo, excité, aboyait frénétiquement.

— Vous voyez quelque chose ? appela Karen à mi-voix.

Pit apparut à côté de l'échelle.

— Il y a une fenêtre dont le volet roulant n'est pas fermé. C'est bien ce que je pensais avoir vu l'autre jour. Nous avons une chance.

— Mais comment comptez-vous l'ouvrir ?

— J'ai un diamant de vitrier.

Il avait pensé à tout. Le malaise de Karen grandit encore.

— Je vais essayer de découper un morceau de la vitre à la hauteur de la poignée, poursuivit Pit. Si j'arrive à glisser la main, je pourrai ouvrir la fenêtre de l'intérieur.

— Et si l'alarme se déclenche ?

Pit eut un haussement d'épaules.

— C'est le risque à courir.

— Vous voulez que je monte ?

— Oui, venez. J'espère que vous n'avez pas le vertige !

— On va tout de suite le savoir, marmonna Karen pour elle-même en commençant à grimper.

Pour le coup, Kenzo cessa d'aboyer. Parfaitement immobile, les yeux grands ouverts, il suivait attentivement chacun des mouvements de sa maîtresse.

Lorsqu'elle arriva en haut de l'échelle, Pit aida Karen à franchir la rambarde. Elle sauta sur le balcon et regarda autour d'elle. Les géraniums, les marguerites et les bégonias des jardinières en terre cuite étaient dans le même état que leurs compagnes d'infortune du jardin.

— Vous voyez, c'est cette fenêtre que je voudrais ouvrir, expliqua Pit.

Alors que toute la maison paraissait morte, la fenêtre au volet ouvert donnait l'impression d'être vivante. Après la menace diffuse qui émanait des premiers signes d'abandon du jardin, elle avait l'air bien inoffensive et très banale avec ses rideaux de dentelle blanche immaculée.

— Et vous pensez que vous allez pouvoir découper une ouverture dans la vitre ? demanda Karen.

Se trouver sur ce balcon la mettait de plus en plus mal à l'aise. Elle se sentait exposée à tous les regards et ne pouvait se départir du sentiment d'être observée. Tous les voisins devaient avoir remarqué que deux individus essayaient d'entrer dans la maison aux volets fermés. Les yeux rivés sur le balcon, certains étaient peut-être déjà en train de prévenir la police.

— J'ai hâte qu'on jette un œil à l'intérieur et qu'on reparte, murmura-t-elle.

Pit s'assura qu'il avait le diamant bien en main et le plaça sur la vitre quelques centimètres au-dessus de la poignée intérieure de la fenêtre.

— C'est bon, on ne devrait pas avoir trop de mal, dit-il.

Le bruit que fit le diamant était étonnamment ténu. Un petit crissement, un claquement léger et, avec une ventouse, Pit détacha de la vitre un morceau de verre presque circulaire. Il le posa délicatement par terre, glissa la main à l'intérieur et manœuvra la poignée. L'alarme ne se déclencha pas. La fenêtre s'ouvrit.

Ils eurent le même mouvement de recul. L'effroyable puanteur qui leur sauta au visage les prit par surprise. Fétide, écœurante, combinant tout ce qu'une odeur pouvait avoir de repoussant. Pit se figea, son teint vira au gris. Karen se détourna et plaqua une main sur sa bouche pour réprimer un violent haut-le-cœur.

— Mon Dieu ! fit-elle quand elle put à nouveau parler. Qu'est-ce que c'est que cette odeur ?

Pit écarta le rideau. Lui aussi luttait visiblement contre la nausée.

— Il faut qu'on aille voir.

— Je ne peux pas... souffla Karen, assaillie par un nouveau haut-le-cœur.

— J'y vais.

Pit sauta à l'intérieur de la maison. Après un instant d'hésitation, Karen le suivit, la main fermement pressée contre sa bouche.

C'est un cauchemar, songea-t-elle.

Elle avait désormais la certitude qu'ils allaient découvrir quelque chose d'épouvantable.

Ils trouvèrent Fred Lenowsky dans la salle de bains qui jouxtait la pièce par laquelle ils avaient pénétré dans la maison. Il était assis sur le siège des toilettes, nu, les mains liées dans le dos ; ses pieds, entravés, étaient attachés au socle émaillé par plusieurs tours de corde, sa tête était maintenue droite par une corde à linge passée sous son menton et accrochée à un clou planté dans le plafond. Son tortionnaire avait infligé à Lenowsky la suprême humiliation de devoir conserver cette position dégradante au-delà de la mort. Au surplus, la putréfaction, qui avait commencé son œuvre, déformait ses traits de façon monstrueuse, achevant de rendre la vision grotesque.

— Comment... est-il mort ? murmura Karen en même temps qu'elle se demandait si clarifier ce point avait encore une quelconque importance.

Elle se tenait sur le seuil de la pièce et fixait le cadavre, paralysée d'horreur. Ses oreilles commençaient à bourdonner – ou bien était-ce son sang qu'elle entendait battre dans ses tempes ? Elle ne parvenait pas à croire ce qu'elle voyait et espérait de toutes ses forces qu'elle n'allait pas s'évanouir. L'effroyable odeur de putréfaction semblait emplir toute la maison. Elle essaya de ne plus respirer que par la bouche. Dans un accès de panique, elle se vit incapable d'échapper un jour à cette puanteur.

Pit, qui lui aussi était resté un instant cloué sur place, fit un pas vers le cadavre.

— En tout cas, il n'est pas mort de mort naturelle, dit-il d'une voix rauque qu'il maîtrisait mal. Pour autant que je sache, d'ordinaire, on ne se ligote pas sur une cuvette de W-C pour mourir.

— Il y a longtemps que... Je veux dire, on peut savoir depuis quand... ?

— J'ai l'air d'un médecin légiste ? répondit-il d'un ton brusque.

Elle se tut. Mon Dieu, faites que ce ne soit pas vrai, implora-t-elle intérieurement.

— Nous ne devons toucher à rien, murmura-t-elle.

— Bien sûr, acquiesça Pit.

Il se tourna à nouveau vers elle. Il était livide sous son hâle.

— Il faut qu'on cherche Mme Lenowsky, dit-il.

— Je crois que je ne pourrai pas, s'excusa Karen d'une voix inconnue, à peine audible.

En dépit de ce qu'elle venait de dire, elle s'éloigna de la porte à reculons et gagna ainsi le milieu du palier, au-dessus de la cage d'escalier. Il faisait sombre. La seule clarté provenait de la pièce dont ils avaient ouvert la fenêtre et des carreaux de verre coloré de la porte d'entrée, au rez-de-chaussée. C'était néanmoins suffisant pour se rendre compte que la maison était dévastée. Les petits tapis persans qui recouvraient le sol étaient tous sens dessus dessous. Disséminés çà et là gisaient toutes sortes d'objets : des rouleaux de papier toilette, des stylos à bille, une brosse à cheveux et des peignes, des dossiers, des papiers, des carnets de notes, le contenu d'une boîte à couture, des sous-vêtements, des journaux, un drap taché. Sur le mur, un carré jaune pâle révélait qu'un objet avait longtemps été accroché là, probablement un miroir car des morceaux de verre jonchaient le pied du mur.

— Du vandalisme, fit Pit en sortant de la salle de bains. Des types sont entrés, ont tué les vieux, puis ont ravagé la maison.

— Mais comment… Je ne comprends pas comment cela a pu se produire sans que personne s'en rende compte.

— Quelqu'un s'en est rendu compte, observa Pit. Ne disiez-vous pas que votre chien ne cessait pas d'aboyer en direction de la maison ? Il savait que quelque chose d'épouvantable s'y était passé.

Ils se regardèrent.

— Il faut qu'on trouve sa femme, insista Pit avec un mouvement de la tête vers la salle de bains.

— On peut aussi appeler tout de suite la police.

— En attendant, je descends, déclara Pit.

Il zigzagua prudemment entre les objets répandus sur les marches. Après un instant d'hésitation, Karen le suivit.

Le rez-de-chaussée avait subi le même saccage que le premier étage, un désordre identique y régnait. Deux verres étaient posés sur une table, à demi pleins d'un épais jus de fruits jaune qui collait à leurs parois. Sur une desserte, une bouteille de vin blanc presque vide s'était transformée en piège à mouches ; plusieurs petits cadavres noirs flottaient dans le reste de liquide. Pit se pencha et, en dépit de leur résolution commune de ne toucher à rien, ramassa une boîte plate en carton.

— Je ne peux pas le croire…

Karen reconnut une boîte à pizza. Elle provenait d'un service de livraison à domicile auquel elle-même, Wolf ou les enfants avaient plusieurs fois fait appel. Elle contenait encore quelques morceaux de croûte qui devaient être durs comme du béton.

— Ils se sont même commandé une pizza ! dit Pit. Ils ont estourbi les vieux, puis ils se sont tranquillement installés et fait livrer de quoi boulotter !

Karen songea à ce qu'elle avait observé. Les lumières dans la nuit, les volets roulants ouverts puis refermés, et aucune réponse à ses coups de sonnette. La maison avait peut-être été un certain temps occupée, mais pas par l'homme et la femme dont c'était le domicile. Eux, il y avait longtemps qu'ils avaient été assassinés. Longtemps ?

Une idée effroyable lui vint à l'esprit, mais elle s'empressa de la chasser. Le couple avait-il dû, avant de mourir, supporter la présence de ses assassins ?

Sans prévenir, Pit actionna l'interrupteur qui se trouvait près de la porte, éclairant la pièce d'une brusque lumière qui fit sursauter Karen.

— Ah, vous n'auriez pas dû, il y a sûrement des empreintes sur les interrupteurs.

— Vous avez raison, mais on ne voyait rien dans ce noir.

Il observa pensivement le carton à pizza.

— Une pizza. Il n'y aurait donc qu'un assassin ?

— À moins que les autres n'aient laissé traîner leurs cartons vides quelque part, remarqua Karen. On ne peut pas dire qu'ils se soient préoccupés de laisser la maison en ordre.

En deux pas, Pit fut sur la porte d'entrée et l'ouvrit d'un seul geste. Elle n'était pas verrouillée. Dehors, il y avait toujours le jardin à l'abandon, la lumière crue du plein été et, vision étonnamment apaisante, garée devant le portail, la camionnette verte de Pit, toute pimpante avec ses décorations florales.

— Mais qu'est-ce que… ?

— Je voulais nous assurer une voie de sortie, expliqua Pit avant que Karen ait pu achever sa phrase. On ne sait jamais…

Elle comprit ce qu'il voulait dire et un frisson d'effroi la parcourut.

— Vous croyez… qu'ils sont toujours dans la maison ?

— En fait, non, je ne le pense pas.

Ils se turent quelques minutes pour épier les bruits de la grande maison sombre et froide. Dehors, les oiseaux gazouillaient, les abeilles bourdonnaient. À l'intérieur, le silence était absolu.

— Je ne le pense pas, répéta Pit. Mais on n'est jamais trop prudent.

À leur droite s'ouvrait une grande pièce plongée dans l'obscurité dont la disposition et les meubles n'étaient que vaguement discernables. De sa visite de courtoisie aux Lenowsky, Karen se souvenait qu'il s'agissait de la salle à manger. Elle s'avança en hésitant sur le seuil.

— Il fait noir comme dans un four, là-dedans, grommela Pit derrière elle.

Il actionna l'interrupteur du bout de l'ongle.

La pièce s'illumina, dévoilant d'un coup la scène du drame.

Greta Lenowsky était allongée par terre, sur le ventre, devant la porte-fenêtre fermée. Ses jambes formaient un angle grotesque. Elle portait une culotte longue de couleur chair qui lui arrivait aux genoux et, par-dessus, une chemise de nuit à fleurs remontée jusqu'à la taille. Un collier de chien vert, auquel était fixée une laisse, verte également, était attaché autour de son cou. Ses bras étaient tendus au-dessus de sa tête, ses mains agrippaient un appareil téléphonique qui à l'évidence était auparavant posé sur la petite table Biedermeier tarabiscotée placée à côté de la porte. L'une des mains pressait la fourche, l'autre enserrait l'écouteur. Greta Lenowsky était morte, mais elle avait essayé d'appeler à l'aide, jusqu'à son dernier souffle. Peut-être n'avait-elle pas eu la force de composer un numéro. Ou bien, pour une raison quelconque, n'avait-elle pu obtenir de communication. Peut-être était-elle morte juste après avoir décroché le combiné. Elle avait été humiliée et torturée – la laisse et le collier ne permettaient pas d'en douter –, mais elle avait trouvé le courage de se traîner sur le ventre à travers le désastre de sa maison jadis si bien tenue jusqu'à ce qu'elle ait atteint le téléphone salvateur. Trop tard. Juste un peu trop tard.

— Comment peut-on faire ça ? murmura Karen. Mon Dieu, comment peut-on faire une chose pareille ?

Précipitée dans un cauchemar auquel elle n'était pas préparée, elle se rendait compte que son cerveau refusait de tirer les conséquences de ce que ses yeux voyaient. Le tapis était maculé de grandes taches de sang séché, mais elle se souvint plus tard que, sur le moment, elle s'était donné toutes les peines du monde à voir dans ces taches un motif du tapis, simplement pour ne pas devoir les identifier comme les indices supplémentaires d'un crime épouvantable.

— J'appelle la police, dit Pit.

Il paraissait avoir encore pâli. Quand il sortit son téléphone portable, Karen vit que ses mains tremblaient. Il dut s'y reprendre à deux fois pour composer le numéro.

4

Une heure plus tard, la paisible rue résidentielle ressemblait au site de tournage d'un film. Des nuées de policiers s'affairaient, des véhicules de police étaient garés partout sur les trottoirs et l'accès à la propriété des Lenowsky était sécurisé par un ruban rouge et blanc. Un barrage arrêtait les voitures qui voulaient emprunter la rue, les conducteurs devaient présenter leurs papiers. Des gens disparaissaient dans la maison, d'autres en sortaient. Des portables sonnaient. Une vraie volière, mais Karen voulait croire que tous ces gens savaient ce qu'ils avaient à faire et que, en dépit de l'agitation générale, personne ne détruirait d'éventuels indices.

Elle se sentait en état de choc. Une jeune policière aux manières un peu brusques prit ses coordonnées puis lui posa quelques questions. Elle agissait comme si rien n'était plus banal que de découvrir ses voisins assassinés dans leur maison, et Karen l'avait trouvée singulièrement dénuée de sensibilité.

— Le commissaire chargé de l'enquête veut vous interroger avant ce soir, dit-elle pour finir en refermant son calepin d'un geste énergique. Veuillez, je vous prie, rester à notre disposition.

— J'habite juste à côté, répondit Karen.

Comme personne ne s'intéressait plus à elle, elle regagna son jardin. Elle n'avait pas revu Pit et supposa qu'on devait être en train de l'interroger.

De toute façon, il sait où me trouver, songea-t-elle.

Kenzo l'accueillit avec des débordements d'enthousiasme. Elle s'assit dans l'herbe à côté de lui et le caressa. Le chaud contact l'apaisa. Peu à peu, ses mains cessèrent de trembler. À cet endroit du jardin, un gros buisson de lilas masquait la maison voisine. Si elle ne pouvait ignorer le drame, elle pouvait au moins ne plus avoir la maison en permanence sous les yeux.

Les enfants allaient rentrer de l'école d'un instant à l'autre. Ils comprendraient tout de suite qu'il s'était passé quelque chose et ils ne tarderaient pas à découvrir quoi. Karen résolut de leur dire d'emblée la vérité, tant sur le crime que sur le fait que c'était elle qui avait découvert les cadavres. Elle se demanda jusqu'à quel point ils étaient capables de l'imaginer grimpant sur une échelle afin d'accéder à un balcon inconnu pour ensuite, dans le sillage d'un jeune homme dont elle ne connaissait pratiquement que le nom, pénétrer par effraction dans une maison où un crime épouvantable avait eu lieu. Il y avait peu de chances que cela corresponde à l'image qu'ils avaient de leur mère.

— Ils vont tous être drôlement surpris, dit-elle à Kenzo.

Elle songeait en premier lieu à Wolf. Peut-être finirait-il par se rendre compte qu'il avait toujours sous-estimé sa femme.

Elle se leva et s'apprêtait à entrer dans la maison par la terrasse quand elle entendit qu'on l'appelait. Elle se retourna. La vieille dame qui habitait l'autre maison voisine se tenait à la clôture et lui faisait de grands signes.

— Est-ce que c'est vrai ? demanda-t-elle en chuchotant d'un air mystérieux quand Karen ne fut plus qu'à quelques pas d'elle. Il paraît qu'ils ont été tous les deux assassinés et que c'est vous qui les avez trouvés ?

La rapidité avec laquelle les nouvelles se répandaient au sein d'un petit lotissement était proprement stupéfiante. Il n'était pas difficile de deviner qu'un événement dramatique avait eu lieu, mais il fallait que le réseau des voisins soit redoutablement efficace pour que l'on sache déjà que le couple était mort et que c'était elle qui avait découvert les corps.

— Oui, c'est vrai. Ils sont tous les deux décédés.

— Et ils ont été assassinés ? insista la vieille dame.

Karen hocha la tête.

— Oui, on le dirait bien.

— Dieu tout-puissant ! Qui aurait pu imaginer qu'une chose pareille se produise dans notre rue ? Et personne ne s'est rendu compte de rien !

— Si, quelqu'un s'en est rendu compte, rectifia Karen, trop heureuse de répéter ce que Pit lui avait dit une heure plus tôt. Kenzo. Mon chien. Il savait que quelque chose était arrivé. C'est pour cette raison qu'il ne cessait d'aboyer.

Elle goûtait d'autant plus la satisfaction de pouvoir mettre les choses au point que sa vieille voisine grincheuse ne s'était pas embarrassée de scrupules pour se plaindre des aboiements de son chien.

La vieille dame considéra Kenzo avec le même œil méfiant que s'il avait été pour quelque chose dans le crime.

— Vraiment ? Un chien extralucide ? Eh bien, ma foi... Enfin, c'étaient des gens assurément peu ordinaires, ajouta-t-elle après avoir pris une longue inspiration, mais ils ne méritaient pas de finir comme ça !

Karen trouva rassurant que la vieille dame reconnaisse le droit à une mort douce à des gens qui ne lui plaisaient pas.

— Vous savez, je suis encore sous le coup de l'émotion, dit-elle. Ça fait longtemps que je me disais que quelque chose n'était pas normal, mais... je ne pensais pas que... qu'un meurtre...

Une voix intérieure lui soufflait qu'elle avait bel et bien pensé à un meurtre. Son mauvais pressentiment, son malaise quand elle regardait la maison, son inquiétude, son besoin incessant de découvrir ce qui s'était passé... Il était néanmoins très différent de songer à un drame et de s'y trouver brusquement confronté. On n'était jamais prêt à affronter la barbarie, la violence pure. On ne pouvait pas s'y préparer. Karen avait lu quelque part que même certains policiers ne parvenaient jamais à s'y faire.

— Comment ont-ils été tués ? voulut encore savoir la vieille dame.

Sa curiosité malsaine fut brusquement insupportable à Karen.

— Je ne sais pas, répondit-elle sèchement en se détournant pour s'en aller.

Mais son interlocutrice n'en avait pas encore fini.

— On raconte que vous avez grimpé là-haut avec un jeune homme, dit-elle en faisant un petit signe de tête vers la maison des Lenowsky.

L'échelle était encore appuyée sur le balcon, nettement visible depuis la haie mitoyenne avec le jardin de sa voisine.

— Oui, leur jardinier, répondit Karen sans s'émouvoir. Ils avaient pris date pour un travail et il ne comprenait pas comment ils avaient pu l'oublier. À ce qu'il paraît, ils étaient en la matière plutôt… pointilleux.

— Hum, fit la vieille dame, déçue.

Elle avait déjà imaginé une liaison sulfureuse entre le beau jeune homme et Karen, et elle se serait bien vue en train de révéler ce nouveau scoop à toute la rue.

— Excusez-moi, mais je ne me sens pas très bien, dit Karen d'un ton définitif en se retournant.

Elle ne mentait pas. Le premier choc passé, elle se sentait au bord de l'évanouissement. Ses jambes la portaient à peine, sa bouche était sèche comme si elle avait mâché du coton, et l'extrémité de ses doigts commençait à picoter.

Elle se rendit dans la cuisine et but un verre d'eau en regardant les anthémis qu'elle avait plantées dans une jardinière de la petite terrasse sur laquelle donnait la pièce. Les petites marguerites blanches étaient gaies et innocentes, elles irradiaient la pureté et la paix. Elle s'efforça de ne rien regarder d'autre, mais elle ne put s'empêcher de fermer les yeux. Alors Fred Lenowsky fut à nouveau devant elle, attaché nu sur le siège des toilettes, ridiculisé jusque dans la mort par son tortionnaire.

Elle se sentit prise de vertige, rouvrit les yeux et fixa à nouveau son regard sur les anthémis.

Elle aurait désormais toujours devant les yeux cette image de Fred Lenowsky. Et celle de sa femme. Et de la maison dévastée. Jamais elle ne pourrait s'en débarrasser. Ses cauchemars avaient pris une nouvelle dimension.

Elle entendit les voix de ses enfants qui rentraient de l'école. Elle but rapidement une gorgée d'eau, posa le verre dans l'évier et, machinalement, redressa les épaules.

Elle allait leur raconter ce qui s'était passé. Et – l'idée lui venait seulement à cet instant à l'esprit – il y avait de grandes chances que l'émotion que susciteraient les événements de la journée relègue au second plan le fait qu'il y ait tout là-haut sous les combles une chambre qui désormais n'appartenait qu'à elle.

— Il y a donc à peu de chose près une semaine que vous aviez l'impression que quelque chose n'était pas normal ? interrogea le commissaire Kronborg.

C'était un homme de deux mètres, qui paraissait déplacé sur le canapé à fleurs du séjour. Tout, chez lui, était plus grand que chez le commun des mortels : sa taille, bien sûr, mais aussi ses mains, ses pieds, son nez. Cela lui donnait un air emprunté et maladroit, comme s'il ne savait trop quoi faire de ce grand corps embarrassant. L'image de l'éléphant dans le magasin de porcelaine.

Karen se fit la réflexion qu'il devait souvent lui arriver d'être sous-estimé.

Elle ne commettrait pas cette erreur. Ses yeux vifs et intelligents l'avaient tout de suite frappée, de même que la détermination et la fermeté que l'on devinait au pli de sa bouche. Kronborg était un homme qui savait parfaitement ce qu'il voulait. Du reste, on ne devenait pas commissaire principal par hasard.

Elle l'avait invité à prendre place sur la terrasse, mais il lui avait dit préférer s'entretenir avec elle à l'intérieur. Il ne lui avait pas échappé que les jardins environnants étaient tous très fréquentés en cet après-midi exceptionnel. Désirer se soustraire aux regards trop curieux que sa soudaine notoriété valait à Karen et à quiconque lui parlait était bien compréhensible.

— Oui, répondit Karen à sa question. Cela fait une semaine. En fait, j'étais préoccupée par notre départ en vacances...

Elle expliqua qu'elle avait plusieurs fois sonné vainement chez les Lenowsky et avait été contrariée que personne ne lui ouvre alors qu'elle avait vu de la lumière et les volets roulants tantôt ouverts, tantôt fermés.

— Il ne vous est pas venu à l'esprit qu'ils avaient pu partir en vacances et charger quelqu'un de s'occuper de la maison ?

— Et ce « quelqu'un » ne m'aurait pas ouvert quand je sonnais ?

— Il existe des systèmes de sécurité destinés à faire croire que les maisons sont occupées, observa Kronborg au lieu de répondre à sa question. Les volets roulants s'ouvrent et se ferment automatiquement, les lumières s'allument et s'éteignent... Il aurait pu s'agir de cela.

— Oui, mais, au bout d'un certain temps, on se rend compte qu'il s'agit précisément d'un système automatique, non ? Par exemple que les lumières s'allument et s'éteignent selon un rythme régulier et toujours aux mêmes heures ?

Karen plissa le front.

— Mais pourquoi...

Anticipant sa question, Kronborg l'arrêta d'un geste de la main.

— Pourquoi j'insiste ainsi alors qu'il s'est vérifié que vos soupçons étaient tout à fait justifiés ? Eh bien, il est important, pour mon enquête, que je sache exactement ce qui, chez vous, a provoqué cette inquiétude. Sans le savoir, et sans que moi-même j'en mesure encore toute l'importance, vous avez peut-être observé quelque chose qui peut se révéler déterminant. Vous comprenez ce que je veux dire ?

— Oui, bien sûr.

— Mes collègues se sont entretenus avec les personnes qui habitent dans l'autre maison voisine. Rien ne leur a semblé inhabituel.

Karen réfléchit.

— J'étais sans doute plus attentive parce que je souhaitais absolument leur parler. Nous n'habitons pas ici depuis longtemps et ils étaient les seuls que je connaissais un peu. Enfin, connaître est beaucoup dire, mais je leur avais rendu visite pour me présenter et nous nous disions bonjour par-dessus la haie. Nous devions partir dans quelques jours en Turquie, pour deux semaines. Il fallait que je trouve quelqu'un pour arroser le jardin et prendre le courrier dans notre boîte aux lettres pendant notre absence. Je guettais l'apparition de M. ou de Mme Lenowsky dans le jardin. Je passais mon temps à regarder la maison. Sinon, je ne me serais peut-être pas alarmée comme ça.

Il l'observa attentivement.

— Ce départ en vacances semble vous avoir beaucoup stressée.

— Oui, c'est vrai, dit Karen.

Il hocha la tête.

— Vous disiez à l'instant que vous « deviez » partir dans quelques jours. Faut-il comprendre que vous n'en avez plus l'intention ?

— Je ne pars plus. Mais mon mari va partir avec les enfants, dit-elle alors qu'elle ignorait ce que Wolf déciderait.

Kronborg la regarda en haussant les sourcils.

Karen lui rendit son regard sans répondre.

— Euh… ce changement de projets est-il lié à ce qui vient de se passer chez vos voisins ? finit-il par demander.

— Non, répondit Karen. Absolument pas.

Il hocha à nouveau la tête et elle eut la désagréable impression qu'il en savait déjà beaucoup sur elle et sur sa vie.

Il feuilleta son calepin.

— Ce… comment s'appelle-t-il, déjà ?… Pit Becker, vous ne le connaissez pas depuis très longtemps, n'est-ce pas ?

— Non. Depuis la semaine dernière. Il se trouvait devant le portail des Lenowsky alors que je rentrais chez moi. Il m'a demandé si je savais où ils étaient. Ils devaient l'embaucher pour un travail régulier. Ça représentait un gros contrat pour lui, il ne pouvait pas se permettre de laisser tomber sans savoir ce qui se passait.

— Hum. Ça expliquerait son… implication. C'est tout de même un peu surprenant que vous ayez décidé de concert de mener votre propre enquête et que vous soyez tranquillement entrés dans la maison en escaladant le balcon. Ce n'est pas votre avis ? Pourquoi n'avez-vous pas simplement appelé la police ?

Parce qu'on n'appelle pas « simplement » la police, songea Karen, surtout lorsqu'on redoute de se couvrir de ridicule.

— Nous n'étions pas certains de ne pas nous faire des idées, dit-elle à voix haute. Ni lui ni moi ne connaissions réellement les Lenowsky ; nous n'aurions pas pu affirmer que la situation était vraiment anormale. Disparaître sans prévenir personne, laisser la boîte aux lettres déborder, ne pas prendre de dispositions pour que le jardin soit arrosé, ça ne leur ressemblait pas. Nous avions eu, l'un et l'autre, l'impression qu'ils étaient plutôt exigeants et organisés, mais nous n'aurions pu jurer de rien.

Karen s'efforçait d'être aussi précise que possible dans ses explications.

— Vous savez, depuis que nous avons emménagé, en avril, je ne suis allée qu'une seule fois chez eux, et nous n'avons pas parlé plus de vingt minutes. Quant à Pit Becker, il n'a guère fait qu'un tour du jardin avec M. Lenowsky et, pour l'essentiel, ils ont surtout discuté de la façon d'enlever la mousse de la pelouse. Ils n'ont pas eu de contacts plus personnels. Nos soupçons étaient de surcroît bien vagues. Une situation qui semble peu claire, un mauvais pressentiment, cela suffit-il pour demander une intervention de la police ?

— Ce n'est pas une décision facile à prendre, reconnut Kronborg. L'affaire est compliquée, reprit-il après un soupir. Hormis sur la fenêtre par laquelle vous êtes entrés dans la maison, nous n'avons relevé aucune trace d'effraction. Il semble que les Lenowsky aient eux-mêmes introduit leur assassin chez eux.

— Vous voulez dire que quelqu'un a tout simplement sonné et...

— Par exemple. Ou avait une clé.

— Une clé ? Mais, dans ce cas, il s'agirait d'un parent, ou d'un proche !

— Pas nécessairement. On peut confier sa clé à des voisins ou...

Il vit Karen ouvrir la bouche et leva les deux mains, paumes vers elle, en signe d'apaisement.

— Je sais que vous n'aviez pas de clé, et ce n'est pas ce que je voulais sous-entendre. Je voulais simplement dire que, dans des cas comme celui-ci, les possibilités sont multiples. Mais, puisque nous en parlons, sauriez-vous quelque chose sur d'éventuels parents ? Des enfants ? Ou des petits-enfants ?

Elle secoua la tête.

— J'ai entendu dire qu'ils n'avaient pas d'enfants. Quant à d'autres parents, je n'en ai pas la moindre idée. Je vous le répète, je ne les connaissais pratiquement pas.

— Mais vous vous téléphoniez, dit Kronborg.

Karen le regarda sans comprendre.

— On se téléphonait ? M. ou Mme Lenowsky et moi ?

— Ou peut-être votre mari ? Nous avons...

Sa brève conversation téléphonique avec Fred Lenowsky, une semaine auparavant, lui revint en mémoire. En quelque sorte, c'était le dernier signe de vie qu'il lui avait donné, et par la suite elle s'en était voulu de ne pas lui avoir tout de suite parlé des vacances. Pourquoi l'avait-il donc appelée ? Ah oui, pour une histoire de voiture.

— J'ai eu M. Lenowsky au téléphone, dit-elle. Nos garages sont mitoyens. La façon dont je m'étais garée devant l'entrée du nôtre l'empêchait de sortir. Il m'a téléphoné pour me demander de déplacer ma voiture.

— Ce n'est pas de cet appel que je parlais, dit Kronborg. Nous savons que, peu de temps avant de mourir, Mme Lenowsky a essayé de téléphoner. C'est votre numéro qu'elle a composé.

Karen ne comprit pas tout de suite ce qu'il voulait dire.

— Mon... notre numéro ?

— Oui. Nous ignorons encore quel jour c'était, mais nous le saurons bientôt. Il est néanmoins établi que le dernier numéro appelé de cet appareil est le vôtre.

— Dans ce cas, il peut s'agir de cet appel que j'ai reçu de M. Lenowsky.

— C'est possible, concéda Kronborg. Nous supposons néanmoins que Greta Lenowsky a réussi à établir une communication et que c'est votre numéro qu'elle a utilisé. En appuyant simplement sur la touche bis, seul geste qu'elle devait être encore capable d'exécuter. Le dernier numéro appelé a été composé automatiquement, et il se trouve que c'est le vôtre, à l'évidence en raison du précédent appel de M. Lenowsky.

Il la regarda interrogativement.

— Mais apparemment vous ne vous êtes pas parlé ?

Karen avait l'impression d'être prise dans un tourbillon, comme si Kronborg parlait plus vite qu'elle ne pouvait penser et qu'elle courait désespérément derrière ce qu'il disait.

— Cela veut donc dire que Mme Lenowsky est morte peu après que j'ai parlé avec son mari, n'est-ce pas ? Sinon, il y aurait eu d'autres numéros enregistrés après le nôtre.

— Il est naturellement trop tôt pour l'affirmer, les rapports d'autopsie n'étant pas encore disponibles. Néanmoins, d'après les premières constatations, il semble que M. Lenowsky soit mort depuis une semaine. Sa femme serait morte un peu plus tard, il y a seulement quatre ou cinq jours.

— Mais...

— L'auteur du crime est probablement entré dans la maison peu après votre conversation avec M. Lenowsky. À partir de cet instant, M. et Mme Lenowsky n'ont plus eu la possibilité de téléphoner à qui que ce soit.

Karen avala sa salive. Quand elle parla, sa voix n'était plus qu'un murmure :

— Alors ils ont vécu encore plusieurs jours. Avec leur assassin dans la maison.

— Oui.

Kronborg hésita une seconde puis ajouta :

— Ils ont été torturés. L'un et l'autre. Pendant des heures. Le ou les auteurs les ont retenus prisonniers dans leur propre maison et les ont martyrisés. Probablement pendant deux, ou même trois jours. Pour les deux malheureuses victimes, la mort a dû être une délivrance.

Dans la tête de Karen, le tourbillon s'accéléra.

— Mon Dieu, souffla-t-elle.

Un éclair de compassion passa dans le regard de Kronborg. Karen sentait le sang se retirer de son visage. Le vieux couple Lenowsky. Greta, sa mesquinerie, ses napperons au crochet sous les vases et les pots de fleurs, et ses idées bien arrêtées ; Fred, si arrogant, qui voulait toujours avoir raison et qui ne tolérait pas la contradiction. Elle les avait trouvés antipathiques. Mais aussi très ordinaires. Rien ne les prédestinait au cauchemar qu'ils avaient dû endurer avant de mourir. Et qu'ils ne méritaient en rien.

— Mon Dieu, répéta-t-elle.

Elle leva un regard désespéré sur Kronborg.

— J'ai mis beaucoup trop de temps à réagir. Je savais que quelque chose n'allait pas. Je le savais ! Mon chien le savait. Il ne cessait pas d'aboyer. Jamais il n'aboie comme ça. Ils devaient être encore en vie quand il a commencé. Quand j'ai eu cette intuition d'un danger...

Elle se leva et sentit ses jambes se dérober sous elle. Elle se retint au dossier du fauteuil.

— J'aurais pu les sauver. Et je n'ai rien fait. Je me suis lâchement repliée sur moi-même et j'ai laissé mon mari me convaincre que je déraillais.

Elle fondit en larmes.

5

— Aurais-tu la bonté de m'expliquer ? insista Wolf d'un ton excédé.

Karen lui avait déjà tout expliqué. Mais plus elle avançait dans son récit, plus l'incrédulité se peignait sur le visage de Wolf, comme pour dire : je rêve, dis-moi que ce n'est pas vrai !

— Ils ont été tous les deux assassinés, commença-t-elle.

Mais Wolf l'interrompit avec agacement.

— Ça, je l'ai compris. Il y a des bagnoles de flics partout dans la rue et je ne suis pas complètement aveugle. Ce que j'aimerais comprendre, c'est pourquoi ma femme est entrée par effraction dans une maison où elle a déniché deux cadavres !

Elle aurait bien répliqué que c'était tout bêtement parce qu'il y avait deux cadavres dans la maison, mais ce n'était pas le sens de sa question et il était inutile de jeter de l'huile sur le feu. Après tout, il avait de bonnes raisons d'être surpris.

— Le jardinier...

Wolf desserra sa cravate.

— C'est qui ce jardinier dont tu parles tout le temps ?

— Le jardinier des Lenowsky. Il s'inquiétait. Il trouvait que ce n'était pas normal. Comme moi.

— N'importe quoi !

— Pardon ?

— C'est n'importe quoi. De s'inquiéter parce que deux personnes sont absentes. Si on était partis en vacances sans le dire à nos voisins, tu aurais apprécié que de parfaits inconnus entrent chez nous en cassant un carreau pour voir où nous étions passés ?

Le menton de Karen commença à trembler. Ne le laisse pas te déstabiliser, s'intima-t-elle.

— Le commissaire dit qu'ils ne sont pas morts tout de suite. Si j'avais réagi plus vite...

Wolf avait enfin réussi à se libérer de sa cravate. Comme à son habitude, il la jeta sur le lit.

— Ce n'est pas de ça qu'il s'agit. Tu n'avais pas tort d'imaginer le pire. Je te l'accorde. Mais la question n'est pas là. On n'entre pas par effraction dans la maison de ses voisins. C'est un principe de base. Pourquoi n'as-tu pas appelé la police si tu étais aussi certaine qu'il y avait quelque chose d'anormal ?

C'était un mauvais rêve. N'était-ce pas Wolf qui n'avait cessé de lui expliquer qu'il était totalement exclu d'appeler la police pour un soupçon, de surcroît tout à fait « tiré par les cheveux » ?

À cet instant, Karen comprit une chose : aux yeux de Wolf, rien de ce qu'elle ferait ne serait jamais bien. Peu importait ce qu'elle faisait : du moment que c'était elle qui le faisait, c'était mal. Tous les efforts qu'elle déployait depuis quelques années pour se conformer à l'image de la femme susceptible de lui plaire étaient d'emblée voués à l'échec. Il ne lui accordait aucune chance. Un jour, pour une raison quelconque, son amour pour elle s'était évanoui. Qu'il croie devoir rester avec elle, pour le bien des enfants ou pour préserver sa réputation, le frustrait, le rendait agressif, le mettait dans un état d'agacement quasi chronique. Il ne voulait plus d'elle. Du reste, il ne se privait pas de le lui montrer, elle avait simplement refusé de le comprendre.

— Mais, Wolf, dit-elle avec lassitude, tu étais contre. Tu étais contre tout. Tu *es* contre tout. Je me demande seulement pourquoi ce que je fais t'énerve encore. Tu vis ta vie, je vis la mienne.

Wolf haussa les sourcils.

— Tu es ma femme. Ce que tu fais a forcément des répercussions sur moi.

— En l'occurrence, quelles répercussions cette affaire a-t-elle sur toi ?

— Tu ne le vois pas ? Nous sommes impliqués dans cette sale histoire. On nous interroge, on va avoir la presse sur le dos, notre nom va paraître dans le journal... Ça ne me plaît pas, ce n'est tout de même pas difficile à comprendre. Je trouve ça effroyable et franchement désagréable !

Il paraissait épuisé.

Elle comprit que ça lui posait un réel problème, et dans une certaine mesure elle pouvait l'admettre. Du fait de son intervention, sa famille et elle-même se trouvaient étroitement mêlées à un fait divers dramatique, et, dans la mesure où l'affaire avait toutes les chances d'être portée sur la place publique, il ne serait guère possible de s'y soustraire. Personne ne côtoyait volontiers le malheur. Elle pressentait que le crime qui avait eu lieu dans la maison voisine ne se laisserait jamais oublier, que Wolf et les enfants, chacun à sa façon, le porteraient constamment en eux. À cause d'elle, sa famille ne pouvait pas observer la même distance avec l'événement que les autres voisins. Wolf le lui reprochait. Elle aurait aimé pouvoir lui dire qu'elle comprenait sa réaction – si elle avait eu le moindre espoir qu'il puisse, de son côté, comprendre ce qu'elle ressentait, ce qui l'avait incitée à agir, mais aussi combien cela lui avait pesé. S'il y avait eu chez son mari une seule petite étincelle d'amour et de compréhension, alors elle aurait tenté l'expérience du respect mutuel, de l'écoute des désarrois de l'autre, pour surmonter le cauchemar à deux.

Mais il n'y avait plus rien. Et c'était sans espoir.

— Le commissaire Kronborg doit revenir, dit-elle simplement.

— Il ne manquait plus que ça ! s'exclama-t-il d'un ton excédé.

Comme par un fait exprès, à la seconde même, la sonnette de la porte d'entrée retentit.

— Si seulement j'avais eu la bonne idée de ne pas rentrer à la maison aujourd'hui ! ajouta-t-il d'un ton supérieur.

Karen fut surprise de constater qu'elle se moquait éperdument de savoir où il aurait alors passé la nuit.

— Nous avons légèrement progressé, déclara Kronborg du fond du fauteuil où il s'était installé, renonçant au canapé d'où il lui était impossible de glisser ses longues jambes sous la table basse.

Karen avait apporté des verres et de l'eau fraîche. Il faisait encore très lourd. La vague de chaleur semblait s'installer.

Je me demande pourquoi les gens veulent encore aller en Turquie, songea-t-elle.

Wolf s'assit sur le canapé en prenant un air de martyr, mais il ne semblait pas simuler : la fatigue décomposait ses traits.

— Nous avons pu établir le jour et l'heure du dernier appel téléphonique, poursuivit Kronborg. Il a eu lieu jeudi dernier à deux heures et demie du matin.

Il regarda Karen et Wolf.

— Jeudi dernier à deux heures et demie du matin, répéta-t-il, le téléphone doit avoir sonné chez vous. Et, apparemment, vous avez répondu.

Karen se sentit blêmir. Elle ne comprenait pas comment elle avait pu ne pas faire le rapprochement, ce midi, lors de son premier entretien avec Kronborg. Elle regarda Wolf et vit à son expression que lui aussi venait de comprendre de quel appel il s'agissait.

— Merde alors, lâcha-t-il – une expression tout à fait inhabituelle dans sa bouche en présence d'un étranger.

— Vous vous souvenez de l'appel ? insista Kronborg.

— Oui, bafouilla Karen. Oui, répéta-t-elle d'une voix plus ferme après s'être éclairci la gorge.

— Je vous écoute…

Elle se sentit incapable de rester assise plus longtemps et se leva. La maison des Lenowsky était visible de la grande baie vitrée du salon. On distinguait ses murs blancs à travers les épais buissons et les arbres des deux jardins. C'était une chaude soirée d'été, paisible et silencieuse. Kenzo était allongé dans l'herbe, le museau entre les pattes, au milieu de la pelouse. À intervalles réguliers, il ouvrait la gueule pour tenter d'attraper une mouche qui l'agaçait. Il avait cessé d'aboyer. Les humains avaient enfin compris ce qu'il savait depuis longtemps. Il n'avait plus besoin de s'échiner à le leur faire comprendre.

— Le téléphone a sonné au milieu de la nuit, dit-elle. Ça m'a... ça nous a réveillés. Je... j'ai tout de suite pensé à un problème...

Elle s'interrompit. J'ai été au-dessous de tout, se dit-elle.

Kronborg attendait, suspendu à ses lèvres. Wolf avait enfoui son visage dans ses mains.

— J'ai répondu, mais à l'autre bout de la ligne je n'ai entendu qu'un... halètement. Rien d'autre. Seulement un halètement. Comme si quelqu'un essayait de dire quelque chose, mais n'y parvenait pas. C'était... terrible. Terrible et inquiétant.

— Vous n'avez pas reconnu la voix ?

— Non. Ces... halètements étaient effroyables, presque inhumains. Je crois que je n'aurais même pas reconnu la voix de mes propres enfants. J'ai cru...

— Oui ?

— Je me suis dit que c'était peut-être ma mère. Elle est âgée et vit seule. J'ai eu brusquement très peur qu'elle ait eu une attaque, qu'il lui soit arrivé quelque chose...

— Apparemment, à aucun moment vous n'avez eu l'impression qu'il s'agissait de l'appel d'un pervers ? D'un pervers sexuel ou d'un petit plaisantin qui s'amuse à terrifier des inconnus en poussant des halètements sinistres ?

— C'était le sentiment de mon mari.

Elle se tourna de nouveau vers Wolf, qui avait relevé la tête et la regardait, l'air ailleurs.

— Il pensait que c'était l'appel d'un détraqué et qu'il n'y avait pas lieu de s'inquiéter.

— C'est vous qui avez coupé la communication ?

— Oui. Après avoir demandé plusieurs fois qui était à l'appareil. Comme personne ne me répondait, j'ai fini par raccrocher. J'étais cependant très inquiète et j'ai appelé ma mère. Elle allait bien, du moins jusqu'à ce que je lui fasse une peur bleue en la réveillant au milieu de la nuit. Je me suis sentie très bête.

Elle perçut de la pitié dans le regard du commissaire et eut une fois de plus la désagréable impression qu'il lisait jusqu'au fond de ses pensées.

— J'ai essayé de me raisonner, de ne pas attacher d'importance à l'incident. De me dire que les coups de téléphone de détraqués, ça arrivait tous les jours. Mais…

— Mais vous n'étiez pas convaincue.

— Non. Ce n'était pas ce genre de halètements. Je ne sais pas comment l'expliquer, mais ça donnait l'impression que quelqu'un était en grand danger. Gravement blessé, ou malade, ou… Et… c'était bien le cas, dit-elle en secouant lentement la tête. C'était Mme Lenowsky.

— Elle agonisait, dit Kronborg. Elle a reçu de très nombreux coups de couteau. Par extraordinaire, aucun organe vital n'a cependant été touché. D'après le médecin légiste, elle a pu survivre jusqu'à quarante-huit heures à ses blessures. Mais elle a aussi perdu énormément de sang et elle est très certainement demeurée plusieurs heures sans connaissance. Nous supposons qu'elle a attendu que le ou les criminels aient définitivement quitté les lieux pour essayer d'atteindre le téléphone – d'après les traces que nous avons relevées, en se déplaçant à quatre pattes, puis en se traînant sur le ventre. Quand elle y est parvenue, elle devait être trop épuisée pour pouvoir encore composer un numéro. Elle a appuyé sur la touche bis, et votre numéro a été automatiquement rappelé. Malheureusement…

Il haussa les épaules dans un geste de regret.

Aussitôt Karen prit sa réaction pour elle.

— Mais je ne pouvais pas savoir ce qui se passait !

Il lui sourit.

— Vous n'avez rien à vous reprocher. Ce qui s'est passé dans cette maison dépasse tout ce que l'on est capable d'imaginer. C'est normal que vous n'ayez pas compris le sens de cet appel. Je voulais simplement dire qu'il est particulièrement dramatique que Greta Lenowsky ait réussi à atteindre le téléphone, mais ait été trop faible pour seulement dire son nom, ou donner un minuscule indice sur son identité. Les efforts qu'elle s'est infligés n'ont servi à rien. Cela dit, je crains qu'à cet instant il n'ait déjà été trop tard pour qu'on ait encore pu la sauver.

Pour la première fois depuis que Kronborg était là, Wolf prit la parole.

— Avez-vous un début de piste ?

Kronborg secoua la tête.

— Pas pour l'instant. Il semble que les Lenowsky n'avaient aucune famille. C'est du moins ce qu'il ressort d'une première enquête de proximité, et nous n'avons pas suffisamment avancé dans nos investigations pour avoir pu, de notre côté, identifier un parent ou un proche. Personne ne s'est rendu compte qu'il y avait plus d'une semaine que ces gens n'avaient pas donné signe de vie. Des parents ou des amis se seraient inquiétés, nous aurions été alertés.

— Nous ne nous occupons pas des affaires des autres, intervint vivement Wolf. Nous ne pourrons vous être d'aucune aide en la matière.

— Eh bien, par chance, votre femme n'est pas complètement indifférente au sort de ses voisins. Sinon, nous n'aurions peut-être rien su de ce crime avant des mois. Je doute en effet que, sans elle, ce jardinier ait entrepris quoi que ce soit...

— Je m'intéresserais d'un peu plus près à ce jardinier, si j'étais vous ! lança Wolf.

Son ton agressif disait assez combien il en voulait à Pit Becker d'avoir entraîné sa femme dans une histoire qui allait leur valoir une publicité déplorable.

— C'est tout de même curieux de s'émouvoir comme ça pour des gens qu'on ne connaît pratiquement pas, vous ne trouvez pas ?

— Dans ce cas, il faudrait aussi « s'intéresser d'un peu plus près à moi », observa Karen.

Wolf la fusilla du regard.

— Ça n'a rien à voir ! répliqua-t-il.

Kronborg eut un geste apaisant de la main.

— Un crime comme celui-ci est très perturbant pour tout le monde. Être confronté à la violence pure sans que rien ne vous y ait préparé ne laisse jamais indemne. Mais ne nous emportons pas : votre femme et M. Becker ont eu raison d'agir comme ils l'ont fait, monsieur Steinhoff. Si les victimes n'avaient pas été découvertes avant plusieurs mois, nous n'aurions sans doute plus trouvé le moindre indice exploitable.

— Vous avez pu relever des empreintes ? demanda Wolf.

— Seulement celles des Lenowsky et de deux autres personnes, vraisemblablement votre femme et Pit Becker. Il est à peu près certain que le ou les assassins portaient des gants.

— Dans ce cas, je me demande bien comment vous comptez vous y prendre pour retrouver quelqu'un !

— En interrogeant tous ceux qui connaissaient Fred et Greta Lenowsky, même très superficiellement.

— M. Lenowsky était avocat, se souvint Karen. Il avait des amis haut placés. C'est du moins ce qu'il m'a dit.

Kronborg hocha la tête.

— Nous sommes au courant. Il a cessé toute activité professionnelle il y a environ cinq ans. On devrait cependant pouvoir retrouver certaines de ces personnes influentes et peut-être en savoir plus sur sa vie professionnelle. Il est possible qu'au cours de sa carrière il se soit fait des ennemis.

— Je dirais même que c'est hautement probable, dit Wolf. Déplaire est quasi inhérent au métier d'avocat !

— J'en conviens, dit Kronborg. Cependant, dans l'affaire qui nous occupe, ce serait une dose de haine hors du commun que se serait attirée Lenowsky. Parce que les représailles sont tout de même d'une rare... barbarie.

— Le mobile du vol est exclu ?

— Oui, selon toute vraisemblance. D'une part, on ne torture pas de manière qu'ils meurent lentement et dans d'atroces souffrances des gens que l'on était simplement venu cambrioler. D'autre part, rien ne semble manquer. Tout au moins, rien de ce qui est classiquement volé par des cambrioleurs. L'ordinateur de M. Lenowsky est toujours là, les téléviseurs, le matériel vidéo et la chaîne stéréo également. Dans leur chambre, il y a une commode dont l'un des tiroirs ne contient que des bijoux de valeur ; il paraît ne même pas avoir été fouillé. Non, nous nous trouvons ici en présence soit d'une affaire de haine personnelle gravissime, soit d'une sorte de crime gratuit, d'un meurtrier qui choisit ses victimes au hasard et tue et torture pour le seul plaisir de tuer et torturer. Bien évidemment, cette seconde supposition compliquerait singulièrement notre tâche. S'il n'y a aucun lien personnel entre les Lenowsky et leur assassin, nous ne sommes pas près de souffler.

— Hum, fit Wolf en se levant, signifiant ainsi qu'il souhaitait mettre un terme à l'entretien. J'espère que vous réussirez à mener votre enquête à bien. Malheureusement, vous ne pourrez pas compter sur notre concours bien longtemps. Ma femme vous l'a peut-être déjà dit : nous partons vendredi en huit pour la Turquie.

Kronborg se leva à son tour. Avec sa taille impressionnante, il dépassait Wolf d'une tête.

— J'espère que nous n'aurons pas à vous importuner trop souvent, dit-il.

Karen lui fut reconnaissante de ne rien trahir de ses changements de projets.

Il se tourna vers elle.

— J'ai encore une question, madame Steinhoff : lors de cet appel téléphonique, hormis les halètements, avez-vous entendu autre chose ? Des bribes de mots peut-être, même incompréhensibles ? Un son qui aurait pu être le début ou la fin d'un mot... ?

Karen secoua la tête.

— Non, rien. Vraiment rien. J'ai effectivement eu l'impression que la personne qui... que Mme Lenowsky essayait de dire quelque chose, mais en dépit de ses efforts elle n'y est pas parvenue. Elle n'a même pas réussi à prononcer un son. Il n'y avait que cette sorte de râle terrifiant. Je suis désolée.

Kronborg parut un peu déçu.

— Je vous ai laissé ma carte ce midi, dit-il. Si quelque chose vous revient, peu importe quoi, que cela concerne l'appel téléphonique, la maison ou autre chose, s'il vous plaît, appelez-moi sans tarder.

— Je le ferai, promit Karen.

Elle resta dans le séjour tandis que Wolf raccompagnait le commissaire à la porte.

— J'aurais aimé pouvoir l'aider davantage, dit-elle quand Wolf revint.

— Tu en as fait bien assez comme ça, répliqua Wolf. Le reste, c'est son boulot.

Ils se regardèrent. Les yeux de Wolf révélaient un soupçon d'incertitude. Il savait qu'il avait été injuste avec sa femme, qu'il avait eu tort de lui reprocher d'être nerveuse, hystérique, de s'inventer des histoires.

S'il s'excuse, songea-t-elle, si seulement il essaie d'en parler... nous avons peut-être encore une chance...

Mais l'instant s'évanouit. L'incertitude disparut des yeux de Wolf. Il n'avait rien dit, il n'était pas revenu sur son attitude. Et il ne reviendrait jamais dessus.

— Je vais me coucher, annonça-t-il. Mon Dieu, quelle journée ! Et, pour couronner le tout, ce type avec ses questions !

Il laissa Karen ranger les verres et les bouteilles dans la cuisine. Elle l'entendit se laver les dents dans la salle de bains avec la brosse à dents électrique. Il était neuf heures. Jamais il ne se couchait aussi tôt. Il paraissait réellement fatigué.

Il est en train de s'éloigner de moi, et ça lui coûte beaucoup d'énergie, songea Karen en remplissant le lave-vaisselle. C'est épuisant de vivre avec quelqu'un que l'on n'aime plus.

Peut-être est-ce pour cela que je me sens si fatiguée.

Peut-être que je ne l'aime plus non plus.

L'idée la surprit. Elle n'avait jamais douté de ses sentiments pour Wolf. Il était peut-être temps qu'elle cesse de se percevoir comme une victime des humeurs de son mari. Qu'elle s'interroge sur ses propres sentiments, qu'elle réfléchisse à ce qu'ils étaient devenus.

Elle se demanda combien de temps il mettrait à se rendre compte qu'elle ne dormait plus à côté de lui.

6

— Partir demain me pèse, dit Inga. J'espère que je ne fais pas d'erreur. J'ai toujours du mal à m'imaginer demain soir à Marseille, montant dans l'avion sans Marius...

La nuit était chaude, le ciel d'un noir d'encre ponctué d'une myriade d'étoiles. Rebecca et Inga finissaient la soirée sur la terrasse qui dominait la mer, à l'arrière de la maison.

« Comptons les étoiles filantes, avait proposé Rebecca. Nous sommes presque en août. C'est la meilleure époque. Et il y en a toujours beaucoup par ici. »

Inga s'était fait la réflexion qu'une femme qui pensait aux étoiles filantes n'était déjà plus dans les abîmes de la dépression.

Elle se sentait épuisée. La journée avait été longue et fatigante. La marche jusqu'à la Madrague, le déjeuner sur place, au cours duquel Rebecca avait proposé qu'elles se tutoient ; puis le chemin du retour, mille fois plus fatigant que celui de l'aller. Le repas y était sans doute pour quelque chose, mais, surtout, la chaleur était vite devenue accablante. Elles étaient rentrées en nage et leurs vêtements collant à la peau.

« J'irais bien me baigner, avait déclaré Inga à peine descendue de voiture. On peut accéder à la mer de chez toi ? »

Sur l'instant, Rebecca avait paru gagnée par son enthousiasme, puis elle s'était ravisée et son visage s'était fermé.

« Felix a fait aménager un escalier de bois dans les rochers. Au fond du jardin, avait-elle dit avec réticence.

— Tu viens avec moi ?

— Je ne suis pas redescendue depuis…

— Tu vis dans la maison. C'est vraiment différent de descendre à la crique ?

— Ça élargit trop le cercle. »

Inga s'était demandé comment un être humain pouvait vivre ainsi. Au sein d'un cercle englobant les cinq pièces d'une maison isolée et son jardin, magnifique mais complètement désert. Si elle avait cherché une réplique occidentale à ces veuves des contrées lointaines qui s'immolaient par le feu, elle l'aurait trouvée en Rebecca. Rebecca, qui avait cessé de vivre à la mort de son mari ; qui respirait, mangeait, buvait, et pourtant ne vivait plus.

Elle était allée se baigner seule. L'escalier qui donnait accès à la mer était très raide, mais une solide rambarde permettait de descendre presque confortablement. Par endroits, quand le relief le permettait, les marches de bois massif laissaient la place à l'escalier naturel que formaient les rochers. Alors qu'elle descendait, avec devant elle l'immensité de la mer et du ciel et, loin en bas, la minuscule crique de sable blanc, Inga ressentit pour la première fois depuis longtemps un formidable sentiment de liberté. Elle se sentit en harmonie avec elle-même, heureuse d'être vivante et d'avoir un avenir. L'intensité de ce qu'elle éprouvait l'effraya. Comment pouvait-elle se réjouir de la vie alors qu'elle venait de perdre son mari ? Puis elle comprit que ces sentiments l'habitaient précisément parce que Marius n'était plus là. Elle ne croyait toujours pas qu'il s'était noyé – et, pour être irrationnelle, sa certitude n'en était pas moins ancrée dans sa tête –, mais ils ne vivraient plus ensemble. C'était fini, et le soulagement dont cette idée l'emplissait la confortait dans sa décision. Le paysage idyllique, cette descente extraordinaire dans les rochers la rendaient euphorique, mais c'était essentiellement la conscience de s'être libérée d'une emprise, dont elle s'avouait seulement maintenant combien elle avait souffert, qui lui rendait sa paix intérieure. Elle avait parlé de Marius à Rebecca, elle s'était ouverte à elle de ses difficultés, de ses inquiétudes et de ses incertitudes... C'était la première fois qu'elle confiait cette part de son intimité à quelqu'un, et ce fut comme si une digue se rompait. D'autres épisodes lui revenaient à présent à la mémoire, de plus en plus de faits, d'incidents, qu'elle avait refoulés avec une telle opiniâtreté qu'elle croyait les avoir définitivement oubliés. Ils ressurgissaient, intacts.

Comment avait-elle pu tenir avec Marius aussi longtemps ? Comment avait-elle pu balayer avec une telle constance des signaux d'alerte aussi évidents ?

Elle atteignit le bas des marches en se sentant aussi légère que si elle s'était libérée du poids du monde. Une plage en arc de cercle d'une trentaine de mètres de profondeur s'incurvait entre les rochers. Des petites vagues frangées d'écume venaient mourir sur le sable, sans hâte, en douceur. Inga regarda autour d'elle. L'endroit était désert. Apparemment, on pouvait accéder à la crique d'une autre propriété, car elle découvrit un second escalier à flanc de rochers à l'autre extrémité de la plage. Tout en haut des rochers, elle aperçut un petit morceau de mur qui devait appartenir à une maison ou à la clôture d'un jardin.

Elle enleva le short qu'elle portait par-dessus son maillot de bain et entra dans l'eau. Elle était plus froide qu'elle ne s'y attendait, mais délicieusement rafraîchissante, et elle se sentit bientôt en accord avec l'élément. Elle nagea alors avec vigueur vers le large, tourna sur le dos et, les bras en croix, se laissa flotter en regardant le ciel et les rochers de la côte. Le merveilleux sentiment de liberté ne s'était pas dissipé, il était toujours là, aussi fort et aussi intense, et il la portait avec la même certitude que l'eau.

Elle était restée ensuite quelque temps sur la plage, sans renoncer à l'espoir que Rebecca vienne la rejoindre.

Rebecca n'était pas venue et Inga avait fini par remonter.

Elles se tenaient à présent sur la terrasse et buvaient un vin rouge léger à la lumière d'un photophore. Inga sentait dans ses os la saine fatigue d'une journée de soleil, de grand air et de mer.

— Que comptes-tu faire en arrivant en Allemagne, tu as des projets ? demanda Rebecca en écho à la remarque d'Inga sur ses difficultés à rentrer sans Marius.

— Je vais chercher un appartement. Oui, c'est sans doute la première chose que je vais faire. Marius n'aura qu'à garder notre ancien appartement.

— Tu es donc absolument certaine qu'il va réapparaître ?

— En fait, oui. Je ne peux pas expliquer pourquoi… J'espère seulement qu'il ne va pas trop tarder. Sinon, il faudra que je dénonce le bail de notre appartement. Je ne pourrai pas me permettre de payer deux loyers au-delà de deux mois maximum.

— C'est déjà très généreux, remarqua Rebecca. Après ce qui s'est passé, tu pourrais dénoncer le bail tout de suite et le laisser se débrouiller.

— J'y ai pensé. Mais c'est prendre le risque, s'il revient et ne sait pas où aller, qu'il s'installe chez moi, au moins temporairement, et d'avoir ensuite trop de mal à m'en débarrasser.

— Tu n'es pas obligée de l'héberger.

— S'il n'a rien d'autre…

— Il n'aura qu'à aller chez ses parents.

— Je ne sais même pas si c'est une solution qu'il envisagerait en tout dernier recours.

— C'est son problème, pas le tien.

— Je sais, mais…

Elle laissa sa phrase en suspens.

Rebecca hocha la tête.

— Mais ce n'est pas facile, observa-t-elle.

— Et toi, interrogea Inga. Tu penses reprendre contact avec Maximilian ?

— Pourquoi ?

— Eh bien… c'est un véritable ami. Il se fait du souci pour toi. Tu ne devrais peut-être pas couper les ponts avec lui.

Le visage de Rebecca se ferma. Un pli dur déformait ses lèvres.

— Je n'ai plus besoin d'amis. Je m'en sors très bien toute seule.

Inga prit une profonde inspiration.

— Ça ne me regarde pas, mais…

— Exact, l'interrompit Rebecca. Ça ne te regarde pas.

Inga rassembla tout son courage.

— Je t'aime beaucoup, Rebecca, commença-t-elle d'un ton précipité. Tu es une femme exceptionnelle. Tu es jeune, tu es belle, tu as fait des choses formidables. Je ne sais pas bien comment ça fonctionne, mais fonder une association d'aide à l'enfance, je trouve ça tout simplement remarquable. C'est trop dommage que tu…

Rebecca reposa bruyamment son verre. Sa main tremblait légèrement quand elle l'avait porté à ses lèvres.

— Inga, ce sont mes affaires. Je te demande de ne pas t'en mêler.

— Mais tu vis ici comme une recluse ! Tu es isolée, tu es seule, tu ne fais plus rien, tu repousses les gens qui t'aiment, et tu t'accroches au souvenir d'un… d'un mort qui… qui ne reviendra plus.

Inga reprit sa respiration.

Rebecca n'avait pas cillé.

— Il ne reviendra plus, Rebecca, répéta doucement Inga. C'est affreux, mais c'est ainsi et… tu dois désormais organiser ta vie sans lui.

Rebecca demeura muette.

— Rebecca, insista doucement Inga.

Rebecca se leva.

— Je vais me coucher, dit-elle. S'il te plaît, éteins la bougie du photophore et verrouille la porte quand tu monteras.

Elle disparut dans la maison.

— J'ai fait un beau gâchis, marmonna Inga en se levant à son tour.

Elle prit son verre et fit quelques pas dans le jardin enténébré. Les étoiles paraissaient à portée de main et une brise légère bruissait dans les arbres. L'air sentait la mer. C'était un lieu magique, mais une prison pour Rebecca, un enfer de solitude et de tristesse. Il ne fallait pas qu'elle reste là, il fallait qu'elle parte, qu'elle retourne parmi les hommes, qu'elle recommence à vivre.

Mais je m'en vais et elle sera dès demain à nouveau livrée à elle-même, songea Inga. Plus personne ne va s'intéresser à elle. Elle pourra donner libre cours à ses pensées morbides. Et je ne peux pas l'aider. Je ne peux pas la forcer à rentrer en Allemagne avec moi.

Elle finit son vin et décida de monter se coucher. La journée avait été longue ; elle aspirait de tout son être à s'allonger et fermer les yeux, mais elle se sentait inexplicablement inquiète et nerveuse. Peut-être était-ce lié au souci qu'elle se faisait pour Rebecca. Son incapacité à l'aider l'emplissait d'un sentiment d'impuissance.

Elle pourrait peut-être essayer de lui parler demain matin, au petit déjeuner, puis à midi, ou au cours de l'après-midi, avant de prendre la route pour Marseille… Elle avait encore un peu de temps.

Elle souffla la bougie du photophore, rentra dans la maison et verrouilla soigneusement la porte-fenêtre de la terrasse. Elle appréciait de pouvoir dormir dans la douillette chambre d'amis de la maison et non dehors sous une tente rudimentaire. Elle songea à la sollicitude de Rebecca, aux soins dont elle l'avait entourée quand elle avait été ramenée au port, après l'épisode de la tempête et l'affrontement avec Marius. Si seulement elle pouvait aider Rebecca en retour, ne serait-ce qu'un tout petit peu.

La chambre d'amis avait été gagnée sur les combles. On y accédait par un escalier aussi raide qu'une échelle de meunier. Comme elle était très basse de plafond et en soupente, on ne pouvait s'y tenir debout à aucun endroit et, si on n'y prenait garde, on se cognait la tête sur une poutre dès qu'on levait le nez.

Inga s'en amusait, même si, chaque fois qu'elle en poussait la porte, elle lui faisait irrésistiblement penser aux soupentes qu'on attribuait autrefois aux domestiques.

Elle se déshabilla, enfila une chemise de nuit et redescendit à pas de loup se laver les dents et se brosser les cheveux dans la salle de bains du premier étage.

Aucun bruit ne provenait de la chambre de Rebecca, aucun rai de lumière ne filtrait sous sa porte. Elle devait dormir depuis longtemps.

Inga espérait que ce qu'elle lui avait dit ne tenait pas Rebecca éveillée et qu'elle n'avait pas le sentiment que la jeune femme s'était autorisé une insupportable intrusion dans sa vie.

De retour dans sa chambrette sous les toits, elle ouvrit en grand les vasistas pour laisser pénétrer l'air de la nuit. Il faisait très chaud. Elle ôta la couverture du lit, la plia sur un fauteuil et ne garda sur elle que le drap de coton fin.

En dépit de sa nervosité, elle sombra en quelques minutes dans un sommeil sans rêve.

Mercredi 28 juillet

1

Quand elle se réveilla, elle crut un instant qu'elle venait à peine de s'endormir. N'était-elle pas dans la salle de bains quelques minutes auparavant ? Elle alluma la lumière et regarda l'heure. Quatre heures et quart.

Elle ne savait pas ce qui l'avait tirée de son sommeil, mais elle était totalement réveillée. C'était inhabituel, d'ordinaire elle mettait un bon moment à recouvrer ses esprits. Cette fois, elle sut instantanément où elle était et tous ses sens se mirent aussitôt à fonctionner au maximum de leurs capacités.

L'inquiétude qui la hantait quand elle s'était endormie était plus vive que jamais.

Elle se leva, s'approcha d'un des vasistas et se pencha au-dehors. Comme souvent au cours des nuits précédentes, cette fois encore, la limpidité du ciel et la proximité apparente des étoiles la subjuguèrent. Le vent avait forci, les arbres du jardin se balançaient bruyamment.

Le vent dans les arbres. C'est sans doute ce qui m'a réveillée, se dit-elle.

Peut-être était-ce ce qui expliquait la sourde inquiétude qu'elle éprouvait en permanence depuis quelques jours. Ce vent marin qui ne cessait de souffler. La vie en ville ne l'avait pas habituée à ça.

Elle regagna son lit, éteignit la lumière, cala la tête dans son oreiller, puis ferma les yeux et essaya de se rendormir. Les battements de son cœur, forts, rapides, emplissaient tout le silence de la chambre. Elle rouvrit les yeux. C'était impossible, elle était trop réveillée pour se rendormir.

Elle quitta à nouveau son lit, hésita entre aller boire un peu d'eau fraîche dans la salle de bains et descendre regarder la télévision dans le séjour. Elle ne comprenait pas pourquoi elle était énervée à ce point, mais regarder la télévision lui parut une bonne idée pour se calmer, et elle ne pensait pas que Rebecca puisse en prendre ombrage.

Elle enfila un peignoir et glissa les pieds dans ses sandales en plastique orange. Elle les avait achetées avant de partir, car elle ne se serait jamais risquée pieds nus dans les douches d'un camping. D'ailleurs, elle détestait le camping.

Mais j'avais trop peur que Marius pique une crise si je ne trouvais pas son idée géniale.

Elle ouvrit la porte de sa chambre et écouta. La maison était parfaitement silencieuse. Il eût été possible que, ne trouvant pas le sommeil, Rebecca se soit levée et ait fait un bruit quelconque qui aurait réveillé Inga. Mais le silence était total, et pas une lumière ne filtrait.

Elle descendit sur la pointe des pieds au rez-de-chaussée. Dans la cuisine, elle prit un verre dans le placard, le remplit au robinet et but à petites gorgées. Les battements de son cœur ne se calmaient pas. Elle essaya de se souvenir de ce que sa grand-mère, qui souffrait d'insomnie chronique, lui avait dit des tisanes susceptibles de venir à bout du mal, mais rien ne lui revint en mémoire. De surcroît, elle doutait que Rebecca eût la tisane adéquate dans ses réserves.

De toute façon, je serais incapable de me poser quelque part pour boire tranquillement une tisane calmante, songea-t-elle, prise d'un rire nerveux devant le paradoxe de la situation.

Dans le séjour, elle alluma un lampadaire et mit le téléviseur en marche. Elle tomba sur la rediffusion d'une émission de la journée, un talk-show où une animatrice au visage lisse comme une madone tentait de réconcilier des couples au bord du divorce. Le jeune couple dont c'était le tour se disputait avec une rare violence. C'était très mal parti pour eux. Le français d'Inga étant assez limité, elle devait faire de gros efforts de concentration pour suivre la querelle. Au début, elle crut que ce serait exactement ce dont elle avait besoin pour s'endormir. Puis, au bout de dix minutes, elle se rendit compte qu'elle ne parvenait pas à se concentrer et qu'elle n'était nullement en train de s'assoupir. Son cœur battait plus vite que jamais. Elle n'aurait pas pu être plus réveillée et plus tendue.

Ce n'était pas normal.

Elle éteignit le téléviseur et remarqua des journaux dans un porte-revues placé à côté de la cheminée. Les magazines étaient allemands et dataient tous de l'été dernier. Apparemment, Rebecca n'en achetait plus. Maintenant que le temps du bonheur était passé, elle ne s'intéressait plus ni à la mode ni aux nouvelles, petites ou grandes, de son pays.

Inga décida de remonter se coucher et de lire dans son lit. Ça marcherait peut-être, même si elle ne se souvenait pas d'avoir jamais été aussi énervée et inquiète.

En passant dans le couloir, elle remarqua que la porte des toilettes des invités était ouverte. Elle était d'ordinaire toujours fermée et, même si elle ne l'aurait pas juré, Inga croyait bien se souvenir de l'avoir vue fermée, la première fois qu'elle était montée se coucher, quelques heures auparavant.

Son cœur se mit à battre à grands coups. Elle saisissait la poignée de la porte pour la fermer quand elle sentit un courant d'air. Un courant d'air au milieu de la maison.

Elle fouilla du regard le cabinet de toilette.

Ses yeux n'étaient pas habitués à l'obscurité et la clarté des étoiles était trop faible pour qu'elle distingue quelque chose. Mais elle se rendit tout de suite compte que la fenêtre était ouverte car le vent qui soufflait dehors s'engouffra dans la petite pièce à l'occasion d'une rafale.

Troublée, elle se demanda qui avait laissé la fenêtre ouverte. Puis ses yeux s'habituèrent à l'obscurité et elle vit que la fenêtre n'était pas simplement ouverte. La vitre avait été brisée, des morceaux de verre jonchaient le sol.

Quelqu'un était entré par cette fenêtre.

Quelqu'un était dans la maison.

C'était sans doute le bruit de verre brisé qui l'avait réveillée. Mais l'impression qu'elle éprouvait, depuis, qu'une menace planait, c'était à son intuition qu'elle la devait, à son instinct, à cet instinct infaillible qu'ont les animaux sauvages et qui de façon inexpliquée les avertit de l'imminence d'un danger avant même que les premiers signes en soient perceptibles.

Elle recula vers le milieu du couloir aussi silencieusement que possible. Elle osait à peine respirer. Que devait-elle faire ? Si quelqu'un était dans la maison, où était-il ? Pourquoi ne se montrait-il pas ? Il devait s'être rendu compte qu'elle était descendue. Elle s'était efforcée de ne pas faire de bruit pour ne pas réveiller Rebecca, mais elle avait allumé la lumière et regardé la télévision. Il n'était pas possible que le cambrioleur ne s'en soit pas rendu compte.

À moins qu'il ait déjà filé. Qu'il ait cherché de l'argent, en ait trouvé et soit reparti sans demander son reste.

Mais rien ne paraissait avoir été dérangé ou fouillé. Et elle se sentait toujours aussi inquiète. Ses pulsations cardiaques atteignaient des sommets. Tous ses sens étaient en alerte.

Fiche le camp, lui soufflait une voix intérieure, fiche le camp aussi vite que tu le peux. Va chercher de l'aide ! Fais-le tant qu'il est encore temps !

Jamais elle ne sut pourquoi elle n'avait pas écouté cette petite voix qui l'encourageait à fuir avec tant d'insistance. Au lieu de cela, toutes ses pensées se focalisèrent sur le téléphone. Leur salut viendrait du téléphone. La police. Il fallait qu'elle appelle la police.

Le téléphone se trouvait dans le séjour, et, dans le séjour, il n'y avait personne. Elle pourrait appeler sans qu'on l'entende. Elle tendit à nouveau l'oreille. Le malfaiteur devait être en haut ; la maison n'avait pas de cave et elle était certaine qu'il n'y avait personne dans les pièces du rez-de-chaussée. Tout était parfaitement silencieux. Elle aurait aimé entendre quelque chose, un bruit, un craquement. Rien n'était plus inquiétant que ce silence absolu.

Elle ôta ses sandales et retourna dans le séjour sur la pointe des pieds, sans faire le moindre bruit. Cette fois, elle s'interdit d'allumer la lumière. Elle connaissait suffisamment les lieux pour s'orienter, de surcroît ses yeux étaient désormais accoutumés à l'obscurité.

Le téléphone était posé à côté de livres sur une étagère et Inga se souvenait que l'annuaire se trouvait directement en dessous, sur l'étagère inférieure. Elle le prit et s'approcha d'une fenêtre pour profiter de la clarté dispensée par la lune et les étoiles. Le numéro de la police figurait sur la première page, entre celui des pompiers et celui du Samu. Silencieusement, en répétant mentalement la suite de chiffres, Inga décrocha le combiné.

Il n'y avait pas de tonalité.

Elle appuya sur la fourche, une fois, deux fois, recommença en appuyant fébrilement trois fois de suite. Rien. Pas le moindre bip sur la ligne.

Ce pouvait être un hasard. La ligne était peut-être en dérangement. Mais on ne pouvait pas exclure que le téléphone ait été coupé. Dans ce cas, le danger était autrement plus grave, car il devenait peu probable qu'il s'agît d'un simple cambriolage avec un malfaiteur qui ne tenait pas à se faire prendre. Quand on se donnait la peine de couper le téléphone, on avait autre chose en tête.

Inga avait l'impression que son cœur battait si fort que toute la maison devait l'entendre. Il fallait qu'elle s'enfuie. Vite, très vite. Pour le moment, elle ne pouvait rien faire pour Rebecca. Mais elle ramènerait de l'aide.

Ses sandales. Ses sandales en plastique étaient dans le couloir de l'entrée. Tant pis. C'était trop risqué d'aller les chercher. La porte-fenêtre de la terrasse était à quelques pas, elle sortirait par là et courrait jusqu'aux premières maisons du village, quitte à arriver les pieds en sang.

Elle fit un mouvement vers la porte-fenêtre.

La lumière qui jaillit la frappa avec la même soudaineté que si l'on avait tiré sur elle sans sommation.

Elle poussa un cri de terreur et se retourna.

Marius se tenait sur le seuil de la pièce.

Il était méconnaissable, très amaigri. Ses cheveux étaient sales et emmêlés et une barbe de plusieurs jours lui mangeait le visage. Ses vêtements étaient constellés de taches et déchirés. Ses pieds nus étaient noirs de crasse. On aurait pu le prendre pour un clochard qui vivait dans la rue depuis plusieurs années.

Quand il s'approcha, Inga se rendit compte qu'il sentait fortement la transpiration.

— Salut, Inga, fit-il.

Elle fouilla frénétiquement la pièce des yeux. Le cordon coupé du téléphone gisait au milieu du tapis, inutilisable. La porte-fenêtre était verrouillée. Le temps qu'elle l'ouvre, il serait sur elle. Elle était prise au piège.

C'est Marius, se dit-elle, détends-toi !

À sa propre surprise, elle réussit à se détendre un peu. C'était Marius. L'homme qui depuis deux ans était son mari. Il était peut-être parfois un peu fou, et elle ne voulait plus vivre avec lui, mais il n'avait encore jamais levé la main sur elle et…

Sauf sur le bateau. Quand il l'avait poussée dans la cabine. En se moquant qu'elle se rompe le cou.

Elle avala sa salive et le regarda franchement dans les yeux. Elle reconnut alors qu'il y avait quelque chose d'anormal dans son regard. Et elle comprit qu'elle aurait dû prendre la fuite.

— Salut, Marius, bafouilla-t-elle en retour d'une voix à peine audible.

Il sourit.

2

Ce n'est que le lendemain matin que Wolf évoqua le fait que Karen avait quitté la chambre conjugale. Il demeura silencieux pendant tout le petit déjeuner. Même les questions empressées des enfants, qui tournaient toutes autour du crime qui avait eu lieu dans la maison voisine, ne le firent pas réagir. Comme ce sujet devait beaucoup l'énerver, Karen s'attendait qu'il explose à tout moment, mais non, il mâchait ses toasts, le regard dans le vague, et buvait son café à petites gorgées en faisant comme si tout cela ne le concernait pas. Contrairement à son habitude, il ne se leva pas le premier, en laissant tout en plan sur la table, pour filer à son bureau. Il resta assis et attendit devant son assiette que Karen dise au revoir aux enfants et revienne dans la cuisine.

Elle le regarda. Il lui rendit son regard.

— Bien, dit-il. Alors, comme ça, tu as décidé qu'à l'avenir tu dormirais dans la chambre d'amis ?

— J'ai monté toutes mes affaires là-haut, oui.

— Y a-t-il une raison particulière à cela ?

— Je trouve que ça ne nous convient plus, de dormir ensemble.

Wolf haussa les sourcils.

— Ah bon ? Et pourquoi ?

Dehors, sur la terrasse, les corolles blanches des anthémis se laissaient porter par les mouvements du vent. Une nouvelle journée d'été s'annonçait.

— Tu le sais très bien, dit-elle doucement.

Elle ne voulait pas discuter avec lui. Elle avait si souvent souhaité pouvoir lui parler, de leur couple, de leurs difficultés croissantes à communiquer, de la froideur qui s'installait entre eux, jamais il n'avait accepté. Qu'il lui pose à présent des questions l'importunait. S'expliquer n'avait plus de sens.

— Je ne sais rien du tout. J'imagine seulement que ça a un rapport avec cette histoire idiote que tu as inventée, sur ma supposée liaison avec la collègue qui a déjeuné avec moi au resto italien l'autre jour. C'est une...

— Que tu aies une liaison ou pas n'a pas d'importance, l'interrompit Karen. Tu m'as quittée. Dans ta tête, tu m'as quittée. Et depuis déjà longtemps. Qu'il y ait une autre femme dans ta vie ou que tu sois seul est secondaire. Je ne t'inspire plus que de la froideur et du mépris. Je ne peux pas vivre comme ça.

— De la froideur et du mépris ? Pourrais-tu m'expliquer ce qui te permet de dire ça ?

Elle soupira. De toute façon, il ne comprendrait pas.

— C'est une accumulation de petites choses, dit-elle, fatiguée à l'avance de devoir s'expliquer car elle savait qu'elle perdait son temps. Il disséquerait chacune de ses phrases, dépouillerait chacun des mots de son sens. Il ne la laisserait pas construire sa démonstration, il la contredirait, minimiserait le moindre des points qu'elle mettrait en avant.

— Dimanche, par exemple. Tu as passé toute la journée à la piscine avec les enfants et...

— Quoi ! Tu me le reproches ! Je n'ai pas dû bien entendre ! Sais-tu combien de femmes rêvent que leur mari fasse quelque chose avec leurs enfants ? Et sais-tu combien de maris n'en ont pas la moindre envie ? Mais moi, après une semaine éreintante à la banque, j'ai sacrifié un dimanche entier pour que les enfants s'amusent un peu, et je me fais insulter !

Elle ne l'avait pas insulté, mais à quoi bon le lui faire remarquer ?

— Personne ne m'a demandé si j'avais envie de venir. Je fais tout de même partie de la famille.

— Oh, pardon ! Parce que je me suis jusque-là complètement trompé sur toi. Je n'aurais jamais cru que ça t'amusait de passer une journée entière dans une piscine municipale bondée sous un soleil de plomb ! Il y avait tellement de monde qu'on pouvait à peine s'allonger sur les pelouses, et, dans l'eau, c'était encore pire ! Mais j'en prends bonne note. Je sais maintenant que tu aimes ça et, la prochaine fois, je te céderai très volontiers ma place.

Elle aurait pu lui faire remarquer qu'il avait parlé de « céder sa place », pas de faire quelque chose ensemble, mais une fois encore : à quoi bon ?

— Le soir, dit-elle, tu as déposé les enfants et tu as disparu. Sans un mot d'explication pour moi. Tu n'as pas jugé bon de me dire où tu allais, ni quand tu revenais, ni si tu dînais avec nous. Rien.

Il leva les yeux au ciel.

— J'ai commis un grave crime de lèse-majesté, je l'avoue. J'oublie toujours que je dois pointer en arrivant et en repartant, et que mes faits et gestes nécessitent ton approbation. Il se trouve, cependant, que j'éprouve parfois le besoin de me sentir libre, est-ce très difficile à comprendre ? Par exemple, dimanche soir. La journée a vraiment été épouvantable. J'étais lessivé. Comme tu le sais, j'adore la foule, tout particulièrement quand elle est bruyante, qu'elle pue la transpiration, qu'on me marche sur les pieds et que je prends des volants de badminton toutes les deux minutes sur la tête. J'en avais marre. Je voulais être seul. Je ne supportais même plus d'entendre les enfants raconter leurs bêtises. Et je n'aurais pas...

Il n'acheva pas sa phrase.

— Et tu ne m'aurais pas supportée non plus, poursuivit Karen à sa place.

Wolf tourna son café. Il devait être froid depuis longtemps.

— Avoue, Karen. J'aurais eu droit à quoi si j'étais resté ? Tu te serais plainte d'être restée seule toute la journée, tu aurais pris un air de martyre et pour finir tu aurais remis ça avec les voisins qui n'avaient toujours pas ouvert leurs volets, qui étaient partis sans te prévenir ou je ne sais quoi... Avec un peu de chance, tu m'aurais encore bassiné avec cette histoire de prétendue liaison. Après la journée que je venais de passer, ç'aurait été tout simplement trop.

Elle avait tressailli. Elle avait beau s'être résignée, qu'il exprime ainsi sa lassitude et son désintérêt faisait mal.

« Après la journée que je venais de passer, ç'aurait été tout simplement trop » ne voulait rien dire d'autre que : « Après la journée que je venais de passer, devoir te supporter, toi, Karen, c'était au-dessus de mes forces. »

Pour tromper sa douleur, elle sortit son meilleur atout.

— En ce qui concerne les voisins, commença-t-elle d'un ton plus sec qu'elle ne le voulait, reconnais au moins que je n'étais pas loin de la vérité. Même si je t'ai, apparemment, beaucoup agacé avec mes pressentiments.

— Mais il ne s'agit absolument pas de ça !

Il était clair que Wolf ne lui ferait pas la grâce de reconnaître qu'elle avait eu raison.

— La question n'est pas de savoir si tu avais raison ou pas. Il s'agit de la façon dont tu t'es comportée. Pour commencer, ce qui se passait chez les Lenowsky ne nous regardait pas. Il y a très peu de temps que nous habitons là et nous les connaissions à peine. Entre parenthèses, ça tenait beaucoup plus à eux qu'à nous, ainsi que tu me l'as maintes fois expliqué. Ils n'avaient manifestement aucune envie d'entretenir des relations de voisinage suivies.

— Mais…

— Il n'y a pas de mais. Quand on se coupe comme ça de ses voisins, il ne faut pas s'attendre à ce qu'ils interviennent quand quelque chose a l'air bizarre. Tu as néanmoins estimé devoir le faire. Après tout, libre à toi. Tu ne vois pas les choses comme moi, mais passons. Ce que je ne comprends pas, c'est pourquoi il fallait absolument que tu m'embringues dans ton histoire. « Qu'est-ce qu'il faut faire ? Tu ne penses pas qu'il faudrait faire quelque chose ? Wolf, il faut faire quelque chose ! »

Son imitation était à peine exagérée.

— Est-ce que tu te rends compte que ça me rend dingue, cette attitude ? Tu veux faire quelque chose, mais, pour une raison quelconque, tu hésites ou tu n'es pas sûre de toi, alors tu me tannes jusqu'à ce que je veuille la même chose pour que nous le fassions ensemble. Pourquoi, mais bon sang pourquoi, si tu étais aussi convaincue qu'il fallait que tu te mêles de ce qui se passait chez les Lenowsky, ne l'as-tu pas fait ? Pourquoi n'es-tu pas tout de suite passée par le balcon pour mener ta petite enquête, pourquoi n'as-tu pas appelé la police dès le premier jour ? Pourquoi a-t-il fallu que tu m'empoisonnes la vie avec tes « mauvais pressentiments » ?

Elle le dévisagea. Elle s'attendait à tout sauf à ça.

— Mais... parce que tu m'en as dissuadée. Tu n'as cessé de m'expliquer que c'était absurde. Que je déraillais, que j'étais hystérique. Qu'à force de ne rien faire, je m'ennuyais tellement que je m'inventais des histoires idiotes. Que j'allais tous nous ridiculiser si j'intervenais et qu'il s'avérait par la suite que c'était inutile. Au bout d'un moment, je me suis dit que je ne pouvais pas prendre le risque de faire quelque chose que tu allais me reprocher toute ma vie !

Wolf goûta une gorgée de café et reposa sa tasse avec une grimace de dégoût.

— Il est glacé. C'est infect.

Il se leva. Chacun de ses gestes révélait l'inébranlable assurance qui ne lui faisait jamais défaut. On le sentait parfaitement en accord avec lui-même et avec tout ce qu'il disait ou faisait.

— Nous y sommes, Karen, dit-il. Nous y sommes précisément. Je trouvais parfaitement déplacé d'intervenir. Toi, tu en mourais d'envie. Alors ? Quelle aurait dû être la réaction normale ?

Karen se mordit les lèvres.

— Je t'écoute, murmura-t-elle.

— La réaction normale aurait été de faire ce que tu avais envie de faire, ce qui te paraissait juste. Peu importe ce que je disais.

Elle crut avoir mal entendu.

— Si tel avait été le cas, poursuivit Wolf, j'aurais pu recommencer à te respecter. C'est compréhensible, non ? Je ne veux pas d'une petite fille qui me regarde avec un air apeuré et attende ma bénédiction avant de bouger. Je veux une vraie femme. Une adulte qui s'assume. Et qui assume le risque que je puisse être en colère. Que nous nous disputions. Que je trouve impossible ce qu'elle fait. Une femme qui vive, qui ait des envies, qui les défende et les réalise. Même si le monde entier tente de l'en dissuader.

Karen le regardait, abasourdie.

— Comment pourrais-je être cette femme que tu décris quand tu ne me témoignes que du mépris ?

— C'est dans l'autre sens que ça marche, Karen. Dans l'autre sens. Si tu étais cette femme, aurais-je encore des raisons de te mépriser ? Pose-toi donc la question.

Il se dirigea vers l'entrée. Le débat était clos. Il avait gagné.

Elle ne pouvait pas le laisser partir comme ça, sûr de lui et son arrogance intacte.

— Au fait, je ne pars pas pour la Turquie ! lança-t-elle dans son dos. Et je ne changerai pas d'avis, tu peux en être sûr !

— Pas de problème, répondit-il d'un ton égal. Tu fais comme tu veux.

La porte de l'entrée se referma derrière lui. Rien, pas le moindre signe que la déclaration de Karen l'avait ébranlé.

Elle demeura seule dans la cuisine silencieuse.

3

Que Marius la ligote l'avait sidérée. Au point qu'elle ne s'était pas défendue. Il est vrai que cela n'aurait sans doute servi à rien. Marius était beaucoup plus fort qu'elle, et son évidente détermination le rendait plus fort encore. Il y avait quelque chose de mécanique et d'irrépressible dans ses gestes. Elle ne comprenait pas ce qu'il faisait, ce qu'il voulait obtenir, mais rien ni personne ne l'arrêterait.

Il avait déniché une corde à linge, probablement dans le réduit qui jouxtait la cuisine et où se trouvaient la machine à laver et le sèche-linge. Quand il avait surpris Inga dans le séjour, il l'avait déjà à la main, simplement elle ne s'en était pas rendu compte tout de suite.

« Tu ne t'es pas noyé, avait-elle dit, sa première frayeur passée et après avoir bafouillé son pitoyable "Salut, Marius".

— Non, je ne me suis pas noyé. »

Obéissant à son intuition, Inga avait d'emblée pris le parti de se comporter comme si les circonstances de leurs retrouvailles ne la choquaient ni ne l'inquiétaient outre mesure. Autant parce qu'elle en escomptait de meilleures chances de s'en sortir que pour l'aider à contenir sa propre peur.

« Pourquoi n'as-tu pas donné signe de vie plus tôt ? J'étais malade d'inquiétude ! »

N'exagère pas, l'avertissait sa petite voix intérieure, il est peut-être sérieusement dérangé, mais il n'est pas bête. Après ce qui s'est passé sur le bateau, il sait qu'il y a peu de chances que tu te consumes de chagrin pour lui.

« Je veux dire, avait-elle ajouté, on a tout de même beaucoup de choses à clarifier. »

Il l'avait regardée avec un sourire lourd de sous-entendus.

« Vraiment ?

— Tu n'es pas de cet avis ? »

Il avait haussé les épaules.

« Je ne sais pas. Ça n'a peut-être plus d'importance.

— Les secours en mer t'ont recherché. Comment es-tu passé par-dessus bord ? Je ne me suis rendu compte de rien.

— La bôme. Un sacré coup de bôme et je me suis retrouvé à la flotte.

— Tu as perdu connaissance ?

— Je ne crois pas. Ou alors très brièvement. Mais j'avais tellement mal que je ne pouvais pas faire un mouvement. J'ai pensé que je devais avoir des côtes cassées, en tout cas au moins une. Je flottais, les bras ballants dans mon gilet de sauvetage, le bateau fichait le camp, et je ne pouvais rien faire... »

Il avait haussé de nouveau les épaules.

« Et ensuite ? » avait demandé Inga alors que les questions se télescopaient dans sa tête.

Où est Rebecca ? Pourquoi n'est-il pas venu tout simplement me voir ? Pourquoi est-il passé par la fenêtre ? En pleine nuit ? Qu'a-t-il en tête ?

« J'ai fini par me reprendre. J'ai réussi à bouger. J'ai pu nager et regagner la côte. J'ai rejoint une crique minuscule, et déserte, d'où j'ai marché jusqu'ici.

— Tu... tu as vu Rebecca ? »

Inga faisait de gros efforts pour paraître naturelle. Elle avait beau se répéter qu'elle se faisait des idées, que les images terribles qu'elle voyait devant ses yeux étaient le fruit de son imagination, elle était terrorisée. Il ne s'était pas forcément passé quelque chose. Et il était très plausible qu'il ne se passe rien.

Oui, mais il est malade !

Une expression soucieuse était apparue dans les yeux de Marius.

« Écoute, Inga, nous avons un problème.
— À cause de Rebecca ? »

Il avait opiné.

« Tu comprends bien que je ne peux pas rentrer en Allemagne sans lui demander des comptes. J'espérais que... En fait, je pensais m'occuper d'elle après ton départ. Je surveille la maison depuis deux ou trois jours et j'attends... j'attends... mais tu as l'air de vouloir prendre racine ici, je me trompe ? »

Il surveillait la maison depuis plusieurs jours ! Comment réussir encore à croire qu'il n'avait pas de mauvaises intentions ?

« Je pars demain... En fait, non, aujourd'hui. C'est déjà aujourd'hui. J'ai un vol ce soir, au départ de Marseille. »

Marius avait paru légèrement contrarié.

« À un poil près, je ne tombais pas sur toi. Tant pis, maintenant c'est trop tard pour revenir en arrière. De toute façon, j'ai comme l'impression que vous êtes devenues... de grandes amies ? »

À quoi bon le contester ? Si Marius les observait depuis plusieurs jours, il avait eu tout loisir de s'en rendre compte.

« Oui. Je l'aime beaucoup, avait-elle dit doucement. Mais, sur le bateau, tu as fait allusion à un problème que tu aurais eu avec elle... Marius, de quoi s'agit-il ? Je t'en prie, explique-moi. D'après le peu que tu en as dit, j'ai cru comprendre que ce serait quelque chose qui se serait passé il y a longtemps, avant qu'on se connaisse. J'en ai parlé avec Rebecca. Elle non plus ne comprend pas à quoi tu fais allusion. Pourquoi ne nous installons-nous pas tous les trois autour d'une table pour en discuter ? Il apparaîtra peut-être qu'il s'agit d'un malentendu et...

— Il n'y a pas de malentendu ! l'avait-il interrompue avec brutalité. C'est clair, parfaitement clair ! Et il n'y a rien non plus à discuter ! Qu'est-ce que tu te figures ?

Qu'en plus je vais lui donner la possibilité de se justifier ? De se disculper ? C'est ce que tu veux, hein ? Tu voudrais qu'elle s'en sorte innocente comme un agneau ? »

Le sujet paraissait le mettre hors de lui.

« Je voudrais seulement comprendre, avait dit Inga. Et Rebecca aussi. Donne-nous une chance de comprendre, Marius. »

Son agitation grandissait à mesure qu'il discutait. Il marchait de long en large, ses gestes avaient quelque chose d'agressif et d'incontrôlé. Puis il avait explosé.

« "Nous", dit-il, tu te rends compte que tu as dit "nous" ? Comme si vous formiez un couple ! Toi et cette… »

Il avait littéralement craché les mots.

«… et cette pétasse de travailleuse sociale ! »

Inga avait sursauté. La fureur de Marius emplissait désormais toute la pièce.

« Marius », avait-elle dit prudemment.

Il lui avait jeté un regard noir.

« Je ne peux pas te laisser partir. Tu filerais aussi sec chez les flics pour tenter de sauver ta chère Rebecca de la corde ! »

Elle n'était pas dupe de la naïveté de la démarche, mais elle avait tout de même tenté sa chance.

« Non, Marius. Si des choses doivent être mises au point entre toi et Rebecca, mets-les au point. Je te promets de rentrer en Allemagne sans intervenir. Je ne me mêlerai pas de tes affaires. »

Le mépris s'était peint sur le visage de Marius.

« Allons, Inga, allons. Tu crois que je suis bête à ce point ? Tu as peur de moi, tu serais prête à me jurer n'importe quoi. Et tu trembles pour Rebecca. En fait, tu es malade de trouille. Et tu penses que ce brave Marius a complètement pété les plombs. Pas vrai ? »

Elle avait évité son regard. Il avait ri doucement.

« Bien sûr que c'est ce que tu penses. C'est ce que tu penses depuis que j'ai voulu qu'on se tire avec le bateau. Depuis que je t'ai poussée dans la cabine. Et voilà que je débarque au milieu de la nuit, que je casse la fenêtre des toilettes pour entrer et que je me planque dans la maison. Tu ferais tout pour que je ne me trouve pas face à Rebecca.

— Non, Marius, je te donne ma parole que je… »

En deux pas, il avait été sur elle et l'avait saisie par le bras. Ses doigts s'étaient enfoncés dans sa chair avec une telle force qu'elle avait eu l'impression qu'une mâchoire d'acier lui broyait les os. Elle avait hurlé, autant de stupeur que de douleur.

« N'essaie plus jamais de te moquer de moi, tu entends ? Plus jamais ! Je ne suis pas un imbécile ! Je ne suis pas un nul ! Ne me traite plus jamais comme ça ! »

Elle le regardait fixement. Il la secouait. Elle avait cru qu'il allait lui casser le bras.

« Dis “non” ! Dis : “Non, tu n'es pas un nul, Marius.” Dis-le ! »

Elle avait dégluti péniblement.

« Non, tu n'es pas un nul, Marius. »

Il l'avait lâchée. Elle ne sentait plus son bras.

« Je vais te dire une chose, Inga. Ta chère Rebecca est là-haut dans sa chambre. Par terre, ligotée. Et elle a un bâillon dans la bouche. Aucun risque qu'elle t'appelle au secours. Je ne te laisserai pas m'empêcher de faire ce que je suis venu faire. Raison pour laquelle tu vas rester ici. Et ce, jusqu'à ce que j'en aie fini avec Rebecca. »

C'est à cet instant qu'elle avait remarqué la corde à linge dans sa main. Et qu'elle avait compris qu'il avait l'intention de la ligoter aussi. Elle n'avait opposé aucune résistance. C'était inutile, sans compter que l'énerver risquait de se retourner contre elle.

Il l'avait assise sur une chaise et lui avait lié les bras derrière le dossier.

« Désolé, avait-il dit d'une voix plus douce en s'agenouillant devant elle pour attacher ses jambes aux pieds de la chaise, mais tu n'avais qu'à partir. Personne ne t'a demandé de devenir sa copine. »

Quand il s'était dirigé vers la porte, elle avait demandé, prise de panique :

« Où vas-tu ? »

Il avait ignoré la question et, quelques secondes plus tard, elle avait entendu ses pas dans l'escalier. Elle avait été sur le point de le rappeler, pour l'empêcher de monter, pour le retenir près d'elle, pour lui parler, tenter de le circonvenir, puis elle s'était ravisée. Rester seule était aussi bien. Elle aurait de meilleures chances de s'enfuir.

Cependant, elle s'était vite rendu compte que la façon dont il l'avait ligotée lui interdisait tout espoir de se libérer rapidement. La corde était serrée à l'extrême et il avait fait plusieurs nœuds, de sorte qu'il ne lui restait pas le moindre jeu qui lui aurait permis de bouger les mains ou les pieds. Elle n'était pas près de se défaire de ses liens. À la longue, les cordes à linge s'assouplissaient et se détendaient. Si Marius ne venait pas toutes les heures vérifier la solidité de son travail, elle avait peut-être une chance de réussir à se libérer. Mais cela pouvait prendre douze heures, peut-être plus. Et il était peu probable qu'il la laisse sans surveillance aussi longtemps. Il faudrait bien qu'il lui apporte un peu d'eau et qu'il la laisse aller aux toilettes. Ou bien n'aurait-il aucune pensée pour les besoins élémentaires de sa victime ?

Elle s'efforça de ne pas céder à la panique. Craquer maintenant serait pire que tout. Elle ne pouvait pas se le permettre.

Elle passa le reste de la nuit les yeux grands ouverts. L'angoisse, la tension et surtout la douleur qui s'était insinuée dans chacun de ses membres veillaient efficacement à ce qu'elle ne s'endorme pas. Ses liens étaient trop serrés pour que le sang circule correctement dans ses veines. Ses pieds étaient glacés et, au petit matin, des picotements insupportables s'installèrent dans ses orteils. De ses bras tordus en arrière, une douleur sourde irradiait jusqu'à sa nuque et ses épaules. La panique, toujours aux aguets, menaçait à tout instant de la submerger. Brusquement, tout son corps se couvrait de sueur et sa respiration faiblissait. Il lui fallait alors concentrer tous ses efforts pour se raisonner, recouvrer son calme et recommencer à respirer normalement.

Il ne te laissera pas mourir dans ton coin. C'est après Rebecca qu'il en a, pas après toi. Il n'a rien contre toi. Il ne veut pas que tu souffres. C'est ton meilleur atout. Il faut impérativement que tu gardes ton calme si tu veux pouvoir filer à la première occasion. Filer pour aller chercher de l'aide.

Dehors, l'aube se levait sur une nouvelle journée d'été, chaude, sans nuage, et où l'air embaumerait la garrigue et les pins. Inga, qui était prise de crampes et d'élancements de plus en plus douloureux, tentait de faire défiler dans sa tête les images des jours précédents pour tromper sa souffrance. Elle se vit avec Rebecca prenant le petit déjeuner sur la terrasse, elle sentit l'odeur du café, retrouva le goût du pain fraîchement passé au four et tartiné de beurre et de confiture de mirabelles. Une brise venue de la mer caressait son visage, jouait dans les longs cheveux sombres de Rebecca. Rebecca, que l'on devinait toujours tournée vers le passé, qui ne surmontait pas son chagrin...

Rebecca. Elle revint brutalement à la réalité. Rebecca qui avait peut-être été beaucoup plus maltraitée qu'elle, qui était là-haut dans sa chambre, livrée à un malade mental qui suivait un obscur plan de vengeance. Une vengeance dont personne, hormis Marius lui-même, ne savait sur quoi elle se fondait. Que personne n'aurait su contrer, qui paraissait totalement arbitraire et que nourrissait une haine immense, intarissable.

Ou bien Rebecca savait-elle tout de même quelque chose ? Jusque-là, Inga n'avait pas douté de la sincérité de sa stupéfaction et de son incompréhension en découvrant la haine ouverte que lui vouait Marius. De même, elle avait eu l'impression qu'elle faisait de réels efforts de mémoire pour retrouver quels avaient pu en être les facteurs déclenchants. Mais comment pouvait-elle en être sûre ? Peut-être y avait-il dans la vie de Rebecca une part d'ombre qu'elle, Inga, ne pouvait pas soupçonner tant elle était habilement dissimulée. Peut-être Rebecca savait-elle parfaitement de quoi il s'agissait. Peut-être n'était-ce pas la mort de son mari qui l'avait incitée à quitter l'Allemagne. Peut-être fuyait-elle tout autre chose que ses souvenirs. Une tache dans son passé, par exemple. Mais n'aurait-elle pas dû, dans ce cas, reconnaître Marius ? Ou – si elle ne l'avait jamais personnellement rencontré – prendre peur à l'énoncé de son nom ? Et, si ces suppositions avaient un fondement, n'aurait-il pas été naturel qu'elle s'affole en apprenant de la bouche d'Inga que Marius voulait se venger ? Sa stupéfaction avait eu tous les accents de la sincérité. Du reste, elle n'avait rien entrepris pour se protéger. Elle ne s'était pas barricadée dans sa maison, elle n'avait pas cherché un endroit où se mettre à l'abri. À aucun moment elle n'avait manifesté d'inquiétude. Triste, perdue dans ses pensées, elle s'était montrée en tout point fidèle à elle-même. Elle avait manifesté de l'intérêt pour l'histoire de Marius et Inga, ce qui pouvait surprendre chez une personne dépressive, mais, en dépit de cet intérêt, jamais elle n'avait paru nerveuse ou déstabilisée. Dès qu'elle n'était plus en compagnie d'Inga, qu'elles ne discutaient plus, elle se laissait à nouveau happer par son monde intérieur. Si elle avait joué la comédie, alors elle était une comédienne hors pair.

Inga se rappela à la raison. Ces élucubrations n'avaient pas de sens. Qu'avait-elle besoin de transformer Rebecca en coupable pour conjurer sa peur de Marius ? Elle désirait ardemment comprendre Marius, car elle savait intuitivement qu'elle maîtriserait mieux sa peur quand elle saurait ce qui s'était passé. Mais, quoi que Rebecca ait pu faire par le passé, ça ne disculpait pas Marius. Ça ne rendait pas son comportement sur le bateau plus tolérable, ça ne minimisait pas ce qu'il venait de faire. Il était potentiellement dangereux.

Je ne suis pas un nul !

Il avait été brisé, humilié si durablement qu'il en souffrait aujourd'hui encore. Ce n'était pas nécessairement Rebecca qui l'avait blessé. Peut-être, à un moment dont elle ne se souvenait plus, avait-elle sans le vouloir ravivé une ancienne douleur. À présent, Inga était persuadée que cela pouvait suffire à rendre Marius à demi fou.

Elle regarda par la fenêtre. Dehors, le soleil poursuivait son ascension. Il devait être plus de neuf heures, peut-être neuf heures et demie. La maison était parfaitement silencieuse. Il y avait plusieurs heures qu'aucun bruit ne lui était parvenu du premier étage.

Que se passait-il dans la chambre de Rebecca ?

Il faisait chaud. Sa bouche était sèche, elle avait l'impression de ne plus avoir de salive. Ses pieds la démangeaient. Ses bras l'élançaient douloureusement. Elle ne savait plus comment se tenir sur la chaise.

La corde à linge paraissait s'être très légèrement détendue ; du moins Inga espérait-elle qu'elle ne prenait pas ses désirs pour des réalités. Quand elle s'en sentait le courage, elle contractait les muscles de ses bras et, malgré la douleur atroce, tirait de toutes ses forces sur ses liens. Elle était encore très loin de pouvoir se dégager. Mais avec quelques heures devant elle…

Elle s'exhortait à continuer, à recommencer. Il ne fallait pas qu'elle renonce. Jamais. Et surtout il fallait qu'elle tienne ! Ne pas craquer, ne pas craquer, ne pas craquer…

Si seulement elle pouvait boire un peu d'eau !

Avec quelques heures devant elle… Dans quelques heures, elle se moquerait pas mal de se libérer ou pas de ses liens. C'est la soif qui serait devenue un problème, et un problème autrement crucial. Du reste, si elle réussissait à se détacher, rien ne lui garantissait que ses pieds seraient encore capables de la porter. Elle était certaine qu'ils étaient en train de se nécroser. Il était même probable, à l'heure qu'il était, qu'elle ne puisse déjà plus se tenir debout.

En dépit de toutes ses bonnes résolutions, elle fondit en larmes.

Et elle eut beau se raisonner, s'intimer l'ordre d'arrêter, ses sanglots redoublèrent.

Du fond de son désespoir, elle se dit qu'au moins – s'il y avait un avenir pour elle, si elle survivait à cette folie – elle aurait toujours de la compréhension pour ses faiblesses.

Dans une situation comme la sienne, on avait le droit de pleurer.

4

Un brin de normalité était revenu dans la vie de Clara. Elle était toujours tendue quand elle se rendait à la boîte aux lettres pour prendre le courrier, mais, chaque jour qui passait sans nouvelles menaces anonymes, elle retrouvait un peu de sa sérénité. Ses genoux ne tremblaient plus aussi fort quand elle regardait par la fenêtre de la cuisine et voyait le facteur arriver. Elle avait même réussi à dormir une nuit entière sans se réveiller, et sans être prise ensuite de palpitations qui l'empêchaient de se rendormir.

Le pire était peut-être passé. Le détraqué qui lui écrivait avait peut-être trouvé quelqu'un d'autre à terroriser. Peut-être l'avait-il choisie par hasard, et, également par hasard, laissée tomber. Il est vrai que le fait qu'Agneta ait elle aussi reçu des lettres ruinait quelque peu cette théorie. Elles avaient travaillé ensemble. Cela rendait un hasard hautement improbable.

Comme tous les matins, ce mercredi-là, Bert était parti travailler de bonne heure, la mort dans l'âme de devoir quitter sa petite famille. Clara donnait à manger à Marie dans la cuisine où pénétraient les premiers rayons du soleil. La porte donnant sur le jardin était ouverte, dehors les oiseaux s'en donnaient à cœur joie, une odeur d'herbe humide de rosée emplissait l'air.

« Si vous saviez comme j'aimerais rester avec vous ! avait-il dit dans un soupir. Je suis finalement si peu avec Marie ! Mais bon, allez, les filles, passez une bonne journée et profitez bien du jardin. C'est bon pour Marie d'être dehors. »

Clara avait assis Marie dans son parc sur la terrasse, en veillant à ce qu'elle ne soit pas en plein soleil et qu'elle ait à portée de main son dé magique en tissu qui faisait de la musique quand il roulait. Puis elle avait mis de l'ordre dans la maison, nettoyé la salle de bains, trié le linge qu'elle avait lavé la veille. Une montagne de repassage se profilait à l'horizon. Elle installerait la planche à repasser sur la véranda, à quelques mètres du parc de Marie.

Vers dix heures, le téléphone sonna. C'était Agneta. Clara avait à peine reconnu la voix de son ancienne collègue que son cœur s'emballa et qu'elle sentit ses genoux faiblir. Contrairement à ce que l'euphorie de huit heures de sommeil d'affilée lui avait fait croire, sa peur était toujours là.

— Bonjour, Agneta, dit-elle d'un ton qu'elle s'appliqua à rendre gai. Comment vas-tu ?

Agneta alla droit au but.

— J'ai passé ma journée d'hier à faire des recherches, dit-elle. J'ai eu au téléphone presque toutes nos anciennes collègues. Ça n'a pas été facile, il y en a qui ne travaillent plus au même endroit, d'autres qui se sont mariées, ont déménagé et changé de nom...

— Qu'est-ce que ça a donné ? demanda Clara d'une voix inquiète.

— Rien. Aucune n'a reçu de lettres. Et je ne vois pas pourquoi elles n'auraient pas dit la vérité.

Clara se sentit confusément soulagée. Elle n'aurait pas su dire pourquoi, mais elle préférait que seules Agneta et elle soient concernées plutôt que d'apprendre que tout le tribunal pour enfants avait été arrosé de lettres anonymes.

— Cela dit, poursuivit Agneta, j'ai tout de même trouvé quelqu'un à qui la même chose que nous était arrivée.

Clara serra l'écouteur à s'en faire mal à la main. Le cercle s'agrandissait.

— Te souviens-tu de Sabrina ? demanda Agneta. Sabrina Baldini ? Celle qui était mariée à un superbe Italien ?

Le nom disait vaguement quelque chose à Clara.

— Pas très bien, non...

— On a fait nos études ensemble. Elle était aussi éducatrice spécialisée, mais elle a quitté son emploi quand elle s'est mariée. Elle n'a plus travaillé que sporadiquement pour une association privée qui s'occupait de protection familiale. Enfance Écoute.

— Enfance Écoute, répéta Clara. Oui, je connais l'association. Il m'est arrivé de travailler avec eux.

— Deux ou trois fois par semaine, Sabrina s'y chargeait de ce qu'ils appelaient la ligne ouverte, un service d'assistance téléphonique dont tu as certainement entendu parler. Les enfants ou les adolescents qui appelaient pouvaient rester anonymes, mais ils pouvaient aussi donner leur nom et demander une aide plus spécifique.

— Et Sabrina a également reçu des lettres ?

— Je ne sais pas comment j'ai eu l'idée de l'appeler. En fait, nous n'avons que très brièvement travaillé ensemble. Je suis tombée sur son nom dans mon carnet d'adresses et, une de plus ou de moins, tant que j'y étais...

Agneta fit une courte pause.

— J'ai décroché mon téléphone, reprit-elle, et bingo !

Le cœur de Clara battait si vite et si fort que, à l'autre bout du fil, Agneta devait l'entendre. Dehors, sur la terrasse, Marie babillait en faisant rouler son dé magique. Pas un nuage n'était venu voiler le soleil, pourtant Clara eut l'impression que la matinée n'était plus aussi radieuse.

— J'ai trouvé Sabrina dans un état épouvantable, poursuivit Agneta. Entendre ma voix au téléphone l'a bouleversée, elle a fondu en larmes. Puis elle m'a raconté... Son mari vient de demander le divorce, il a d'ailleurs déjà déménagé, parce que Sabrina a eu une liaison, si j'ai bien compris, assez longue, avec un autre homme. Autre homme qui vient lui aussi de la quitter. Inutile de te dire qu'elle est au trente-sixième dessous.

— Mais...

— Attends. Ses problèmes conjugaux, et extraconjugaux, ne sont pas la seule raison de sa déprime. Depuis début mai, elle reçoit des lettres anonymes, et, d'après ce qu'elle m'a dit, semblables à celles que nous avons reçues.

— Oh, fit Clara. En a-t-elle parlé à la police ?

— Oui, deux fois. Et elle a été prise au sérieux, mais, au bout du compte, ils lui ont dit qu'ils ne pouvaient rien faire pour elle. Il n'y a aucun moyen de découvrir l'origine des lettres.

— Et... et que pense la police de l'auteur de ces lettres ? se força à demander Clara.

La voix d'Agneta prit un ton plus optimiste.

— C'est la bonne nouvelle. Les policiers qui ont enregistré sa déposition ne pensent pas qu'il soit dangereux. Ils ont même avancé l'idée d'un adolescent qui s'amuserait à terroriser les gens sans mesurer la portée de ce qu'il fait. Force est de reconnaître que rien de ce dont il menace ses victimes ne s'est encore réalisé.

— Quand a-t-elle reçu une lettre pour la dernière fois ?

— Il y a un peu plus de trois semaines. Comme nous.

Clara s'efforçait de mettre en ordre ce qu'elle venait d'apprendre. Elle était si effrayée qu'elle avait des difficultés à suivre un raisonnement logique.

— Mais, quand la police a affirmé à Sabrina que l'auteur des lettres n'était probablement pas dangereux, elle ne savait pas que nous avions également reçu des menaces. Ils pensaient que Sabrina était un cas isolé.

— C'est vrai. Tu penses que ça change quelque chose ?

— Ça donne une autre dimension à l'affaire, tu ne trouves pas ? Sabrina n'est pas une victime quelconque choisie au hasard. Pas plus que toi ou moi. Nous avons toutes les trois un dénominateur commun : un ancien poste auprès du tribunal pour enfants. L'auteur des lettres doit lui aussi avoir gravité dans cette sphère.

— Mais Sabrina n'a jamais travaillé auprès du juge aux affaires familiales. Elle avait simplement une activité qui la mettait en relation avec des enfants en souffrance.

— Ça suffit largement. Le lien est évident. Il y avait toujours un de nos services en contact avec Enfance Écoute.

— Tu as peut-être raison. Je vais essayer de reconstituer le puzzle à partir de là, dit Agneta.

Elle paraissait abattue.

— Ça ne va pas être facile. Sabrina à Enfance Écoute ; toi à la protection judiciaire de l'enfance ; moi à l'aide sociale. Mais...

— Beaucoup de choses marchaient ensemble, observa Clara.

Elle parlait les yeux rivés sur Marie, qui dans son parc continuait à babiller gaiement en jouant avec son dé musical. Dès qu'elle aurait raccroché, elle irait la chercher. Elle ne la laisserait pas une minute de plus seule dans le jardin. La peur était à nouveau là.

— Je vais réfléchir aussi, dit-elle. Il va peut-être me revenir une affaire dont je verrais bien un des protagonistes en train d'écrire ce genre de lettres. Cependant, Agneta, ne penses-tu pas qu'il est temps, maintenant, que nous en parlions nous aussi à la police ?

— Laisse-moi y réfléchir encore un peu, répondit Agneta, qui, en réalité, supposa Clara, devait surtout désirer en discuter auparavant avec son mari. Finalement, ça fait déjà trois semaines qu'aucune de nous n'a reçu de lettre. L'histoire est peut-être terminée.

— Peut-être, admit Clara sans conviction. Peut-être est-ce terminé, Agneta, mais aucune de nous n'est aujourd'hui capable de revivre normalement. Et, si l'histoire n'est pas élucidée, peut-être ne le serons-nous jamais. Je ne me sens pas du tout rassurée. Et reconnais que tu ne l'es pas non plus.

— C'est vrai, avoua Agneta. Je suis toujours inquiète.

Elles demeurèrent un instant silencieuses. Clara, un œil inquiet sur Marie, épiait toujours les bruits venant de l'extérieur.

— Je t'appelle demain matin, dit finalement Agneta. D'ici là, soit nous aurons découvert de quelle affaire il peut s'agir, soit nous allons à la police sans savoir de quoi il retourne. Mais nous ferons quelque chose, Clara, je te le promets.

Elles se dirent au revoir et raccrochèrent. Aussitôt Clara courut chercher Marie – qui commença à pleurer parce qu'elle voulait rester dehors – et installa son parc dans le séjour. Elle verrouilla ensuite soigneusement la porte-fenêtre, puis elle fit le tour de la maison pour s'assurer que toutes les autres portes et fenêtres étaient fermées.

Clara ferma toutes les issues. La matinée radieuse, son soleil, sa chaleur, le bourdonnement des abeilles, la danse des papillons, le parfum des fleurs, l'herbe douce sous les pieds nus restèrent dehors.

La vie resta dehors, mais pas sa peur.

5

Le commissaire Kronborg avait pris place dans le même fauteuil que la veille. Toujours tiré à quatre épingles en dépit de la chaleur, il avait accepté avec reconnaissance, et déjà presque bu, un grand verre d'eau fraîche. Karen était assise en face de lui, très pâle.

— Ce couple, commença Kronborg, Fred et Greta Lenowsky, paraît effectivement ne pas avoir eu un seul parent. Pas d'enfants, pas de frères et sœurs, pas de neveux ou nièces, pas même de cousins éloignés. Pour ainsi dire, chacun était l'unique famille de l'autre. Ils devaient être très seuls.

— Ils paraissaient néanmoins fuir les contacts, observa Karen. Quand je me suis présentée, ils n'ont pas été désagréables, mais ils ne se sont pas montrés très chaleureux non plus. J'ai presque eu l'impression que ma visite les dérangeait.

— Nous avons à nouveau interrogé leurs autres voisins. Ils nous ont confirmé l'existence d'une femme de ménage qui venait deux fois par semaine. Ses coordonnées figuraient dans le carnet d'adresses de Mme Lenowsky, nous avons pris contact avec elle. Elle nous a expliqué que M. Lenowsky l'avait appelée au début de la semaine dernière pour lui dire que sa femme et lui s'absentaient pour trois semaines et qu'il était donc inutile qu'elle vienne. Elle a été très surprise, d'une part parce qu'elle était chez eux trois jours auparavant et que ni lui ni elle n'avaient alors évoqué un quelconque départ. Et, d'autre part, parce que d'ordinaire, quand les Lenowsky s'absentaient, c'était elle qui était chargée de s'occuper du courrier, de la maison et du jardin. Elle a tout naturellement demandé si elle devait faire comme d'habitude, mais Fred Lenowsky lui aurait très sèchement répondu qu'ils n'avaient pas besoin de ses services et qu'ils la priaient instamment de ne pas venir. Elle l'a très mal pris et a décidé sur-le-champ qu'elle ne « lèverait plus jamais le petit doigt pour eux, quoi qu'il arrive », ce sont ses mots. Ce qu'elle a fait.

— Elle ignorait que M. Lenowsky parlait sous la contrainte, remarqua Karen.

Kronborg hocha la tête.

— Il fallait à tout prix qu'il l'empêche de passer à l'improviste, et il est probable qu'il avait un couteau sous la gorge. Il devait avoir une grande peur. Il n'a même pas essayé de l'alerter par un mot ou une remarque qui lui aurait mis la puce à l'oreille.

— Ou bien rien ne lui est venu à l'esprit. Dans une situation pareille, je crois que je ne serais même plus capable d'aligner deux idées.

— Ce que je me demande, dit Kronborg, c'est comment l'auteur du crime a eu connaissance de l'existence de la femme de ménage. Ce n'est pas d'une importance capitale. Les Lenowsky étaient âgés et leur maison est relativement grande. Il n'y avait pas besoin de connaître leurs habitudes pour se douter qu'ils avaient recours à une aide extérieure. Terrorisés comme ils devaient l'être, il suffisait probablement de le leur demander pour qu'ils révèlent tout de suite qu'ils employaient une femme de ménage. Il est néanmoins possible que la personne que nous recherchons ait été parfaitement informée de ce qui se passait chez les Lenowsky. Ce qui nous ramènerait à la théorie d'un familier du couple. Un familier qui n'a pas eu besoin de pénétrer subrepticement dans les lieux. À qui l'on a ouvert la porte, ou qui disposait de sa propre clé.

Une idée vint aussitôt à l'esprit de Karen.

— S'ils ont téléphoné à la femme de ménage, c'est son numéro qui aurait dû être recomposé automatiquement, pas le nôtre !

— Elle a été appelée du portable de M. Lenowsky. De même que le service de livraison de pizzas à domicile le lendemain. Notre assassin a probablement subtilisé le portable de M. Lenowsky dès le premier jour. Si nous partons du postulat qu'il n'avait pas de complice – nous n'en sommes pas certains, mais toujours est-il qu'une seule pizza a été commandée –, il était seul pour surveiller deux personnes. C'est très stressant, de devoir surveiller deux personnes en permanence. Un téléphone portable, qui lui permettait de se déplacer librement, devait lui faciliter grandement la tâche. Il n'a probablement même pas songé à utiliser le vieux téléphone fixe du salon.

Karen songea à la boîte à pizza que Pit avait ramassée, stupéfait.

— Quand on pense qu'une pizza a été commandée, comme si de rien n'était…

— Le livreur de pizzas qui était de service ce jour-là – mardi de la semaine dernière – a été interrogé. C'était la première fois que les Lenowsky passaient une commande, personne ne les connaissait. C'est une femme qui lui a ouvert, d'après sa description vraisemblablement Mme Lenowsky. Il a dû sonner plusieurs fois et il était presque sur le point de repartir avec sa livraison. À l'en croire, la femme qu'il a vue avait l'air d'un fantôme. Il a pensé qu'elle était malade. Elle était en robe de chambre, ses cheveux n'étaient pas peignés et elle était extrêmement pâle. Elle a entrouvert la porte, n'a pas dit un mot et sa main tremblait quand elle a pris le carton. Elle lui a donné ce qu'elle devait, la somme exacte, et a aussitôt refermé la porte.

— Et il n'a pas trouvé ça curieux ? demanda Karen.

Kronborg haussa les épaules.

— Si, bien sûr, mais il dit que les personnes âgées sont souvent bizarres, surtout quand un inconnu sonne à leur porte. Et puis il était pressé, il avait d'autres pizzas à livrer – il ne s'est pas interrogé davantage. Il pense qu'il est très possible que quelqu'un se soit tenu juste derrière Mme Lenowsky, mais il n'a rien pu voir par l'entrebâillement de la porte.

Karen écarta les cheveux qui lui retombaient sur le front. Elle se rendit compte qu'elle transpirait.

— Ils n'avaient aucune chance, dit-elle doucement. Ils étaient chez eux, dans leur propre maison, entourés de voisins, et ils n'avaient aucune chance de s'en sortir.

— Ça ne va pas être facile de mettre la main sur leur tortionnaire, observa Kronborg avec un soupir de lassitude. Un couple âgé, sans activité professionnelle depuis plusieurs années, sans parents ni amis, réfractaire aux relations de voisinage et qui en outre n'habitait le quartier que depuis quatre ans –, ça ne fait pas grand-chose sur quoi s'appuyer pour commencer une enquête.

— C'est du côté de sa vie professionnelle que vous devriez trouver des points d'appui, dit Karen. Un avocat aussi en vue devait connaître beaucoup de gens.

— Mais il ne leur dévoilait pas nécessairement sa vie privée. On peut faire une brillante carrière sans être connu pour autant. Cela dit, vous avez tout à fait raison. Son passé professionnel est pour l'instant la seule piste que nous puissions remonter.

Il se leva ; avec sa taille imposante, il parut emplir toute la pièce.

— J'espère que je n'aurai plus à vous importuner, dit-il. En fait, j'espère toujours que vous allez vous souvenir de quelque chose d'important. Avec le jardinier, vous êtes la seule personne qui se soit inquiétée de ce qui se passait chez ces gens, et vous avez très longuement observé la maison. Vous l'observiez quand le meurtrier commettait son crime. Vous êtes pour nous un témoin capital.

Karen se leva à son tour.

— Je crains de vous avoir tout dit, commissaire. Je continue cependant à réfléchir, peut-être que quelque chose va me revenir.

Elle ne le croyait pas. Qui que soit le meurtrier des Lenowsky, il n'avait rien fait à la légère. Personne ne l'avait vu. Hormis son crime lui-même, il n'avait laissé aucune trace.

Depuis le début, une question, qu'elle n'osait pas poser par peur de la réponse, lui brûlait la langue. Kronborg, qui l'observait avec la plus grande attention, comprit qu'elle était troublée.

— Oui, madame Steinhoff, vous souhaitiez me poser une question ?

Karen déglutit.

— Je... je voulais simplement savoir... Vous disiez que Mme Lenowsky est morte des suites de très nombreux coups de couteau. Comment... comment est mort M. Lenowsky ?

Kronborg eut un instant d'hésitation.

— Eh bien, comme vous l'avez trouvé, dit-il enfin. Son meurtrier ne s'est pas compliqué la vie. Il l'a assis et ligoté sur les toilettes, lui a suspendu la tête le menton en l'air, a enfoncé un bâillon dans sa bouche, et il l'a laissé comme ça. Lenowsky est mort de faim et de soif, son bâillon devait sûrement l'empêcher de respirer et au bout de quelques heures sa tête tirée en l'air devait provoquer des douleurs insupportables. Lenowsky est mort très lentement, et dans d'atroces souffrances.

— Mais...

Incapable de regarder Kronborg, elle laissait son regard errer sur les murs de la pièce. Ce qu'elle entendait était trop épouvantable. Elle ne pouvait partager avec personne le désarroi qui devait se lire dans ses yeux.

— Mais... pourquoi ? reprit-elle en arrêtant son regard sur la petite reproduction d'un champ de tournesols peint par Van Gogh. Pourquoi une cruauté pareille ?

— Je ne vois pas d'autre explication que la haine, répondit Kronborg. Une haine terrible, implacable. Ce qui me conforte dans l'idée que les Lenowsky n'ont pas été victimes d'un fou qui se serait acharné sur eux par hasard. Quelqu'un leur en voulait à mort. On doit bien réussir à trouver dans le passé des Lenowsky ce qui a pu provoquer cette folie meurtrière, de quoi elle s'est nourrie. Sciemment ou non, à un moment de son existence, Lenowsky s'est attiré la haine de quelqu'un. Quand on aura découvert quand et pourquoi, on pourra avancer.

— J'espère que vous trouverez, dit Karen d'une voix qu'elle aurait voulu plus assurée.

— Je l'espère aussi, dit Kronborg.

6

Quand Inga entendit des pas dans l'escalier, elle se figea et interrompit aussitôt ses manœuvres pour tenter de défaire ses liens. La corde à linge s'était sensiblement détendue, mais elle était encore très loin de pouvoir seulement songer à l'étape suivante. Cependant, si Marius se rendait compte qu'elle était en train de se libérer, il anéantirait en quelques secondes le travail de plusieurs heures. Et il y avait de grandes chances pour que ça le mette en colère. Elle avait peur de lui. Le mettre en colère était la dernière chose dont elle avait envie.

Il s'affaira un moment dans la cuisine. Des bruits de couverts et de vaisselle entrechoqués lui parvinrent. Puis une odeur de café se répandit dans la maison. Sa soif redoubla. Elle commençait également à avoir faim, mais c'était supportable. La soif devenait problématique.

Un quart d'heure plus tard, Marius entra dans la pièce, une grande tasse de café à la main. Elle n'était cependant pas destinée à Inga puisqu'il la porta à ses lèvres et but en marchant, tranquillement. Inga le regardait en priant intérieurement pour qu'il ne vérifie pas la solidité de ses liens.

— Marius, dit-elle, j'ai terriblement soif.

Il lui tint la tasse de café sous le nez, mais elle secoua la tête. Elle savait que le café avait un effet diurétique, il lui paraissait plus sage de ne pas en boire.

— Je pourrais avoir plutôt un verre d'eau ?

Il réfléchit.

— Pourquoi pas ? dit-il enfin. Je n'ai rien contre toi, Inga. Absolument rien. Je ne comprends pas pourquoi tu t'es acoquinée avec la salope qui est là-haut, c'est tout.

Elle tenta à nouveau sa chance.

— Parce que je ne sais rien d'elle. Contrairement à toi. Tu sais quelque chose, mais, si tu ne me dis rien, je ne comprendrai jamais pourquoi elle est une… une salope.

Il réfléchit à nouveau. Enfin, il parut reconnaître un début de logique dans ce qu'elle disait.

— Tu as raison, dit-il. Tu ne peux pas savoir.

— Tu vois bien. Pourtant j'aimerais vraiment être au courant. Tu as peut-être tout à fait raison de t'opposer à Rebecca et…

Il l'interrompit brutalement.

— Peut-être ! Peut-être ! Pourquoi en doutes-tu ? J'ai raison. J'ai *évidemment* raison !

Elle devait être plus prudente. Il avait les nerfs à fleur de peau. Un mot de travers pouvait le faire exploser.

— Excuse-moi, Marius, dit-elle d'un ton apaisant. Bien sûr que tu as raison. Si je t'ai donné l'impression d'en douter, j'en suis désolée. Ce n'était pas mon intention.

Il but son café à grands traits. Le verre d'eau d'Inga était complètement oublié.

— Je n'ai pas envie de me disputer avec toi, dit-il quand sa tasse fut vide. Je préférerais que tu ne sois pas là. Tu n'as rien à voir avec tout ça. Je me demande pourquoi je n'ai pas attendu un jour de plus. Au moins, tu aurais été dans l'avion.

Jusqu'où Inga pouvait-elle essayer de s'attirer ses bonnes grâces ? Créer une sorte de connivence avec lui pouvait s'avérer avantageux pour elle, à condition d'agir avec doigté. Quand il était en pleine possession de ses moyens, il était brillant et remarquablement vif d'esprit. Elle songea avec quelle facilité il réussissait ses études.

Ne le sous-estime pas, l'avertit sa petite voix intérieure.

— Il devait peut-être en être ainsi, dit-elle. Je devais peut-être être encore là.

Il la regarda d'un air méfiant.

— Comment ça ?

— Eh bien... je veux dire... en fait, nous sommes toujours mariés. Jusqu'à il y a seulement quelques jours, tout allait bien entre nous. Je n'aurais jamais imaginé que ça puisse arriver – que je rentre seule en Allemagne et que tu... restes ici pour t'occuper de Rebecca, sans que j'en sache rien. Nous avons jusque-là tout partagé. Pourquoi ne continuons-nous pas ?

— Je ne comprends pas où tu veux en venir.

Sa méfiance ne faiblissait pas. Inga se rendait compte qu'elle devait soigneusement peser chacun de ses mots.

— Pourquoi ne partageons-nous pas ce qui te lie à Rebecca ? Je veux dire, ce que tu lui reproches ? Tu dois bien te rendre compte que ça me blesse de ne rien savoir. Ça joue manifestement un grand rôle dans ta vie, et tu ne veux pas que je sache de quoi il s'agit. Je ne comprends pas pourquoi. Je ne comprends pas pourquoi tu m'exclus de ce qui revêt une telle importance pour toi !

Elle s'interrompit. Elle savait qu'elle avait été convaincante parce qu'elle s'était montrée sincère.

Marius n'était toujours pas disposé à baisser les armes.

— Ça me regarde. D'ailleurs, jusque-là, ma vie ne t'a pas trop intéressée !

— Ce n'est pas vrai ! Tu ne m'as simplement jamais dit que tu avais vécu des choses très douloureuses, ou très blessantes, qui te poursuivent aujourd'hui encore. Quand je te posais des questions sur ton enfance, ta famille, tes amis d'avant, tu répondais toujours à côté. Tu jouais au boute-en-train qui prend la vie du bon côté, qui résout tous les problèmes, qui fait ses études en sifflotant, et qui trouve toujours du temps pour s'amuser. Comment aurais-je pu deviner que… que tu avais aussi ta part d'ombre ?

Tu le sentais. Tu te doutais que quelque chose n'allait pas. Mais tu as dépensé des trésors d'énergie pour refouler ce qui aurait pu te faire réfléchir. Tu ne voulais pas savoir.

L'espace d'un instant, le regard de Marius redevint comme avant. Clair, transparent, dénué d'hostilité. La petite flamme de déraison avait disparu de ses yeux. Mais Inga savait qu'elle ne devait pas se faire d'illusions. Marius pouvait d'une seconde à l'autre redevenir son ennemi. Il était dangereux, elle ne devait jamais l'oublier.

— Tu as raison, dit-il avec douceur. Je ne voulais pas en parler. Je vais mieux quand je n'y pense pas. Pourquoi devrais-je me gâcher la vie ? J'ai un bel avenir devant moi. Je vais obtenir mon diplôme avec mention. Je serai un grand avocat. Les meilleurs cabinets m'ouvriront leurs portes. Pourquoi irais-je m'embarrasser de vieilles histoires terminées depuis longtemps ?

L'absurdité de la situation aurait pu la faire hurler. Il lui parlait gentiment, il était charmant, ouvert, normal, tandis que devant lui, pieds et poings liés, elle souffrait le martyre et que quelque part dans la maison Rebecca gisait, ligotée elle aussi, si toutefois il ne lui était rien arrivé de pire.

Il est dangereux. N'oublie surtout pas qu'il est dangereux !

— Le problème, c'est qu'on ne peut pas se débarrasser de son passé, dit-elle. On peut temporairement l'ignorer, l'enfermer dans un coin de sa mémoire, mais tôt ou tard il ressurgit et nous mène la vie dure. On n'y échappe jamais, en tout cas, jamais définitivement. Il vaut mieux...

Elle scrutait son visage, tentait de deviner à son expression si les mots qu'elle allait prononcer risquaient de l'éloigner à nouveau d'elle. Il était détendu.

— Il vaut mieux cesser de le fuir. Il faut un jour le regarder en face, essayer de l'accepter, vivre avec. À partir de là, on peut le dépasser.

Il commença à mordiller sa lèvre inférieure.

— Le dépasser, répéta-t-il. Tu crois qu'on peut tout dépasser ? *Tout ?*

Elle perçut un léger tremblement dans sa voix. Elle devait rester sur ses gardes.

— Certaines choses sont très difficiles à dépasser, dit-elle.

Une ombre passa sur le visage de Marius. Son regard vacilla, se troubla. Il était en train de rebasculer dans un monde où régnaient en maîtres les démons de souvenirs effroyables.

— Difficiles à dépasser ! Difficiles ! Qu'est-ce que tu en sais ? Tu n'as jamais souffert de ta vie ! Tu n'as jamais eu à te plaindre ! Tout était parfait ! Ta vie à la campagne ! La jolie maison au toit de chaume ! Une mère qui veillait à tout, un père adorable, plein de frères et sœurs sympas... C'était *La Petite Maison dans la prairie*, chez vous ! Par quel tour de passe-passe serais-tu capable de comprendre à quoi ça pouvait ressembler chez certains ?

Elle tenta d'accrocher son regard pour le retenir, pour l'empêcher de basculer complètement de l'autre côté.

— Ma vie a sans doute été plus facile que la tienne. Peut-être vais-je avoir du mal à comprendre ce que tu as vécu. Mais donne-moi une chance. Raconte-moi. Je te comprendrai mieux que tu ne le crois. Je peux t'aider, Marius. Tu verras plus clair en toi si tu parles, si tu cesses enfin de tout garder pour toi.

Il se mordillait la lèvre inférieure de façon compulsive. Les mots d'Inga l'avaient touché. Il était troublé.

S'il parle, calcula Inga dans sa tête, j'aurai avancé d'un pas. S'il me fait confiance, je pourrai l'influencer.

Pourvu qu'il ne soit pas trop tard pour Rebecca ! Elle ne pouvait pas interroger Marius, le risque de tout gâcher était trop grand, mais elle était malade d'inquiétude.

Qu'as-tu fait à Rebecca ?

— Je ne sais pas, dit-il enfin sur un ton indécis, un peu gêné et presque enfantin. Je ne sais pas si ça en vaut la peine. Si tu es en mesure de comprendre.

— Laisse-moi essayer.

Il commença à marcher de long en large. Ses gestes étaient brusques, saccadés.

— Quand tu sauras d'où je viens, il y a des chances pour que tu n'aies plus envie de me fréquenter.

Elle réussit à faire passer un mélange de colère et d'indignation dans son regard.

— Comment me perçois-tu, Marius ? Comme quelqu'un qui juge les autres en fonction de l'endroit d'où ils viennent ? Si c'est le cas, tu me connais bien mal !

Elle l'avait ferré. Il la regarda, l'air contrit.

— Excuse-moi. Je ne voulais pas te vexer. Tu ne m'as jamais rien fait.

— Je t'ai aimé, dit Inga.

— Et tu ne m'aimes plus ?

Elle hésita.

— Tu m'as exclue. Peut-être que si je pouvais te comprendre…

— Oui.

Ses mots avaient porté. Elle était en train de le convaincre. Il se rendait compte qu'il n'avait pas été suffisamment franc. Que la franchise était le fondement de toute relation. Inga suivait l'évolution de sa réflexion sur son visage. Elle s'autorisa une étincelle d'espoir. Avec un peu de chance, elle sortirait vivante de ce cauchemar.

— D'accord. Je vais te raconter, tout te raconter, dit Marius sur un ton grave et pompeux.

Il prit une chaise et s'assit en face d'Inga. Il ne parut pas se rendre compte qu'elle était ligotée et qu'il ne pouvait pas y avoir de rapport d'égalité entre eux. Elle se garda d'évoquer le sujet. S'il se doutait qu'elle essayait de le manipuler, tout était fichu.

— Bon. Par où je commence ?

Marius se passa brièvement la main sur les yeux. Il paraissait fatigué et beaucoup plus âgé qu'il ne l'était en réalité. Il sentait toujours épouvantablement mauvais.

— Je crois que je vais commencer par ma famille, déclara-t-il finalement. Autant que tu saches tout de suite d'où je viens. Mon père, Inga, est le pire fils de pute que tu puisses imaginer. Il picole et ronfle jusqu'à pas d'heure, et, quand par extraordinaire il trouve un boulot, il le perd en moins de temps qu'il ne faut pour le dire parce qu'il est la plupart du temps trop bourré pour seulement sortir de son lit. Je vivais dans le quartier le plus pourri de Munich. Barres de béton et HLM à perte de vue. Ma mère est une souillon. Elle picole presque autant que mon père, et, quand ils sont fin saouls tous les deux, ils se fichent sur la gueule. Difficile de tomber plus bas, des débris, je te laisse imaginer. Quand j'avais cinq ans, mon père m'a cassé le bras. Pas par inadvertance, non. Il était furieux parce qu'il ne trouvait nulle part d'argent pour s'acheter de quoi se bourrer la gueule et qu'il me soupçonnait d'avoir vidé la caisse avant lui. La caisse en question était un bocal de cornichons vide dans lequel, de temps en temps, il y avait de l'argent, l'argent de l'aide sociale – quand ils ne le sirotaient pas tout de suite. Le bocal était rangé tout en haut d'une étagère. Je ne pouvais même pas l'atteindre en grimpant sur un escabeau. Mais mon père n'en avait rien à battre. Il m'a empoigné, a collé mon bras sur le dossier d'une chaise et l'a cassé. Comme ça. Comme s'il cassait une allumette. Et il a dit que ça m'apprendrait à piquer de l'argent qui ne m'appartenait pas.

Marius s'interrompit. Immobile sur sa chaise, il parlait d'un ton égal, dénué d'émotion.

Inga avala sa salive, sa bouche était sèche.

— Mon Dieu, dit-elle doucement.

— Oui, c'était comme ça, dit Marius.

Il se leva, fit quelques pas dans la pièce, puis il s'arrêta devant Inga.

— Et, maintenant, tu te dis : quelle horreur ! quels parents monstrueux ! Comment aimer des parents pareils ? Marius devait les détester !

— C'étaient tout de même tes parents, répliqua prudemment Inga, qui, au-delà des mots, avait perçu le défi.

Il acquiesça.

— Exact. C'étaient mes parents. Et ils pouvaient être très différents, tu sais. Ils étaient solidaires avec moi. Un jour, des gamins avec qui je jouais m'ont pris mon ballon. J'avais six ans, je suis rentré en pleurant à la maison. Mon père était couché avec un mal de tête carabiné, mais, quand je lui ai raconté mon histoire, il s'est levé, s'est habillé, et il est venu avec moi faire le tour de tous les parents des autres garçons. Il a fait un foin d'enfer. Quand on a retrouvé le gamin chez qui était mon ballon, il l'a obligé à me le rendre. On est rentrés ensemble à la maison, mon père et moi, je serrais mon ballon dans mes bras et je n'en pouvais plus tellement j'étais fier. Je me disais qu'il ne pourrait jamais rien m'arriver puisque mon père me protégeait. C'était un sentiment génial.

Il souriait. Il se rassit. Inga, qui avait retenu son souffle, reprit silencieusement sa respiration.

— C'était vraiment un sentiment génial, répéta Marius. Le bonheur. Le bonheur ne manquait pas. Le malheur non plus. Le problème, c'est qu'on ne pouvait pas prévoir. C'était complètement anarchique. Mais au milieu de cette anarchie, de ce bonheur et de ce malheur, de ces séances épouvantables et de ces instants de joie pure, j'avais ma place. C'était mon univers. Une partie de moi. J'étais une part de ces deux alcoolos ravagés. Parfois je me sentais responsable d'eux. Parfois j'avais peur d'eux. Parfois je les aimais.

Il arrêta son regard sur Inga.

— Tu comprends ?

— Oui, dit-elle en hochant la tête. Je crois que je comprends.

Il prit une longue inspiration.

— Puis la machine à broyer s'est mise en marche.

7

Il était remonté dans la chambre de Rebecca, Rebecca qui ne bougeait pas, qui ne bronchait pas. Assis face à la fenêtre, il essayait de se souvenir de la première fois où cette femme qu'ils ne connaissaient pas était venue chez eux. Quand était-ce ? Avec certitude, avant que son père lui casse le bras. Il avait donc moins de cinq ans. Quel âge avait-il ? Quatre ans ? Seulement trois ? Non, plutôt quatre ans. Il se souvenait parfaitement d'elle, et il était peu probable qu'il ait des souvenirs aussi précis d'événements survenus quand il avait trois ans.

Elle était apparue un jour dans leur salon. Ils recevaient si rarement de la visite – sauf parfois celle de la voisine, maman disait qu'elle avait des vues sur papa et il se demandait ce que ça pouvait bien vouloir dire – qu'il avait été tout excité. Il n'avait encore jamais vu la dame dans l'immeuble. Elle était petite, mince, et il trouvait son pull-over très beau. Il était en laine rouge et paraissait tout mousseux. Il aurait bien aimé le toucher, pour voir s'il était aussi doux qu'il en avait l'air, mais il n'avait pas osé.

Il ne comprenait pas de quoi les adultes parlaient. À vrai dire, son père ne parlait pas : les yeux noyés, il fixait un point imaginaire au-delà de la fenêtre. Maman parlait sans reprendre sa respiration, un peu trop fort, et parfois sa voix devenait trop aiguë. Il n'aimait pas quand elle parlait comme ça. Presque toujours, elle finissait par crier et souvent elle jetait des choses sur papa. Un jour, elle avait lancé un cendrier à travers la fenêtre.

La dame avait une façon agréable de parler. Doucement et sur un ton apaisant. Certainement, elle ne s'énervait pas tout le temps comme maman. Il se souvint de s'être demandé comment c'était quand on était l'enfant d'une dame qui avait une voix aussi douce. Ça devait être formidable.

La dame partie, maman avait commencé à crier et à fumer cigarette sur cigarette. Puis elle avait disputé papa parce qu'il ne se mettait pas en colère comme elle. Si ça se trouve, papa ne s'était même pas rendu compte que la dame était venue. Il ne l'avait pas regardée une seule fois, et il ne lui avait pas une seule fois adressé la parole. C'était injuste, de la part de maman, de crier comme ça après lui s'il ne savait pas ce qui s'était passé.

À partir de ce jour-là, la dame était venue souvent. Elle s'appelait Mme Wiegand, et elle était vraiment très gentille. Elle parlait souvent avec lui, elle demandait à voir sa collection de feuilles séchées et elle était impressionnée par ses cartes de footballeurs. En fait, il l'aimait bien, mais il aurait tout de même préféré qu'elle ne vienne pas, parce qu'après ses visites maman était toujours de très mauvaise humeur. Et c'est sur papa qu'elle se défoulait. Un jour, il se rendit compte que ça marchait mieux à la maison quand Mme Wiegand n'existait pas encore.

C'est alors qu'il changea d'opinion sur elle. Il fut désormais d'accord avec sa mère. Sa mère qui disait souvent de Mme Wiegand : « Qu'elle aille se faire voir, la vieille pincée ! »

Maintenant, c'était exactement ce que lui aussi pensait.

Il commença à la détester. La nuit, quand il était dans son lit, il imaginait tout ce qu'on pouvait lui faire. Pour la punir et pour l'empêcher de faire du mal. Il avait vu des trucs super à la télé. Celui qu'il préférait, c'était la façon dont les indigènes d'une île des mers du Sud avaient tué un méchant pirate qui avait fait brûler leur village. Ils avaient courbé au maximum et attaché ensemble avec des cordes les troncs de deux cocotiers qui poussaient à plusieurs mètres l'un de l'autre. Ils avaient ensuite attaché le pirate à une certaine hauteur entre les deux, un bras et une jambe ficelés à un cocotier, l'autre bras et l'autre jambe ficelés à l'autre. Puis les cordes qui retenaient les troncs avaient été coupées avec un sabre et les arbres avaient d'un coup repris leur position. Le pirate avait été déchiqueté.

C'était amusant d'imaginer Mme Wiegand attachée entre deux cocotiers. Il commença à avoir vraiment hâte de se coucher le soir pour donner libre cours à son imagination sans être dérangé.

Un jour, il avait demandé à maman qui, au juste, était Mme Wiegand et pourquoi elle venait si souvent.

Maman avait répondu, en mettant tout le mépris dont elle était capable dans ces mots : « Une travailleuse sociale ! Tu sais ce que c'est ? »

Il ne le savait pas.

« Ce sont des gens qui se mêlent des affaires des autres. C'est leur métier. Ils les surveillent et fourrent le nez dans leurs affaires. Mme Wiegand pense qu'on n'est pas capables de s'en sortir sans elle. Qu'il faut qu'elle s'occupe de nous. Elle pense que ton papa et ta maman ne peuvent pas se débrouiller seuls dans la vie et t'élever correctement ! Qu'est-ce que tu penses de ça ? »

Il en avait pensé que c'était révoltant.

N'empêche, quand papa lui avait cassé le bras, la vieille pincée n'était pas là. Pour une fois qu'il aurait eu besoin d'elle. Il avait crié comme un cochon qu'on égorge. Sa vie durant il se souviendrait de la douleur qui l'avait transpercé. Maman avait dû l'emmener à l'hôpital. Elle avait la figure toute blanche et elle ne cessait pas de lui répéter qu'il devait dire qu'il était tombé en jouant au foot.

« Si tu ne dis pas ça, Mme Wiegand va venir et elle va te prendre. Parce qu'elle pensera qu'elle a la preuve qu'on n'est pas capables de t'élever. Pourtant, tu sais bien que papa t'aime, pas vrai ? Il s'est seulement mis très en colère parce que tu avais pris l'argent. »

Il avait pleuré, tremblé de tout son corps, la douleur lui portait au cœur. Il avait de plus en plus mal au cœur, bien trop mal au cœur pour parler, sinon il aurait redit qu'il n'avait pas pris l'argent.

« Une fois qu'elle t'aura emmené, elle ne te rendra plus jamais, avait dit maman. Tu sais ce qui va t'arriver ? Tu iras dans un foyer. Avec plein d'autres enfants et des éducateurs très sévères. Dans les foyers, on n'a pas le droit de parler, et la nuit on est attaché à son lit pour qu'on ne se sauve pas. Il y a très peu à manger, parfois rien du tout pendant plusieurs jours, et, quand on a fait quelque chose de mal, on est enfermé dans une cave toute noire où ça grouille de rats. Il y a même des enfants qu'on y a oubliés. Ils ont été boulottés par les rats, jusqu'aux os ! »

Il avait vomi, et il avait dit au médecin qu'il était tombé en jouant au foot. C'était aussi ce qu'il avait expliqué à Mme Wiegand, qui voulait à tout prix savoir comment l'accident était arrivé. Elle ne croyait pas à son histoire de football, il s'en rendait compte. Mais plus elle l'interrogeait, plus il s'accrochait à sa version. Désormais, il savait ce qu'elle voulait. Elle voulait le mettre dans ce foyer. Heureusement que sa mère l'avait prévenu.

Il n'y avait pas une personne devant laquelle il était plus prudent que devant Mme Wiegand. Elle ne lui ferait rien dire de ce qui se passait chez eux. D'ailleurs, que s'y passait-il ? Son bras cassé mis à part, il ne lui était jamais rien arrivé de bien méchant. De temps en temps, il avait un peu faim parce que ses parents étaient trop saouls pour faire les courses ou la cuisine, mais, l'un dans l'autre, il trouvait toujours quelque chose à réclamer à ses copains, un morceau de chocolat ou des bonbons pétillants. Et, quand maman était en forme, elle faisait frire des bâtonnets de poisson pané et lui préparait une vraie montagne de purée, bien lisse, sans aucun grumeau, comme il l'aimait. Rien que d'y penser, il en avait aujourd'hui encore l'eau à la bouche. Depuis, nulle part il n'avait trouvé la purée de pommes de terre aussi bonne.

— Est-ce que tu comprends ? interrogea-t-il. Tout allait bien. *Tout allait bien !*

Il donna un coup de pied dans le montant du lit. Il avait envie de casser quelque chose, mais il fallait qu'il se retienne. Il ne pouvait pas se permettre de perdre son sang-froid. Toute sa présence d'esprit ne lui serait pas de trop.

Il regarda Rebecca. Elle était assise dans un fauteuil, au fond de la pièce, muette et complètement immobile. Il est vrai qu'il l'avait ficelée de manière qu'elle ne puisse plus du tout bouger. Il lui avait enfoncé un mouchoir dans la bouche et pour finir collé plusieurs bandes de ruban adhésif d'emballage sur la bouche et le menton. Au bruit et aux efforts qu'elle faisait en aspirant l'air par le nez, il savait qu'elle avait beaucoup de mal à respirer. Ses yeux étaient écarquillés. La peur s'y lisait comme dans un livre ouvert. Elle était morte de peur.

Tant mieux. C'était ce qu'il voulait.

Mais il y avait mieux : elle allait devoir l'écouter. Pour la première fois depuis toutes ces années, quelqu'un allait devoir l'écouter. Cette fois, elle ne pourrait pas se débarrasser de lui comme on se débarrasse d'un insecte gênant. Cette fois, elle ne pourrait pas faire comme s'il n'existait pas ou disait des bêtises. Qu'elle le veuille ou non, elle allait devoir le prendre au sérieux. Et elle n'avait aucune chance de retourner la situation à son avantage. Aujourd'hui, c'était lui qui décidait. Il espérait qu'elle l'avait compris.

— Mes parents m'aimaient, dit-il.

C'était bon de prononcer cette phrase, ça gommait un peu de sa douleur. Il lança un regard perçant à Rebecca. Il voulait savoir si elle doutait un tant soit peu de ce qu'il venait de dire. Si c'était le cas, il lui écraserait son poing sur la figure. Sans hésiter.

Il ne lut pas le moindre doute dans ses yeux. Seulement de la peur. Rien que de la peur. La crainte insupportable qu'elle ne l'écoute pas germa en lui. Elle avait peut-être si peur que les mots ne parvenaient pas jusqu'à elle, ou glissaient sur elle sans qu'elle les entende. Ce qu'il voyait ressemblait un peu à ça. Elle avait l'air tellement paniquée.

Ce n'était peut-être pas une bonne idée non plus de la laisser se battre comme ça pour respirer. Ça l'empêchait certainement de se concentrer sur ce qu'il disait. Il ne fallait pas qu'il perde de vue que son intérêt était de la forcer à l'écouter. Sinon, autant se tirer tout de suite une balle dans le pied. Il fallait être un peu subtil. Il avait besoin qu'elle soit en pleine possession de ses moyens.

— Je vais t'enlever ton bâillon, déclara-t-il. Mais un seul mot, un seul cri et je te recolle la bouche. C'est compris ?

Elle hocha la tête.

Il arracha brutalement le ruban adhésif qui lui paralysait la moitié du visage. Elle ne cilla pas, mais la douleur lui fit monter les larmes aux yeux. Il lui ôta le mouchoir de la bouche. Aussitôt elle reprit bruyamment sa respiration, toussa, s'étrangla à demi. Exactement comme si elle avait été sur le point d'étouffer. Si elle pensait l'apitoyer avec son numéro, elle se trompait. Il pouvait être parfaitement insensible. Comme elle.

— Bien.

Il posa le mouchoir sur la coiffeuse et jeta le ruban adhésif usagé dans la corbeille.

— Tu sais maintenant comment ça fait, hein ? Si tu n'obéis pas, la prochaine fois ce sera pire. C'est clair ?

Elle hocha de nouveau la tête. Il était prêt à parier qu'elle avait envie de demander de l'eau. Après huit heures avec un mouchoir dans la bouche, elle devait mourir de soif. Mais elle n'osa pas. Elle n'osa pas parce qu'il lui avait interdit d'émettre un son.

Naturellement, si ça allait trop loin, elle n'aurait pas une once d'attention à lui consacrer. Il lui apporterait de l'eau. Mais pas tout de suite. Ça lui ferait du bien de tirer encore un peu la langue.

— Je me demande comment on devient quelqu'un comme toi, dit-il. Je veux dire, on se construit tous sur ce qu'on a reçu. Sur des dispositions génétiques, mais aussi sur ce que notre éducation et notre environnement nous apportent. Et j'aimerais bien savoir où ça a déraillé, chez les gens comme toi. D'où tire-t-on l'arrogance de croire qu'on a été investi de la mission de se mêler en permanence de la vie des autres ? De porter un jugement sur leur façon de vivre ? Et d'intervenir quand on estime que cette façon de vivre n'est pas la bonne ? Et de se garder tout aussi arbitrairement d'intervenir quand quelque chose, effectivement, ne va pas ?

Elle ne répondit pas. Il se rendit compte qu'il l'avait menacée de la bâillonner à nouveau si elle ouvrait la bouche.

— Tu peux parler, mais pas de cris ni rien de ce genre. Et on en reste au sujet ! N'essaie pas de m'embobiner ou de m'entraîner sur un terrain où je n'ai pas envie d'aller.

Elle acquiesça d'un hochement de tête.

— Je...

La déshydratation rendait sa voix méconnaissable.

— Je ne comprends pas très bien de quoi vous parlez, dit-elle.

Il sourit. Il s'attendait à ce qu'elle dise ça. Les gens de son espèce étaient très forts dans l'art de se faire passer pour des idiots. Ils n'étaient jamais au courant de rien et innocents comme l'agneau qui vient de naître. Pardi. Quand on ne comprend rien, on n'est responsable de rien. Il y avait de quoi enrager, mais ce fichu système de défense leur réussissait plutôt bien.

— D'accord, dit-il, d'accord. Je vais éclairer un peu ta lanterne. La ligne ouverte. Ça te dit quelque chose ?

Il avait changé de sujet. Abandonné le plan qu'il avait échafaudé. C'était par l'enfance de Rebecca qu'il voulait commencer, il voulait lui faire subir un interrogatoire en bonne et due forme – oui, la passer à la question ! –, analyser, décortiquer son enfance, l'amener à dire ce qui avait fait d'elle l'être pervers qu'elle était devenue.

Il s'essuya le front. Parler de la ligne ouverte devait venir après. Mais il n'arrivait plus à se retenir. Il était près d'exploser tellement ça le démangeait.

Tant pis. Il reviendrait plus tard sur l'enfance de Rebecca. Sur son enfance pourrie !

Le regard de Rebecca était attentif. Elle ne voulait pas commettre de faute.

— Oui. Ça me dit quelque chose, bien sûr, dit-elle. Mais je ne comprends toujours pas où vous voulez en venir.

Il sourit à nouveau. Peut-être ne comprenait-elle vraiment pas. Les gens comme elle étaient également maîtres dans l'art du refoulement. Ils repoussaient si loin dans leur mémoire les faits et méfaits qui les dérangeaient ou les contrariaient qu'eux-mêmes finissaient par ne plus les trouver. Après, ils n'avaient plus qu'à se convaincre qu'il ne s'était jamais rien passé.

— Ah. Tu ne vois pas où je veux en venir. Je vais te montrer quelque chose. Tu vas comprendre.

Il avait conservé le papier. Cela faisait maintenant treize ans qu'il l'avait toujours sur lui. Soigneusement plié dans son portefeuille, derrière son permis de conduire. Inga n'était jamais tombée dessus. Il faut dire qu'elle n'avait jamais fouillé dans ses affaires. C'était assurément une de ses qualités. De ne pas mettre son nez là où elle n'avait pas à le mettre. Ce qui voulait dire aussi – c'était le revers de la médaille – qu'elle ne s'intéressait pas aux autres. En tout cas, pas à lui. Et pas aux problèmes qu'il trimballait avec lui…

Une petite voix s'éleva dans sa tête, bien claire, qui lui dit qu'il était injuste. Inga l'avait interrogé sur son passé. Dix fois, vingt fois, le jour même de leur mariage, juste avant de partir pour la mairie. Il revoyait la scène, Inga dans une robe d'été blanche, un chapeau de paille posé sur ses cheveux blonds et un bouquet de roses thé enrubanné de satin blanc à la main. Inga avec les yeux pleins de larmes.

« J'ai peur, Marius. Je ne sais rien de toi. Dans une heure je serai ta femme et je ne connais rien de toi ni de ta vie. Je ne comprends pas. Je ne comprends pas ton silence ! »

Elle a cherché à savoir. Elle a posé des questions. Tu n'as pas répondu. Parce que tu ne peux pas en parler. Parce que c'est trop douloureux.

Il chassa la petite voix, il chassa l'image d'Inga dans sa robe de mariée. Ça le distrayait de son objectif, ça le déstabilisait, le rendait nerveux. Il parlerait. Il dirait tout à Inga. Mais quand ça lui conviendrait. À son rythme.

Il sortit la petite feuille, la déplia. Depuis toutes ces années, l'encre avait pâli. Elle était très claire, presque transparente. Il fallait faire un effort pour lire les chiffres. Des pattes de mouche tracées par une main enfantine. Du papier quadrillé. Arraché à un cahier d'écolier.

— Tiens !

Il agita la feuille sous son nez.

— Est-ce que ça te dit quelque chose ?

Elle plissa les yeux, fit un effort de lecture. Un profond étonnement se peignit sur son visage. Il en prit acte avec satisfaction.

— C'est notre numéro. Enfin, l'ancien. Le numéro de notre ligne ouverte !

Elle le dévisagea.

Il s'était penché vers elle, il se redressa.

— Oui. C'est le numéro de ta ligne ouverte ! renchérit-il sur un ton où se mêlaient cynisme et amertume. Et est-ce que tu te souviens du petit garçon qui téléphonait et qui suppliait qu'on l'aide ? Et qu'on n'a jamais aidé ! Tu entends ? Qu'on a refusé d'aider, espèce de garce !

Il lui cracha les derniers mots au visage.

Il vit une première lueur de compréhension passer dans les yeux de Rebecca. Puis de l'effroi.

8

Agneta n'avait pas sa voix habituelle. Elle était tendue, plus aiguë. Elle avait à peine dit bonjour que Clara sut qu'il s'était passé quelque chose.

— Tu as lu cet article dans le journal ? voulut-elle tout de suite savoir. Sur ce couple de personnes âgées qui s'est fait sauvagement assassiner ?

Clara se souvenait de l'article. Elle l'avait survolé. À la différence de beaucoup de gens, elle ne prenait aucun plaisir à la lecture de faits divers sanglants ou crapuleux. Ils la mettaient mal à l'aise. Elle supportait si peu la violence et le crime qu'elle évitait même de regarder les séries policières à la télévision.

Elle se sentit brusquement toute flageolante. Ce matin, l'article en question faisait la une du journal régional, avec une accroche en grosses lettres rouges. *Un couple de retraités sans défense sauvagement assassiné à son domicile !* D'après les quelques lignes, piochées au hasard, qu'elle avait lues, il s'agissait d'un crime particulièrement effroyable qui avait suscité beaucoup d'émoi parmi les professionnels concernés par l'affaire.

Si c'était à cause de l'article qu'Agneta l'appelait, ce n'était pas bon signe.

— Ne me dis pas qu'ils recevaient les mêmes lettres que nous...

Sa voix tremblait sans qu'elle puisse la maîtriser. Elle aurait peut-être dû lire l'article plus attentivement.

— Non. Enfin, je veux dire, je n'en sais rien. C'est possible. Sabrina Baldini vient juste de m'appeler.

— Et alors ?

— Elle connaît ces gens. Pas très bien, mais... Est-ce que ce nom te dit quelque chose ? Lenowsky ?

Une lumière rouge se mit à clignoter dans le cerveau de Clara. *Lenowsky.*

Je ne veux rien savoir. C'est si loin. Je ne veux plus en entendre parler !

— C'est un nom que je connais, dit-elle, le souffle court.

— Bon, alors écoute. Sabrina s'est assez vite doutée de qui il s'agissait. Le nom lui a tout de suite dit quelque chose. Elle a passé les deux heures qui viennent de s'écouler à recouper quelques informations, et maintenant elle est tout à fait sûre d'elle. Il y a dix-huit ans, Fred et Greta Lenowsky se sont vu confier un enfant. Par le tribunal pour enfants. Par nous, en somme.

Non !

— Un enfant, répéta Clara pour dire quelque chose.

— Ils avaient postulé pour un accueil simple, poursuivit Agneta. Des gens aisés. Lui était un avocat renommé qui fréquentait les hautes sphères du pouvoir. Ils ne pouvaient pas avoir d'enfants, et, pour une raison que j'ignore, ils reculaient devant une adoption plénière. Bon, et tu te souviens du casse-tête quand il fallait trouver une famille d'accueil… Ces gens avaient l'air très bien.

— Cet enfant… est-il cité dans l'article ? demanda Clara. Je veux dire, un lien a-t-il été établi entre l'enfant et le… le crime ?

Du coin de l'œil, elle louchait sur la corbeille en paille dans laquelle elle mettait les journaux périmés en attendant de les jeter dans le container à vieux papiers. Le journal du jour était sur le haut de la pile. Il fallait qu'elle le reprenne. Elle avait une peur panique de ce qu'elle risquait d'y lire.

— L'enfant doit aujourd'hui avoir plus de vingt ans, et il semble qu'il n'ait plus de contacts avec son ancienne famille d'accueil, expliqua Agneta. En tout cas, d'après le journal, les Lenowsky n'auraient pas eu d'enfants, et la police ne leur a pas encore trouvé un seul parent. Il n'est nulle part question d'un filleul ou d'un enfant adoptif ; il faut croire qu'il n'y a pas de traces de son existence dans les albums photo ou les papiers de la famille. Sabrina veut appeler la police.

— Bien sûr. Il faut qu'elle le fasse. Est-ce qu'elle pense que… ?

— Que quoi ?

— Que l'enfant, enfin, le jeune homme ou la jeune femme a pu…

— Le jeune homme. C'est un petit garçon qui leur a été confié. Tu te demandes s'il a quelque chose à voir avec le meurtre ?

— Oui. Mais quelles raisons aurait-il ?

Elle ne pouvait pas se boucher les oreilles plus longtemps.

— Il y a eu des problèmes, avec cet enfant. Sabrina s'en souvient. Un jour, alors qu'il était depuis environ quatre ans chez les Lenowsky, il s'est adressé au tribunal pour enfants pour demander de l'aide. Il était soi-disant maltraité et voulait à toute force être changé de famille.

Quelque chose explosa dans la tête de Clara. Elle vit le dossier devant elle, aussi nettement que s'il ne s'était pas écoulé un jour depuis que son service avait discuté du cas de l'enfant.

— Marius, dit-elle. Il s'appelait Marius.

Agneta dit prudemment :

— À l'époque, tu étais…

— J'étais en charge du dossier. Mais…

— Tu as reçu des instructions d'en haut te demandant de ne pas t'en occuper. L'affaire, t'a-t-on dit, se réglerait au niveau de l'adjoint au maire en charge des affaires sociales.

— Oui. Je… j'avais les mains liées…

Sa tête tournait, elle se sentait au bord de l'évanouissement.

— À cette époque, Sabrina travaillait à Enfance Écoute. Elle assurait des permanences de la ligne ouverte. Le petit Marius a appelé plusieurs fois, pas tout de suite, environ un an plus tard. Il avait alors onze ans.

Clara ne répondit pas. Elle approcha une chaise et s'assit. Ses jambes ne la portaient plus.

— Sabrina s'est tout de suite mise en relation avec le tribunal pour enfants. On lui a dit que les services sociaux avaient fait une enquête et qu'ils n'avaient rien trouvé qui puisse confirmer les accusations portées par l'enfant. Ça l'a soulagée. Je veux dire, on sait tous que ça arrivait. Que des enfants prétendent qu'ils étaient maltraités alors que c'était faux.

— Mais je n'ai rien vérifié, dit Clara.

— Tu n'as pas trouvé ça étrange ? Que brusquement un adjoint au maire se mêle de régler un dossier qui était de ton ressort ?

Clara s'efforça de respirer calmement. Dans sa poitrine, son cœur battait à se rompre.

Elle revoyait la Clara qu'elle était alors. Très jeune, très motivée. Elle avait tout de suite senti que quelque chose n'allait pas. Elle connaissait Lenowsky. Elle ne l'aimait pas. Jamais elle ne lui aurait confié un enfant. Mais cela aussi avait été traité à un autre niveau.

— Je n'ai pas confié Marius aux Lenowsky de moi-même. On m'a demandé de le faire. Lenowsky était un intime du maire. Il a fait passer sa demande par lui. Qu'est-ce que je pouvais faire ?

— Tu aurais dû...

Agneta s'interrompit. C'était trop facile de se retourner aujourd'hui contre Clara. Elle était si jeune à l'époque.

— J'avais peur, dit Clara doucement. Je ne voulais pas avoir d'ennuis. Je... je me suis convaincue que ça se passerait bien. Je me disais que le maire devait souvent être reçu par les Lenowsky et qu'il aurait tout loisir de constater que l'enfant était heureux avec eux et bien traité. Qui ne réagirait pas devant un enfant maltraité ?

Agneta demeura un instant silencieuse.

— Nous, dit-elle enfin. Nous n'avons pas réagi. Nous avons laissé tomber le petit Marius.

— Mais pourquoi dis-tu ça, Agneta ? Nous n'en savons rien !

— Il a rappelé Sabrina. Il était désespéré. Il l'a suppliée de l'aider. Sabrina l'a pris au sérieux. Elle dit qu'elle n'avait pas du tout l'impression qu'il racontait des craques pour se rendre intéressant ou pour la faire marcher. Elle est retournée au tribunal pour enfants, elle a insisté. On lui a répété que les services sociaux avaient fait tout ce qui était en leur pouvoir et que rien n'était venu étayer les dires du gamin.

— Et si c'était vrai ?

— Et si ce n'était pas vrai ?

Les deux jeunes femmes se turent. Clara se demanda qui respirait si fort, d'elle ou d'Agneta. Puis elle comprit que c'était elle.

— Nous trouvons bizarre, Sabrina et moi, que Marius n'ait pas pris contact avec la police, dit finalement Agneta. Tous les journaux parlent du crime. La police a lancé un appel à témoins, elle recherche officiellement tout parent éventuel. Ce ne serait pas naturel qu'un enfant qui a vécu de six à dix-huit ans avec eux se manifeste ?

— Nous sommes en juillet, Marius est peut-être en vacances. Comme la plupart des gens. S'il est quelque part à l'étranger, il est possible que l'information lui ait complètement échappé.

— C'est possible, concéda Agneta d'un ton peu convaincu.

Clara prit une longue inspiration.

— Que veux-tu réellement me dire, Agneta ?

— Tu ne comprends donc pas ?

— Je...

Agneta ne laissa pas Clara aller plus loin.

— Remontons en arrière, l'interrompit-elle avec vivacité. Nous avons un début d'histoire franchement trouble. Ce gamin qui est placé dans une famille d'accueil en passant par-dessus la tête de tous les collaborateurs du juge aux affaires familiales, c'est un peu fort de café ! Quelques années plus tard, l'enfant en question se plaint auprès du tribunal pour enfants, puis d'une association privée d'aide à l'enfance en détresse, d'être victime de mauvais traitements. Il appelle au secours, supplie qu'on le change de famille. Encore une fois, on bafoue tranquillement la stricte procédure administrative, et l'affaire, apparemment, se règle en trois coups de téléphone entre personnages influents. Des années plus tard, le couple qui a élevé l'enfant est sauvagement assassiné et les trois jeunes femmes qui ont eu à traiter le dossier reçoivent des lettres anonymes particulièrement haineuses. Quant à l'enfant, il a disparu dans la nature. Dois-je encore t'expliquer ce que je crois ?

Clara pressa une main sur sa poitrine avec l'espoir naïf qu'elle parviendrait à calmer son cœur.

— Tu peux te tromper.

— C'est vrai, je peux me tromper. Et tu n'imagines pas à quel point j'aimerais que ce soit le cas.

— Agneta, je ne comprends toujours pas très bien quel était ton lien avec l'affaire. Tu as eu à t'occuper du dossier ?

— Oui. La travailleuse sociale qui suivait la famille du petit Marius était Stella Wiegand. Tu te souviens d'elle ? Elle est tombée malade, un cancer, et a été arrêtée pendant près de neuf mois. J'ai suivi la famille jusqu'à ce qu'elle revienne de congé maladie. C'était elle, Stella, qui avait décidé que Marius devait être retiré à ses parents biologiques. Je n'ai pas joué de rôle direct dans le drame, j'ai simplement pris le relais. Mais, comme Stella, depuis, est morte des suites de son cancer, personne ne peut lui demander de comptes. Apparemment c'est à moi, sans doute pour avoir relayé son travail, qu'incombe aujourd'hui la responsabilité du retrait.

— Ah, c'est ça, murmura Clara.

Elle avait eu l'intention de parler normalement, mais sa voix ne voulait pas lui obéir. Elle avait tant espéré qu'il s'avérerait qu'Agneta n'était pas concernée par cette ancienne affaire. L'hypothèse d'une revanche de l'enfant placé chez le couple en aurait été sérieusement ébranlée. Si Agneta avait un lien, même indirect, avec l'affaire, l'hypothèse, au contraire, devenait beaucoup plus vraisemblable.

— Et maintenant ? demanda-t-elle.

Sa voix sonnait toujours aussi faux. Elle ne toucherait pas au journal. Elle ne lirait pas tout ce que ce type avait fait au vieux couple. Elle ne voulait pas le savoir.

— Sabrina va appeler la police, répondit Agneta. Elle veut leur dire ce qu'elle sait. Elle parlera également des lettres anonymes.

— Des nôtres aussi ?

— Bien sûr. Clara, deux personnes ont été tuées ! On doit le dire ! Crois-moi, ça ne m'amuse pas du tout, mon mari va être furieux. La police voudra sûrement nous interroger, on devra s'expliquer, raconter. Et, si la presse s'en mêle, on n'en sortira plus. Mais on ne peut pas se taire !

— Ce qu'on a fait autrefois… ou, plutôt, pas fait… ils vont tous en parler.

— Oui, sans doute.

Agneta n'avait rien à se reprocher. Clara devinait à son intonation combien elle en était soulagée. Si elle était responsable aux yeux de l'auteur du crime, elle ne le serait pas aux yeux de la police, des journalistes ou de la société.

Elle, en revanche, ne pouvait en rien minimiser sa responsabilité. Elle serait impitoyablement jugée. Comment la percevrait-on sinon comme une personne faible et influençable qui, par peur de s'opposer à ses supérieurs, par peur de s'attirer des ennuis, avait laissé tomber un enfant ? Qui s'intéresserait à ce qu'elle avait pu ressentir à l'époque ? À son impuissance et à son désarroi ? À ses incertitudes ? À ses difficultés à mettre tous les éléments en perspective pour se faire une idée juste de la situation ?

C'était facile de savoir ce qu'il aurait fallu faire ou pas après coup, surtout à la lumière de nouveaux événements, mais, sur le moment, c'était terriblement difficile.

— On ne va pas m'épargner, dit-elle. Ils vont s'en donner à cœur joie. Peut-être sera-t-on même obligés de déménager ! On va tout me mettre sur le dos et…

Elle était au bord des larmes.

— Allons, Clara, ne t'effondre pas ! intervint Agneta sans aménité. Nous devons jouer cartes sur table. Nous n'avons pas le choix. Tu n'as pas le choix, Clara. Là, dehors, en liberté, il y a un type complètement cinglé qui vient de massacrer deux personnes. Et qui nous tient déjà en joue, ce n'est pas la peine de se faire des illusions. Il ne nous a pas envoyé des lettres pour s'amuser. Ce ne sont pas des menaces en l'air, mais bien des avertissements. Et on sait maintenant ce qu'il nous réserve. Je suis prête à parier que les Lenowsky ont eux aussi reçu quelques-unes de ces charmantes missives. Clara, nous devons prévenir la police. Nous avons besoin de protection. Et tout de suite, pas dans trois jours.

— Tu penses que...

— Mieux vaut que toi et Marie vous ne sortiez pas de chez vous aujourd'hui. N'ouvre à personne, Clara. Sois prudente.

Tout s'effondre. Si cette histoire vient à être connue, rien ne sera plus comme avant. Tout ce que j'ai construit sera détruit. Ma famille, ma maison, le jardin, notre vie...

Elle ne voulait pas pleurer. Du moins, pas tant qu'Agneta pouvait l'entendre. Agneta qui pouvait tranquillement garder la tête haute. Parce qu'elle n'était pas réellement impliquée. Parce que, belle et riche comme elle l'était, elle sortirait toujours indemne de tout, de ce drame comme du reste. Sauf, bien sûr, si la police ne réussissait pas à arrêter l'assassin et qu'elle se faisait tuer.

Peut-être allaient-elles toutes se faire tuer.

Ce n'était pas le moment de s'inquiéter de sa réputation. Elle avait des problèmes autrement plus graves, Agneta avait raison.

— Je vais faire attention, promit-elle.

Puis elle raccrocha. Précipitamment. Sans prendre le temps de dire au revoir à Agneta, de peur de ne pas pouvoir retenir ses larmes plus longtemps.

9

Vers une heure, Marius vint apporter un verre d'eau à Inga. Sans un mot, il le porta à ses lèvres de manière qu'elle puisse boire. Elle ouvrit avidement la bouche et le vida presque d'un trait. Elle avait également très faim. Ça l'étonnait d'avoir faim, elle se serait plutôt attendue à ce que sa situation lui fasse perdre l'appétit. Au lieu de ça, des crampes douloureuses lui tordaient l'estomac.

— Je pourrais avoir quelque chose à manger ? demanda-t-elle une fois son verre vide.

L'homme avec lequel elle avait été mariée et qu'elle ne reconnaissait plus plissa le front.

— Il faut que je voie. Je ne peux pas aller faire de courses, tu comprends.

— Je comprends. Mais, à un moment ou à un autre, il va bien falloir que tu manges aussi.

Il avait l'air très fatigué.

— Quelle heure est-il ? demanda-t-il.

Inga regarda la pendulette posée sur le rebord de la cheminée.

— Presque une heure. Marius, il va aussi falloir que j'aille bientôt aux toilettes.

— Il est déjà si tard ? Une heure ? Je ne me rends pas compte que le temps passe. J'ai parlé longtemps avec Rebecca. Plusieurs heures, je crois.

— Marius, je...

— Non. Tu ne peux pas aller aux toilettes.

Elle se résigna et tenta une autre question.

— Comment va Rebecca ? Elle va bien ?

— Oh oui. Elle va bien. Elle va même très bien. Les gens comme elle vont toujours très bien. La vie leur sourit, tout va comme sur des roulettes !

Était-ce opportun de lui parler du drame personnel de Rebecca ? De lui dire combien la mort de son mari l'avait affectée ? Et qu'elle était certainement la dernière personne qui pensait que la vie lui souriait ?

Elle résolut de se taire. Marius ne lui paraissait pas en état de s'émouvoir du sort de Rebecca. Elle risquait même de provoquer son agressivité. Elle devait lui donner l'impression qu'elle était de son côté, pas de celui de Rebecca.

— Tu lui as parlé de toi ? demanda-t-elle au lieu de cela.

Elle-même se perdait en conjectures. Elle savait désormais que Marius venait d'un milieu très défavorisé et qu'il avait grandi auprès de parents alcooliques et irresponsables. En même temps, son éducation, sa culture, sa façon de parler, son comportement révélaient une autre influence. Marius n'avait pas pu devenir l'homme qu'il était dans l'environnement qu'il lui avait décrit.

— Tu devrais peut-être préparer à manger, suggéra-t-elle. Pour nous tous, y compris Rebecca. Quoi que tu aies à lui dire, elle sera beaucoup plus attentive si elle n'est pas tenaillée par la faim. Tu ne penses pas ?

— Je n'ai aucune envie de faire la cuisine, répondit Marius. J'ai autre chose à faire. Beaucoup d'autres choses…

Il se prit la tête dans les mains.

— J'ai tellement de choses à raconter…

— Tu as l'air épuisé. On dirait que tu n'as pas dormi ni mangé depuis plusieurs jours. Tu as besoin de te reposer, Marius. Tu ne tiens plus debout. Si tu ne…

Il sourit.

— Tu aimerais bien que je me repose, hein ? Tu aurais le champ libre pour ficher le camp !

— Comment veux-tu que je m'en aille ?

Ses liens s'étaient beaucoup distendus. Dans une heure, peut-être moins, elle devrait pouvoir se libérer. Elle retint son souffle. Pourvu qu'il n'ait pas l'idée de vérifier.

— Oui, comment pourrais-tu t'en aller ? répéta Marius d'un air pensif.

Elle n'osait pas le regarder. Il avait un sourire tellement étrange.

Brusquement, il fut derrière elle et tira de toutes ses forces sur ses liens. Elle hurla. Elle eut l'impression que la corde de nylon tendue à l'extrême lui entaillait profondément les chairs.

— Marius ! Ça fait trop mal ! Arrête ! Marius !

— Tu as sacrément travaillé, dis-moi, tout en faisant semblant d'être à l'agonie sur ta chaise, hein ? Remarquable, y a pas à dire. Mais je te reconnais bien là. Silencieuse, dure à la tâche, opiniâtre ! Et, en même temps, on embobine le monde avec ses grands yeux bleus innocents !

Il contourna la chaise, se planta devant elle et la gifla du plat puis du revers de la main. Sa tête vola une fois à droite, une fois à gauche. Des étoiles s'allumèrent devant ses yeux et elle crut un instant qu'elle allait perdre connaissance. La douleur lui coupait la respiration.

— Non ! cria-t-elle.

Il la regarda, le visage déformé par la haine.

— Je m'en doute depuis le début, dit-il. Je le sentais. Depuis le début, je le sentais ! Tu t'es acoquinée avec elle, hein ? Tu l'aimes. Tu es de son côté ! Avoue-le !

Elle gémit doucement. Elle avait les joues en feu, sa tête bourdonnait. Elle se rendit compte qu'elle pleurait.

— Avoue-le ! répéta Marius en hurlant.

Elle pleurait. Elle ne pouvait pas parler.

Il retourna derrière elle, tira violemment sur ses liens et entreprit de les resserrer. Elle crut qu'il allait lui briser les poignets. Il entortillait la corde à linge, tirait dessus, faisait des nœuds, s'assurait qu'il n'avait laissé aucun jeu. Elle l'entendait haleter. Sa rage et sa haine étaient perceptibles.

Il parut enfin satisfait de son travail.

— Avec ça, plus de danger que tu fiches le camp, conclut-il. Et je vérifierai toutes les heures que ça tient toujours. Tu n'es pas près de recommencer à manœuvrer dans mon dos pour m'attirer des ennuis.

Il se dressa à nouveau devant elle. Elle recula involontairement la tête, mais le coup ne tomba pas.

— Je n'aurais jamais cru que ça en arriverait là entre nous, dit-il sur un ton où elle crut percevoir un regret sincère. Tu es ma femme, Inga. Nous nous sommes juré fidélité. Nous nous sommes juré de vivre ensemble, pour le meilleur et pour le pire. Elles sont devenues quoi, ces promesses ?

Inga crut qu'elle ne pourrait pas parler. Sa bouche était endolorie, elle sentait ses lèvres enfler.

— Tu m'as repoussée, dit-elle avec difficulté.

Elle ne reconnut pas sa voix. Mais peut-être n'entendait-elle plus correctement. Elle avait l'impression d'un écho anormal dans son oreille droite.

— Tu ne m'as toujours pas expliqué ce qui se passait. Tu ne m'as jamais parlé de ta vie. Je ne sais pas qui tu es. Je ne sais pas ce que Rebecca t'a fait. Je sais seulement ce que tu me fais. Tu m'as ligotée. Tu m'as laissée des heures sans boire. Je meurs de faim. Tu me frappes. Tu refuses de me laisser aller aux toilettes. Ça t'étonne que je veuille m'enfuir ?

Elle vit à son changement d'expression qu'elle l'avait touché. Il parut réfléchir. Mais elle savait par expérience qu'il était capable de tous les retournements. La raison pouvait le déserter aussi vite qu'elle paraissait être revenue.

— Tu ne m'as pas laissé le choix, expliqua-t-il. Je vous ai observées, je te l'ai déjà dit. Vous êtes devenues amies. Toi et cette... cette fichue garce qui est là-haut.

— Que t'a-t-elle fait, Marius ?

Son visage prit une expression douloureuse.

— C'est difficile, Inga. C'est tellement difficile d'en parler. Surtout que je suis un nul à tes yeux. Le dernier des nuls.

— Ce n'est pas vrai, Marius.

— Mais si. C'est ce que tu penses. Tu m'as toujours méprisé. À cause de mes origines, et parce que je n'ai pas réussi à m'en sortir, à m'imposer.

— Je ne savais rien de tes origines ! Et je ne t'en aurais pas méprisé pour autant. Comment peux-tu me prêter des intentions pareilles ?

Si seulement elle n'avait pas eu de difficultés à remuer les lèvres. De plus, elle commençait à avoir l'impression que quelque chose enflait dans son oreille gauche. Elle devait avoir un traumatisme ou une blessure. Des élancements fulgurants lui transperçaient la tête.

— Je n'ai jamais pensé que tu étais un nul. Jamais, Marius. Jamais.

Il acquiesça pensivement.

— Oui. D'ailleurs j'avais confiance en toi. Je savais que tu étais loyale.

Elle commençait à s'habituer à ses ruptures de logique. Il lui reprochait de le mépriser et, dans la phrase qui suivait, lui assurait qu'il avait toujours eu confiance en son honnêteté.

Sa petite voix intérieure rappela à Inga qu'elle devait rester sur ses gardes. Marius était trop imprévisible pour ne pas être dangereux. Ce qu'elle disait pouvait aussi bien tomber à pic que déclencher un cataclysme.

Elle avait très envie de lui demander de relâcher ses liens. Ses poignets étaient tellement serrés que le sang ne circulait plus dans ses mains. Mais elle n'osa rien dire. S'il en concluait qu'elle essayait de le circonvenir, il risquait de redevenir violent.

— Tu peux me faire confiance, dit-elle. Je n'ai pas changé.

Il redevint hostile.

— Je m'en suis rendu compte. Tu as essayé de t'enfuir.

— Ta corde me coupe la circulation. J'ai essayé de la desserrer un peu.

— Ben voyons. Tu te crois très maligne et tu me prends pour un imbécile. Si tu en avais la moindre occasion, tu essaierais de ficher le camp. Tu n'as rien compris à ce que j'étais. Je suis sûr que tu penses que je suis cinglé et que la meilleure des choses à faire est de me fuir au plus vite. Alors que c'est la société qui est détraquée et qui produit des atrocités. Mais ça, ça ne veut pas entrer dans ta tête !

— Tu ne me donnes pas la possibilité de te comprendre.

À nouveau, il acquiesça pensivement.

— Ça m'est difficile d'en parler. Très difficile. Il arrive parfois qu'on supporte à peine de parler de ce dont on a souffert.

Inga devait faire un gros effort de concentration pour suivre le discours de Marius. La douleur dans son oreille gauche s'amplifiait. Ses mains étaient glacées et engourdies. Si elle ne s'était pas retenue, elle aurait fondu en larmes, aurait supplié Marius de l'aider, de la détacher, de la laisser s'allonger ne serait-ce que quelques minutes pour soulager son corps meurtri. À quoi bon ? Il ne se laisserait pas attendrir, pire : il risquait de se fermer un peu plus.

Elle tenta une percée.

— Tu disais tout à l'heure qu'en dépit de tout tu avais ta place au sein de ta famille. Que tu t'y sentais dans ton monde. Puis que la machine à broyer s'est mise en marche. Est-ce que... est-ce qu'on t'a séparé de tes parents ?

Il hocha la tête, prit un air tragique. Mais peut-être revivait-il des moments réellement dramatiques et ne simulait-il pas.

— On m'a pris à mes parents. J'avais six ans. On appelle ça retirer la garde d'un enfant à ses parents. Personne ne m'a demandé ce que je voulais. Ni ce que ça me faisait.

C'était inexact. Il se souvenait d'une femme qui lui avait abondamment parlé. Elle s'était montrée attentionnée, sensible, lui avait demandé mille fois s'il se rendait compte de ceci et de cela et s'il n'avait pas envie, pour quelque temps, d'habiter chez des gens qui seraient très gentils avec lui. À l'époque, il n'avait pas pu tout comprendre, mais, les années passant, il se rendit compte que le petit garçon qu'il était alors avait très bien senti que toutes ces questions n'étaient que de pure forme et qu'il n'avait pas son mot à dire. Tout était déjà décidé, c'était du cinéma. Oui, du cinéma. On faisait semblant de l'impliquer pour qu'ensuite on ne puisse reprocher à personne de ne pas avoir tenu compte de ses désirs.

— Qu'est-ce qui... qu'est-ce qui a déclenché le retrait ? voulut savoir Inga.

Marius parut se donner beaucoup de mal.

— J'ai du mal à me souvenir... Ce n'est pas l'histoire de mon bras... Ah, ça y est. C'est la punaise qui s'occupait de nous qui a sonné l'alarme. Et mon institutrice. Tout à coup, je ne suis plus venu en classe, sans que personne excuse mon absence.

— Tu étais au cours préparatoire ?

— Oui. C'était vers la fin de l'année. J'ai disparu de la circulation et l'école ne réussissait à joindre personne chez moi.

— Pourquoi n'allais-tu plus en classe ?

Il secoua la tête.

— Tu sais, il me manque des pans entiers de l'histoire. Je n'arrive pas à me souvenir de tout. Je sais seulement ce qu'on m'a raconté plus tard. Et ça ne m'étonnerait pas qu'ils m'aient raconté des salades.

— Qui, « ils » ?

— Mes parents d'accueil. Dès le début, ils ont essayé de me dresser contre mes parents. Ils m'ont servi des histoires invraisemblables.

— Quoi, par exemple ?

— Que j'étais seul dans l'appartement. Que mes parents avaient disparu. En fait... c'est ma mère qui serait partie la première. Mon père se serait imaginé qu'elle avait filé avec un amant. Sur quoi il se serait fourré dans le crâne de leur mettre la main dessus et de leur demander des comptes. Dans cette histoire, je devenais embarrassant, alors...

— Que s'est-il passé ? demanda doucement Inga.

Les yeux de Marius reflétaient une réelle douleur. Il respirait avec peine. Jusqu'où Inga pouvait-elle aller ? Elle avait devant elle une bombe à retardement. Elle ne devait pas se laisser abuser par le visage familier de Marius, par sa voix. Il était son mari. Ils avaient partagé des moments heureux, certes, mais elle devait garder à l'esprit qu'il n'était plus le même.

— Raconte-moi, Marius. Qu'est-ce que ton père a fait ?

Marius respirait de plus en plus bruyamment. Brusquement, sa bouche se tordit. Une grimace déforma son visage.

— Il m'a enchaîné ! hurla-t-il. Est-ce que tu te rends compte ? Il m'a enchaîné dans la salle de bains ! La pièce n'avait pas de fenêtre et il n'a pas laissé la lumière allumée. Il faisait noir. Il m'avait ficelé les mains avec une corde et j'étais attaché au socle des chiottes avec une chaîne. Mon père m'a dit que c'était mieux pour moi, qu'il allait tout de suite revenir. Il s'est tiré et il n'est jamais revenu. Est-ce que tu comprends ? Il n'est jamais revenu ! *Ça a duré des jours. J'ai cru que j'allais mourir. Je n'avais rien à manger, rien à boire et j'étais terrifié. Ma mère n'était pas là. Je criais, je criais, mais personne ne m'entendait. Personne. J'étais tout seul.*

Le visage de Marius luisait de sueur. Ses yeux écarquillés étaient très sombres. La peur panique du petit garçon abandonné y était inscrite. Inga eut un mouvement involontaire pour se libérer de ses liens. Non qu'elle cherchât à s'enfuir, mais dans un élan de compassion, parce que brusquement le besoin de le prendre dans ses bras pour le consoler, pour chasser de ses yeux le tourment et la peur, avait effacé tout le reste.

— Pourquoi ne me l'avais-tu jamais raconté ? demanda-t-elle. Pourquoi ne m'en as-tu jamais parlé ?

Elle n'obtint pas de réponse.

10

— Et maintenant ? fit Wolf. Où en est-on ? As-tu l'intention de réintégrer notre chambre ou bien ton installation sous les toits est-elle définitive ?

Il était rentré tard – à neuf heures passées – et le fait que Karen, contrairement à son habitude, ne se soit pas précipitée pour remettre la table pour lui et lui servir un verre de vin le contrariait visiblement. Elle n'était même pas venue à sa rencontre, elle n'avait pas bougé de la terrasse où elle lisait un livre à la lumière de la lampe de jardin.

Wolf était monté se changer, puis était redescendu, vêtu d'un jean et d'un tee-shirt. Il venait de la rejoindre dehors, légèrement moins sûr de lui que d'ordinaire.

Karen leva les yeux de son livre.

— Je n'ai pas monté mes affaires là-haut pour les redescendre tout de suite. Je me sens bien, toute seule.

— Ah.

Il se laissa tomber sur une chaise.

— Tu souhaites donc qu'à partir de maintenant nous vivions séparés. Sous un même toit, mais séparément.

— C'est comme ça que nous vivons depuis déjà pas mal de temps.

— Ah bon ? Ce n'est pas ce qui me semblait, mais si tu le penses…

Il croisa les bras derrière sa tête.

— Et, à l'avenir, je suis également censé me faire à dîner tout seul ?

— Il y a quelque chose pour toi dans la cuisine. Tu n'as qu'à le faire réchauffer.

— Formidable. C'est un bonheur, toutes ces attentions quand on rentre chez soi.

Karen ne répondit pas. Il était clair que Wolf attribuait son comportement à une stratégie dûment élaborée et qu'il réfléchissait déjà au meilleur moyen de contre-attaquer. Il avait été surpris, déstabilisé, mais il n'était pas du genre à en rester là.

Elle se sentait pour sa part d'autant plus sereine qu'elle n'obéissait en réalité à aucune stratégie. Wolf n'avait pas encore compris qu'il était allé trop loin ce dimanche où il avait déposé les enfants devant la maison puis avait continué sa route sans dire un mot. Il n'avait pas commis un acte odieux ou particulièrement grave. Mais l'incident avait été la goutte d'eau qui avait fait déborder le vase. Depuis ce soir-là, rien n'était plus comme avant. Elle avait laissé tomber. Et elle commençait à goûter à une insouciance beaucoup trop séduisante pour risquer de la perdre en s'accrochant à lui.

Wolf fit un mouvement de la tête en direction de la maison voisine.

— Ils en sont où ? Du nouveau sur… sur la scène du crime ?

Étant donné que, depuis le début, il s'en tenait à une stricte ignorance du sujet, sa question révélait la profondeur du trouble qu'il cherchait à dissimuler.

Karen hocha la tête.

— Kronborg est passé ce matin. Et il est revenu cet après-midi.

— Eh bien ! Deux visites de Kronborg en une seule journée ! Est-ce que ça m'étonne ? Non, ça ne m'étonne pas. Il ne peut plus se passer de nous. Mais invite-le donc à dîner, que je fasse un peu mieux connaissance avec ce nouveau membre de notre famille !

— Tu m'as posé une question. Je t'ai répondu. Je ne comprends pas ton cynisme.

Wolf demeura un moment silencieux. Puis il demanda :

— Qu'est-ce que Kronborg voulait ?

— Ils ont découvert quelque chose d'important : les Lenowsky avaient la garde d'un enfant. Un garçon. C'est aujourd'hui un adulte, il est marié, mais il a habité longtemps avec eux, de six à dix-huit ans.

— La garde d'un enfant ? Tu veux dire qu'ils avaient un fils adoptif ?

Karen secoua la tête.

— Non. Un enfant adoptif est membre à part entière de sa famille d'adoption, il a le même statut et les mêmes droits qu'un enfant biologique. Un enfant en garde est très différent. C'est Kronborg qui me l'a expliqué. Quand le juge pour enfants prend la décision de retirer la garde d'un enfant à ses parents biologiques, parce qu'ils manquent à leurs devoirs parentaux, le négligent ou lui font subir des sévices, on lui cherche une place dans une famille d'accueil. C'est en effet toujours préférable, pour l'équilibre de l'enfant, à un placement en foyer. Ces places en familles d'accueil sont rares. Les enfants ne sont pas adoptables et les familles s'attachent ainsi à des enfants qui peuvent leur être retirés à tout instant. Notamment lorsque les conditions offertes par la famille biologique changent, par exemple lorsque des parents alcooliques se font désintoxiquer, ou suivent une psychothérapie à la suite de laquelle l'aptitude à élever un enfant leur est reconnue. La garde de leur enfant peut leur être redonnée, et la famille d'accueil n'a pas le pouvoir de s'y opposer. Il n'existe en effet aucun lien juridique entre elle et l'enfant. Il doit de temps en temps y avoir de vrais drames. Je crois qu'il faut être très solide pour se lancer dans un projet pareil.

— Hum, fit Wolf. Et les Lenowsky l'ont fait ? C'est surprenant. Avec ce que tu dis d'eux, je ne les aurais pas crus aussi altruistes.

Karen haussa les épaules.

— Ce n'est pas parce qu'on répugne à nouer des relations avec ses voisins que l'on est indifférent au sort des plus démunis. Ou qu'on l'était. Les Lenowsky étaient âgés. Ils n'ont peut-être pas toujours été comme nous les avons connus. Qui sait ? Ils étaient peut-être plus ouverts, plus chaleureux.

— Hum, grommela Wolf.

— En tout cas, poursuivit Karen, ils ont eu de la chance, avec leur enfant. Il est resté chez eux jusqu'à sa majorité. Ses parents biologiques étaient des alcooliques finis. D'après Kronborg, la mère en est morte, noyée littéralement dans l'alcool. Le père a disparu sans laisser de traces. Il vit sans doute quelque part dans la rue. Bref, il n'était pas question pour le fils de retourner chez eux.

— Pourquoi Kronborg t'a-t-il raconté tout ça ? demanda Wolf. Ils pourraient peut-être commencer à nous ficher la paix, avec cette histoire, non ? Tu en as assez fait comme ça en découvrant le massacre ! Est-il indispensable que Kronborg vienne tous les jours te faire un rapport détaillé de l'état d'avancement de l'enquête ?

— Il y a un problème. Cet enfant qu'ils ont élevé est introuvable, expliqua posément Karen. Il est marié, ils savent où lui et sa femme habitent, mais l'appartement est vide. Kronborg voulait savoir si j'avais eu l'occasion de voir un jeune homme rendre visite aux Lenowsky. Notamment pendant la période où… où ils étaient retenus prisonniers chez eux.

Wolf plissa le front.

— Quelle est son idée ? Il pense que ce fils aurait pu… ?

— Je ne sais pas. Kronborg reste très discret. J'ai toutefois compris qu'il soupçonne plus ou moins les relations entre les Lenowsky et ce jeune homme de ne pas avoir été très harmonieuses. Il y aurait déjà eu des problèmes quand il était enfant. Il semblerait que cette famille d'accueil n'ait pas été un choix heureux.

— Il soupçonne ce jeune homme ?

— Il ne l'a pas dit aussi directement. Mais ça lui semble curieux qu'il ait disparu.

— Il est en vacances. C'est très banal en cette saison.

— Bien sûr. Mais ce jeune homme est leur seul début de piste.

— Et, comme Kronborg nage complètement, mais doit néanmoins prouver que son enquête avance, il s'accroche à cette nouvelle hypothèse.

— Je ne sais pas du tout si c'est une nouvelle hypothèse, dit Karen. Il voulait simplement savoir si…

— Et alors tu l'as vu, ce mystérieux jeune homme de mauvais augure ?

Karen secoua la tête.

— Non, jamais. Je n'ai jamais vu de jeune homme chez eux. Cela dit, nous n'habitons pas ici depuis assez longtemps pour que cela veuille dire grand-chose. Mais les autres voisins n'ont jamais vu personne non plus. C'est notre vieille grincheuse qui me l'a raconté, dit-elle avec un petit mouvement de la tête en direction de la maison de la vieille dame. Et ces gens n'ont jamais mentionné non plus l'existence d'un enfant qu'ils auraient élevé. Personne n'était au courant.

— Ce qui renforcerait l'idée que les Lenowsky et le jeune homme étaient fâchés et n'entretenaient plus aucune relation. Mais ça ne fait pas de lui leur assassin pour autant !

— Évidemment. Cependant, on ne peut pas complètement l'exclure.

Wolf se leva. Sa haute silhouette occulta la lumière de la lanterne de jardin.

— Heureusement que ce n'est pas à nous d'éclaircir ça, dit-il. Il semble en effet que nous ayons quelques problèmes personnels à résoudre. Bien. Où en es-tu ? Tu ne veux vraiment pas partir en vacances avec nous ?

— Non. Vraiment pas.

— Et tu continues à dormir là-haut ?

— Oui.

Il hocha lentement la tête.

— Je ne pense pas que je vais pouvoir longtemps accepter cette façon de concevoir le mariage, dit-il.

C'était une menace. Il n'avait pas encore compris que ça ne l'atteignait plus.

— Après les vacances, il faudra que nous réfléchissions ensemble à la suite, dit-elle.

— J'aurai tout le temps qu'il faut pour y réfléchir en Turquie, répliqua Wolf.

Il disparut dans la maison, la démarche raide, l'air offensé – il se sentait injustement traité, sa femme était une ingrate.

Karen se laissa aller contre le dossier de son fauteuil et prit une longue inspiration. La nuit était chaude, soyeuse, pleine d'étoiles. Elle bruissait de voix mystérieuses. La fraîcheur de l'automne paraissait encore très lointaine. Août tout entier s'ouvrait devant elle. C'était son mois préféré. Un mois de plénitude et de maturité, avec des couleurs saturées, de la chaleur et la toute première nostalgie de l'été finissant. Elle le passerait ici dans son jardin, avec Kenzo. Sans Wolf et sans les enfants.

Il y avait quelque temps déjà qu'elle s'interrogeait sur ce sentiment inconnu qui lentement l'envahissait, qui gagnait chaque jour un peu plus de terrain. C'était un sentiment agréable, un sentiment heureux, qui avait quelque chose d'exaltant, et, en même temps, d'un peu effrayant. Les promesses, dont elle avait obscurément l'intuition, semblaient associées à des risques, des dangers... C'était très déroutant.

Ce soir-là, à cet instant, elle découvrit la réponse à ses interrogations.

Ce sentiment, c'était la liberté.

Jeudi 29 juillet

1

Il gardait un souvenir précis d'une conversation qu'il avait surprise entre ses « parents ». Ils avaient d'emblée exigé qu'il les appelle ses parents, pire, ils lui avaient dit qu'ils attendaient de lui qu'il les considère également comme ses parents. Il ne devait pas dire papa et maman, c'était déjà ça. Il les appelait Fred et Greta. Mais, si ça n'avait tenu qu'à lui, c'est *Vieux con* et *Pauvre idiote* qu'il les aurait appelés. Ou *Vieux con* et *Dégonflée*. Parce qu'elle était incapable de tenir tête à son mari.

Ce soir-là, il était descendu sur la pointe des pieds et était resté dans l'escalier sans faire de bruit. Quel âge pouvait-il avoir ? Une douzaine d'années ? Il avait poussé un peu trop vite. Il était très grand pour son âge, maigre, et il avait toujours faim. Surtout ce soir-là. Il n'avait rien eu à manger, une fois de plus. Pour une bêtise quelconque. Il ne se souvenait plus de ce qu'il avait fait, il y avait tellement d'occasions, dans cette maison, de contrevenir aux règles et aux lois qu'il n'avait jamais pu toutes les retenir. Il avait peut-être oublié d'aller chercher le courrier dans la boîte aux lettres ou d'arroser les stupides géraniums de Greta, ou il avait bu trop de lait. Greta marquait au feutre le niveau de lait sur la brique en carton. Elle pouvait se mettre terriblement en colère s'il buvait plus que ce à quoi elle estimait qu'il avait droit. Des invités venaient d'arriver. Un couple qu'il ne connaissait pas. Contrairement aux habitudes, on ne lui avait pas intimé l'ordre de descendre dire bonjour, il est vrai que ce soir-là il était en disgrâce et n'était donc pas autorisé à sortir de sa chambre. Mais il s'était avancé à pas de loup sur le palier et avait regardé à travers les barreaux de la rampe. Il n'avait pas eu l'impression d'avoir déjà vu ces gens, un monsieur un peu âgé en costume sombre et une dame fraîchement permanentée qui portait une robe en soie verte un peu trop serrée. De toute façon, ça lui était égal. Il n'aimait aucun des amis des Lenowsky. Ils se ressemblaient tous. Ils avaient de l'argent et ils étaient très corrects. La plupart jouaient au golf ou faisaient de la voile. Ils ne parlaient que de handicaps et de régates. Dans son immeuble, là où il habitait avec ses parents – ses *vrais* parents –, personne ne parlait jamais de ça.

Greta s'était mise aux fourneaux, une merveilleuse odeur s'était répandue dans la maison. Il avait faim au point d'en avoir des crampes d'estomac, il allait devenir fou s'il ne pouvait pas manger. La cuisine de Greta était peu imaginative mais délicieuse.

Il prenait un grand risque. S'ils le surprenaient dans la cuisine en train de voler de la nourriture – ils appelaient ça « voler » quand il mangeait quelque chose en dehors des repas –, il serait à nouveau battu. Et, le week-end qui venait, ils l'enfermeraient sans manger. Ils n'osaient ces mesures draconiennes que le week-end, quand il ne devait pas aller à l'école, sinon le risque que l'on remarque quelque chose était trop élevé. Six mois plus tôt, il était tombé d'inanition au milieu d'un cours. Il était resté plusieurs secondes par terre, au pied de sa chaise, sans connaissance. Son institutrice avait parlé avec Greta et Fred, mais Fred avait réussi à minimiser l'incident. Il s'était montré très inquiet que son fils adoptif, qui refusait presque tout ce qu'on lui proposait, soit si difficile.

« Si ça ne tenait qu'à lui, il se nourrirait exclusivement de frites et de pizzas, avait-il expliqué en plissant douloureusement le front. Mais on ne peut pas élever un enfant comme cela, n'est-ce pas ? Vous n'imaginez pas tout ce que ma femme invente pour lui rendre appétissants les légumes et la viande. Il n'y a rien à faire. Le nombre d'assiettes qu'il laisse intactes, si vous saviez ! »

Les simagrées de Fred avaient conquis l'institutrice.

« C'est le cas dans de nombreuses familles, avait-elle renchéri. Les enfants d'aujourd'hui ont le goût déformé par les fast-foods. C'est difficile de les orienter sur d'autres types de nourriture qui leur conviendraient beaucoup mieux. Toutefois... Marius est très... mince. Il est possible que... »

Elle avait baissé la voix, mais il était dans la pièce et il avait parfaitement entendu ce qu'elle avait dit.

«... eh bien, il est possible qu'il souffre d'un trouble du comportement alimentaire qui mériterait peut-être d'être pris au sérieux. Avec ce qu'il a vécu... ce ne serait pas étonnant... »

Fred avait fait comme s'il la tenait pour une pédagogue hors pair qui lui avait donné un précieux conseil.

« Je vais réfléchir à cette idée de me faire aider par un professionnel, avait-il assuré. Vous avez tout à fait raison, ce ne sont pas des problèmes à prendre à la légère. »

Ce discours avait donné la nausée à Marius. À cette époque, il avait renoncé à espérer qu'une aide lui tombe du ciel, et renoncé à en demander. On l'avait si souvent envoyé promener qu'il avait fini par se persuader que Fred Lenowsky était allié au diable et protégé par des forces inattaquables. De plus, il avait toujours eu à regretter ce qu'il avait tenté pour remédier à son malheur. De la haute trahison aux yeux de Fred.

Il avait tout de même encore essayé ce jour-là. Pour autant qu'il se souvienne, ce fut son ultime et dernière tentative. L'institutrice s'était déjà levée pour prendre congé ; il voyait s'en aller une chance qui peut-être ne se représenterait plus.

« Souvent, ils ne me donnent rien à manger, avait-il dit précipitamment et sans oser regarder Fred. Très souvent, même. J'ai toujours faim. »

Elle avait paru plus agacée que choquée. Il sentait qu'elle avait du mal à accorder du crédit à ses déclarations. Qui était-il ? Un garçonnet trop grand et trop maigre issu d'un milieu défavorisé, un enfant d'alcooliques qu'on avait négligé, détruit. On l'avait trouvé à demi mort de faim et de soif, enchaîné dans une salle de bains crasseuse, gisant dans ses excréments parce que sa chaîne ne lui permettait pas d'utiliser les toilettes, abruti de peur et de désespoir. Pas étonnant qu'il ait un grain ! Pas étonnant qu'il présente des troubles du comportement, qu'il ait des rapports compliqués avec la nourriture, qu'il s'évanouisse au milieu de la classe et qu'il répande de vilaines histoires sur les gens qui ne lui voulaient que du bien. En face de lui, il y avait Fred Lenowsky, le célèbre avocat, le bel homme aux tempes grisonnantes, avec ses costumes parfaitement coupés, sa très chic eau de toilette, son élégance, son impassibilité et son aura de succès. Il avait les meilleures cartes. Il aurait toujours les meilleures cartes.

« Voyons, dit Fred, tu veux dire que tu n'as pas toujours ce que tu aimerais manger. Nous en avons déjà souvent parlé. Nous en reparlerons tout à l'heure. »

Il avait relevé la tête et regardé Fred. Un sourire froid, juste ébauché, étirait ses lèvres. Quiconque connaissait Fred voyait la colère sans nom qui se dissimulait derrière ce sourire. Il allait le lui faire payer. Dès que son institutrice serait partie, il prendrait sa revanche.

Elle, naturellement, ne se rendait compte de rien.

« Tu n'as pas toujours eu la vie facile, Marius, je le sais, avait-elle dit gentiment. Mais tu dois tout de même faire des petits efforts. M. et Mme Lenowsky ne veulent que ton bien. Tu me promets d'être plus raisonnable ? »

Il avait silencieusement hoché la tête.

Fred avait alors raccompagné l'institutrice. Du séjour où il était resté, il l'avait entendu parler dans le couloir.

« Il arrive malheureusement que Marius parfois nous dénigre, avait dit Fred d'un ton soucieux extraordinairement convaincant. J'ai l'impression qu'il ne parvient pas à accepter à quel point ses parents biologiques ont pu le maltraiter. Il ne veut pas leur être déloyal. Il les défend aujourd'hui encore bec et ongles. En nous faisant passer pour des méchants, il redore un peu la piètre image de ses parents naturels. Nous comprenons, bien sûr, compte tenu du drame qu'il a vécu, qu'il puisse éprouver ce besoin de nous nuire, mais ma femme, particulièrement, en est parfois très affectée.

— Je me mets à votre place... dit l'institutrice, et je vous admire de vous investir ainsi. Les enfants comme Marius ont besoin d'être aidés, mais il y a assurément peu de personnes disposées à faire passer leurs intérêts au second plan pour leur apporter cette aide. J'espère sincèrement que les choses vont s'arranger.

— Elles s'arrangeront, affirma Fred avec beaucoup de conviction. Je suis de ceux qui pensent que l'amour fait des miracles. Et ma femme et moi éprouvons plus que de l'affection pour le petit. »

Il avait failli hurler, seul dans le séjour, si seul, puis il avait entendu les pas de Fred Lenowsky revenir vers lui et la peur lui avait noué l'estomac.

Il avait dévié de son sujet. Ses pensées l'avaient entraîné ailleurs. C'était quelque chose de tout à fait différent qu'il voulait raconter à Rebecca. Qu'était-ce donc ?

Il transpirait. Quand il passait ses doigts dans ses cheveux, il se rendait compte qu'ils formaient des paquets humides.

Il avait raconté l'histoire de l'institutrice. Mais il avait commencé par… par l'histoire du soir où il s'était faufilé dans la cuisine pour manger. Exact. Il avait changé de sujet. Il ne parvenait pas à raconter sa vie de façon logique et linéaire. Lui ! Lui qui étudiait le droit. Et qui avait des notes excellentes à tous ses devoirs, à tous ses examens ! Jamais il n'avait de difficulté à construire des démonstrations logiques ou à suivre un plan. Et là, pour le devoir le plus important qu'il ait jamais eu à faire, il n'y parvenait pas. C'était à pleurer.

Rebecca avait toujours les pieds et les poings liés, mais elle n'avait rien fait qui ait pu l'inciter à lui remettre son bâillon. Sans doute redoutait-elle par-dessus tout ce mouchoir enfoncé dans sa bouche. Toujours est-il qu'elle ne s'était pas mise à crier et qu'elle n'avait à aucun moment tenté de manœuvres pour s'enfuir. Elle paraissait même plus calme. Au début, elle avait eu l'air paniqué d'un animal pris au piège. Depuis, son regard ne tressautait plus. De même, sa respiration, longtemps saccadée et sifflante, avait retrouvé une certaine régularité. Ça lui avait plu qu'elle ait peur, c'était bien qu'elle souffre, qu'elle tremble, qu'elle s'affole. Néanmoins, il était beaucoup plus important qu'elle l'écoute. Il fallait qu'elle comprenne ce qu'il disait, qu'elle intègre ce qu'elle lui avait fait. Il fallait qu'elle prenne clairement conscience de sa culpabilité.

Il sursauta quand soudain elle prononça une phrase. Jusque-là, elle l'avait écouté sans émettre le moindre son.

— C'était une situation réellement dramatique, Marius, dit-elle. Je comprends combien vous avez pu vous sentir désespéré, tant enfant qu'adolescent.

Il fut sur le point de bondir et de hurler. Comment osait-elle ouvrir la bouche ? Il réussit in extremis à se maîtriser. Elle avait parlé doucement. Et, ça, il ne le lui avait pas interdit. Elle avait respecté ses règles. Et il avait enfin réussi à l'amener à ce qu'il voulait. À ce qu'elle parle avec lui. C'était ce qui importait.

Il se détendit légèrement.

— Ah oui ? répliqua-t-il d'un ton agressif. Tu comprends ?

— Oui, bien sûr. Vous avez dû vivre un cauchemar.

Il l'observa attentivement. Pensait-elle ce qu'elle disait ? Après tout, elle pouvait très bien lui raconter ce qu'elle croyait qu'il voulait entendre. Qu'est-ce qui lui disait qu'elle s'intéressait à lui ? Elle ne pensait peut-être qu'à sauver sa peau. Inga était comme ça. Il avait cru que son histoire l'intéressait réellement, qu'elle voulait le comprendre et qu'elle était même prête à se mettre de son côté, à le soutenir contre sa chère Rebecca. Et, dès qu'il avait eu le dos tourné, elle n'avait eu qu'une idée en tête, se détacher pour ficher le camp.

La corde ! Il ne fallait surtout pas qu'il oublie de vérifier régulièrement qu'elle était toujours bien serrée.

Il faut que je garde toujours ça à l'esprit !

Il releva les cheveux qui lui tombaient sur le front. C'était épuisant. La présence d'Inga lui avait beaucoup compliqué les choses. Et, bien sûr, il y avait aussi le manque de sommeil et la faim. Il était une heure du matin. Depuis quand n'avait-il pas dormi ? Pas mangé ?

De toute façon, peu importait. Il tiendrait le coup. Il le fallait.

— Un cauchemar, c'est juste, dit-il, reprenant son dernier mot. C'était un vrai cauchemar. Des années de cauchemar sans la moindre perspective d'une aide.

— Tout à l'heure, vous avez commencé à raconter autre chose, dit-elle. Vous parliez d'un soir où cette famille où vous viviez recevait des invités. Vous aviez très faim. Vous êtes descendu pour essayer de trouver quelque chose à manger…

Elle le surprit. Ainsi, elle l'écoutait. Elle s'intéressait à son récit. Si elle simulait, elle le faisait très habilement.

Il se leva. Il ne parvenait pas à rester assis plus de quelques minutes.

— Ah, oui. Ça me revient. Les souvenirs me tombent tous dessus en même temps. J'ai un peu de mal à mettre de l'ordre dans mes idées.

— Nous ne sommes pas obligés de suivre un ordre précis, dit-elle.

Il hocha la tête.

— C'est vrai. Je me mets la pression pour rien. Il faut que j'arrête. On a tout notre temps, pas vrai ?

— Que s'est-il passé, ce soir-là ?

Le nom des invités lui était réellement égal. Ce dont ils parlaient avec Fred et Greta lui était tout aussi indifférent. Une seule chose l'intéressait : manger. Greta avait fait des steaks. Ils devaient être depuis longtemps dans les assiettes de la petite assemblée, mais il misait sur l'accompagnement, dont, avec un peu de chance, il resterait quelque chose dans une casserole sur la cuisinière. Et sur des cacahouètes ; si elle en avait servi à l'apéritif, peut-être avait-elle rapporté dans la cuisine ce qu'il en restait. Ça ne se verrait sûrement pas s'il en prenait quelques-unes. Puis il pensait avoir reconnu une odeur de soupe à la tomate. Si Greta avait vu un peu grand, il devait y en avoir quelque part. En chapardant ici et là, personne ne se rendrait compte de rien.

L'entreprise était à haut risque, son cœur battait à grands coups, mais au final sa faim était plus grande que sa peur. Il mettait le pied sur la dernière volée de marches – l'endroit le plus dangereux car c'était le plus proche de la porte qui donnait sur la salle à manger – quand il entendit son prénom. Il se figea. Ils parlaient de lui ? Les invités voulaient-ils le voir ? Fred ou Greta allaient-ils surgir dans le couloir pour l'appeler ?

Sa première impulsion fut de remonter aussi vite que possible au premier. Mais quelque chose le retint. À moins qu'il ne fût simplement paralysé de peur.

« Mais pourquoi la tutelle ? » demandait une voix de femme.

Ce n'était pas Greta, ce devait donc être la dame en vert.

« C'est s'exposer à une grande incertitude. Marius peut vous être repris du jour au lendemain.

— Eh bien, j'aurais effectivement préféré... » commença Greta.

Fred l'interrompit.

« Ma femme voulait à tout prix un enfant. Cette forme d'accueil nous a paru la meilleure solution.

— Vous auriez pu adopter, insista la dame en vert, vous auriez été plus tranquilles. Un enfant adoptif est comme un enfant biologique. Il porte votre nom, fait définitivement partie de votre famille. Personne ne peut vous le reprendre.

— Mais on ne sait pas sur quoi on tombe », objecta Fred.

À cet instant, l'autre homme se mêla à la conversation.

« À vrai dire, on ne le sait pas non plus avec un enfant biologique. Notre fils nous a quittés à dix-huit ans. Selon lui nous étions bornés, impossibles à vivre et nous ne comprenions rien. Il a aujourd'hui vingt-cinq ans et, aux dernières nouvelles, il vit dans une espèce de communauté hippie en Espagne. Il n'a toujours pas de travail régulier, en revanche il s'essaie à l'art en écrivant des poèmes que personne ne lit. Vous dire que nous sommes déçus est en deçà de la vérité !

— Richard, je t'en prie, dit sa femme à voix basse. Ce n'est pas le lieu d'en parler.

— Votre fils a quitté la maison et ne se soucie plus de vous. Cependant, lorsque vous… eh bien, lorsque vous décéderez, vous devrez lui léguer tout ce qu'à force de travail et d'abnégation vous avez amassé votre vie durant, dit Fred. Cela ne vous gêne-t-il pas ?

— Pas tout, non, rectifia Richard. Seulement sa part réservataire.

— Dans votre cas, la part réservataire est déjà importante.

— Mais on ne considère pas ses enfants uniquement sous l'angle de l'héritage, intervint Greta avec une audace qui, pour elle, frisait déjà l'acte de rébellion, songea Marius dans l'escalier.

— Toujours est-il que c'est précisément le problème que je voulais éviter, dit Fred. Je ne veux pas léguer un centime à quelqu'un qui me déçoit. Un enfant adoptif a les mêmes droits qu'un enfant de votre sang. Il a donc au moins droit à la part réservataire. Ce serait toujours trop. Quand je pense… quand je pense, répéta-t-il d'une voix plus forte, que nous aurions pu adopter quelqu'un comme ce Marius ! Nous serions sacrément coincés. Et sans moyen de s'en sortir. Jamais ! Nous serions obligés de financer ses études, il aurait même le droit à une deuxième formation au cas où il changerait subitement ses projets d'avenir !

Et il hériterait automatiquement de nous ! Je n'aurais pas fini de me retourner dans ma tombe ! »

Il avait parlé d'une voix forte et sur un ton véhément. Un silence gêné s'abattit sur la table.

« Mais... vous ne l'aimez donc pas ? s'étonna timidement la dame inconnue au bout de quelques instants. Tout de même, il n'a que douze ans. C'est encore un enfant. Et vous en parlez... excusez-moi de dire cela... vous en parlez presque comme si vous le haïssiez. Peut-on haïr un enfant de douze ans ?

— Nellie ! intervint Richard. Ça ne nous regarde pas ! »

Dans l'escalier, Marius enfonçait ses ongles dans ses paumes. Qu'est-ce que Fred allait répondre ?

De toute façon, qu'est-ce qu'elle peut bien me faire, sa réponse ?

« Haïr ? interrogea Fred. Eh bien, la haine, c'est comme l'amour, n'est-ce pas ? Ça ne se commande pas. Ce ne sont pas des sentiments dont on fait ce qu'on veut. Quand ils ne sont pas là, on ne peut pas les forcer, et, quand ils sont là, on ne peut pas s'en débarrasser. Cela dit, pour vous répondre, non, je ne hais pas Marius. »

Autour de la table, personne ne fit de commentaires. Fred poursuivit :

« Je le méprise. Je ne peux pas le nier. Je regarde ce visage trop pâle, émacié, ce corps presque rachitique, et c'est toute sa fichue hérédité que je vois ! Il vient du pire milieu social que l'on puisse imaginer. Des parents alcooliques au dernier degré, totalement irresponsables, l'un comme l'autre incapables de garder un emploi plus d'une semaine. Des asociaux complets. Ils ont fichu le camp en laissant leur enfant de six ans seul dans l'appartement. Enchaîné dans la salle de bains, sans nourriture et sans eau. Quand la police l'a découvert, il était plus mort que vif. Par chance, les services sociaux connaissaient la précarité de la situation et une éducatrice suivait la famille. Elle s'est inquiétée et a sonné l'alarme. L'institutrice du garçonnet également. Si ces deux femmes n'avaient pas été là, l'histoire se serait vraisemblablement très mal terminée. Le père a refait surface au bout d'un mois, la mère plus tard encore.

— Pauvre enfant, dit Nellie. Si jeune et devoir vivre des choses aussi épouvantables…

— C'est un aspect des choses, dit Fred. Il y en a un autre. Cet enfant, que vous semblez trouver très innocent, a hérité les gènes de ses parents. Ce caractère vicieux, dévoyé, inconsistant, toute la perversion de ces gens coule dans ses veines. C'est ce que j'ai en permanence sous les yeux !

— Cette question précise fait l'objet de très nombreux débats au sein de la communauté scientifique, intervint Richard. Et, à ce jour, il reste très difficile d'établir l'influence des gènes sur le caractère. Pour certains scientifiques, seule une part infime de nos dispositions psychiques et mentales serait imputable à notre patrimoine génétique. L'environnement social – l'éducation, le milieu dans lequel nous vivons – serait beaucoup plus déterminant.

— Quoi qu'il en soit… » commença Fred d'un ton impatient.

Marius, qui à cet instant était plus que jamais attentif à détecter les humeurs de Fred pour détaler si le danger devenait trop grand, ne connaissait que trop bien ce ton révélateur des prémices d'une colère noire. Les autres ne devaient pas en avoir pris conscience. Hormis Greta, peut-être.

«… je ne veux pas discuter de ces théories, poursuivit Fred. On pourrait y passer la nuit. D'ailleurs, ainsi que je vous le disais, cet enfant avait six ans quand il est arrivé chez nous. Pendant les six premières années de sa vie, des années déterminantes, il a vécu au contact de cette racaille, de ces rebuts de la société. Il en porte la marque.

— À six ans, ils sont encore si petits, dit Nellie. Avec de l'amour et de la douceur, on peut obtenir beaucoup de choses.

— Je suis pour ma part partisan de la plus grande fermeté, dit Fred. C'est également très efficace. Je ne lui passe rien. Rien ! Et je dois dire qu'à quelques exceptions près il file droit !

— Vous devez savoir ce que vous faites, dit Richard après une courte pause. Sans doute avez-vous raison.

— Je pense tout de même que... »

Richard interrompit cette seconde tentative de sa femme.

« Nellie, nous ne sommes pas en droit d'intervenir dans ce débat. Ce sont les parents qui ont pris la responsabilité d'élever un tel enfant qui doivent seuls décider de ce qu'ils estiment le mieux. Finalement, ce sont eux qui doivent ensuite assumer les conséquences des décisions. »

Marius enfonça ses ongles encore plus profondément dans ses paumes sans ressentir de douleur. Ils allaient faire quelque chose. Fred s'était trahi. Ils s'étaient rendu compte qu'il le haïssait. Il avait dit qu'il méprisait le garçon qu'il avait accueilli. Il avait dit qu'il était très sévère avec lui. Nellie et Richard, qu'ils fussent des amis ou pas, allaient forcément faire quelque chose !

« Fred, les verres de nos invités sont vides », fit remarquer Greta.

Fred dut aussitôt faire le service car Richard dit :

« Merci beaucoup. C'est d'ailleurs un vin excellent. »

Et Nellie ajouta :

« Tout le repas est excellent ! Greta, vous êtes un fin cordon-bleu. Je suis très admirative ! »

Ils passèrent à d'autres sujets.

Il fixait Rebecca. Tandis qu'il racontait, il n'avait cessé d'aller et venir. Son corps ruisselait de sueur. Son visage était mouillé. Des larmes avaient peut-être roulé sur ses joues.

— Est-ce que tu comprends ? C'était une fois de plus un espoir anéanti. Au tribunal pour enfants, à l'école, partout où il allait, Fred a toujours su jouer au parfait père de substitution. Affectueux, compréhensif, impliqué. C'était à devenir fou de le voir faire son numéro. La mine soucieuse, la compassion feinte… tout y était. Une réincarnation de Dr Jekyll et Mr Hyde. Un homme à deux visages, et qui jamais ne s'emmêlait dans ses rôles. Sauf ce soir-là. De toutes ces années, c'est la seule fois – du moins la seule à laquelle j'ai assisté, mais je ne pense pas qu'il y en ait eu d'autres – où il a baissé le masque. Pendant dix ou quinze minutes, il ne s'est pas contenu. Il a avoué sa haine et son mépris, il a même avoué de quelle façon il me traitait. Ses invités ne pouvaient plus douter que quelque chose n'allait pas dans cette maison !

De nouveau il releva ses cheveux d'un geste nerveux. Ils étaient à présent aussi mouillés que s'il venait de prendre une douche.

— Est-ce que tu comprends ?

Il ne pouvait s'empêcher de ponctuer son récit de cette question. Il avait un tel désir d'être compris !

— Ils ne m'ont pas vu, ce soir-là ! Ils sont arrivés à sept heures. Moi, à douze ans, on m'avait déjà consigné dans ma chambre. Personne ne m'a ni vu ni entendu. Était-ce normal ?

Il attendit. Comme elle ne répondait pas tout de suite, il hurla :

— Tu n'aurais pas trouvé ça bizarre ?

Rebecca prit une longue inspiration.

— Si, bien sûr, dit-elle. Mais nous ne savons pas quel prétexte Fred Lenowsky a invoqué pour justifier votre absence. Vous n'avez pas entendu toute la conversation. Il a peut-être dit que vous étiez malade. Que vous aviez une mauvaise grippe, ou bien la varicelle ou la rougeole. Dans ce cas, personne ne se serait étonné que vous ne veniez pas dire bonsoir, et personne n'aurait insisté pour monter vous voir dans votre chambre. Il suffisait à Fred de prétexter une maladie très contagieuse.

Cette éventualité ne lui était pas encore venue à l'esprit. Mais oui, ça ressemblait assez à ce diable de Lenowsky, fourbe et imaginatif comme il l'était !

— D'accord, dit-il, d'accord. Mais après... ils se sont rendu compte de quelque chose. Je l'ai entendu. Nellie et Richard ont senti qu'il y avait un malaise. Ils étaient choqués. Ils ont trouvé épouvantable ce qu'il disait. Je l'ai compris à leurs remarques. Est-ce que tu comprends ? Je ne me suis pas trompé. Je l'ai entendu !

Elle hocha la tête. Il lut de la compassion dans ses yeux sombres. Il espéra qu'elle ne faisait pas seulement semblant.

— Ça vous a redonné espoir. Je comprends très bien. Mais vous n'êtes pas le premier à être victime de l'indifférence, ou disons plutôt du manque de courage des gens. On ne prend pas parti, on n'intervient pas. Parce qu'on s'imagine qu'on va s'attirer une kyrielle d'ennuis. On se réfugie derrière l'idée qu'on n'a pas à s'immiscer dans la vie des autres, que chacun doit d'abord balayer devant sa porte. Vous disiez que vous ne connaissiez pas le couple qui était invité ce soir-là. Il existait peut-être des liens professionnels entre ce Richard et Fred Lenowsky. Il lui était peut-être redevable de quelque chose, ou il attendait de lui quelque chose qu'il aurait compromis, un avancement, de l'argent qui ne serait pas rentré... Ce sont des raisons qui – hélas – suffisent amplement à fermer les yeux. Vous n'imaginez pas le nombre de fois où j'ai rencontré ce genre de situation dans le cadre de mon travail.

Il se rassit. Ses jambes tremblaient. La nervosité ? Il espéra que ce n'était pas un nouveau signe d'affaiblissement dû à la faim et au manque de sommeil. La faim, c'était bon, il allait s'en occuper. Dormir, en revanche… Il ne faisait pas confiance aux deux femmes. Rebecca donnait l'impression de s'intéresser à son récit, elle lui parlait, l'écoutait attentivement. Cependant, il ne parvenait toujours pas à décider si elle était sincère ou si elle avait simplement peur et essayait de s'attirer ses bonnes grâces. S'il s'endormait, il y avait des chances pour qu'elle tente de se libérer de ses liens pour s'enfuir, comme Inga.

Inga ! Il ne fallait pas qu'il oublie de vérifier qu'elle était toujours solidement attachée !

— Je n'ai plus jamais revu Nellie et Richard dans la maison, dit-il. Mon histoire devait les mettre mal à l'aise. Ils n'avaient pas envie d'y être mêlés. Ils n'ont prévenu personne. Car personne n'est venu. Personne n'a essayé d'en savoir plus. Fred Lenowsky avait déclaré en présence de tiers qu'il me méprisait, qu'il avait peur de ma lourde hérédité génétique et qu'avec moi il appliquait la plus grande fermeté, comme il disait. Or il ne se passait rien. Ça n'inquiétait personne. On ne voulait rien savoir de l'enfer que je vivais.

— C'est terrible, Marius, dit doucement Rebecca. Réellement. Ce qui vous est arrivé est terrible.

Il tambourina avec les doigts sur le dessus de la commode qui était à côté de lui.

— Tu t'en rends compte tard. Sacrément tard.

Elle soupira silencieusement.

— Pour mes dix ans, j'ai reçu un chien en cadeau, dit-il sans transition. Ce fut le seul moment heureux de toute mon enfance de merde. C'était un golden retriever, tout jeune, presque un chiot, très joueur et, naturellement, magnifique. Chez les Lenowsky, tout était symbole social, même le chien.

— Vous souhaitiez avoir un chien ?

— Bien sûr. Presque tous les enfants souhaitent avoir un chien, non ? Pas une seconde je n'avais imaginé en avoir un jour. Mes vœux n'étaient jamais exaucés. Pour mes anniversaires, on m'offrait des cadeaux pratiques, des choses que, de toute façon, il aurait fallu acheter. Des chaussettes, des sous-vêtements, des gants. Bref, tu vois ce que je veux dire. Mais pour mes dix ans... il y avait un panier à chien en osier devant la porte de ma chambre. Dedans, il y avait Clarence. Je n'en croyais pas mes yeux.

— Savez-vous pourquoi Fred Lenowsky a brusquement exaucé un vœu qui vous tenait tant à cœur ?

Marius sourit. C'était un sourire plein d'amertume et de déception.

— Tu veux dire que tu te demandes si quelque chose avait changé ? Dans son attitude à mon égard ? Oui, je l'ai cru aussi, au début. J'étais au septième ciel. Ce chien, pour moi, c'était le début d'une nouvelle vie.

Il n'en était rien, naturellement, Rebecca le savait.

— Mais vous vous trompiez.

— Oui. Lourdement. Pourquoi avait-il acheté ce chien ? Sûrement pas pour me faire plaisir. Je crois que ça faisait bien. Surtout vis-à-vis du tribunal. « Nous avons offert un chien à Marius. C'est tellement important, un animal pour un enfant. Marius va prendre le sens des responsabilités. Et il a maintenant un merveilleux compagnon ! »

Marius se leva et recommença à arpenter la pièce.

— Bref, le baratin habituel. Lenowsky excellait dans le genre. Il savait toujours ce qu'il fallait dire selon les personnes auxquelles il s'adressait. Il parlait comme ceci à la sous-chef de service du tribunal, comme cela au directeur de la banque et encore autrement à l'hôtesse de l'air en avion. Il était à chaque fois un autre. Et toujours parfait. Parfait pour en tirer le maximum.

Il s'arrêta, passa les mains sur son visage, dans ses cheveux. Il tremblait de plus en plus. Satanée fatigue ! Il n'allait pas tenir longtemps sans dormir.

— Pauvre chien. Lui aussi a dû subir les délires éducatifs de Lenowsky. Fred adorait l'idée que la famille formait une sorte de meute au sein de laquelle chacun des membres occupait une place définie. Le chef de meute, naturellement, c'était lui. « C'est moi qui dirige. Je suis le premier », disait-il toujours. Il lui arrivait de le répéter cent fois par jour.

Elle le regarda droit dans les yeux.

— Vous avez raison, Marius. C'était du délire. Il est fou. C'est un malade.

— Ensuite venait Greta, puis moi, puis le chien. Imagine un peu, ils apprenaient au chien à passer la porte le dernier. Sinon, il n'apprendra jamais à se soumettre, disait Fred. Et la soumission, il y tenait. J'avais rêvé d'un chien tout fou qui aurait jailli de la maison en nous voyant, qui nous aurait fait la fête, qui aurait sauté partout et aboyé. Fred fit de Clarence un animal asservi, conscient de son statut de dernier maillon de la chaîne et qui veillait anxieusement à ne pas enfreindre les règles qui lui avaient été inculquées. Le chien avait aussi peu le droit de vivre que moi. Sais-tu ce que Fred avait également imposé ? Clarence devait toujours manger le dernier. Quand Fred assistait à une des multiples soirées que lui valaient ses obligations professionnelles, Clarence devait attendre jusqu'à plus de minuit. Affamé, inquiet. Fred trouvait formidable de rentrer à la maison et de manger un morceau dans la cuisine en regardant Clarence baver de faim devant lui. Il savourait jusqu'au bout son pitoyable sentiment de puissance. Puis, généreusement, il lui donnait sa gamelle. Et, après, Clarence lui léchait presque les pieds de reconnaissance.

Rebecca avala sa salive.

— Vous êtes tombé sur un malade, Marius. Je ne peux vous dire à quel point cela me fait de la peine. Pour vous, et pour Clarence. Ce Lenowsky est un pervers de la pire espèce qui soit. Un de ceux qu'on ne voit pas, qui hors de sa sphère intime ne se distingue en rien, et donc aux agissements desquels on ne met jamais un terme. Un homme brillant et honorablement considéré auquel on reconnaît sa place au sein de la société. Que l'on apprécie et que l'on respecte. Et, le jour où il quittera ce monde, parions que ce ne sera qu'un concert de louanges. C'est terrible, et très injuste. Mais ça arrive tous les jours, partout.

Elle le comprenait. Elle lui accordait toute son attention. Sa compassion était authentique, il en était presque certain. Elle avait été émue par son récit.

— Mais pourquoi ? demanda-t-il. Pourquoi m'a-t-il pris chez lui ? Il me détestait, il me méprisait, pourquoi fallait-il que je reste ?

Rebecca ébaucha un sourire. Un sourire essentiellement triste, dénué du mépris que, déjà prêt à mordre, il s'était attendu à y voir.

— Clarence vous a donné la réponse, dit-elle. Par besoin de dominer. Chez les gens comme Lenowsky, il s'agit toujours d'un besoin de domination, d'ascendance sur les autres. C'est pathologique. C'est tellement facile de soumettre un chien ! C'est tellement facile de forcer la docilité d'un enfant ! Lenowsky aimait ça, il en avait besoin. Je suppose que cela allait presque jusqu'à la dépendance. Voir quelqu'un avoir peur de lui. Voir quelqu'un mendier ses faveurs, être complètement assujetti à ses humeurs… C'était le sel de son existence, sa vie. Et un enfant en accueil temporaire, que rêver de mieux ? Vous avez entendu ce qu'il disait à ses invités. Il avait besoin d'avoir sous la main quelqu'un qu'il pouvait plier à sa volonté, mais il ne voulait surtout pas d'engagement définitif. En soi, un enfant, ce qu'il était, ce qu'il deviendrait, ne l'a jamais intéressé. D'ailleurs, l'idée qu'un enfant puisse un jour hériter de lui lui était intolérable. En effet, il considérait que, lui mort, cet enfant aurait remporté une ultime victoire ; il ne pouvait pas l'admettre. L'adoption n'était pas envisageable. L'accueil temporaire d'un enfant déshérité, en revanche… Cette solution était d'autant plus séduisante qu'elle le parait d'une aura de générosité qui lui valait un surplus de reconnaissance sociale. Il a dû passer d'excellentes années.

La douleur était si grande qu'il la supportait à peine. Éclater en sanglots, se pelotonner dans les bras de Rebecca, se faire consoler…

Je ne dois pas oublier qu'elle est mon ennemie. Elle m'a trahi. Elle était du côté des autres. Même si maintenant elle fait comme si elle comprenait tout.

D'un ton faussement détaché – le désespoir ne le dévastait pas moins qu'à cette époque, comme si pas un jour ne s'était écoulé depuis –, il dit :

— Un jour, Fred a changé l'ordre hiérarchique. Ce n'était plus Clarence qui était le dernier. C'était moi.

— Oh, Marius…

Il respirait avec peine.

— « Tu es le dernier ! » Désormais, il répétait ça presque aussi souvent dans une journée que : « Je suis le premier ! » Je n'avais le droit de manger qu'après le chien. J'attendais dans mon lit, rongé par la faim. Il venait me chercher au milieu de la nuit pour descendre dans la cuisine. Clarence et moi, on devait le regarder se faire des œufs au plat et se délecter en les mangeant. Puis il donnait sa gamelle à Clarence. C'est seulement quand Clarence avait tout léché jusqu'à la dernière miette que j'avais mon pain. Sans œufs au plat. Dans les bons jours, avec un peu de beurre. J'étais le dernier. J'étais le dernier. *J'étais le dernier !*

Il avait hurlé ces derniers mots. Puis, sans plus pouvoir se retenir, il fondit en larmes et s'effondra de douleur.

— J'aurais pu les aimer, Rebecca ! Si seulement ils avaient été un peu moins durs, je les aurais aimés. Je les aurais aimés comme mes parents. J'étais un enfant. J'avais un tel besoin d'amour ! J'avais tellement besoin d'aimer ! J'aurais tout donné à Fred et Greta. Tout ! Mon amour, ma confiance, ma tendresse. Je le voulais tant ! Je le voulais !

Il sanglotait si violemment qu'il tremblait de tout son corps.

Il aurait voulu que Rebecca le prenne dans ses bras.

Mais elle ne le pouvait pas. Pieds et poings liés, impuissante, elle ne pouvait que le regarder souffrir.

2

L'avalanche s'était déclenchée. Rien ni personne ne pourrait l'arrêter. C'était une certitude. La seule interrogation concernait ce qu'elle allait détruire sur son passage.

Ma vie, songea Clara. Ma vie n'y résistera pas.

Sa conversation avec Agneta l'avait anéantie. Elle avait attendu, paralysée d'angoisse, que la catastrophe arrive, que la tempête se déchaîne. En fin de journée, le téléphone avait sonné. Un commissaire de police du nom de Kronborg souhaitait convenir d'un rendez-vous avec elle pour le lendemain. La roue avait alors commencé à tourner.

De façon tout à fait absurde, elle avait confusément espéré que l'affaire se réglerait sans que Bert en sache rien. Mais, ce soir-là, il était rentré exceptionnellement tôt et avait donc entendu le téléphone sonner.

« Qui était-ce ? » avait-il demandé sans arrière-pensée.

Elle avait pris sur elle pour répondre.

« Un commissaire de la brigade criminelle. Il va passer demain matin pour me poser des questions.

— Ah bon ? Mais pourquoi ? Qu'est-ce que tu as à voir avec la brigade criminelle ? »

Sans oser le regarder, trop vite et en s'embrouillant, elle lui avait parlé des soupçons d'Agneta et de Sabrina Baldini, du petit Marius, de l'histoire confuse autour du choix de sa famille d'accueil. Du rôle qu'elle-même avait joué dans cette histoire.

Bert l'avait écoutée avec une stupéfaction croissante.

« Un enfant maltraité ? Est-ce que j'ai bien compris ? Tu as, autrefois, aidé à couvrir un cas de maltraitance d'enfant ? »

Elle avait essayé de lui expliquer que cela paraissait évident aujourd'hui, mais qu'à l'époque elle avait eu beaucoup de mal à évaluer la situation. Il s'était efforcé de la comprendre, toutefois sa réaction lui avait donné un avant-goût de l'opinion qu'on se ferait d'elle. *Elle avait aidé à couvrir un cas de maltraitance d'enfant.* Qui s'intéresserait suffisamment à elle pour être disposé, comme Bert, à écouter sa version de l'histoire ? On la condamnerait sans autre forme de procès, elle serait le monstre qui s'était rendu coupable d'un acte inadmissible.

« Nous devons être très prudents, avait dit Bert à la fin de son récit. La police doit te protéger. Il y a vraiment un cinglé derrière toutes ces lettres que tu as reçues. Un fou furieux qui m'a l'air sacrément dangereux ! »

Même gentiment, il s'était beaucoup moqué du crédit qu'elle avait accordé aux menaces qu'elle recevait. À présent, force lui était de reconnaître que ses peurs étaient fondées. Mais Clara ne parvenait pas à en concevoir le moindre sentiment de triomphe.

Kronborg se présenta le lendemain matin à neuf heures précises. C'était l'homme le plus grand qu'elle ait jamais rencontré. Il ne se montra nullement inamical. Elle s'était imaginé qu'il arriverait avec un jugement tout fait et qu'elle ne pourrait même pas essayer de lui expliquer qu'à l'époque elle avait été embarquée dans une histoire dont elle n'avait pas su prendre la juste mesure. Quant à le convaincre...

Non seulement Kronborg n'avait aucune idée toute faite sur elle, mais son attitude invitait à la confidence.

Plus un confesseur qu'un policier, se dit Clara. Elle devait néanmoins rester vigilante et ne pas se laisser abuser par son sourire enjôleur.

Il s'était longuement entretenu avec Sabrina Baldini.

— Son appel nous a énormément aidés, dit-il. Sans cela, nous aurions mis beaucoup de temps à découvrir l'existence de cet enfant placé chez eux. Marius Hagenau. Un étudiant en droit, fin de deuxième année.

— Hagenau... répéta Clara.

Le nom ne lui disait rien. L'espace d'un instant, un fol espoir germa. Était-il possible qu'il y ait eu confusion ?

Kronborg la ramena brutalement à la réalité.

— Il est marié depuis presque deux ans. Il a pris le nom de sa femme. Autrefois, il s'appelait Peters. Marius Peters.

Quelque chose s'affaissa en elle.

— Oui. Oui, c'est comme ça qu'il s'appelait.

— Vous êtes au courant du meurtre des Lenowsky ? La famille d'accueil de Marius ? Nous n'aurions eu aucune raison de soupçonner ce jeune homme.

Toutefois, maintenant que nous savons qu'il y a eu, à l'époque, des problèmes autour de son placement... Nous avons en outre appris l'existence des lettres de menace que vous-même, Sabrina Baldini et une autre jeune femme avez reçues. Vous avez toutes un lien, à des degrés divers, avec Marius Peters. Cela ne vous surprendra pas d'apprendre que Marius Hagenau est devenu notre principal suspect.

— Principal ? Avez-vous donc d'autres suspects ? demanda Clara.

Kronborg dut convenir qu'il s'agissait de la formulation usuelle, pas d'un reflet rigoureux de la réalité. Ils n'avaient pas d'autres suspects.

— Néanmoins, en l'état actuel de l'enquête, nous ne devons privilégier aucune piste au détriment des autres. Tout reste possible.

Mais peu probable, songea Clara avec découragement.

— C'est vous qui avez confié Marius Peters au couple Lenowsky ? demanda Kronborg sans détour.

Elle hocha la tête.

— Oui. Enfin, oui et non. Dans cette affaire, rien ne s'est tout à fait passé comme d'habitude.

— Vous étiez travailleuse sociale employée auprès du tribunal pour enfants ?

— Oui. Dans le service de l'aide à l'enfance. Un jour, ma chef de service m'a informée d'un cas de retrait de garde parentale. L'enfant concerné était Marius Peters, il avait six ans. Il avait été découvert enchaîné dans l'appartement familial, sans nourriture, sans eau, dans un état épouvantable. La famille était bien connue des services sociaux. Les parents avaient disparu dans la nature. Il était évident qu'on leur retirerait la garde de leur fils pour un temps indéterminé. Aucun tribunal ne se serait opposé à une décision allant dans ce sens. Le dossier établi par la travailleuse sociale qui suivait la famille mentionnait que les deux parents étaient des alcooliques invétérés. S'ils ne se soumettaient pas à une cure de désintoxication en milieu médicalisé, doublée d'un long suivi thérapeutique, il était inenvisageable qu'ils récupèrent la garde de leur enfant.

— Jusque-là, un cas, somme toute, banal.

— Oui.

Clara avala sa salive.

— Mais il a vite perdu sa banalité. À ce stade, le service aurait dû se réunir pour discuter du cas, et notre collègue du service social aurait dû être associée à cette réunion. Du fait de ses attributions, elle était celle qui connaissait le mieux la famille et l'enfant.

— Et elle n'a pas participé à cette discussion ?

Kronborg compulsa son dossier. Il s'était renseigné.

— Nous parlons de madame Stella Wiegand, n'est-ce pas ?

— Oui. Elle n'a pu participer à la discussion. À l'époque, elle était à nouveau en arrêt maladie. C'était la deuxième fois. Un cancer. Pendant son absence, la famille Peters était suivie par ma collègue Agneta. L'autre jeune femme qui…

— Je suis au courant. Elle aussi a reçu des lettres anonymes.

— C'est toutefois Stella qui a introduit la demande de retrait de l'enfant à ses parents. Mais, le lendemain, elle était hospitalisée pour une rechute. Elle est morte quatre mois plus tard.

— Le cas a-t-il néanmoins été discuté ?

Clara secoua la tête.

— Non. Ma chef de service m'a expliqué qu'elle avait déjà une famille d'accueil pour Marius. Elle m'a donné un nom et une adresse, et elle m'a demandé de faire le nécessaire.

— Cela vous a étonnée ?

— Oui. Un peu. Mais en même temps, comme Stella, dont l'avis aurait été très important, n'était plus dans le circuit, plus rien ne m'étonnait réellement.

Elle essayait de se souvenir de ce qu'elle avait alors ressenti. S'était-elle suffisamment étonnée ? Aurait-elle dû s'alarmer ?

— Du fait de la maladie de Stella, le processus habituel était chamboulé, dit-elle.

Kronborg hocha la tête.

— Je comprends. Qu'avez-vous fait ensuite ?

— J'ai convoqué M. et Mme Lenowsky. C'était le couple dont ma chef de service m'avait transmis les coordonnées.

— Et alors ?

Elle hésita. Bert lui avait dit, comme précédemment Agneta, de ne rien cacher à la police. « Tu es en danger. Il ne s'agit plus de ta réputation. Si tu es suffisamment mouillée pour qu'un détraqué puisse t'en vouloir à mort, tu dois le dire. Il y va de ta vie. La police doit pouvoir se faire une idée juste de la situation. »

— Les Lenowsky ne me plaisaient pas, se décida-t-elle à dire.

— Pourquoi ?

— Eh bien, tout d'abord, ils étaient trop vieux. Je ne parle pas seulement de leur âge. Ils l'étaient également... dans leur tête. Vous comprenez ? Fred Lenowsky avait une cinquantaine d'années. Sa femme était un peu plus jeune. Mais ils donnaient l'impression d'avoir au moins... soixante-cinq ans.

— Sur quoi reposait cette impression ?

— Ils étaient d'une autre génération. Lui, très patriarcal, elle, effacée au possible, muette. Ils portaient des vêtements hors de prix et très stricts. Je ne les voyais pas en train de jouer et chahuter avec un enfant de six ans, ou par exemple organiser un goûter d'anniversaire.

— Qu'y avait-il d'autre ? Outre le fait qu'ils étaient trop vieux, qu'y avait-il qui ne vous plaisait pas ?

— C'est difficile...

Elle avait réellement des difficultés à se souvenir. Pourtant, depuis le coup de téléphone d'Agneta, pas un instant elle n'avait pensé à autre chose. Peut-être avait-elle refoulé plus de souvenirs qu'elle ne voulait l'admettre. Cependant, déjà à l'époque elle avait eu du mal à expliquer ce qu'elle ressentait. L'aversion que lui inspirait Lenowsky était instinctive, elle n'avait pu fournir aucune explication rationnelle.

— Je n'aimais pas beaucoup Fred Lenowsky. Il m'a été d'emblée antipathique, sans que je puisse expliquer pourquoi. Il était poli, aimable, très souriant. J'avais été formée à juger de l'aptitude de postulants à être parents d'accueil, et j'avais l'habitude de ne pas laisser mes sentiments personnels prendre le dessus. Il ne s'agissait pas d'aimer ou de ne pas aimer quelqu'un. Il s'agissait de juger d'une aptitude à accueillir un enfant. Il ne devait pas y avoir d'affectivité en jeu.

— Et que pensiez-vous de l'aptitude des Lenowsky ?

— Je pensais qu'ils étaient l'un et l'autre inaptes.

— Pourquoi ?

Il ne lâchait pas, il voulait la faire aller au fond des choses.

— Eh bien, j'ai dit à ma chef de service que pour moi ils étaient trop âgés. Toutefois, il m'était déjà arrivé de trouver des postulants antipathiques. J'avais tout de même donné le feu vert à leur agrément, et en toute sérénité, parce que je savais qu'ils sauraient s'occuper d'enfants. J'étais parfaitement capable de faire abstraction de mes sentiments. Cette fois-là, cependant... je ne sais pas...

Elle adressa un regard presque désespéré à Kronborg.

— Lenowsky m'était plus qu'antipathique. Je ne parvenais pas à me départir d'une certaine appréhension. C'était là, il n'y avait rien à faire.

— Je comprends. Peut-on dire, en d'autres termes, que votre instinct vous disait non ?

— Oui. C'est exactement ça. Mon instinct me le disait de toutes ses forces !

— Mais…

— D'ordinaire, ma chef de service tenait compte de mes avis, elle les appréciait. Là, elle a commencé à discuter, à critiquer. Elle disait que je n'avais pas d'arguments, que ma démarche n'était pas professionnelle… À force, je me suis demandé si elle n'avait pas raison.

— Quel âge aviez-vous ?

— Vingt-trois ans.

— Vous étiez très jeune.

— Oui. En fait, j'étais jeune et assez sûre de moi, mais j'ai commencé à douter. Puis ma chef a fini par me dire la vérité. Les Lenowsky étaient des postulants de premier choix, si l'on peut dire. Le directeur des affaires sociales en personne lui avait donné l'ordre d'attribuer le prochain enfant à placer – et c'était le petit Marius – à Fred et Greta Lenowsky. En lui laissant entendre que la demande émanait du cabinet du maire.

Kronborg siffla doucement entre ses dents.

— Ça ressemble fort à une histoire de passe-droit entre amis haut placés, non ?

— C'en était une. Et je l'ai tout de suite compris. En même temps, en lui-même, le passe-droit ne faisait pas des Lenowsky un mauvais choix. En plus…

— Je vous écoute, insista Kronborg devant son hésitation.

— Les familles d'accueil ne se bousculaient pas, expliqua Clara. Il y a peu de gens disposés à assumer la charge d'un enfant au passé aussi lourd. Surtout en sachant que cet enfant, qui risque d'être très perturbé, peut leur être repris du jour au lendemain. Je veux dire que, si les Lenowsky n'avaient pas été retenus, Marius n'aurait pu être accueilli dans aucune autre famille. Il aurait été placé dans un foyer pour un temps indéterminé.

Kronborg se pencha légèrement en avant. Le regard amical et encourageant qu'il posait sur elle, la simplicité avec laquelle il l'appelait simplement par son prénom faisaient du bien à Clara et l'aidaient à reprendre lentement pied.

— Vous n'avez pas à vous défendre avec cette véhémence, Clara. J'imagine très bien ce que vous avez pu vivre à l'époque, quel a été votre dilemme. Je comprends que vous ayez finalement confié l'enfant aux Lenowsky. Vraiment. Jusque-là, je crois qu'à vingt-trois ans et dans une situation identique je n'aurais pas agi autrement.

Jusque-là...

— J'ai rédigé un rapport d'agrément positif, dit Clara à mi-voix. Mais je me rendais bien compte qu'on me l'avait dicté.

— Marius a donc été placé dans cette famille. Votre rôle ne s'arrêtait pas là, n'est-ce pas ?

— Non. J'étais dès lors chargée du suivi de l'enfant au sein de la famille d'accueil. Je suis restée en contact avec les Lenowsky, je leur rendais régulièrement visite. Seulement, même si ça ne m'a jamais été dit ouvertement, dès le début j'ai compris qu'on me priait gentiment de ne rien trouver de dérangeant. Lenowsky était un ami du maire. Il était protégé. C'était manifeste.

— Auriez-vous, sinon, trouvé quelque chose de dérangeant ? demanda Kronborg.

Clara hésita à nouveau. Ce qu'elle avait ressenti était alors si confus, si imprécis.

— En fait, non. Tout paraissait aller bien. Les Lenowsky avaient une belle maison dans un beau quartier. Marius avait sa propre chambre. Il était bien habillé. L'été, M. Lenowsky l'emmenait faire de la voile avec lui, ce que Marius semblait beaucoup aimer. Je l'ai souvent vu avec des petits camarades. Il travaillait très bien en classe... Oui, c'est ce à quoi je me raccrochais...

Elle venait juste de se souvenir qu'à l'époque cela revêtait pour elle une grande importance.

— Les enfants qui ne vont pas bien, qui sont perturbés ou malheureux ont presque toujours des résultats scolaires en chute libre. Marius était incontestablement un bon élève. Ses professeurs confirmaient qu'il suivait les cours tout à fait normalement. Et rien ne permettait de penser que la famille exerçait une pression particulière pour qu'il travaille.

— Néanmoins, vous vous posiez des questions ?

— J'avais une drôle d'impression. Mais je me disais que ça tenait au fait que... qu'on m'avait forcé la main. Je pensais que je n'étais pas très objective.

— Marius lui-même vous semblait-il un enfant heureux ?

Clara eut un rire sans joie, cynique.

— Non ! Bien sûr que non. Quelle question ! Il ne semblait pas du tout heureux. Mais c'était tellement banal. Les enfants qui ont vécu ce qu'il avait vécu – des années de délaissement, de maltraitance, puis une séparation forcée d'avec les parents, toujours traumatisante, ressentie comme un arrachement quoi qu'ils aient souffert –, ces enfants-là ne sont pas heureux. Ils ne le sont pas pendant des années. Ils peuvent être dépressifs, violents, suicidaires, avoir des troubles du comportement, refuser de s'alimenter, être boulimiques. Certains sont kleptomanes, d'autres se fondent dans leur nouvel environnement jusqu'à renoncer à exister, à devenir invisibles. Beaucoup mouillent leur lit jusqu'à un âge avancé de la puberté. Certains s'automutilent, s'infligent des coupures sur les bras et les jambes. D'autres…

Elle s'interrompit.

— Oui ? l'encouragea Kronborg à poursuivre.

— D'autres inventent des histoires abracadabrantes. De mauvais traitements infligés par leur famille d'accueil, de sévices sexuels, d'incitation à commettre des délits. Vous n'imaginez pas tout ce que j'ai pu entendre.

— Je comprends. Marius racontait-il lui aussi de telles histoires ?

— Non. Du moins pas au début.

— Vous le perceviez comment ?

— Je pensais qu'il était dépressif. Ce qui ne me surprenait pas. Il avait été enchaîné aux toilettes et…

Elle l'avait déjà dit. Elle se tut.

— Je sais, dit Kronborg.

— Il me paraissait anxieux et je trouvais son abnégation trop grande. Il voulait toujours tout faire bien. Mais, comme je vous le disais, je rencontrais souvent ce type de comportement.

— Dans le cas de Marius, vous conserviez néanmoins certaines préventions.

— Que j'attribuais à ma subjectivité. Je ne pouvais toujours pas souffrir Lenowsky, cependant il parlait de Marius avec intelligence, compréhension… et de vrais accents de sincérité. Je me souviens qu'il se faisait beaucoup de soucis à propos de ses problèmes d'alimentation. L'enfant était de fait effroyablement maigre. D'après ce qu'en disait la famille, il refusait quasi systématiquement de s'alimenter, chaque bouchée était une négociation. Fred Lenowsky racontait souvent que sa femme ne savait plus quoi inventer pour lui redonner l'appétit.

— Toutefois, vous pensiez qu'il n'y avait pas lieu de s'en inquiéter ? Je veux dire, compte tenu des circonstances.

— C'est ce que je me répétais cent fois par jour, dit Clara.

— Cent fois par jour, répéta pensivement Kronborg. Une petite alarme sonnait dans votre tête, mais vous essayiez de la faire taire. Peut-on le dire comme ça ?

— Oui, répondit Clara dans un murmure.

Ils gardèrent un instant le silence.

Puis Kronborg demanda sans transition :

— Marius ne se plaignait pas de mauvais traitements. Du moins, pas au début, disiez-vous. Cela signifie donc que la situation a changé. Il a commencé à parler ?

Elle le regardait. Brusquement, elle se détourna, mais il ne put échapper à Kronborg que ses yeux étaient emplis de larmes.

— Il m'a appelée au secours, commissaire, dit-elle d'une voix étouffée. Il m'a appelée au secours et *je savais qu'il ne mentait pas*. Je le savais. Il était sans défense. Mais je n'ai pas répondu. Je l'ai laissé tomber. Et, aujourd'hui, je vais le payer. Tout ce que j'ai construit va s'effondrer. J'ai abandonné un enfant qui avait besoin de mon aide. Et je viens de prendre conscience d'une chose…

Elle tourna à nouveau son visage vers lui. Ses yeux étaient brillants de larmes.

— J'ai toujours su que ça me rattraperait. Je l'ai toujours su, dit-elle.

3

Le soir tombait sur une journée écrasante de chaleur, et longue, si longue. De la chaise sur laquelle elle était ligotée dans le séjour, Inga avait suivi la lente progression des aiguilles sur le cadran de la pendule posée sur la cheminée. Elle pensait n'avoir jamais autant aspiré à ce qu'une journée s'achève. Marius n'avait pas baissé les stores de la terrasse et les volets étaient restés ouverts.

La faim et la soif avaient été une véritable torture, tout son corps était en feu. Ses jambes lui faisaient atrocement mal, ses pieds étaient enflés comme ils ne l'avaient jamais été. Des images terrifiantes de thrombose et d'arrêt cardiaque la hantaient. Si elle ne buvait pas bientôt, elle mourrait de déshydratation.

Quand Marius était venu la voir, au petit matin, elle l'avait supplié de la détacher.

« Il faut que je puisse bouger un peu. Regarde mes pieds... tu as tellement serré. Je ne sens plus mes membres, j'ai l'impression qu'ils sont en train de mourir. Et il faut que je boive, s'il te plaît, Marius. Je n'en peux plus. »

Il avait paru absent, perdu dans ses pensées. Les joues creuses, anormalement pâle, on aurait dit un revenant. Une barbe de plusieurs jours lui mangeait la moitié du visage. Des marques de transpiration s'élargissaient sous ses aisselles. Il dégageait une odeur suffocante. Mais le pire était ses yeux : sombres, vides.

Elle s'était demandé si ce qu'elle disait pouvait seulement l'atteindre.

Il était allé d'une fenêtre à l'autre en marmonnant des mots incompréhensibles, il avait regardé dehors et plissé les yeux dans la lumière crue du matin. Inga imaginait déjà la fournaise qu'allait devenir la pièce au fil de la journée.

« Marius, avait-elle demandé, pourrais-tu fermer les volets ? Ou laisser les fenêtres ouvertes ? Ou au moins entrebâillées ? Je vais étouffer, sinon. »

Il lui avait jeté un regard mauvais.

« Je ne vais certainement pas laisser les fenêtres ouvertes. Tu appellerais au secours. »

Seul un fou pouvait avoir cette idée. Qui l'aurait entendue ?

« Je ne crierai pas. Mais, si tu as peur, ferme au moins les volets. Je t'en prie, Marius.

— Je vais revenir dans une ou deux heures », avait-il promis.

Elle était certaine qu'il oublierait.

Il avait vérifié ses liens. Elle s'y attendait et n'avait donc rien entrepris pour assouplir la corde durant la nuit. Sa chance, c'était la journée. La veille, elle ne l'avait pas vu pendant plusieurs heures d'affilée. Elle l'avait entendu marcher et marcher encore, au premier, dans la chambre de Rebecca, elle avait deviné des bribes de phrases, elle l'avait entendu crier, et, une fois, pleurer. Il n'était venu la voir qu'une seule fois, et il avait enfin accepté de l'accompagner aux toilettes. Elle avait espéré qu'il attendrait devant la porte, mais il n'allait pas prendre le risque qu'elle s'enfuie par la fenêtre cassée.

« Je ne peux pas, si tu restes à côté, avait-elle dit.

— Fais pas de manières. Je te rappelle que nous sommes mariés. »

Elle avait été sur le point de lui demander ce que cela changeait à l'affaire, mais elle s'était abstenue de peur de lui faire perdre sa relative bonne humeur. Et elle avait mis sa pudeur de côté. Elle avait attendu trop longtemps pour pouvoir se retenir encore.

En se lavant les mains, elle avait observé son reflet dans le miroir. Elle avait une tête épouvantable, au sens strict du terme. Son œil droit était violet foncé, la paupière, enflée, refusait obstinément de s'ouvrir. Toute la partie droite de son visage était gonflée et tuméfiée. Sa lèvre inférieure était fendue et beaucoup plus grosse que sa lèvre supérieure.

Elle n'avait pu s'empêcher de penser qu'elle avait l'air d'émerger d'une opération de chirurgie esthétique ratée.

De retour dans le séjour, il l'avait de nouveau ligotée, tout en la félicitant de ne pas avoir une nouvelle fois essayé de se libérer.

« C'est bien, ma petite Inga. Je suis content de toi », avait-il dit, et dans son for intérieur elle avait prié pour qu'il commence à se sentir en sécurité.

La nuit était venue et elle l'avait à nouveau entendu aller et venir, et parler, parler, parler. Il semblait ne s'être accordé aucun sommeil. Il y avait peut-être un espoir de ce côté-là. Il allait s'effondrer. On ne résistait pas indéfiniment au sommeil.

Il ne lui restait plus qu'à miser sur le fait qu'il allait bientôt perdre le contrôle de la situation. Il paraissait tenir de longs discours à Rebecca, parfois ils semblaient dialoguer, c'était à l'évidence ce qui le retenait de descendre la voir régulièrement. Si elle réussissait à se libérer avant que la nuit tombe, elle pourrait peut-être profiter de l'obscurité pour s'enfuir.

Il avait tout de même fini par lui apporter un verre d'eau dans le courant de la matinée. Elle l'avait vidé d'un trait.

Pour qu'elle puisse boire, il lui avait détaché les mains, puis les pieds parce qu'elle lui avait demandé à retourner aux toilettes.

« Encore ! s'était-il plaint. Tu ne bois pourtant pas beaucoup. »

Elle avait dû s'accrocher à lui pour traverser le couloir. Ses jambes lui faisaient si mal qu'elle s'était retenue pour ne pas pleurer. Qu'arrivait-il à son corps ?

Si elle réussissait à se détacher, serait-elle seulement capable de marcher ?

Le pire était qu'elle avait l'impression d'avoir un étranger en face d'elle. C'était comme si cet homme lui était inconnu. Elle cherchait quelque chose de familier dans ses traits. Il y avait son nez, sa bouche, la forme de sa tête... Tout lui était connu et en même temps complètement nouveau. Cela tenait peut-être aux yeux. Le regard était vide à en donner le frisson. Ce regard devait suffire à le faire paraître un autre homme.

En dépit de ses supplications, il l'attacha à la chaise aussi solidement que la fois précédente. Il lui revint soudain en mémoire la grippe sévère qui l'avait clouée au lit pendant deux semaines six mois après leur mariage. Assommée par la fièvre, elle s'était sentie si mal qu'elle avait cru qu'elle ne s'en remettrait jamais. Marius n'avait pas quitté son chevet. Il avait séché tous ses cours pour se consacrer à elle. Il enveloppait ses mollets dans des linges humides, prenait régulièrement sa température, posait une main fraîche sur son front, changeait plusieurs fois par jour ses draps trempés de sueur. Il lui pressait des oranges et lui préparait du bouillon de viande qu'il lui donnait ensuite à la cuillère car elle était trop affaiblie pour manger seule. Il l'avait entourée d'amour, lui avait prodigué tous les soins possibles et imaginables dont il espérait qu'ils la soulageraient.

Sa fièvre était parfois si forte que le visage de Marius lui apparaissait comme derrière un voile. Quand la fièvre refluait et qu'elle recouvrait sa lucidité, elle se disait : avec cet homme à mes côtés, il ne m'arrivera jamais rien. Jamais.

C'était ce même homme qui lui liait les pieds et les mains avec une corde à linge et tirait si fort qu'elle avait crié.

« Marius ! Ça fait trop mal ! »

Il l'avait regardée. Était-ce de la pitié qu'elle avait vue passer dans ses yeux ? Si oui, elle avait aussitôt disparu.

« Tu n'es pas de mon côté, avait-il dit. Malheureusement. Tu ne me laisses pas le choix... »

Puis il avait quitté la pièce et elle l'avait entendu monter au premier.

Elle laissa passer plusieurs heures sans oser de manœuvres pour se libérer. Il était toujours possible qu'il tienne sa promesse et redescende fermer les volets. Mais le soleil monta dans le ciel, ses rayons se firent brûlants, transformant la pièce en un véritable four, et rien ne se passa. Il continuait à faire les cent pas au-dessus de sa tête, infatigablement.

Elle l'appela. Cria qu'elle allait s'évanouir de chaleur.

Il ne l'entendit pas.

Elle s'en voulut d'avoir laissé passer tant d'heures, et elle pleura parce qu'elle n'était plus certaine d'être encore vivante à la fin de la journée. On pouvait mourir de chaleur. On pouvait mourir de soif. Puis des images de thrombose et d'arrêt cardiaque revinrent la hanter.

Il fallait qu'elle reprenne ses esprits, qu'elle se calme. Sinon, sa situation ne ferait qu'empirer.

Son oreille droite était à présent insensible. Elle sentait battre le sang dans son œil enflé.

Il faut que je parte d'ici. Il est en train de me laisser crever !

Elle recommença à bander ses muscles pour distendre la corde. Il lui en coûtait beaucoup plus d'énergie que la première fois, elle devait souvent faire des pauses pour récupérer. Sa lèvre enflée l'élançait. La soif la torturait. La chaleur la poussait au désespoir. Mais elle ne pouvait plus appeler Marius. Au contraire, elle priait intérieurement pour qu'il ne lui prenne pas l'idée de venir vérifier ses liens.

Ses pensées vagabondaient. Elle échafaudait des plans absurdes qu'elle rejetait aussitôt. Si elle ne réussissait pas à s'enfuir, comment tout cela finirait-il ? Marius se bornerait-il à leur tenir, à Rebecca et elle, des discours sans fin sur son passé ? Se libérer de ce qui l'oppressait lui suffirait-il ou voudrait-il se venger ? Que ferait-il à Rebecca ? Que lui ferait-il, à elle, qu'il considérait, en dépit de ses protestations, comme la complice de Rebecca ?

Je ne sais même pas de quoi je suis complice. C'est complètement insensé.

Et toujours elle repensait à Maximilian. En fait, il était son seul espoir – un espoir bien mince. Un aveugle aurait vu qu'il s'intéressait à Rebecca et que son intérêt allait au-delà de celui qu'un ami fidèle porte à la veuve d'un homme qu'il admirait et appréciait. Inga ignorait ce qui s'était exactement passé entre lui et Rebecca ; Rebecca n'y avait fait que très succinctement allusion. Elle l'avait repoussé, elle l'avait blessé au point qu'il était parti sur-le-champ. Ces derniers jours, elle s'était un peu dégelée. Mais au début... Inga ne se souvenait que trop bien de son visage fermé, de sa froideur, de sa réticence à s'ouvrir à des étrangers. Elle ne pensait qu'à protéger le mur qu'elle avait érigé entre elle et le monde. Ça ne l'étonnait pas que Maximilian ait fini par jeter l'éponge. Elle espérait seulement qu'il reviendrait sur sa décision, qu'il donnerait signe de vie. S'il téléphonait, s'il s'étonnait que personne ne réponde, peut-être sauterait-il dans sa voiture pour venir voir ce qui se passait. Ou bien se faisait-elle des illusions ? Rebecca s'était si bien coupée du monde qu'il faudrait peut-être des mois pour que quelqu'un se rende compte qu'elle était morte.

À moins que Maximilian s'inquiète.

Maximilian qui était peut-être si vexé qu'il laisserait passer des semaines avant de bouger. En admettant qu'il bouge.

Maximilian ! Si tu savais ! Nous avons besoin de toi ! Rebecca a besoin de toi ! Téléphone ! Je t'en supplie, téléphone !

Mais cela changerait-il quelque chose, s'il téléphonait ? Trouverait-il anormal qu'une femme comme Rebecca ne se précipite pas pour répondre ? Ne l'imaginerait-il pas assise face à la mer, perdue dans ses souvenirs, insensible à son environnement ? Lui viendrait-il aussitôt à l'idée qu'un malheur était arrivé ? Se lancerait-il tête baissée dans un voyage de plus de mille kilomètres ?

L'espoir que Maximilian surgisse en sauveur était si mince, si saugrenu, que les larmes lui brûlèrent à nouveau les yeux.

Il n'y a que moi. Je suis mon seul espoir. Si je parviens à me détacher et à m'enfuir, nous avons une chance.

Elle continua à essayer de distendre ses liens. En dépit de la sueur qui ruisselait sur son visage et dans son dos, elle ne relâcha pas son effort. Elle tendait ses muscles à intervalles réguliers. Elle s'efforçait de se concentrer sur ce rythme, ça l'aidait à ne pas penser.

L'après-midi tirait à sa fin. Le soleil était si bas que ses rayons pénétraient directement dans la pièce. La chaleur était suffocante. Mais ça ne durerait pas. Elle avait repéré le trajet des rayons. Encore vingt minutes et les fenêtres seraient hors de portée du soleil. Il ferait un peu moins chaud, un tout petit peu moins. Elle songea aux odeurs d'iode et de sel que la brise du soir apportait de la mer. Elle n'en sentirait rien. Les fenêtres étaient hermétiquement closes, et elle n'espérait qu'une chose, qu'elles le restent, que Marius ne vienne surtout pas voir ce qui se passait au rez-de-chaussée.

Entre-temps, ses liens s'étaient nettement détendus. Aussi bien aux pieds qu'aux poignets. Dans deux heures environ, elle devrait parvenir à se détacher.

Son cœur battait à se rompre. Elle savait qu'elle misait tout sur une seule carte. Si Marius découvrait ce à quoi elle avait employé sa journée, il serait hors de lui. Déjà qu'il considérait qu'elle l'avait trahi ; il ne lui pardonnerait pas une deuxième tentative. La première fois, il l'avait frappée au point qu'elle avait cru s'évanouir.

Cette fois, elle en était convaincue, il la tuerait.

Mon Dieu, faites que je réussisse. S'il vous plaît !

Le soleil avait atteint le pin parasol qui ombrait la maison. Inga poussa un soupir de soulagement. La pièce était toujours une étuve, mais elle ne serait plus en plein soleil. À cet instant, une sonnerie lointaine, étouffée, retentit. Le téléphone.

Elle se figea, regarda le combiné, consternée de ne pouvoir décrocher, et dans le même instant comprit que ce n'était pas cet appareil-là qui sonnait. Elle était trop bête ! Toute la journée elle avait espéré que Maximilian appelle, alors que Maximilian ne pouvait pas appeler. Les fils avaient été coupés. Personne ne pouvait les appeler.

Ce ne pouvait être qu'un portable et, à l'oreille, il devait se trouver dans l'entrée ou dans le couloir.

Elle passa la langue sur ses lèvres gercées, qui instantanément parurent plus sèches qu'avant. À sa connaissance, Rebecca ne possédait pas de portable et le sien était là-haut, dans sa chambre sous les toits. Ce devait être celui de Marius. Oui, elle reconnut la sonnerie.

Le téléphone portable de Marius.

Il se trouvait sur la *Libellule*. À l'intérieur, dans l'un des vide-poches de la cabine. Elle l'y avait laissé, après ce terrible épisode de la tempête. C'est là que Marius devait l'avoir trouvé. Il était donc retourné sur le bateau, peut-être y avait-il passé une nuit ou deux. Il avait dû également trouver des bouteilles d'eau. S'il n'avait rien mangé, il avait pu boire.

Qui pouvait bien appeler Marius ?

À vrai dire, cela n'avait aucune importance. Elle redoutait seulement que la sonnerie ne l'attire au rez-de-chaussée.

Elle épia les bruits venant du dessus. Elle eut l'impression que les pas s'arrêtaient.

Le portable se tut. Puis, trente secondes plus tard, il recommença à sonner.

Elle entendit les pas de Marius dans l'escalier et retint son souffle.

— Allô ? fit sa voix dans le couloir. Allô ? Allô ?

La voix de Marius ne dit rien d'autre. Son mystérieux correspondant avait dû raccrocher sans se présenter.

N'entre pas, Marius ! Remonte directement ! S'il te plaît, remonte tout de suite !

Marius marmonna quelque chose pour lui-même. Elle le devina indécis au milieu du couloir. Puis elle entendit à nouveau ses pas dans l'escalier. Il remontait.

Elle prit une longue inspiration, la première depuis qu'elle avait retenu son souffle.

À cet instant, elle l'entendit faire demi-tour.

Il redescendait. Quelque chose lui était revenu à l'esprit.

C'était fini.

4

— Et ils ne vont rien faire pour te protéger ? dit Bert sans y croire.

Il s'était changé après être rentré de son bureau et portait à présent un short et une chemisette à manches courtes. Il était près de huit heures du soir, pourtant il faisait toujours très chaud. Le thermomètre accroché à côté de la porte d'entrée indiquait presque les trente degrés.

— Que veux-tu qu'ils fassent ? demanda Clara en retour.

Elle avait couché Marie, puis était revenue avec deux bières et deux verres.

Bert émit un petit grognement de satisfaction.

— C'est exactement ce dont j'avais envie. Quelle chaleur, cette année !

— Quand l'été est pluvieux, tu n'es pas content non plus, observa Clara.

— Je ne me suis pas plaint. Mais dis-moi, ce Kronberger…

— Kronborg.

— Kronborg, d'accord. Ne lui as-tu pas dit que tu voulais être protégée ?

— Bert, il y a tant de gens qui devraient l'être et ne le sont pas ! Je le sais, c'était déjà le cas quand je travaillais. J'ai rencontré beaucoup de personnes qui auraient eu besoin de protection, mais les moyens manquent.

— À quoi ça sert de payer des impôts, alors ?

Il était en colère. Clara le trouvait gentil, mais parfois ses déclarations la consternaient. Son style café du commerce, songeait-elle de temps à autre. Quand elle avait décidé de se marier avec lui, sa mère lui avait dit que ce Bert était un peu trop rustre pour elle. Elle en avait de bonnes. À l'époque, Clara n'était plus toute jeune, qui sait s'il s'en serait trouvé un autre pour vouloir d'elle…

— Il y a déjà quelque temps que je ne reçois plus de lettres, dit-elle.

— Mais Kronborg pense que tu es en danger ?

— Oui.

— J'aimerais tout de même qu'on m'explique quelle faute gravissime tu as commise ! s'échauffa Bert. Tu as fait ce que ta supérieure hiérarchique t'a demandé de faire. Rien d'autre. Si quelqu'un est responsable, c'est elle !

— Dis-le au meurtrier, répondit Clara.

Une migraine encore légère commençait à la gagner. Bert aurait voulu que le monde tourne à sa façon. Mais le monde se moquait de ce que voulait Bert.

Kronborg s'était montré compréhensif jusqu'au bout. Il ne l'avait ni bousculée ni pressée. Parfois, cependant, Clara avait eu l'impression que son silence était plus accusateur que les mots qu'il aurait pu prononcer.

« Que vous a dit Marius ? » lui avait-il demandé.

Elle n'avait pas répondu tout de suite car une boule lui nouait la gorge. Jamais elle n'oublierait ce jour glacial de mars où elle avait rendu une énième visite à la famille Lenowsky. Les premiers perce-neige pointaient, mais le paysage était encore hivernal, nu et désolé. Lenowsky s'était montré amical, prévenant, il avait beaucoup parlé, su trouver les mots justes, toutefois Clara avait eu l'impression qu'elle n'obtenait pas réellement d'informations. Marius n'était pas encore rentré de l'école. Lenowsky lui avait montré son dernier bulletin scolaire. Excellent, comme toujours. Et, comme toujours, elle s'y était raccrochée.

Elle avait rencontré Marius en regagnant sa voiture, qu'elle avait dû garer assez loin, faute d'avoir trouvé une place devant la maison des Lenowsky. Il arrivait de l'arrêt de bus. Il marchait lentement, en traînant les pieds, la tête rentrée dans les épaules. Elle s'était fait la réflexion qu'il avait peut-être froid. Il était tellement maigre. La peau sur les os. Et d'une pâleur à faire peur.

Mais tous les enfants n'avaient-ils pas mauvaise mine à cette époque de l'année ?

« Bonjour, Marius, avait-elle dit en s'appliquant à prendre un ton enjoué. Alors, comme ça, tu avais cours de sport ? Vous avez dû beaucoup vous dépenser. Tu as l'air épuisé. »

Il avait redressé la tête. Il avait de remarquables yeux verts. Et un regard d'une infinie tristesse.

« J'ai mal à un pied, avait-il dit.

— Vraiment ? J'en suis désolée. Ça fait très mal ? »

Il avait haussé les épaules.

« J'ai vu ton dernier bulletin », avait poursuivi Clara.

Elle se sentait obligée d'échanger quelques mots avec lui, pourtant elle aurait préféré continuer son chemin. À vrai dire, elle avait été soulagée de ne pas le voir chez les Lenowsky. Il la mettait toujours mal à l'aise.

« Tu as des notes vraiment formidables ! Je te félicite !

— Merci », avait-il murmuré.

Il avait jeté un regard inquiet autour de lui. La maison des Lenowsky se trouvait au coin de la rue. Elle n'était pas visible de l'endroit où ils se tenaient. Clara avait eu l'impression qu'il voulait surtout s'assurer qu'on ne pouvait pas les voir, eux.

« S'il vous plaît, faites quelque chose, avait-il dit. Je ne peux pas rester là-bas, dans cette maison. »

Elle avait été atterrée. Non que ce qu'il avait dit la surprît, mais parce qu'il l'avait dit. Il avait franchi la frontière. Un pas de plus, un mot de plus, et elle ne pourrait plus se raconter d'histoires.

« Mais, Marius, dit-elle en s'étonnant elle-même de son ton gai et détaché. Que me racontes-tu là ? Tu es très bien chez M. et Mme Lenowsky. Ils t'aiment vraiment beaucoup, ils font tout pour toi.

— J'ai tellement faim, tout le temps.

— Parce que tu es très difficile. D'ailleurs, M. Lenowsky se fait beaucoup de souci à cause de ça. Tu ne veux même pas goûter ce qu'ils te donnent.

— Ils ne me donnent rien. Des fois, je n'ai rien du tout du vendredi midi au lundi matin. »

Elle avait si souvent entendu des déclarations du même genre. « On ne me donne rien à manger. » « Ils me battent. » « Mon faux père me fait des drôles de choses. » « On m'enferme dans la cave. »

Elle était habituée à faire la part des choses.

Cette fois, elle en avait eu le souffle coupé.

« Marius ! Ne serait-ce pas plutôt que du vendredi au lundi, bien souvent, tu n'as aucune envie de manger ? Que tu dis non à tout ce que Mme Lenowsky te prépare ? »

Il avait secoué la tête.

Elle avait insisté.

« Tu sais, j'ai un peu l'impression que tu ne rends pas les choses toujours faciles à tes parents d'accueil. Tu as toi-même vécu des choses très difficiles. Tes vrais parents te manquent sûrement beaucoup. C'est ça ? »

Il avait hoché la tête et serré très fort les lèvres comme quelqu'un qui ne veut pas pleurer.

« Est-ce que tu n'aimerais pas créer quelques problèmes à tes parents d'accueil ? Parce que tu penses que sinon tu serais déloyal vis-à-vis de tes parents ? Tu refuses de manger pour leur montrer que tu ne les acceptes pas. Tu prouves ainsi de quel côté tu es. Tu es du côté de ton papa et de ta maman. »

Il avait à nouveau secoué la tête, beaucoup plus fort que la première fois.

« Mon papa et ma maman m'ont fait du mal ! s'était-il écrié. Mais Fred et Greta aussi ! Il m'a marché sur le pied parce que je ne voulais pas manger de la pâtée pour chien. Et, ensuite, il m'a enfoncé la tête dedans. »

Elle avait eu du mal à avaler sa salive.

« Mais, Marius… » avait-elle bégayé.

Le regard qu'il avait alors posé sur elle était presque méprisant.

« On m'a retiré à mes parents. Mais on ne veut pas me retirer à Fred et Greta. Parce qu'il est avocat et que tout le monde a peur de lui !

— Ce n'est pas vrai. Mais…

— Je vous déteste ! Vous faites comme si vous vous intéressiez à moi. En réalité, vous vous en fichez pas mal, de moi. Vous vous en fichez tous ! »

Il était parti en courant. Son pied blessé le faisait fortement boiter.

« Marius ! Attends ! Ne pars pas ! »

Il avait déjà disparu au coin de la rue. Elle était restée les bras ballants sur le trottoir, dans le vent glacé de ce sinistre début de printemps.

« Et ensuite ? avait demandé Kronborg de son ton tranquille. Qu'avez-vous fait ? »

Avant de lui répondre, elle s'était mouchée. Elle avait raconté l'incident sans pleurer, mais elle n'avait pas cessé de renifler.

« J'ai fait ce qui m'incombait. J'ai informé ma chef de service.

— Et que s'est-il passé ? »

Elle se souvenait de la réaction inquiète et contrariée de sa supérieure hiérarchique. Et de son regard qui disait : vous ne pouviez pas m'épargner ça ?

« Elle a essayé de minimiser, expliqua-t-elle au commissaire Kronborg. "Nous savons bien ce que valent ces déclarations fantaisistes, n'est-ce pas ?" Que j'accorde une telle importance aux propos de Marius paraissait l'irriter. Elle m'a reproché un manque de professionnalisme.

— Et cela vous a touchée ? »

Elle l'avait regardé sans comprendre.

« Ça ne vous toucherait pas qu'on vous reproche de ne pas faire correctement votre travail ?

— Si, bien sûr, avait reconnu Kronborg. Cela m'est d'ailleurs déjà arrivé, avait-il poursuivi après avoir réfléchi un instant. J'avais, sur une affaire, une vision diamétralement opposée à celle de mon chef. Toutefois, quand je suis convaincu de la justesse de ce que j'avance, il est très difficile de me faire changer d'avis. Je ne baisse pas les bras, au contraire je m'entête. »

Clara avait évité de croiser son regard.

« Ce n'est malheureusement pas ce que j'ai fait. Je me suis sentie complètement déstabilisée. Ma chef a dit qu'elle allait s'en occuper. Je lui ai demandé ce qu'elle comptait faire. Elle pensait en discuter avec le directeur des affaires sociales.

— Elle l'a fait ?

— Oui, je crois. J'ai... je n'ai pas reparlé tout de suite de l'affaire. Quand je l'ai fait, elle m'a dit que tout allait bien. La famille avait fait l'objet d'une nouvelle enquête et on n'avait rien décelé qui serait allé dans le sens du petit Marius.

— C'était qui, "on" ?

— Pardon ?

— Il y a eu une nouvelle enquête et "on" n'a rien décelé. Qui était ce "on" ?

— Je ne l'ai pas demandé.

— Pourquoi ?

— Eh bien... je... j'avais compris que j'étais priée de me taire. Mes interventions étaient indésirables. L'affaire se réglait à l'échelon supérieur.

— Vous l'a-t-on dit en ces termes ?

— Non. C'était... disons que c'était implicite. Du reste, on m'a ensuite retiré le dossier. »

Kronborg avait haussé les sourcils.

« Sous quel prétexte ?

— La chef de service souhaitait suivre elle-même la famille Lenowsky. Elle pensait que mon jugement était faussé et que je ne serais plus capable de faire un travail constructif. J'avais par ailleurs bien assez de dossiers comme ça. Je n'étais pas fâchée de... »

Elle n'avait pas achevé sa phrase.

Kronborg paraissait voir jusqu'au fond de son âme.

« Vous n'étiez pas fâchée d'être débarrassée de cette sale affaire, pour dire les choses crûment. Vous n'étiez pas fâchée de pouvoir mettre un mouchoir sur vos doutes. Vous n'étiez pas fâchée de ne plus devoir déranger personne. Vous n'étiez pas fâchée de vous en tirer sans plus de bobos. »

Ses mots étaient des flèches empoisonnées ; le ton amical sur lequel il les prononçait, son regard inchangé en renforçaient encore l'effet.

« Oui, avait-elle répliqué à mi-voix. Vous avez raison. J'étais contente que ce soit derrière moi. Contente de laisser la responsabilité à quelqu'un d'autre. Mais... »

Il l'observait attentivement.

« Ses yeux, le regard qu'il avait ce jour-là... m'ont longtemps poursuivie, dit-elle. J'ai fini par réussir à ne plus y penser, mais au bout du compte... au bout du compte c'est à cause de cette histoire que j'ai abandonné mon métier. Aujourd'hui, je le sais. Je n'ai pas fait ce qu'il fallait. Je me suis rendue coupable d'une vraie faute. Je ne pouvais plus continuer comme si de rien n'était. »

— J'ai toujours cru que tu avais cessé de travailler pour nous, dit Bert avec une nuance de reproche dans la voix. Pour avoir plus de temps à nous consacrer, à Marie et moi.

— J'aurais pu reprendre à mi-temps, à la fin de mon congé maternité. En fait, je me suis servie de toi et de Marie comme prétexte pour arrêter complètement.

Elle prit une longue inspiration.

— Quelque chose était cassé. Ça n'allait plus. Je veux dire… je n'y pensais pas en permanence. C'était même plutôt l'inverse. J'ai réussi à enfouir cette histoire tout au fond de ma mémoire. Mais je n'étais plus heureuse dans mon travail. Tout me pesait, j'étais constamment fatiguée. Ce fut un soulagement de ne plus avoir à y retourner.

— Mon Dieu, soupira Bert. Et tu n'en as jamais parlé… Cela dit, je trouve que tu n'as pas à te rendre malade avec ça. Que pouvais-tu faire d'autre ? Tu as été très correcte. Tu as informé ta supérieure hiérarchique, sur quoi elle a décidé de te reprendre le dossier pour s'en occuper elle-même. Elle t'a mise sur la touche. À partir de là, tu n'étais plus concernée et tu n'avais de surcroît plus aucun moyen d'action. Personne ne peut rien te reprocher.

— J'ai peut-être été correcte, mais ce n'est pas de cela qu'il s'agit. Il y avait un enfant qui avait besoin d'aide. Et il s'est adressé à moi. Dans un tel cas, ça ne suffit pas d'être correcte. J'aurais dû tout mettre en branle pour démasquer les petites magouilles de cette clique. La presse en aurait fait ses choux gras ! J'aurais pu mettre le feu aux poudres, le scandale aurait été monumental. Et, à la fin, on aurait retiré Marius aux Lenowsky. Tu peux me croire.

Bert regarda sa femme.

— Mais tu n'es pas comme ça. Tu n'es pas du genre à ameuter la terre entière. Tu n'es pas taillée pour ça, Clara.

Il avait raison, elle le savait. Mais elle savait aussi que ça ne la disculpait pas.

Ils se turent un instant et burent lentement leur bière en regardant la nuit tomber sur le jardin.

— En fait, c'est ta chef de l'époque que ce cinglé devrait poursuivre de sa haine, dit Bert, rompant le silence. C'est elle qui a bidouillé le dossier. Elle a fait pression sur toi. Pourquoi ne s'en prend-il pas à elle ?

Elle se demanda pourquoi il s'entêtait à croire qu'elle pouvait répondre à la question.

— Sans doute a-t-il eu le sentiment que je l'avais laissé tomber. C'est en moi qu'il avait placé sa confiance. Un enfant maltraité prend un grand risque à parler. S'il n'est pas cru, si on ne lui vient pas en aide, il doit supporter seul les conséquences de ses déclarations. Je n'ose penser aux représailles imaginées par Lenowsky quand il a appris que Marius l'avait « trahi ». Je ne suis pas étonnée qu'il me haïsse.

— Mais ton amie Agneta…

— Kronborg pense qu'elle a plus un rôle, disons, de substitution, et qu'elle est la moins menacée de nous trois. C'est vraisemblablement à Stella, qui a ordonné qu'il soit retiré à ses parents, que Marius en veut le plus. Comme il ne peut plus lui demander de comptes, il a reporté sa haine sur Agneta.

— Et la troisième…

— Sabrina Baldini. Elle travaillait, à l'époque, à Enfance Écoute. Une association privée qui s'occupait d'enfants maltraités. J'en connaissais bien la directrice. Rebecca Brandt. Une femme très compétente. Au tribunal, nous aimions bien travailler avec eux.

— Et Marius s'était également adressé à cette association ?

— Sabrina répondait aux appels de ce qu'ils nommaient la ligne ouverte, un numéro de téléphone que les enfants pouvaient appeler pour demander de l'aide ou des conseils. Enfance Écoute démarchait les écoles et les clubs de jeunes pour se faire connaître, c'est sans doute de cette façon que Marius a eu le numéro entre les mains. Il a appelé peu de temps après m'avoir parlé. Sa deuxième tentative, donc. Il a donné son nom. Ce qu'il a rapporté était épouvantable. Il parlait du fait qu'il était affamé, mais il a aussi raconté que, lorsqu'il se plaignait d'avoir faim, on le forçait à manger la nourriture du chien. Il arrivait qu'on l'attache la nuit dans son lit parce qu'il se rongeait les ongles. Il passait parfois des week-ends entiers enfermé dans le noir, dans la chaufferie, parce qu'il avait pris un morceau de pain. À la plus petite faute, il était privé de nourriture, privé de boire ou obligé de rester des heures debout, nu, dans une baignoire d'eau froide. Lenowsky le battait, même si en règle générale il préférait des formes plus subtiles de sévices et d'humiliations. Il ne fallait pas qu'il y ait de marques. L'histoire du pied était une exception. Lenowsky s'était un peu trop laissé aller. Mais un enfant qui boite, quand ça ne se produit qu'une fois, personne ne s'en inquiète.

— Et qu'a fait Sabrina ?

— Elle s'est adressée au tribunal pour enfants. À nous, donc.

Bert siffla légèrement entre ses dents.

— C'est Kronborg qui te l'a dit ?

— Il me l'a redit, mais je m'en souvenais parfaitement. Tu penses bien que tout le service en a parlé. Mais le dossier ne me concernait plus. L'affaire a atterri directement sur le bureau de la chef de service.

— Et que s'est-il passé ?

— Kronborg s'est longuement entretenu avec Sabrina. Elle lui a dit qu'elle avait été rassurée de savoir qu'une première enquête avait eu lieu qui avait abouti à la conclusion que l'enfant inventait des histoires extravagantes. Ils en resteraient là pour le moment. Le fait que la chef de service suive personnellement le dossier a conforté Sabrina dans sa bonne impression. Et elle ne connaissait pas Lenowsky. Elle ne pouvait pas éprouver l'aversion qu'il m'inspirait.

— Elle n'a donc rien fait non plus pour Marius.

— Il a appelé une deuxième fois. Et il s'est passé exactement la même chose. Signalement au tribunal pour enfants, puis plus rien : affaire classée.

Clara baissa la tête.

— Sabrina est loin d'être aussi responsable que moi. Elle n'avait aucun moyen d'intervenir. Elle devait passer par le tribunal pour enfants, et comme on s'était fait une spécialité de classer ce dossier en particulier sans suite… De plus, elle ne connaissait aucun des protagonistes. Contrairement à moi, elle ne pouvait ni constater de visu que ce Lenowsky n'était pas clair, ni se rendre compte qu'il y avait des gens haut placés qui tenaient plus à préserver leurs fichues relations qu'à protéger un enfant maltraité.

— Mais cesse de vouloir prendre toute la responsabilité de cette histoire sur toi ! s'exclama Bert. L'affaire te dépasse. Je veux dire, si quelqu'un est responsable, c'est surtout celui qui tirait les ficelles dans ton dos. Et les Lenowsky, bien sûr. Mais eux, ça y est, ils ont payé.

— Oui, c'était le début.

— Ce type est vraiment cinglé. Ce n'est pas comme ça qu'il va régler ses problèmes.

— Effectivement, approuva Clara sur un ton dont elle douta que Bert perçoive l'ironie.

— Qu'est-ce que la police a l'intention de faire ?

— Elle le recherche. Il est le principal suspect. Il n'est pas chez lui. Il y a plus d'une semaine que les voisins ne l'ont pas vu, ni sa femme. Cela dit, il semble qu'ils soient simplement partis en vacances. Mardi de la semaine dernière, des gens les auraient vus quitter l'immeuble avec des sacs à dos.

— Hum. Et ils sont allés où ? Les vacances, c'est un sujet dont on discute parfois avec ses voisins.

— Ça n'a pas l'air d'être le cas. Personne ne le sait. Les services de Kronborg essaient à présent d'en savoir plus sur la famille de la femme de Marius. Ils ont l'adresse de ses parents, mais ils sont eux aussi partis en vacances.

— Je me demande où tous ces gens trouvent tant d'argent, marmonna Bert. Nous, on n'a pas les moyens de partir !

— Pour le moment, on a d'autres problèmes.

— C'est vrai. Les mêmes que Sabrina et Agneta.

— Et Rebecca Brandt. D'après Kronborg, elle est, elle aussi, violemment attaquée dans les lettres qu'a reçues Sabrina Baldini. Toutes sortes de menaces pèsent sur sa tête. Elle n'était pas seulement la directrice d'Enfance Écoute, elle en était également la présidente et la fondatrice. Dans les brochures destinées à faire connaître l'association, elle s'adressait personnellement aux enfants, leur promettait qu'ils seraient écoutés et aidés. Il est possible que Marius se soit senti particulièrement trahi. Pourtant, il est probable qu'elle n'a même jamais entendu parler de lui. Elle avait essentiellement des fonctions de direction et de gestion. Il est peu probable que Sabrina lui ait soumis le cas de Marius. D'autant qu'il relevait directement du tribunal pour enfants. Rebecca Brandt n'a pas été impliquée.

— Ce que votre cinglé ignore.

— Apparemment. Jamais il ne l'aurait eue au téléphone. Depuis environ un an, Rebecca ne fait plus partie de l'association, à vrai dire je ne sais même pas si Enfance Écoute existe encore. Rebecca ne vit plus en Allemagne. Sabrina a dit à Kronborg qu'elles ne se voyaient presque plus depuis environ un an et demi. Par ailleurs, l'année dernière, le mari de Rebecca s'est tué en voiture, Sabrina était à l'enterrement. Depuis, Rebecca se terre. Elle a complètement disparu de la circulation.

— Le dingue doit la chercher.

— C'est possible.

Clara parlait d'un ton calme, mais intérieurement la peur la ravageait.

— Si c'est le cas, alors il a décidé de nous faire subir à toutes ce qu'il a fait aux Lenowsky. Il suit un plan.

— On est mal, commenta Bert.

— Oui. Ce sera bientôt mon tour, dit Clara.

5

Un accès de transpiration l'avait inondée de sueur, son corps ruisselait, et, bien qu'une heure se soit écoulée depuis qu'elle avait entendu ses pas dans l'escalier, elle tremblait toujours. Elle avait cru s'évanouir de peur.

Il va me tuer. Il est fou. Quand il comprendra que je ne suis pas de son côté, il me tuera !

Quand elle l'avait entendu remonter, elle n'en avait pas cru ses oreilles. Quoi qu'il soit redescendu faire, il n'avait pas pensé à entrer dans le séjour. Il était peut-être venu prendre son portable, ou simplement l'éteindre. Peut-être était-il si absorbé par ce qu'il racontait à Rebecca qu'il en avait temporairement oublié son existence à elle, Inga.

Son corps mit du temps à se remettre du stress. Quand elle cessa de haleter, de transpirer et de trembler sans pouvoir se maîtriser, elle eut la stupéfaction de constater que, en dépit de sa panique, pas un instant elle n'avait cessé de s'activer pour se libérer de ses liens. À croire que c'était devenu un mouvement réflexe. Peut-être que, pendant des mois, elle se bagarrerait la nuit dans son sommeil contre des liens imaginaires. Si elle survivait.

Elle avait clairement conscience d'être en danger de mort. S'enfuir était sa seule chance.

Tout ce qui chez Marius lui avait paru bizarre ou effrayant s'était exacerbé. Les facettes positives ou agréables de son caractère, qu'elle avait toujours mises en avant pour masquer ce qui la troublait, avaient soudainement disparu. Restait un homme qu'elle ne connaissait pas. Un étranger dont elle avait peur.

Mais ce n'était pas le moment de penser à Marius, ni à ce que son mariage était devenu. Sa survie en dépendait.

Elle continua à tirer sur ses liens tandis que dehors la nuit tombait et que l'obscurité envahissait le jardin. Il faisait désormais presque noir dans le séjour, mais il y régnait toujours une chaleur étouffante qui rendait tout effort pénible.

Quand brusquement elle réussit à dégager ses poignets de la corde à linge, elle crut qu'elle rêvait.

À la fois incrédule et émerveillée, elle tint ses mains enflées dans la faible lueur qui provenait de l'extérieur pour les observer. Les muscles de ses bras et de ses épaules, sur lesquels elle avait forcé des heures durant, la faisaient horriblement souffrir. Elle essaya de les détendre un peu, mais la douleur était pire encore et elle renonça. De toute façon, elle n'avait guère de temps devant elle.

Elle se pencha en avant pour détacher ses chevilles et crut qu'elle ne pourrait jamais atteindre ses pieds tant son dos était raide et endolori. Ses doigts ne voulaient pas lui obéir, ils parvenaient à peine à bouger. Elle jura silencieusement. C'était trop bête. Marius, elle en était certaine, allait surgir d'une seconde à l'autre. Il y avait déjà un certain temps qu'elle ne l'entendait plus marcher au-dessus de sa tête. Ça l'inquiétait. Tant qu'elle l'entendait, elle avait l'impression de le contrôler, du moins dans la mesure où elle savait où il était. Quand elle ne l'entendait pas, il pouvait être partout. Peut-être même juste derrière la porte.

Au bout de ce qui lui parut une éternité, elle réussit enfin à libérer ses pieds. Ses chevilles étaient fortement enflées et, quand elle se mit debout et avança un pied pour faire un pas, elle eut peine à réprimer un cri de douleur. Tout son corps lui faisait mal. Elle était restée douze heures sur une chaise ficelée comme un saucisson, la corde trop serrée avait empêché son sang de circuler librement. Il n'y avait plus un seul endroit de son corps qui ne fût pas douloureux.

Ses genoux menaçaient de céder, pourtant elle se força à faire quelques pas autour de la chaise en se tenant au dossier. L'heure n'était pas à l'apitoiement. Il fallait qu'elle sorte au plus vite de cette maison, à quatre pattes si elle n'était pas capable de tenir debout.

À nouveau elle épia le silence. Pas un bruit ne provenait du premier étage. Puis, soudain, un fracas de vaisselle la fit violemment sursauter. Dans le silence qui suivit, elle entendit le martèlement de son cœur dans sa poitrine. Elle reconnut le bruit d'un tiroir que l'on fermait, ensuite celui d'une porte que l'on ouvrait et fermait et qu'elle identifia comme étant celle du réfrigérateur.

Marius était dans la cuisine.

Son cœur, qui il y a un instant encore battait à se rompre, s'arrêta quelques secondes, puis repartit au grand galop. Marius était là, tout près. Elle ne l'avait pas entendu descendre, sans doute était-elle alors trop occupée à essayer de se libérer.

Il n'y avait que la porte du séjour et un étroit couloir entre elle et lui.

Il devait être en train de se préparer à manger. Vaincu par la faim, ou conscient qu'il ne pouvait pas affamer ses victimes plus longtemps, il s'était décidé à prendre le chemin de la cuisine – au pire moment. Tôt ou tard, il allait surgir dans la pièce avec une assiette à la main. Ou il allait venir la voir pendant que ce qu'il avait préparé cuisait. Des heures durant, il avait parlé à Rebecca. Or il avait déclaré qu'Inga devait elle aussi connaître son histoire. Son tour n'allait pas tarder.

D'ici là, il faudrait qu'elle ait disparu.

Elle clopina jusqu'à la porte-fenêtre de la terrasse, tourna très lentement la clé et prudemment appuya sur la poignée. Elle ne se souvenait plus si les charnières grinçaient… La chance était avec elle : la porte s'ouvrit sans le moindre bruit.

Elle se faufila à l'extérieur, aspira une longue goulée d'air chaud. Après l'atmosphère étouffante du séjour, elle eut une délicieuse impression de fraîcheur. Une brise légère bruissait dans les arbres. La peur lui nouait l'estomac, mais pouvoir à nouveau bouger lui redonnait du courage.

Son idée première avait été de contourner la maison et de gagner la route en passant par le portail. Depuis que Marius se trouvait dans la cuisine, dont la fenêtre donnait sur le devant de la maison, il n'en était plus question. Le jardin était trop peu touffu et la nuit beaucoup trop claire pour protéger sa fuite. Si Marius la repérait, elle n'aurait aucune chance de lui échapper. Ses jambes la portaient à peine et chaque mouvement lui arrachait des grimaces de douleur. Elle pourrait s'estimer heureuse d'être simplement capable d'avancer.

Il ne lui restait plus qu'à traverser le jardin situé sur l'arrière de la maison pour prendre l'escalier qui descendait à la crique. Une fois en bas, elle remonterait par l'autre escalier et arriverait ainsi dans la propriété voisine. Avec de la chance, il y aurait des gens dans la maison et elle pourrait appeler la police de là. À vrai dire, elle n'y croyait pas beaucoup. Depuis que Rebecca l'hébergeait, elle n'avait pas observé le moindre signe de vie derrière les murs de la propriété et, l'après-midi où elle était descendue se baigner, personne ne s'était montré. La maison était probablement vide. Cela compliquait la situation, mais elle pouvait encore rejoindre la route à partir de cet autre jardin. Pour descendre vers Le Brusc, il faudrait toutefois qu'elle passe devant la maison de Rebecca. Qui sait si Marius n'aurait pas deviné ses intentions et ne serait pas embusqué dans l'obscurité ? Car elle ne se faisait pas d'illusions. Il ne mettrait pas plus d'un quart d'heure à se rendre compte qu'elle s'était enfuie. Peut-être qu'en passant par les jardins abandonnés situés de l'autre côté de la route…

Ne reste pas là à réfléchir, s'intima-t-elle, file !

Elle serra les dents pour s'endurcir contre la douleur et, en avançant avec peine, comme un animal blessé, se dirigea vers le fond du jardin. Quelle heure pouvait-il être ? Quelle importance, après tout ? Deux fois, trois fois, elle se retourna pour regarder la maison. Elle s'attendait à chaque instant à voir la lumière jaillir dans le séjour et à entendre les hurlements de rage de Marius. S'il allumait les lumières de la terrasse, une grande partie du jardin serait éclairée. Elle pensait toutefois être déjà au-delà de la zone critique. Si seulement la lune ne brillait pas tant ! Elle s'efforçait de rester au bord de la pelouse pour profiter du couvert des quelques arbres et des buissons, mais elle n'en avait pas moins l'impression d'être une grande silhouette claire bien visible de la maison. Il fallait qu'elle atteigne l'escalier et disparaisse derrière les rochers, avant que Marius découvre qu'elle n'était plus là. S'il pensait qu'elle était passée par le devant de la maison, qu'elle n'était pas assez folle pour tenter la voie, beaucoup plus hasardeuse, par les rochers et la crique, elle avait une chance supplémentaire.

Ses pieds rencontrèrent les premiers rochers. Rien ne s'était produit. Encore quelques pas… Elle se déplaçait plus facilement, son corps était moins douloureux. Son sang circulait à nouveau, ses muscles se détendaient.

Elle allait y arriver, elle allait vraiment y arriver.

L'escalier. Elle commença à descendre.

Loin en bas, elle devinait l'immensité noire de la mer qui murmurait au rythme du ressac.

À présent, on ne pouvait plus la voir de la maison.

6

Il était neuf heures et demie et Kronborg ne comptait plus réussir à joindre les parents d'Inga Hagenau. Un de ses collaborateurs avait essayé toute la journée sans obtenir d'autre résultat que le message laconique d'un répondeur.

« Ils sont partis en vacances ! avait-il dit à Kronborg. Juillet ! Qu'est-ce que tu espérais d'autre ? »

Autant rentrer chez lui. Depuis trois ans qu'il était divorcé – sa femme l'avait quitté pour un homme avec lequel il s'était avéré qu'elle le trompait depuis déjà de nombreuses années –, Kronborg n'était jamais pressé de retrouver son appartement vide une fois son travail terminé. Pour autant que l'on puisse parler de travail terminé, car, du travail, Dieu sait s'il en avait. Il n'était pas près d'en voir la fin.

Mais, ce soir, les manifestations de son estomac lui rappelaient avec insistance qu'il n'avait rien avalé depuis son sandwich au fromage de midi et qu'il était largement temps de rentrer, ne serait-ce que pour ouvrir une boîte de conserve ou glisser une pizza surgelée dans le four. Kronborg se nourrissait d'une façon qui même à lui inspirait quelques craintes. Il faisait pratiquement tout ce que les nutritionnistes déconseillaient. Cependant, il ne fumait pas et sa consommation d'alcool restait dans des limites acceptables. Ce dont il était plutôt fier.

La fiche avec le numéro de téléphone des parents d'Inga Hagenau avait finalement échoué sur son bureau. Il était déjà debout et avait pris sa veste – qu'il ne mettrait pas, vu la chaleur qu'il faisait – quand, suivant une brusque impulsion, il décrocha son téléphone et composa le numéro qu'il avait sous les yeux.

Depuis qu'il avait appris l'existence de Marius Peters, il ne pouvait se défaire d'une sourde inquiétude. Tout semblait désigner le jeune homme. Il avait ses repères chez les Lenowsky et, même s'ils ne lui avaient pas confié de clé de la maison, ils lui auraient certainement ouvert sans méfiance s'il avait sonné. Chronologiquement, les faits concordaient. Le criminel s'était vraisemblablement introduit chez les Lenowsky lors du week-end précédent. La pizza avait été commandée le mardi suivant. Selon le rapport d'autopsie, Greta Lenowsky était morte environ soixante heures après avoir été poignardée, le crime avait donc été commis au cours de l'après-midi du mardi. Au dire des voisins, Marius et Inga Hagenau avaient quitté leur appartement ce même mardi en tout début de soirée. Marius Hagenau avait eu matériellement le temps de blesser son ancienne nourrice, puis de rentrer chez lui, de prendre son matériel de camping, préparé à l'avance, et de partir avec sa femme.

Greta Lenowsky avait mis presque trois jours à se vider de son sang. Elle n'avait reçu aucun coup mortel. Ça cadrait avec le reste : elle et son mari devaient mourir lentement et dans d'atroces souffrances. Cela étant, Marius avait eu de la chance de ne pas avoir touché d'organe vital et tué Greta Lenowsky sur le coup – si tant est que l'on puisse parler de chance pour un aussi noir dessein.

Ou bien n'était-ce pas ce qui devait se passer ? Marius voulait qu'elle meure sur-le-champ, mais les coups portés n'avaient pas donné le résultat escompté. En la laissant mourir lentement, le risque était tout de même grand qu'elle réussisse à téléphoner et le dénonce. La chance de Marius avait-elle été non pas que sa victime meure lentement, mais qu'elle ne puisse plus parler ?

Les questions s'enchaînaient. Comment savoir ce qui se passait dans la tête d'un type pareil ?

— Allô ? fit brusquement une voix de femme, essoufflée et tendue.

Kronborg sursauta, pris de court. Il lui fallut plusieurs secondes pour se ressaisir.

— Qui est à l'appareil ? s'impatienta la voix.

Il était furieux contre lui-même. Quelle idée d'avoir décroché son téléphone ! Maintenant, il devait poser des questions qui inquiéteraient beaucoup la famille de la jeune femme, et le fait qu'il appelle à cette heure tardive allait rendre l'affaire encore plus dramatique.

— Commissaire Kronborg. Vous êtes madame Hagenau ?

— Oui.

— Excusez-moi de vous déranger aussi tard. Police criminelle. Nous aurions des questions à vous poser, au sujet de votre fille Inga.

Ainsi qu'il l'avait craint, à l'autre bout du fil, son interlocutrice poussa une exclamation d'effroi.

— Mon Dieu ! Il lui est arrivé quelque chose ?

— Rassurez-vous. Nous recherchons simplement le mari de votre fille. Il est arrivé un malheur dans sa famille et nous devons entrer au plus vite en contact avec lui.

— Mais ma fille n'a rien ?

— Non, rien, je vous l'assure.

— Tout de même, pourquoi la police criminelle cherche-t-elle mon gendre ? Ce n'est pas normal !

— Madame Hagenau, vous n'avez aucune raison de vous inquiéter. Il se trouve qu'un crime a été commis dans l'entourage de votre gendre. Nous devons l'en informer. Nous espérons en outre qu'il pourra répondre à quelques-unes de nos questions.

— À-t-il quelque chose à voir avec ce crime ?

Aussitôt Kronborg saisit la perche qu'elle lui avait tendue sans le savoir.

— Pourquoi posez-vous la question ?

— Parce que... je ne sais pas. Y a-t-il un danger pour ma fille ? Je vous en prie, répondez-moi !

— Non.

À ce stade de l'enquête, il était inutile d'alarmer cette mère déjà bouleversée par son appel en lui expliquant qu'il y avait des chances pour que sa fille ait épousé un tueur psychopathe.

— Je vous le répète, madame Hagenau, vous n'avez aucune raison de vous inquiéter. Simplement, à l'heure actuelle, votre gendre est le seul parent que nous connaissions aux victimes. Il est nécessaire que nous puissions rapidement lui parler.

— Vous ne m'appelleriez pas à une heure pareille s'il ne s'était pas passé quelque chose de grave !

Sur ce point, il pouvait jouer cartes sur table.

— Un de mes collaborateurs a essayé plusieurs fois de vous joindre au cours de la journée, sans résultat. Les heures supplémentaires étant une habitude de la maison, je me trouve encore à mon bureau et j'étais sur le point de partir quand je me suis dit que je pouvais peut-être, à mon tour, tenter ma chance. Je vous avouerai que je pensais tomber sur votre répondeur, sinon je n'aurais pas dérangé votre famille à une heure aussi tardive.

Elle parut se rasséréner un peu.

— Nous avons passé quelques jours au Danemark, mon mari et moi. Nous venons juste de rentrer.

— Nous pensions que vous étiez effectivement en vacances. Madame Hagenau, avez-vous eu l'occasion de parler à votre fille avant votre départ ? Vous aurait-elle dit où elle et son mari comptaient aller ?

— Oui, nous nous sommes téléphoné.

La mère d'Inga s'était suffisamment ressaisie pour pouvoir parler normalement, mais Kronborg la sentait très émue.

— Selon leur habitude, ils n'avaient pas de but bien précis. Marius, mon gendre, s'était mis en tête de descendre en stop dans le midi de la France et de faire du camping. Inga n'était pas très enthousiaste. Elle se voyait déjà attendre des heures en plein soleil au bord de l'autoroute, et les campings surpeuplés des bords de mer ne lui disaient rien qui vaille non plus. Mais, dans ce mariage, c'est Marius qui décide.

La dernière phrase était chargée d'amertume. Kronborg comprit que Marius Peters n'était pas un gendre que la famille Hagenau avait accueilli à bras ouverts.

— Le midi de la France... votre fille n'a pas été plus précise ? demanda-t-il.

Tous ses sens étaient en alerte. Sabrina Baldini lui avait dit qu'après le décès de son mari Rebecca Brandt s'était retirée dans le sud de la France.

« Ils y possédaient une résidence secondaire. Où exactement, je ne sais pas, mais elle était située au bord de la mer, avec un accès direct. Il paraît que c'est là qu'elle vit. Toutefois, comme elle a coupé les ponts avec tout le monde, personne ne sait si elle s'y trouve encore. »

— Non, répondit la mère d'Inga à sa question. Elle ne m'a rien dit de plus. Elle aurait sûrement aimé pouvoir le faire. Inga n'est pas du genre à partir à l'aventure. Elle n'aime pas l'imprévu. Mais, d'après Marius, rien ne vaut de suivre l'inspiration du moment. Un jour ici, le lendemain là, on improvise... Bah, c'est surtout une façon de se donner l'air d'être moderne et libéré des contraintes bassement quotidiennes.

Kronborg profita de sa spontanéité pour préciser l'image encore très imparfaite qu'il avait de Marius.

— Vous n'appréciez pas beaucoup votre gendre, n'est-ce pas ?

Elle soupira.

— Ma foi, pas beaucoup, non. D'ailleurs je ne comprends toujours pas pourquoi...

— Oui ?

— Pourquoi ma fille l'a épousé. Elle avait vingt-quatre ans, lui vingt-deux. Vous trouvez que c'est un âge pour se marier ? Il est vrai qu'il a tellement insisté... Inga a dû se sentir flattée. Il ne la lâchait plus. Parfois c'était trop, elle étouffait. En même temps, il lui donnait aussi le sentiment d'être désirée. Inga est jolie, intelligente, mais ce n'est pas une grande séductrice. Elle ne savait pas ce que c'était que d'avoir un homme qui vous court après comme ça. Cela a sûrement aidé à faire pencher la balance. En plus...

À nouveau elle s'interrompit. Elle devait se demander si elle n'était pas en train de trahir sa fille. Kronborg retint sa respiration. Il ne lui avait pas montré ses papiers, il n'était pour elle qu'une voix au téléphone, qui prétendait être un commissaire de la police criminelle. Si elle n'avait pas été aussi bouleversée et inquiète, elle aurait certainement refusé de raconter aussi complaisamment la vie de sa fille. Dès qu'elle se rendrait compte de ce qu'elle faisait, elle se tairait.

— En plus, ôter quelque chose de l'esprit de Marius était pour elle effroyablement difficile, dit-elle enfin. Et ça l'est toujours aujourd'hui. Que l'enjeu soit de se marier ou de partir en vacances, il a sa façon à lui d'imposer ses choix.

— Comment s'y prend-il ? demanda Kronborg.

— Eh bien, dès qu'Inga n'adhère pas à ses idées, il s'emballe. Il l'accuse de le mépriser, de se sentir supérieure à lui, de sous-entendre qu'il est le dernier. Oui, c'est son expression favorite. « Le dernier. » Il fait tout un numéro autour du fait qu'on veut le rabaisser et l'humilier. Et il finit par avoir gain de cause parce qu'en face de lui on ne supporte plus ce déferlement de reproches et on ne voit pas d'autre issue pour le désarmer que d'accéder à ses désirs.

— La vie à deux ne doit pas être facile tous les jours.

— Ça ne l'est pas, croyez-moi. Chaque fois, il réussit à forcer la main d'Inga. Quand il la pressait tant de se marier, il y a deux ans, Inga lui a proposé de vivre un temps ensemble, comme beaucoup d'étudiants, puis de se marier plus tard. Marius en a fait une dépression. Il ne s'alimentait plus, ne sortait plus de son lit et disait à qui voulait l'entendre qu'il ne supportait pas d'être ainsi rejeté par Inga. Que c'était une façon de lui signifier qu'il n'était pas assez bien pour elle. « À tes yeux, je suis le dernier, répétait-il. Le dernier des derniers. » Cela a pris de telles proportions qu'Inga s'est retrouvée un jour devant monsieur le maire, sans l'avoir réellement voulu, et, au bout du compte, embarquée dans un mariage pour lequel elle n'était pas prête.

Kronborg soupira silencieusement. Ce qu'il apprenait de Marius Hagenau renforçait la très désagréable impression qu'il avait depuis qu'il avait entendu parler de lui. Le jeune homme paraissait psychiquement fragile. Il espéra qu'Inga n'était pas en danger. Elle n'était responsable en rien de son enfance saccagée, mais, tant qu'elle serait près de lui, elle risquait sans s'en rendre compte de se mettre dans des situations dramatiques. Il prendrait contact avec les autorités françaises dès le lendemain matin. Si Marius avait fait croire à sa femme qu'ils prenaient la route le nez au vent, sans avoir de point de chute, pour sa part il devait avoir une idée assez précise de l'endroit où il comptait atterrir. Ses collègues français devraient pouvoir trouver l'adresse de Rebecca Brandt. Il était urgent de placer sous protection l'ancienne directrice d'Enfance Écoute. Et, qui sait, peut-être trouveraient-ils du même coup Marius et Inga Hagenau.

Autre chose lui vint à l'esprit.

— Que savez-vous de votre gendre, madame Hagenau ? De sa famille, de son enfance ?

Il aurait juré qu'à l'autre bout du fil la mère d'Inga secouait la tête avec un soupir résigné.

— Je ne sais pratiquement rien. Ma fille ne sait rien non plus. Il y a quelque chose de trouble, autour de lui, autour de son passé… J'aurais voulu qu'Inga ne le rencontre jamais. Aucun de nous ne connaît ses parents ! La seule chose qu'il ait dite est que son père lui avait rendu la vie impossible. Je n'ai jamais su ce qu'il voulait dire par là. Je ne sais pas non plus ce que fait son père comme métier. Ni où il habite. Un jour que je rendais visite à Inga, j'ai regardé dans l'annuaire, mais il y a des dizaines de Peters… Je n'ai pas beaucoup cherché non plus. Je crois que je ne voulais pas en savoir trop. Inga est comme moi. Toujours est-il que, le jour de son mariage, Marius a tenu à prendre le nom d'Inga. Pour tirer un trait sur son passé, comme il disait.

— Hum, grommela Kronborg avant de tenter une deuxième percée.

Les parents d'Inga, qui n'avaient pas dû avoir l'occasion de lire beaucoup de journaux allemands au Danemark, ne semblaient pas au courant du meurtre du couple Lenowsky. Cependant, la presse ne tarderait pas à apprendre l'existence d'un pupille placé chez le couple de retraités, et d'ici vingt-quatre heures le nom de Marius Hagenau serait dans tous les journaux. Mieux valait que la famille d'Inga soit informée avant.

— Saviez-vous que Marius Peters avait été retiré à ses parents à l'âge de six ans ? demanda-t-il. Pour maltraitance.

Un silence stupéfait s'installa pendant quelques secondes, puis il entendit son interlocutrice reprendre sa respiration.

— Non, dit la mère d'Inga. Je l'ignorais. Et je pense que ma fille l'ignorait aussi.

— Marius Peters a été élevé par une famille d'accueil. Fred et Greta Lenowsky. Lui était avocat.

Apparemment, les nouvelles d'Allemagne n'avaient pas franchi la frontière du Danemark. Le nom de Lenowsky ne suscita aucune réaction.

— Ah ? fit-elle seulement.

Puis elle parut flairer un malheur, comprendre que les questions du commissaire étaient trop lourdes de sens, trop précises pour ne pas cacher quelque chose de beaucoup plus grave que ce qu'il voulait bien reconnaître. Sa respiration s'accéléra.

— Que... que se passe-t-il avec mon gendre, monsieur le commissaire ? Qu'a-t-il à voir avec le crime dont vous vous occupez ? Qu'est-il arrivé à ces gens qui l'ont élevé ?

— Ils ont été assassinés, répondit Kronborg. Mais rien ne prouve que Marius Hagenau soit lié au crime. Il est seulement l'unique proche du couple. Il détient peut-être des informations susceptibles de nous aider à trouver le meurtrier.

Elle n'en crut pas un mot.

Elle appela son mari et, tandis qu'elle l'appelait, sa voix se brisa et elle fut prise de sanglots irrépressibles.

7

Inga haletait quand elle atteignit la dernière volée de marches de l'escalier de la propriété voisine. Il était beaucoup plus raide que celui de Rebecca. L'ascension lui paraissait interminable. Les marches étaient parfois si hautes qu'elle devait se hisser à quatre pattes. Elle progressait lentement, mais la peur lui donnait des forces et elle se découvrait un courage dont elle ne se serait pas crue capable.

Elle ne s'était pas arrêtée une seule fois. Elle s'était enfoncée dans les rochers et avait dévalé les marches en regardant à peine où elle mettait les pieds. La lune était claire, mais elle n'aurait pu que trop facilement trébucher ou manquer une marche, et une entorse à la cheville l'aurait clouée sur place. Elle devait avoir un ange gardien. Elle avait atteint la crique saine et sauve, couru maladroitement dans le sable mou, jeté une fois un regard derrière elle, la peur au ventre, s'apprêtant à voir l'ombre géante de Marius se découper au-dessus des rochers. Elle n'avait rien vu. Soit il ne s'était pas encore rendu compte de sa fuite, soit il n'avait pas imaginé qu'elle ait pu choisir de passer par la plage.

Mais, s'il avait deviné par où elle s'était enfuie, cela lui ressemblerait assez de l'attendre en haut des marches, un sourire mauvais sur les lèvres. Son cœur recommença à s'affoler. S'il était là, elle était perdue. Il y avait si peu de chances que la maison soit occupée. On ne l'entendrait pas crier.

Personne ne l'attendait en haut des marches. Personne ne surgit de l'ombre, personne ne l'empoigna par le bras. Le bruit ténu du ressac montait de la crique, quelque part une mouette cria. Sinon, tout était parfaitement silencieux.

Elle quitta l'abri relatif de l'escalier et avança courbée en deux dans l'espoir d'être moins visible. Maudite lune. Sans elle, le passage par la plage aurait été autrement périlleux, mais, désormais, c'était sa pire ennemie. Si Marius avait l'intention de l'intercepter sur la route, il n'aurait qu'à ouvrir les yeux pour la voir comme en plein jour.

Elle parcourut encore quelques mètres, puis un regard par-dessus son épaule lui confirma qu'on ne pouvait plus l'apercevoir de la maison de Rebecca. Elle se redressa. Elle avait un point de côté, ses poumons étaient en feu. Son corps souffrait toujours d'avoir été si longtemps entravé.

Si seulement elle pouvait boire une gorgée d'eau, elle aurait tout de suite deux fois plus de forces.

Par rapport à la route, traverser l'immense terrain pour aller jusqu'à la maison représentait un détour important, mais, même si sa chance d'y trouver du secours n'était qu'infime, elle ne pouvait pas la laisser passer. Toujours sur ses gardes, elle progressa à pas de loup en profitant des rares flaques d'ombre dispensées par la végétation. Il pouvait être partout. Elle l'imaginait à tout instant surgissant de nulle part.

Plus grande que celle de Rebecca, la maison offrait la vision surprenante et un peu ridicule de pignons, décrochements, tourelles et petites terrasses cernées de murs blancs coiffés de tuiles. On avait essayé de lui donner un style hispano-mauresque répandu en Camargue, mais qui paraissait déplacé en Provence. De toute évidence, elle n'était pas occupée. Les volets marron étaient tous fermés et çà et là barrés par des toiles d'araignées. Aucune lumière ne filtrait vers l'extérieur. Aucune voiture n'était garée sur l'allée gravillonnée devant la maison. Les pots de fleurs disposés de part et d'autre du perron de l'entrée étaient vides. Cette année, la maison resterait fermée. À moins que les vacanciers n'arrivent qu'en fin de saison.

En tout cas, trop tard pour moi, pensa Inga.

Elle s'arrêta le temps que sa respiration se calme. Elle allait devoir gagner la route et descendre vers Le Brusc. C'était le passage le plus dangereux. Elle ne pouvait pas prendre le risque de passer devant la maison de Rebecca en soufflant et haletant bruyamment. Le moindre bruit pouvait la trahir. Elle fut un instant tentée de prendre la route dans l'autre direction. Elle n'était jamais allée au-delà de la maison de Rebecca, mais elle supposait que la route desservait encore deux ou trois autres propriétés avant la forêt. Ce serait bien le diable si elles étaient toutes fermées. En même temps, si elle se trompait, elle pouvait tout aussi bien marcher pendant des heures sans rencontrer âme qui vive. Et user vainement ses dernières forces.

Elle devait descendre vers Le Brusc.

Et passer devant Marius.

Elle ne pouvait pas imaginer qu'il n'ait pas encore remarqué sa fuite. L'idée que sa fureur se retourne contre Rebecca l'emplissait d'angoisse. Rebecca paierait-elle pour elle ? Oui, forcément. Son amie était en danger. Rien n'était plus important que de ramener de l'aide au plus vite. Pas question, donc, de tenter autre chose que la direction du Brusc.

La garrigue en face de la maison de Rebecca s'avéra sa meilleure alliée. Inga s'enfonça dans la végétation broussailleuse. Elle progressait difficilement, se heurtant constamment à des buissons épineux qui la forçaient à faire de grands détours et lui faisaient perdre un temps précieux. À trop s'éloigner de la route, elle craignait de tourner en rond et de ne jamais atteindre Le Brusc. Elle ne pouvait pas se permettre de perdre de vue le ruban d'asphalte qui à travers la végétation se détachait en gris clair sous la lune. En même temps, elle devait toujours rester à couvert. Qui sait s'il n'était pas justement là, tout près, à scruter les buissons ?

Respire calmement, Inga. Ne fais pas de bruit. Respire tout doucement.

Sans y prendre garde, elle passa trop près d'un roncier et une longue branche épineuse s'accrocha à sa jambe, où elle creusa un véritable sillon. Elle se retint à temps de crier, mais ses yeux s'emplirent de larmes et elle dut serrer les dents pour ne pas gémir. À cet instant, elle aurait donné cher pour avoir un jean bien épais sur les jambes au lieu de sa trop légère chemise de nuit.

N'y pense pas. Cela n'a pas d'importance. Ta vie est en jeu. Ta vie et celle de Rebecca. C'est cela qui doit compter.

Elle sentit le sang chaud couler sur sa cheville et dut à nouveau lutter pour ne pas laisser la panique et le découragement prendre le dessus. Elle n'y arriverait jamais. Elle ne réussirait jamais à s'extirper de ces fichues broussailles. Elle ne retrouverait pas le chemin du Brusc. Marius ferait des choses épouvantables à Rebecca avant qu'elle puisse trouver de l'aide…

Stop ! Tu auras tout le temps de penser plus tard. Pour le moment, avance !

Elle aperçut la route à travers les broussailles et ferma une seconde les yeux de soulagement. Elle ne s'était pas autant éloignée qu'elle l'avait redouté. Contrairement à ce qu'elle avait cru, elle marchait toujours dans la bonne direction.

Elle regarda autour d'elle. Si elle ne se trompait pas, elle avait dépassé la maison de Rebecca et devait se trouver juste à la hauteur du jardin abandonné dans lequel Marius et elle avaient monté leur tente. Des siècles auparavant. Dans une autre vie.

Renoncer à la prudence était prématuré, elle en avait conscience, mais sa fuite dans la garrigue était-elle bien prudente ? Elle avait l'impression de faire autant de bruit qu'un troupeau d'éléphants. De la route, le murmure de la mer n'était plus perceptible, le craquement des branches sur lesquelles elle marchait, ses halètements angoissés prenaient dans le silence une ampleur démesurée.

Instinctivement, elle s'enfonça plus profondément dans les fourrés. C'était bon de savoir la route aussi proche, mais elle ne devait surtout pas sortir du couvert de la végétation. Et elle devait veiller à ne faire aucun mouvement susceptible de signaler sa présence. En voyant un buisson bouger, un observateur ne devait penser à rien d'autre qu'à un oiseau ou un lapin.

Elle se faufilait à l'aveuglette entre les arbrisseaux, marchait courbée en avant, avançait en écartant des branches épineuses qui se refermaient derrière son passage. Elle dénicha un gros volatile qui s'envola en poussant des cris perçants. Elle retint son souffle, laissa passer quelques minutes avant de reprendre sa progression. Combien de temps s'était-il écoulé depuis qu'elle s'était enfuie ? Pouvait-elle prendre le risque de marcher à découvert sur la route ?

Si elle continuait par les fourrés, elle ne serait pas au Brusc avant deux ou trois heures. En ce qui la concernait, c'était sans conséquence. Pour Rebecca, en revanche, cela pouvait s'avérer dramatique. Elle devait à présent se trouver à environ un kilomètre de la maison. Ce devrait être suffisant. Si Marius n'était pas apparu jusque-là, il était peu probable qu'il apparaisse maintenant. C'est après Rebecca qu'il en avait, peut-être ne voulait-il pas prendre le risque de la laisser sans surveillance.

Ou bien il ne s'est toujours pas rendu compte que je me suis enfuie. Il est tellement absorbé par ce qu'il veut raconter à Rebecca qu'il m'a oubliée. Dans l'état où il est, il en est bien capable.

Elle obliqua vers la route. À cet endroit, la forêt commençait à remplacer la garrigue, qui s'était transformée en un sous-bois d'épineux quasi impénétrable.

Elle progressait avec difficulté, les branches la griffaient, déchiraient le tissu de sa chemise de nuit. Quand les policiers la verraient, ils penseraient qu'elle avait été victime d'une agression.

En un sens, ce ne serait pas faux.

La route était à nouveau là, plus sombre qu'auparavant car les arbres cachaient la lune. En fin de compte, Inga avait parcouru un bon bout de chemin. Elle prit une longue inspiration et tenta le tout pour le tout : un regard à droite et à gauche, puis elle sortit à découvert et posa les pieds sur l'asphalte. Elle prit soin de rester sur le bord, mais n'importe qui regardant la route ne pouvait pas manquer de la voir.

Rien ne se produisit. Aucun signe de Marius. Aucune voix dure pour appeler son nom. Aucune poigne de fer se refermant sur son bras.

Aucune silhouette surgissant de l'obscurité.

Aussitôt elle reprit espoir. Elle ne voulait pas se croire tirée d'affaire avant d'être au poste de police. Tout ce qui pouvait l'inciter à baisser la garde était à bannir. Mais elle marcha plus vite. Le bord de la route était jonché de minuscules cailloux qui s'incrustaient douloureusement dans la plante de ses pieds. Pourquoi était-elle pieds nus ? Avant de sortir de sa chambre, la nuit précédente, elle avait enfilé ses sandales en plastique. Qu'en avait-elle fait ? Elle avait dû les enlever quelque part dans la maison. Tant pis. Mais avait-elle besoin de se soucier de broutilles pareilles ? C'était peut-être un moyen de ne pas devenir folle. Il était plus supportable de penser à ses chaussures qu'à ce que Marius faisait à Rebecca.

Avance, Inga, avance, avance. Ne pense pas à la douleur. Ne regarde pas en arrière. Marche. Sans faiblir. Sans ralentir. Tu auras tout le temps de te reposer plus tard. Ne t'arrête pas. Pas maintenant.

Elle avait trouvé son rythme. Elle marchait, et elle respirait. Un pas après l'autre, une respiration après l'autre. Il lui restait encore une longue distance à parcourir. Mais elle avait déjà fait une bonne partie du trajet. Elle se le répétait pour ne pas se décourager. C'était comme l'histoire du verre à moitié vide ou à moitié plein. Elle décida de se mettre du côté des optimistes. Oui, elle avait un caractère plutôt optimiste. Elle s'attacherait donc à ce qu'elle avait déjà fait, pas à ce qu'elle avait encore à faire.

Soudain, elle entendit un bruit de moteur.

Elle se figea, écouta, pensant s'être trompée. Mais elle ne s'était pas trompée. Une voiture montait lentement la route en lacet. À présent, elle voyait le pinceau des phares à travers les arbres.

Une voiture, au milieu de la nuit, sur cette route isolée ! Le propriétaire d'une des maisons, là-haut, qui rentrait tard chez lui ? Quelqu'un qui allait l'aider. Qui la prendrait avec lui, qui préviendrait la police. Des larmes de soulagement lui montèrent aux yeux. Des larmes d'épuisement aussi. Elle n'en pouvait plus. Elle avait soif, elle avait faim. Ses genoux tremblaient. Tout son corps lui faisait mal. Elle était couverte d'égratignures. Elle était brisée.

Rassemblant ses dernières forces, elle se traîna au milieu de la route et leva les bras pour faire signe.

Placée dans la lumière des phares, elle était trop éblouie pour reconnaître la voiture.

Mais le conducteur devait l'avoir vue. Il ne pouvait pas ne pas l'avoir vue.

La voiture ralentit encore.

Le conducteur hésitait-il ? Il devait sûrement avoir un peu peur de s'arrêter. Mais il roulait déjà très lentement avant. Pourquoi roulait-il si lentement au milieu de la nuit sur une route déserte ?

Elle ne s'était pas plus tôt posé la question que la réponse jaillit. La peur la submergea, lui noua l'estomac, lui donna la nausée.

Comment avait-elle pu être aussi bête ? Qui roulait aussi lentement sinon quelqu'un qui fouillait la forêt des yeux, qui regardait soigneusement à droite et à gauche pour ne pas laisser un seul mètre carré inexploré. Quelqu'un qui était bien décidé à trouver ce qu'il cherchait. Quelqu'un qui poursuivait une jeune femme qui s'était enfuie et n'était pas assez bête pour se mettre en chasse à pied.

Il avait pris la voiture de Rebecca. Il était allé jusqu'au bas de la route et remontait à présent au pas, sûr que tôt ou tard sa victime se jetterait dans ses bras. Ce n'était qu'une question de temps. Qu'une question d'acuité visuelle, de patience et de portée de phares.

Et elle qui se plantait au milieu de la route et agitait les bras... Elle aurait voulu lui faciliter la tâche qu'elle n'aurait pas fait mieux.

Tout est fini.

Elle crut qu'elle allait vomir. Dans un réflexe instinctif de fuite, elle se jeta sur le bas-côté de la route et plongea vers le sous-bois, comme un animal prend la fuite devant son pire ennemi. Les épines et les broussailles lui déchirèrent les bras et le visage, des larmes de douleur et d'angoisse jaillirent de ses yeux. Elle s'agita comme si elle était en train de couler, ne trouva aucun passage. La forêt, sa dernière minuscule chance, était impénétrable. Elle abandonna la partie. Ses genoux cédèrent ; elle s'effondra face contre terre dans l'herbe rare et sèche du bas-côté.

La voiture s'arrêta. Une portière s'ouvrit.

Elle ferma les yeux, retint son souffle, serra les dents pour prévenir le coup.

Des mains dont elle ne s'attendait pas à la douceur se posèrent sur ses épaules, la retournèrent délicatement. Elle garda les yeux fermés, leva le bras pour se protéger le visage.

— Inga ! s'exclama une voix d'homme.

Ce n'était pas la voix de son mari.

Elle ouvrit les yeux. Dans la lumière des phares, elle reconnut le visage stupéfait de Maximilian.

— Inga, répéta-t-il, à la fois incrédule et consterné. Inga, mon Dieu !

Elle voulut dire quelque chose, ouvrit la bouche, mais sa voix refusa de lui obéir et elle n'émit qu'un murmure inaudible.

8

Une forte odeur de brûlé montait du rez-de-chaussée. Toute la maison en était envahie. Rebecca espéra qu'il n'y avait rien d'inflammable à proximité de la table de cuisson. Marius réagirait-il si la maison était en flammes ? Rien n'était moins sûr.

Il était assis en face d'elle, par terre, tassé sur lui-même, anéanti. Ses cheveux hirsutes, trempés de sueur, partaient dans tous les sens. Il fixait le vide devant lui.

— Elle m'a quitté. Elle ne m'a jamais aimé. Elle me prend pour une merde. Pour un nul.

Rebecca avait conscience de devoir peser avec soin chacun de ses mots. Marius était en plein désarroi et vulnérable comme un animal blessé, mais sa fragilité pouvait à tout instant se muer en agressivité.

La situation de Rebecca s'était compliquée. À l'instant même où elle était parvenue à ce que Marius se détende et reprenne pied dans la réalité.

Ce qu'il lui avait raconté de son enfance était épouvantable. Les sévices et les humiliations que lui avait fait subir Fred Lenowsky. La faim permanente, la peur. Fred qui jouissait de la crainte qu'il inspirait au petit garçon. Greta qui assistait à tout sans rien dire.

Et Sabrina Baldini à laquelle il avait parlé au téléphone.

« Je lui ai tout raconté. Tout, tu entends ? Tout ce que je viens de te raconter, je le lui ai aussi raconté. Enfance Écoute, mon cul, oui ! Toutes ces brochures, ces magnifiques affiches qui clamaient haut et fort que vous étiez là, toujours prêts à écouter, prêts à aider, prêts à remuer ciel et terre pour les enfants en détresse… Du pipeau ! Du baratin ! Le jour où il s'est agi de défendre un môme qui en avait vraiment besoin, il n'y avait plus personne ! Il faut dire aussi que Fred Lenowsky était un monsieur influent, un notable bien propre sur lui. On n'entre pas en conflit avec un monsieur pareil. On se tait. On fait semblant de ne pas entendre ce que raconte un petit morveux, fils d'alcooliques asociaux ! »

Rebecca avait commencé à le comprendre. À comprendre sa haine, son amertume. Surtout, et elle en fut la première surprise, elle avait cru à l'authenticité de son récit. Elle avait ressenti de la compassion, de la colère, de l'effroi, mais pas un instant elle n'avait éprouvé de doutes. Il y avait une sincérité dans son visage, dans sa voix, qui ne pouvait pas être simulée. Marius était névrosé, déséquilibré – ce qui, au regard de son enfance, n'était pas surprenant –, mais il ne mentait pas. Pas sur son passé. La douleur que l'évocation de ses souvenirs réveillait en lui était presque palpable.

Cependant, qu'il ne mente pas ne le rendait pas moins dangereux. Au contraire.

Sa propre sincérité était un point en faveur de Rebecca, elle en avait conscience. Elle aurait pu faire semblant de croire à son histoire, mais son extrême nervosité, sa paranoïa exacerbaient la sensibilité de Marius. Il se serait rendu compte qu'elle essayait de l'abuser. Tout comme il commençait à croire à sa sincérité. Elle le voyait sur son visage, elle le percevait à son attitude légèrement moins hostile.

Qui pouvait rebasculer d'une seconde à l'autre, elle ne se faisait pas d'illusions.

Elle lui avait dit qu'elle n'avait rien su de ses appels à Enfance Écoute. Ça l'avait mis hors de lui.

« Tu essaies de sauver ta peau ! Tu sais que tu es coincée, alors tu cherches n'importe quoi pour t'en sortir. C'est pitoyable. Tu es pitoyable. On te l'a déjà dit ?

— Je le dirais, si je l'avais su. Mais je n'avais aucun lien avec la ligne ouverte. Il était exceptionnel que ce qu'il s'y disait arrive jusqu'à moi. Je dirigeais l'association. Mes fonctions étaient essentiellement administratives. Je m'occupais de la gestion de l'argent que nous recevions, du paiement de mes collaboratrices. De choses comme ça. En y réfléchissant, il me semble que, à l'époque où vous devez avoir appelé, j'étais très prise par la mise en place de groupes de rencontre pour les mères élevant seules leurs enfants. Nous voulions leur offrir la possibilité d'échanges avec d'autres femmes dans la même situation, leur proposer des loisirs, des excursions, les aider à sortir de leur isolement… »

Elle avait vu à son expression que ça ne l'intéressait absolument pas.

« Je veux seulement dire que j'aurais été complètement débordée si j'avais dû m'occuper personnellement de chaque cas de la ligne ouverte », avait-elle conclu.

Elle s'était rendu compte que ses explications commençaient à faire leur chemin dans la tête de Marius, même s'il continuait à les refuser.

Prudemment, elle avait alors tenté de plaider en faveur de Sabrina Baldini.

« Votre dossier relevait de la compétence du tribunal pour enfants. Sabrina Baldini ne pouvait rien faire de plus que s'informer auprès d'eux de ce qu'il en était, de ce qu'ils comptaient faire ou avaient déjà fait. Je présume qu'on lui a assuré que le nécessaire serait fait. Sa mission s'arrêtait là.

— J'ai rappelé.

— Sabrina a très certainement suivi la même procédure que la première fois. Marius, nous ne pouvions pas intervenir de notre propre chef en court-circuitant le tribunal pour enfants. Je suis sûre que vous le comprenez.

— Si toi et cette fichue salope de la ligne ouverte vous étiez un peu plus impliquées, vous auriez vite découvert que mon père d'accueil bénéficiait de protections. Que j'étais victime d'une gigantesque saloperie. Et vous auriez très bien pu intervenir. La presse aurait été ravie d'être au courant de magouilles pareilles. »

Elle l'avait regardé en espérant de toutes ses forces qu'il croirait à la sincérité et au sérieux de sa proposition.

« Marius, il m'est difficile de juger de ce qui s'est passé autrefois. Je vous jure que je n'en ai rien su. Mais, si vous m'en donnez la possibilité, je vais essayer de réparer mon erreur d'autrefois, l'erreur de mon association. Je peux réactiver d'anciens contacts et faire procéder à des recherches. Je vais reprendre toute l'affaire depuis le début, et peut-être réussirai-je à faire en sorte que les responsables d'autrefois soient traduits en justice. À commencer par Fred Lenowsky. Mais aussi tous les autres. Toute la filière. Je sais que ça n'effacera pas ce que vous avez vécu, mais savoir qu'ils devront rendre des comptes à la société vous donnera peut-être un sentiment de justice, vous aidera peut-être à ne plus avoir ce sentiment destructeur d'être une victime. »

Ses mots l'avaient touché, elle l'avait senti. Il avait repris du poil de la bête, s'était littéralement accroché à l'idée de voir ses bourreaux sur le banc des accusés. Il allait et venait dans la chambre d'un pas vigoureux comme si la fatigue qui une heure auparavant lui donnait encore tant de fil à retordre s'était envolée, il parlait, gesticulait, lançait des noms, accusait, listait les preuves qu'il pouvait produire, expliquait les stratégies qu'il fallait mettre en œuvre pour débusquer les coupables. Il sautait parfois si brusquement d'un nom à un autre, d'une idée à une autre, que Rebecca ne le comprenait plus, mais elle mettait tous ses efforts à ne pas perdre le fil. Elle avait un succès important à son actif : elle avait réussi à ce qu'il la perçoive désormais comme une alliée. Tant qu'il la considérerait comme une complice et non comme une ennemie, sa survie était temporairement assurée. Elle devait néanmoins constamment entretenir l'idée qu'elle était de son côté et lui envoyer tous les signaux possibles allant dans ce sens. Avec quelqu'un qui ne raisonnait pas de façon logique et qui était totalement imprévisible, ce n'était pas une mince affaire.

Puis, soudain, il avait déclaré qu'il allait préparer quelque chose à manger. Elle avait considéré cela comme un signe positif. Un pas minuscule vers un retour à la normalité.

Elle l'avait alors entendu s'affairer dans la cuisine, ouvrir et fermer des placards, sortir de la vaisselle, agiter des casseroles. Elle l'avait même entendu fugitivement siffloter. La perspective qu'elle lui avait ouverte le séduisait de plus en plus.

Elle pria intérieurement pour que le doute ne s'insinue pas dans son esprit.

Le moindre doute pouvait le faire basculer. Il était peut-être un étudiant exceptionnellement doué, il n'en était pas moins totalement irrationnel quand il s'agissait de son problème. Une broutille pouvait ébranler sa confiance en Rebecca et il n'était pas certain qu'un appel à sa raison ait une quelconque efficacité. Elle espérait aussi qu'il n'allait pas se rendre compte de ce qu'impliquaient son intrusion dans la maison et la séquestration d'Inga et elle-même pendant deux jours et presque deux nuits. S'il comprenait que lui aussi pouvait atterrir sur le banc des accusés, cela risquait de mal tourner.

Puis l'orage avait explosé.

Elle l'avait brusquement entendu hurler :

« Quoi ! Non, mais je rêve ! Ce n'est pas possible ! Quelle salope ! Quelle fichue salope ! »

Des portes avaient claqué, les vitres des fenêtres vibré. Puis des pas rapides avaient résonné dans l'escalier. Marius s'était encadré sur le seuil de la chambre. Il était livide.

« Elle est partie. Inga a fichu le camp ! Cette garce s'est enfuie ! »

Il n'attendait pas de réponse ; il avait pivoté sur les talons et dévalé les marches en sens inverse. Rebecca l'avait entendu appeler sa femme dans le jardin.

« Inga ! Inga, bon sang, où es-tu ? Reviens immédiatement ! Si tu ne reviens pas immédiatement, ça va mal se passer pour toi ! »

Il devient fou, avait songé Rebecca. Ses chances d'apaiser Marius et de mener l'affaire vers un dénouement heureux avaient nettement chuté, sinon complètement disparu. C'était au plus mauvais moment qu'Inga avait réussi à s'enfuir – ou au plus mauvais moment que Marius avait découvert qu'elle s'était enfuie. La jeune femme était peut-être partie depuis de nombreuses heures.

Non, ce n'était pas possible. Si c'était le cas, la police serait là depuis longtemps.

Inga ne pouvait pas s'être enfuie depuis bien longtemps. Pourvu qu'elle ne soit pas encore quelque part dans le jardin ! Pourvu qu'elle réussisse à échapper à Marius ! Maintenant qu'il avait le sentiment d'avoir été trahi et manipulé, la police était le seul espoir de Rebecca.

Un temps indéterminé s'était écoulé puis Marius était remonté. Il était blême, en nage, et ses mains tremblaient.

— Je ne comprends pas. C'est incompréhensible. Incompréhensible !

Il devait avoir mis quelque chose à cuire sur le feu juste avant de découvrir qu'Inga s'était enfuie. D'où la forte odeur de brûlé qui emplissait la maison et dont il ne semblait pas avoir conscience.

— Quand je pense à tout ce qu'elle m'a raconté ! Qu'elle m'aimait, qu'elle voulait vivre sa vie entière avec moi. Que j'étais son grand amour, et blablabla... tu aurais dû l'entendre ! Et maintenant ça ! Elle me fait ça ! Cette pute ! Cette répugnante et fourbe petite pute !

— Je ne pense pas qu'elle ne vous aime plus, Marius. Simplement, elle a eu peur. Mettez-vous à sa place. Vous l'avez ligotée, menacée. Pour une raison dont elle ignore tout. Elle doit avoir l'impression de vivre un cauchemar. J'imagine qu'elle cherche simplement à se mettre à l'abri.

Il essuya nerveusement son visage trempé de sueur avec son avant-bras.

— Toi, tu ne l'as pas fait ! Tu as essayé de me comprendre !

— Parce que vous m'en avez donné la possibilité. Il y a des heures que nous parlons ici dans cette chambre. Je connais maintenant votre histoire dans ses moindres détails. Il m'est facile de vous comprendre. Mais Inga ? Lui avez-vous au moins raconté quelque chose ?

L'espace d'un instant, il parut capable de mettre de côté sa douleur et sa colère pour réfléchir.

— J'ai fait allusion à certaines choses...

— À quoi, Marius ? Que sait Inga ?

Elle voyait combien le fait de réfléchir à cette question l'épuisait. Une éternité sans dormir. Une éternité sans manger. Presque une éternité sans boire. Et, en plus, le stress extrême de devoir raconter son enfance.

Il ne pourrait pas tenir encore longtemps.

— Je lui ai parlé de mes parents. De mes vrais parents. Je lui ai dit qu'il y avait eu des problèmes. Elle sait pour la bonne femme des services sociaux qui a bousillé notre vie. Je crois que…

Il faisait un tel effort pour se souvenir qu'il en louchait.

— Je crois qu'elle ne sait rien d'autre, conclut-il d'un ton mal assuré.

Rebecca saisit aussitôt la perche.

— Vous voyez ! Si elle ne sait rien des Lenowsky, elle ne peut pas vous comprendre ! Comment le pourrait-elle ? Votre comportement doit lui paraître insensé. Elle doit avoir eu la peur de sa vie. C'est pour cette raison qu'elle s'est enfuie.

— Elle me considère comme une sous-merde.

Son bref retour à la raison était déjà terminé. Il se laissait à nouveau aspirer par la spirale infernale des complexes d'infériorité, de l'angoisse et des blessures intimes.

— C'est comme ça depuis toujours. Je t'ai raconté qu'au début elle ne voulait pas se marier avec moi ? Tous les prétextes étaient bons. « Nous sommes trop jeunes, nous ne nous connaissons pas encore très bien, laisse-nous du temps… » En fait, je n'étais pas assez bien pour elle, c'est tout. Elle espérait trouver mieux.

— Je ne crois pas, dit Rebecca. Car elle s'est finalement mariée avec vous. Marius, vous avez trop tendance à juger par rapport à vous, et en vous plaçant toujours en position d'infériorité, de perdant. Ne pouvez-vous imaginer qu'il y a des gens qui vous aiment sincèrement et vous estiment ? Inga m'a toujours parlé avec respect et beaucoup d'admiration de la façon remarquable dont vous réussissez vos études. Une femme peut être très amoureuse de vous, désirer profondément faire sa vie avec vous et néanmoins avoir besoin de plus de temps que vous pour s'engager dans une entreprise aussi importante que le mariage. C'est propre à la femme, à sa personnalité, cela ne dépend pas nécessairement de vous, de ce que vous êtes.

Il lui jeta un regard noir. Il était à nouveau hostile et inaccessible.

— Ah, ferme-la, tu veux. C'est du baratin de psy, tout ça !

— Marius, je...

— J'ai dit : ferme-la ! aboya-t-il.

Il bondit sur ses pieds. Son visage était d'une telle pâleur que Rebecca crut qu'il allait s'évanouir. Au lieu de cela, il recommença à parcourir la chambre à grands pas, avec des gestes désordonnés et agressifs.

— Qu'est-ce qu'elle fait, maintenant, la garce ? Qu'est-ce que tu crois qu'elle va commencer par faire ?

— Inga ?

— Non, la Vierge Marie ! Bien sûr, Inga, madame la protectrice des enfants. Je parle de qui depuis une heure ?

— Je ne sais pas. Je ne sais pas ce qu'elle fait.

Il se planta à quelques centimètres d'elle. Il sentait si fort la transpiration que Rebecca en eut un haut-le-cœur. Elle essaya de ne respirer que par la bouche.

— Bien sûr que tu le sais, petite ordure. Dis un peu pour quoi tu me prends ! Tu me prends pour une merde, hein ? Pour un abruti qui vient de tout en bas. Pour un moins que rien avec lequel on peut faire ce qu'on veut, hein ?

Oh non, il recommence, songea Rebecca, excédée. Et, au mépris de toute prudence, elle explosa :

— Ça suffit maintenant ! Vous allez arrêter avec cette rengaine !

Il la dévisagea, stupéfait. Elle soutint timidement son regard en se demandant avec effarement comment elle avait pu être assez folle pour le provoquer de cette façon.

Rien ne se produisit. Marius parut même se calmer un peu.

— D'accord, dit-il, d'accord. Il faut que je réfléchisse.

À nouveau quelques grands pas à travers la chambre. Il recommença à loucher. L'odeur de brûlé était devenue omniprésente. Rebecca avait même l'impression de voir de la fumée passer sous la porte.

— Elle va aller chez les flics, dit-il. Crois-moi, je connais Inga. Elle est pourrie jusqu'à la moelle. Elle a eu beaucoup de chance que je l'épouse. Elle n'aurait pas trouvé quelqu'un d'autre. Elle était connue pour avoir plus ou moins couché avec toute l'Allemagne du Nord. Ce n'est pas dénoncer son propre mari aux flics qui va faire peur à une fille comme elle.

Rebecca ne répliqua pas. Qu'aurait-elle pu dire ? Il avait très probablement raison : Inga irait tout droit à la police.

Dépêche-toi, Inga, la supplia-t-elle intérieurement. Je t'en prie, dépêche-toi !

— Ce qui signifie qu'il faut qu'on soit partis avant que les flics débarquent, décréta Marius.

Elle prit peur. Fuir dans la nuit avec un Marius qui n'avait plus toute sa raison ne pouvait que très mal finir. Elle se voyait déjà trébucher au bord de rochers plongeant à pic dans la mer, poussée par un homme qui ne tenait plus à la vie tandis qu'au-dessus d'eux tournoyaient des hélicoptères de la police...

— Ça ne servira à rien, Marius. Où pourrions-nous fuir ? Ils nous retrouveront et...

— Tais-toi, cracha-t-il. J'ai un plan. On va prendre le bateau.

— La *Libellule* ?

— On va passer de l'autre côté. On file en Afrique.

Il était complètement fou.

— Sais-tu combien de gens se noient en faisant le trajet inverse ? Nous n'y arriverons pas. Je n'ai jamais fait de voile. Je ne pourrai t'être d'aucune aide !

Elle l'avait tutoyé. C'était involontaire. Peut-être avait-elle inconsciemment cherché à recréer la proximité qu'ils avaient un instant partagée. Marius ne réagit pas. Soit il n'avait rien remarqué, soit ça lui convenait.

Il la toisa néanmoins avec mépris.

— Je n'ai pas besoin d'aide. Je sais parfaitement manœuvrer un bateau. Fred Lenowsky m'a appris.

L'évocation de ce nom encouragea Rebecca à faire une dernière tentative.

— Marius, nous avions décidé d'essayer de faire rendre des comptes à Fred Lenowsky et à tous les gens responsables de ce qui t'est arrivé. J'ai promis de t'aider et je le ferai. Nous avons de réelles chances d'y parvenir. Mais pas si nous fuyons en Afrique. Ça n'apportera rien à personne. Même si nous réussissons, ce qui est très improbable, ce n'est pas de cette façon que tu trouveras la paix. Et tu… tu te rendrais coupable d'un… enlèvement. Si tu es toi-même en position d'être traduit en justice, tu perdras toute crédibilité. Et tu veux avoir gain de cause, n'est-ce pas ? Tu veux qu'ils payent pour le mal qu'ils t'ont fait. Alors, je t'en prie, Marius, ne fais rien qui puisse te conduire en prison !

Elle vit son regard s'éclairer et crut, l'espace d'un instant, l'avoir ramené à la raison. Mais l'éclat s'évanouit presque aussitôt, à moins qu'il n'ait existé que dans son imagination.

— On part, dit-il.

— Marius, j'ai terriblement peur. C'est une erreur, fais-moi confiance, je t'en prie.

— Je n'ai plus rien à perdre.

Elle se demanda ce qu'il voulait dire par là et fondit en larmes quand il commença à détacher ses liens.

9

Maximilian aida Inga à se relever. Elle se rendit compte qu'elle tremblait de tout son corps.

— Doucement, dit-il d'un ton apaisant, doucement. Tout va bien, Inga. Calmez-vous.

Il ne se rendait pas compte. Ça n'allait pas bien du tout. Elle essaya de parler, mais aucun son ne franchit ses lèvres.

— Vous me raconterez tout à l'heure. Pour le moment, respirez à fond et détendez-vous. Venez maintenant, allons à la voiture.

Elle se dirigea lentement vers la voiture en s'appuyant sur le bras de Maximilian. Elle crut que ses jambes ne la porteraient pas jusque-là. Comment avait-elle pu marcher aussi longtemps ? Elle se laissa glisser sur le siège avant avec l'étrange sensation que les choses se répétaient. Il y avait eu une première fois, elle avait déjà éprouvé ce même soulagement. Mais c'était si loin… Pourtant, neuf jours ne s'étaient pas écoulés depuis qu'elle avait attendu, à bout de forces, les pieds meurtris, au bord de cette route écrasée de soleil où Maximilian, déjà lui, l'avait trouvée. Il avait décidément un don pour surgir quand tout était perdu.

Mais il ne faut pas que tu fermes les yeux et te laisses aller. Le moment n'est pas encore venu. Rebecca est en danger !

Maximilian s'assit derrière le volant, coupa le moteur et alluma le plafonnier. Elle le vit tressaillir d'effroi en découvrant son état.

— Mon Dieu. Mais… qui vous a fait ça ?

Elle se souvint de son œil tuméfié. Une douleur sourde l'élançait derrière la paupière. S'il était aussi laid à voir qu'il était sensible quand elle l'effleurait… À cela s'ajoutaient sa chemise de nuit déchirée, ses griffures sanglantes aux bras et aux jambes. Comme si elle était tombée entre les mains de sauvages.

Elle voulait parler de Marius, de Rebecca qui avait besoin d'aide, mais quand elle parvint à prononcer des mots intelligibles ce fut pour exprimer son besoin le plus urgent.

— De l'eau…

— Excusez-moi, j'aurais dû y penser tout de suite.

Il tendit le bras vers la banquette arrière et y pêcha une bouteille d'eau minérale à demi pleine.

— Elle est un peu tiède, mais c'est mieux que rien.

Elle porta le goulot à sa bouche et renversa la tête en arrière. Elle but à longs traits, sans reprendre sa respiration, et ne reposa la bouteille que lorsqu'elle fut vide. Elle ne se sentit pas instantanément revigorée, mais l'eau lui fit du bien. Elle eut l'impression d'être plus proche des vivants que des morts. Il y avait peu, c'était l'inverse.

— Marius… dit-elle. Nous devons… il est dangereux…

Une expression tendue apparut dans les yeux de Maximilian.

— C'est Marius qui vous a fait ça ?

Elle acquiesça d'un hochement de tête.

— Il… il est fou, Maximilian. Complètement fou.

— Où est-il ?

— Avec Rebecca. Je… j'ai pu m'enfuir, mais elle est toujours avec lui.

— Chez elle ?

À nouveau, elle hocha la tête. Maximilian éteignit le plafonnier et mit le moteur en marche. Dans la lumière des phares, la forêt prenait un aspect étrange, fantomatique.

— Nous devons aller à la police, dit Inga.

Maximilian secoua la tête.

— Ça nous prendrait trop de temps. Savez-vous où se trouve le poste de police du Brusc ? Si toutefois il y en a un dans un patelin aussi petit. Non, mieux vaut aller directement chez Rebecca.

— Nous pourrions téléphoner…

— La batterie de mon portable est à plat, dit-il en gardant les yeux fixés sur la route. Et vous n'en avez sans doute pas.

C'était une constatation, pas une question.

— Il est vraiment dangereux, Maximilian. Ne le sous-estimez pas. On ne pourra peut-être rien faire contre lui. Il a complètement perdu la tête.

— Je sais, dit Maximilian.

Il conduisait vite, concentré sur la route.

— Vous le savez ?

— Pourquoi croyez-vous que je débarque comme ça au milieu de la nuit ?

Il lui jeta un bref regard de côté.

— Vous n'avez pas lu de journaux allemands, n'est-ce pas ? En Allemagne, la presse ne parle que de ça. Un couple de retraités a été sauvagement assassiné. Pour être plus précis : ils ont été séquestrés trois jours durant dans leur propre maison et torturés à mort. La police a découvert que ces gens avaient élevé un enfant des services sociaux. Marius.

Inga essayait de comprendre ce qu'il disait. Tout tournait dans sa tête.

— Marius ? répéta-t-elle.

— Je ne sais que ce qu'il y a dans les journaux, dit Maximilian, et ils mettent beaucoup de choses au conditionnel. Néanmoins, le fait est que la police recherche activement Marius. Ce n'est pas dit explicitement, mais il semble que les relations avec sa famille d'accueil aient été particulièrement difficiles. Il est possible qu'il soit suspect. Officiellement, il est recherché pour information. Ces gens n'ont pas d'autre famille.

Inga ne parvenait pas à se défaire d'un sentiment de vertige.

— Il m'a raconté qu'il avait été retiré à ses parents, dit-elle d'une voix blanche. Ils le maltraitaient. C'est hier qu'il me l'a dit, seulement hier. Jusque-là, je ne me doutais de rien.

— J'ai vu sa photo hier soir dans le journal. Il ne faisait pas encore jour quand je suis parti. Mais les routes sont bondées. Je n'ai pas réussi à arriver plus tôt…

Il s'interrompit. Inga le regarda de côté. Il serrait les mâchoires et paraissait furieux contre lui-même.

Il aime Rebecca, songea-t-elle, et il est malade d'inquiétude.

Comme s'il avait pu lire dans ses pensées, il dit :

— Je ne voulais plus la voir. Je suis parti d'ici parce qu'elle m'a carrément jeté à la figure qu'elle ne voulait pas que je me mêle de sa vie. J'ai préféré ne pas assister à sa déchéance. À son autodestruction. Je ne pensais qu'à disparaître et à me l'ôter de la tête. Puis j'ai vu cette photo de Marius dans le journal. C'est moi qui l'ai pour ainsi dire déposé devant sa porte. Je me suis brusquement senti très mal – et, apparemment, je ne m'étais pas trompé.

Il posa un regard qui en disait long sur le visage tuméfié d'Inga.

— Vous pensez qu'il a tué ses parents adoptifs ? demanda Inga, bien qu'elle connût la réponse.

— Oui, répondit succinctement Maximilian.

Il freina et éteignit les phares. Inga ne distinguait plus que sa silhouette.

— Vous l'avez dit vous-même, Inga. Il est fou. Complètement fou.

Il ouvrit sa portière.

— Je fais les derniers mètres à pied. Il ne faut pas qu'ils m'entendent arriver.

— Je vous accompagne, dit Inga en posant la main sur la poignée de sa portière.

Sans brutalité, mais d'un geste très ferme, il l'empêcha de quitter son siège.

— Vous êtes à bout de forces. Vous ne pouvez m'être d'aucun secours. Attendez ici.

— Maximilian, je…

— Faites-moi confiance, c'est mieux ainsi. Dites-moi seulement où ils se trouvent dans la maison.

— Rebecca est au premier, dans sa chambre. Elle est ligotée. Quand je suis partie, Marius était dans la cuisine. Depuis… soit il est remonté au premier, soit il me cherche.

Elle avala plusieurs fois sa salive pour tenir à distance la peur qui menaçait de la submerger.

— Maximilian, s'il arrive ici…

— Calmez-vous. Quand je serai descendu, vous verrouillerez les portières de l'intérieur. Croyez-moi, il est très difficile de forcer des portières verrouillées de l'intérieur. Maintenant, s'il surgit pour de bon, klaxonnez sans interruption. J'entendrai et je viendrai tout de suite. On fait comme ça ?

Il lui sourit et quitta la voiture. Elle regarda sa silhouette s'éloigner sur la route, puis disparaître, happée par la nuit.

Elle enfouit son visage dans ses mains. Elle avait tellement peur qu'elle ne parvenait pas à cesser de trembler, et devoir attendre sans savoir ce qui se passait la mettait au supplice.

Maximilian avait eu raison de l'empêcher de venir avec lui. À chaque minute qui s'écoulait, elle prenait un peu plus conscience de sa faiblesse. Tant qu'elle devait fuir, elle n'avait eu d'autre choix que de tenir et elle avait puisé dans des réserves dont elle ignorait jusqu'à l'existence. À présent, elle se sentait vidée, lessivée, rompue. Tout son visage était douloureux, sa bouche, son œil enflé, son oreille blessée… Il y avait une éternité qu'elle n'avait pas mangé. À vrai dire, elle ne se sentait pas capable de faire un seul pas. Il avait fallu qu'elle surestime beaucoup ses forces pour vouloir accompagner Maximilian. Lui, en revanche, avait tout de suite compris qu'elle n'était pas en état de le suivre.

L'attente mettait néanmoins ses nerfs à vif. Depuis combien de temps était-elle enfermée dans cette voiture hermétiquement close ? Vingt minutes ? Une demi-heure ? Les chiffres lumineux de l'horloge du tableau de bord indiquaient 23h25. Ça ne l'avançait pas beaucoup car elle avait oublié de regarder l'heure quand Maximilian était parti. Elle avait l'impression que cela faisait une éternité. Mais elle se trompait peut-être.

Elle scrutait anxieusement l'obscurité de la forêt qui l'environnait, glacée de peur à l'idée que Marius surgisse entre les arbres. En même temps, elle imaginait la scène qui se jouait peut-être dans la maison de Rebecca. Maximilian et Marius luttant corps à corps. Maximilian bourrant Marius de coups de poing. Maximilian était parti avec la détermination d'un homme prêt à tout pour libérer la femme qu'il aimait. Une détermination qui lui donnait des ailes.

C'était trop bête que Rebecca lui refuse son affection, qu'elle préfère s'enfermer dans son chagrin, se couper du monde plutôt que d'envisager un nouveau commencement avec Maximilian.

Dès qu'elle en aurait l'occasion, elle le lui dirait. Tant pis si elle se faisait remettre à sa place. Il fallait que Rebecca entende qu'elle risquait de laisser passer sa chance. Au moins une fois.

Dès qu'elle en aurait l'occasion…

D'autres images tournaient dans sa tête. Si Maximilian n'avait pas réussi à prendre Marius par surprise, les scènes qui se déroulaient à cet instant dans la maison ne devaient pas du tout ressembler à ce qu'elle avait commencé par imaginer. Comment pouvait-elle être certaine que Maximilian était le plus fort ? Marius avait vingt ans de moins que lui, et il était porté par son délire, par des années de souffrance accumulée. Il était tout à fait capable de sortir vainqueur d'un affrontement avec Maximilian, et ce serait la fin. Pour Rebecca. Et peut-être pour elle aussi.

La clé n'était pas sur le contact. Pourquoi Maximilian ne l'avait-il pas laissée ? Sans doute par habitude. Toujours est-il qu'elle ne pourrait aller nulle part. Sauf à pied, et elle n'en avait pas la force.

Marius est au bout du rouleau. Il n'a pas dormi. Il n'a pas mangé. En dépit des mille kilomètres de route qu'il vient de parcourir, Maximilian est plus reposé que lui. Donc plus fort. Il aura le dessus.

Elle s'efforçait de s'en convaincre. Mais ses craintes n'en étaient pas moins vives. Maximilian n'aurait-il pas été de retour depuis longtemps s'il avait réussi à libérer Rebecca ?

Il était à présent minuit moins vingt. C'était trop long.

Était-ce réellement trop long ? Quel repère avait-elle – si tant est qu'il existât des repères en la matière ? Combien de temps fallait-il pour neutraliser un psychopathe fou furieux – ce que Marius semblait bien être – et délivrer la personne qu'il retenait prisonnière ?

Cela ne pouvait pas être long. On réussissait ou on ne réussissait pas. Et cela se décidait en quelques secondes.

Oui, mais si Maximilian n'avait pas trouvé Marius ? Si Marius, comme elle le craignait, errait quelque part dans la nuit à sa recherche ?

Dans ce cas, libérer Rebecca et courir vers la voiture avait dû être un jeu d'enfant. Ils allaient arriver d'un instant à l'autre, ils pourraient enfin s'en aller, prévenir la police, le cauchemar serait terminé...

Pourquoi ne revenaient-ils pas ? Il était bientôt minuit. Quelque chose n'allait pas.

Si seulement j'avais la clé de contact, songea Inga, je pourrais au moins aller chercher de l'aide.

Elle allait devoir sortir de la voiture et retourner à pied à la maison pour s'assurer que Maximilian n'était pas en difficulté. Elle doutait fortement d'être capable de lui apporter une aide quelconque, sans compter que la seule idée de se retrouver face à Marius la rendait malade. Mais sinon il fallait continuer à attendre, dans une inaction forcée, et elle sentait ses nerfs sur le point de craquer.

Il faut que je sache ce qui se passe.

Elle était dans un tel état de faiblesse, réussirait-elle à remonter jusqu'à la maison ? Elle ramassa la bouteille d'eau minérale qu'elle avait posée par terre, vérifia qu'elle était bien vide. Elle avait tellement soif... Elle fouilla la banquette arrière du bout des doigts. Elle trouverait peut-être autre chose à boire. Ou quelque chose à manger. Sa main rencontra un petit objet dur. Un téléphone portable.

Elle le saisit et écarquilla les yeux de stupéfaction en regardant l'écran qu'elle avait allumé par inadvertance. La connexion avec le serveur était parfaite, et la batterie était chargée à plein. Pourquoi Maximilian avait-il prétendu qu'elle était vide ? Il s'était peut-être simplement trompé. À moins que...

À moins qu'il n'ait préféré que la police n'intervienne pas, pour être celui qui libérerait Rebecca.

Le preux chevalier qui terrasse le dragon. Peut-être y voyait-il sa dernière chance de conquérir son cœur. Au mépris du risque. Les hommes étaient parfois très bêtes.

Dans la mesure où elle ignorait le numéro d'urgence de la police française, disposer d'un téléphone ne l'aidait guère. Elle réfléchit brièvement à l'intérêt d'appeler la police allemande. Elle atterrirait sans doute dans une centrale quelconque, expliquerait qu'elle se trouvait dans une forêt du cap Sicié, dans le midi de la France, que Marius Hagenau, qui était recherché en Allemagne, était dans une maison à quelques centaines de mètres de là, qu'il avait séquestré une femme, qu'un Allemand l'avait depuis peut-être maîtrisé, mais que cet homme ne revenait pas, si bien qu'elle avait peur...

Il faudrait des heures avant que les secours se mettent en branle. D'un geste décidé, elle déverrouilla le système de fermeture et ouvrit sa portière. Le portable pouvait lui être utile, elle le glissa sous sa chemise de nuit, dans l'élastique de sa culotte.

Elle fit quelques pas. Ses jambes étaient en coton. Puis elle eut une brusque chute de tension – elle avait dû sortir trop vite de la voiture – et un voile noir passa devant ses yeux. Elle demeura un instant immobile, respirant à fond, et recouvra la maîtrise de son corps. La forêt était à nouveau là, la route était bien ferme sous ses pieds. Elle commença à se sentir plus solide sur ses jambes.

La voiture avait été un cocon protecteur, une bulle de sécurité au milieu de la folie ambiante, quand autour d'elle tout dérapait. À présent qu'elle avait perdu cette protection, une peur quasi incontrôlable l'assaillait. Elle dut à nouveau s'arrêter, à nouveau s'appliquer à respirer à fond. Elle se mit à transpirer, tout son corps se couvrit de sueur. Elle fut tentée de courir se réfugier dans la voiture, de s'y pelotonner et d'attendre le matin, d'attendre que quelqu'un passe… Mais il risquerait alors d'être trop tard. Trop tard pour Rebecca. Trop tard aussi pour Maximilian.

Elle serra les dents et continua.

Vendredi 30 juillet

1

La maison était aussi sombre et silencieuse que si elle avait été abandonnée. Les fenêtres étaient noires, aucune lumière ne filtrait. Rien ne bougeait. Seule la brise nocturne bruissait dans les arbres de la haie, côté route.

Inga se dirigea vers la maison par la façade principale. Elle n'aurait rien gagné à passer par les rochers et la crique pour arriver par l'arrière. Ce chemin, beaucoup plus long, aurait requis une énergie dont elle ne disposait plus.

De toute façon, songeait-elle, la route par laquelle elle courait à sa perte n'avait pas vraiment d'importance. Elle aurait volontiers appelé Maximilian ou Rebecca, mais, tant qu'elle ne savait pas ce qui se passait à l'intérieur, elle préférait ne pas signaler sa présence. Elle avançait en profitant du couvert des arbres. Quand elle sentit le crépi des murs sous ses doigts, elle se rendit compte qu'elle avait franchi les derniers mètres en retenant sa respiration.

La fenêtre des toilettes du rez-de-chaussée se trouvait juste au-dessus de sa tête. Marius l'avait refermée, mais passer la main par la vitre cassée pour l'ouvrir de l'intérieur ne devait pas présenter de difficultés. Elle voulait néanmoins essayer d'abord la porte d'entrée. Elle n'était qu'à quelques mètres. Si elle n'était pas verrouillée, ce serait encore par là qu'elle entrerait le plus discrètement.

Elle put abaisser la poignée, mais la porte ne s'ouvrit pas. Cela signifiait-il que Marius n'avait toujours pas remarqué sa disparition ? S'il s'était rendu compte qu'elle était partie, il aurait jailli de la maison par cette porte et ne l'aurait certainement pas soigneusement verrouillée derrière lui en revenant. Cependant, il était aussi possible qu'il soit sorti par la porte-fenêtre de la terrasse, comme elle, et qu'il soit rentré par le même chemin.

Et puis à quoi bon jouer aux devinettes ? Ça ne l'avançait à rien d'imaginer en permanence des scénarios pour s'occuper l'esprit.

Une peur instinctive l'empêchait de passer par le séjour – qui sait ce qu'elle risquait d'y découvrir ? –, aussi décida-t-elle d'emprunter tout de même la fenêtre des toilettes. Elle n'eut aucun mal à l'ouvrir, elle était par chance suffisamment grande pour l'atteindre facilement. Se hisser sur le rebord à la force des bras, puis opérer un rétablissement, s'avéra beaucoup plus difficile. Elle chercha autour d'elle un objet susceptible de lui servir de marchepied. Elle ne trouva rien et perdre du temps à chercher plus longtemps eût été risqué. Elle se débrouillerait sans. Si seulement elle n'avait pas eu l'impression que ses muscles s'étaient liquéfiés, qu'ils avaient fondu comme du beurre au soleil !

Au quatrième essai, elle réussit à se hisser assez haut pour passer une jambe à l'intérieur et elle put s'asseoir à califourchon sur le rebord. Son cœur battait à toute vitesse, elle était à nouveau en nage et ses jambes tremblaient tant qu'elle dut attendre dix minutes avant de passer à l'étape suivante. Du moins crut-elle attendre dix minutes. En réalité, elle avait perdu toute notion du temps et avait seulement l'impression qu'elle faisait tout avec une extrême lenteur.

Enfin elle se laissa glisser à l'intérieur, s'arrêta sur le siège des toilettes puis posa les pieds par terre. C'est seulement lorsqu'elle s'entailla profondément le pied droit qu'elle se souvint des morceaux de verre qui jonchaient le sol à cet endroit. Elle étouffa un gémissement de douleur. Il ne manquait plus que ça…

Elle s'assit sur les toilettes et déroula des mètres de papier qu'elle enroula autour de son pied pour arrêter le sang qui coulait entre ses orteils. Ce pansement ne tiendrait pas longtemps, mais elle ne pouvait pas faire mieux.

Elle ouvrit la porte des toilettes. Aucune lumière n'était allumée dans le couloir, mais, par la porte ouverte de la cuisine, un peu de la clarté de la lune lui permit de repérer le contour des meubles et le départ de l'escalier. Le silence était total.

— Maximilian ? murmura-t-elle dans un souffle à peine audible. Rebecca ?

Personne ne lui répondit. Personne n'aurait pu l'entendre.

Elle s'engagea dans l'escalier et monta au premier en s'efforçant de ne pas faire de bruit. Son pansement de fortune devait déjà être complètement imbibé de sang, le papier toilette collait à chaque pas sur les marches.

Aucune lumière ne brillait non plus au premier étage. Elle se demanda qui avait éteint partout dans la maison. Marius ? Maximilian ? Mais pourquoi ?

Elle regarda dans la salle de bains, puis dans la petite pièce qui faisait office de bureau. Le clair de lune se reflétait sur l'ordinateur.

— Maximilian ? appela-t-elle aussi doucement que la première fois.

Pas de réponse.

La chambre de Rebecca se trouvait au bout du couloir, à côté de l'escalier qui menait aux combles et à la chambre d'amis. C'était là que l'essentiel du drame s'était joué.

Inga ouvrit lentement la porte, prête à découvrir le pire.

Une forme gisait par terre au milieu de la pièce. Elle perçut un souffle ténu, saccadé, le souffle de quelqu'un qui respirait avec difficulté.

— Rebecca ?

Là encore, pas de réponse.

Elle se glissa vivement dans la pièce et s'agenouilla à côté du corps allongé. Elle reconnut le visage de Marius, d'une pâleur mortelle et luisant de sueur. Son tee-shirt était mouillé, l'odeur métallique du sang, reconnaissable entre toutes, dominait celle de crasse et de transpiration. Marius était grièvement blessé, il se vidait de son sang, il luttait contre la mort.

— Marius, murmura-t-elle.

Elle souleva légèrement sa tête, chercha un signe de vie sur son visage. Il n'eut aucune réaction, il devait être inconscient. Elle reposa délicatement sa tête sur le sol, prit son bras, posa deux doigts sur son pouls. Il était faible et lent.

En dépit de tout ce qu'il lui avait fait, il restait son mari, elle l'avait aimé, avait vécu avec lui. Elle ne pouvait pas le laisser mourir comme ça.

Mais où étaient fourrés Maximilian et Rebecca ? Apparemment, le plan de Maximilian avait réussi, il avait mis Marius hors d'état de nuire. Comment, au fait ? Avec un couteau ? Une blessure qui saignait autant ne pouvait avoir été infligée qu'avec une arme. Ou bien avait-il un pistolet ? Non, elle n'avait pas entendu de coup de feu. En outre, il ne lui avait pas dit qu'il était armé. En même temps… elle était dans un tel état de nervosité et d'épuisement physique qu'il avait peut-être jugé plus prudent de ne rien en dire.

Dans le couloir, elle alluma la lumière. Aussitôt, tout reprit un aspect normal et rassurant. Le placard en bois laqué blanc, le tapis coloré sur le parquet, le tableau qui représentait un champ de lavande, tout était familier et paisible. Pourtant, dans la chambre derrière elle, son mari agonisait, son mari dont elle venait d'apprendre qu'il avait tué le couple qui l'avait élevé, qu'il avait sauvagement assassiné deux personnes âgées. Comment concevoir pareille horreur ? Elle avait reçu un tel choc qu'elle ne parvenait pas à prendre la pleine mesure de l'information. Mais elle y parviendrait, et elle s'effondrerait, un jour, quand ce cauchemar serait terminé.

N'était-il pas déjà terminé ? Marius ne pouvait plus nuire à personne. Rebecca était libre. Pourquoi n'était-elle pas rassurée ?

Elle redescendit au rez-de-chaussée. Le sang coulait de son pied. Elle devait laisser des marques sanglantes derrière elle. Là-haut, Marius gisait dans une mare de sang. La maison allait finir par ressembler à un abattoir.

Arrivée en bas, elle alluma là aussi la lumière. Ce n'est qu'à cet instant qu'elle prit conscience de la forte odeur de brûlé qui régnait dans la maison. Elle passa la tête dans la cuisine. Une casserole contenant une masse charbonneuse indéfinissable était posée sur la cuisinière à présent éteinte. Elle se souvint que Marius commençait juste à s'affairer dans la cuisine quand elle s'était enfuie.

— Rebecca ! appela-t-elle. C'est moi, Inga ! Maximilian ! Où êtes-vous ?

Elle avait atteint le séjour. Elle ouvrit la porte.

Ses yeux durent s'habituer à la pénombre. Les volets étaient fermés, aucune lueur ne provenait de l'extérieur, mais des bougies brûlaient. Rebecca était assise sur la chaise où Inga avait passé tant d'heures. Aucun lien ne l'entravait, mais elle était dans un état effroyable. Ses longs cheveux pendaient en mèches embroussaillées autour de son visage, elle était livide et des cernes immenses creusaient ses yeux. Maximilian était assis en face d'elle sur une autre chaise.

L'image s'imprimait lentement et difficilement dans l'esprit d'Inga. Comme c'était étrange. Que faisaient-ils assis l'un en face de l'autre avec ces bougies allumées dans la pièce ?

À la seconde où elle se posait la question, Rebecca ouvrit la bouche. Ce fut si brutal qu'Inga sursauta.

— Va-t'en, Inga ! Cours ! Va-t'en vite ! Il est fou ! Dépêche-toi !

Elle ne comprenait pas. Marius était inoffensif, il ne pouvait plus leur faire de mal. Rebecca ne le savait-elle pas encore ?

Elle voulait lui répondre, voulait lui expliquer qu'elle n'avait plus de raison d'avoir peur quand son regard tomba sur Maximilian. Il avait un pistolet à la main. Un rictus déformait ses lèvres, et une lueur de folie brillait dans ses yeux.

2

— Comment s'appelle l'endroit ? demanda Kronborg. Pouvez-vous épeler ?

En vérité, il n'était pas encore complètement réveillé. Il se trouvait déjà à son bureau alors qu'il était juste un peu plus de sept heures du matin. Les locaux du service étaient déserts. Ça sentait le désinfectant que l'armada de femmes de ménage avait passé la veille au soir, et personne n'avait encore mis de machine à café en marche. Kronborg, qui n'avait pas pris de petit déjeuner car il supportait la solitude du matin encore moins que celle du soir, aurait pourtant eu besoin d'urgence d'une tasse de café pour s'éclaircir les idées.

Tant pis. Il avait une Sabrina Baldini très tendue au téléphone et il fallait qu'il assure.

— Le Brusc, répéta-t-il. Commune de Six-Fours. Vous en êtes certaine ?

— Tout à fait certaine ! Je savais que j'avais quelque part une lettre que Rebecca m'avait envoyée, il y a quelques années, alors qu'elle était en vacances. Son adresse figurait au dos de l'enveloppe. J'ai cherché la moitié de la nuit... Dans les lettres anonymes, les menaces qui concernent Rebecca sont très violentes, et vous disiez que toutes les informations pouvaient vous être utiles... Il faut la prévenir, n'est-ce pas ? Je suis tellement soulagée d'avoir retrouvé son adresse. Et d'avoir pu vous joindre ! Je ne m'attendais pas à ce que vous soyez déjà à votre bureau.

— Je suis un lève-tôt, prétendit Kronborg.

Ce n'était pas faux, mais c'était nouveau, et les raisons qui l'avaient incité à modifier son mode de vie n'invitaient pas à se réjouir.

— Bien, c'est donc au Brusc, où elle possédait une maison, qu'elle passait ses vacances d'été ?

— Oui. Avec son mari. On ne peut, naturellement, rien affirmer, mais son mari aimait tellement l'endroit... J'imagine que c'est là qu'elle vit. Je ne vois pas, sinon, où elle se serait retirée...

— Nous allons commencer par fouiller de ce côté-là. C'est une information très importante, madame Baldini.

— Je suis heureuse d'avoir pu vous aider. Je me fais tellement de reproches ! C'est moi, à l'époque, qui n'ai pas réagi comme je l'aurais dû quand le petit Marius a téléphoné. Rebecca n'était au courant de rien.

Quand je vois les menaces qui pèsent sur elle aujourd'hui...

— Nous réussirons peut-être à intervenir à temps pour que ces menaces ne deviennent pas réalité. Grâce à vous.

— Oui... Espérons-le, dit Sabrina d'une voix hésitante.

Kronborg avait des antennes. Il percevait des émotions que les autres ne remarquaient pas. C'était une faculté indispensable dans son métier. Il sentit qu'autre chose contrariait Sabrina Baldini, mais qu'elle avait du mal à se décider à en parler.

— Avez-vous autre chose sur le cœur ? demanda-t-il. Quelque chose dont vous pensez que cela pourrait avoir de l'importance ?

— Je ne voudrais pas abuser de votre temps.

— Il n'est guère plus de sept heures et je suis seul. Pour le moment, personne ne me réclame. J'ai tout mon temps.

Il devait sans délai se mettre en relation avec ses collègues français de Six-Fours, mais Sabrina Baldini détenait peut-être une information décisive et, s'il reportait la suite de l'entretien à plus tard, qui sait si elle retrouverait le courage de parler.

— Je... ça n'a vraisemblablement pas de lien avec ce qui se passe, cependant... je ne peux pas m'empêcher de penser à une chose...

— Dites-moi simplement ce qu'il en est, madame Baldini. Les choses ont parfois des liens entre elles qui à première vue ne semblent pas du tout évidents, l'encouragea Kronborg.

— Eh bien, vous savez peut-être que je vis séparée de mon mari ?

— Oui, vous l'avez mentionné.

— La raison de notre séparation... la raison pour laquelle mon mari m'a quittée est que...

Sabrina avait manifestement du mal à en parler.

— J'ai eu une liaison, il y a un an. Plus précisément de décembre il y a deux ans à novembre de l'année dernière.

Kronborg commençait à se demander quel était le rapport avec l'affaire qui les occupait. S'était-il montré si paternel qu'après avoir tranquillement trompé son mari pendant onze mois elle avait pensé pouvoir décharger sa conscience sur lui ?

— Madame Baldini... commença-t-il avec une pointe d'impatience destinée à lui faire comprendre qu'il n'entrait pas dans ses attributions de recevoir les confessions de ses concitoyens et encore moins de leur donner l'absolution – sans compter qu'il était très mal placé en matière de femmes infidèles.

— Ce qui me préoccupe, c'est que... j'ai parlé de l'affaire à cet homme, dit vivement Sabrina. De ce qui s'était passé avec Marius. Ça n'a peut-être aucune importance, mais...

Tous les sens de Kronborg s'éveillèrent.

— Vous avez parlé de Marius Peters à votre... amant ? Pour quelle raison ? Je veux dire, si j'ai bien compris, jusqu'à ces derniers jours, vous ignoriez l'importance de cette affaire ?

Ou tu en avais parfaitement conscience, mais tu te taisais par commodité, poursuivit-il pour lui-même. Ce qui signifierait qu'à l'époque le malheureux gamin avait réellement été trahi par tous et toutes.

— Effectivement. Je n'en avais pas réellement conscience. Mais il... mon ami voulait constamment parler de Rebecca. Au début, ça allait, puis ça a pris des proportions... gênantes. Au point que j'ai fini par préférer rompre. J'avais l'impression que ce n'était pas moi qui l'intéressais, seulement Rebecca.

— Pardon ? Il connaissait Rebecca Brandt ?

— Oui. C'est d'ailleurs chez elle que j'avais fait sa connaissance. Lors d'une soirée qu'elle et son mari avaient donnée pour Noël. J'y étais allée sans mon mari, notre mariage commençait à battre de l'aile… C'est là que notre histoire a commencé. J'y croyais, je faisais des projets d'avenir… puis il a cessé de s'intéresser à moi.

— Madame Baldini, il faut que vous me racontiez ça en détail, et depuis le début, dit Kronborg.

Sa fatigue et son manque d'entrain s'étaient envolés. Son instinct lui disait qu'il y avait là quelque chose à creuser.

— Comment s'appelle votre ancien ami ?

— Maximilian. Maximilian Kemper.

3

Pourquoi n'avait-elle pas immédiatement compris que quelque chose clochait ? Pourquoi les anomalies ne lui avaient-elles pas sauté aux yeux ? Le cerveau fonctionnait-il au ralenti quand on avait faim et soif ? Quand on avait couru pendant près d'une heure, la nuit, dans une forêt, pour échapper à la folie de quelqu'un qui avait été votre mari ?

Inga savait seulement qu'elle s'était lourdement trompée. Maximilian lui était apparu comme un sauveur, et rien de ce qu'il avait dit ne l'avait surprise ou alarmée. Il avait découvert la photo de Marius dans le journal, lu l'article qui l'accompagnait et appris que la police allemande le recherchait. N'aurait-il pas été normal qu'il appelle immédiatement la police pour dire ce qu'il savait ? Au lieu de ça, il avait pris le volant et avalé des centaines de kilomètres pour venir voir sur place ce qu'il en était. Et couru le risque d'intervenir douze heures plus tard. Douze heures pendant lesquelles beaucoup de choses pouvaient arriver.

Naturellement, quand on n'avait jamais eu l'intention de prévenir la police, tout devenait limpide.

Et l'incident du portable. Au pire, c'était là que toutes les alarmes auraient dû sonner dans sa tête. Comment avait-il pu prétendre que la batterie était vide quand elle était chargée à plein ? La confusion n'était pas possible. Par ailleurs, comment se faisait-il qu'après douze heures de route cette batterie fût encore chargée à plein alors qu'apparemment l'appareil n'avait été ni branché sur la prise de la voiture pour être rechargé ni éteint pour économiser la batterie ? À l'évidence, Maximilian n'avait nullement un voyage aussi long derrière lui. Peut-être n'était-il jamais rentré en Allemagne. Peut-être même était-il resté tout ce temps dans la région.

Le portable était l'unique petit espoir d'Inga. Elle sentait toujours le contact du métal sur sa peau, sous sa chemise de nuit. Tant que Maximilian ne remarquerait pas de bosse anormale sur sa hanche, tant que le téléphone ne glisserait pas – ou, pire, ne se mettrait pas à sonner –, il ne saurait pas qu'elle l'avait. Et qu'elle disposait ainsi d'un moyen de communiquer avec l'extérieur. C'était un atout bien mince, mais elle s'y accrochait mentalement pour tenir la panique à distance.

Pour le moment, toutefois, aucune possibilité d'appeler quelqu'un ne s'annonçait. Il y avait des heures que Rebecca et elle étaient enfermées dans cette pièce, tenues en respect par le pistolet avec lequel, pour les provoquer, Maximilian jouait négligemment. L'unique bougie qui brûlait encore jetait des ombres fantasmagoriques sur les murs et le plafond. Rebecca était toujours assise sur la même chaise. Elle-même avait été poussée par Maximilian vers le fauteuil à oreillettes qui occupait un coin de la pièce. Elle s'y tenait, raide et crispée, attentive à ne pas faire tomber le téléphone. Maximilian, qui allait et venait dans la pièce, s'asseyait puis se relevait, était essentiellement occupé par Rebecca. Il ne semblait pas s'intéresser réellement à Inga, mais elle se tenait sur ses gardes. Il lui était déjà arrivé de lui adresser soudainement la parole et il ne cessait de la surveiller du coin de l'œil. Il était exclu qu'elle fasse un geste sans qu'il le remarque.

Il lui avait annoncé presque en passant qu'il avait tiré sur Marius – à travers un oreiller pour étouffer le bruit de la détonation – et qu'il était probablement mort à l'heure qu'il était.

« Ou en bonne voie de l'être. Désolé. Il le fallait », avait-il ajouté en regardant Inga dans les yeux.

Elle avait essayé de comprendre.

« Marius… est-ce que Marius est dangereux ? »

Maximilian était parti d'un rire froid et mauvais.

« Marius ? Marius n'est qu'une minable petite crotte de chien. Au demeurant passablement névrosé, mais ce n'est guère surprenant avec le passé qu'il trimballe. Pour le reste, il ne ferait pas de mal à une mouche ! »

Un nouveau rire l'avait secoué.

« Quoique ton œil au beurre noir ne laisse de m'impressionner. Je ne l'en aurais pas cru capable. »

Elle songea à Marius sur le bateau. Lorsqu'il l'avait violemment poussée dans la cabine. Puis à Marius ici même, dans cette pièce, lorsqu'il l'avait giflée. Il l'avait terrifiée, il l'avait blessée. Mais sans doute était-ce le pire dont il était capable. Il n'était pas un assassin. Jamais il n'aurait intentionnellement attenté à la vie de Rebecca ou à la sienne. Il les aurait défendues contre Maximilian. À présent, il gisait dans la chambre de Rebecca où il se vidait lentement de son sang. Si personne ne venait à leur secours, il serait mort avant l'aube.

Et nous aussi, songea-t-elle avec une certitude désespérée. Nous serons mortes avant qu'une nouvelle journée s'achève.

4

Dans la tête de Kronborg, le tableau commençait à prendre forme. Certains points étaient encore obscurs ou imprécis, cependant les pièces du puzzle se mettaient lentement en place. La situation pouvait en être bouleversée. Comme cela pouvait n'avoir aucune incidence. Il était encore incapable de se prononcer. Sa seule certitude était que quelque chose le titillait, et il savait par expérience que cela se produisait rarement sans raison.

Maximilian Kemper avait été un ami de Felix Brandt, le mari de Rebecca, son meilleur ami peut-être, du moins était-ce en ces termes qu'il avait parlé de leur relation à Sabrina Baldini. La maison de Felix et Rebecca lui avait toujours été ouverte, surtout depuis son divorce, sept années auparavant.

— Il disait tout le temps que le divorce s'était très mal passé, expliqua Sabrina. Des coups bas, des mensonges, des choses irréparables… Et il semble que sa femme ait singulièrement asséché ses finances.

Le soir de la fameuse fête de Noël, Maximilian était venu seul, comme Sabrina Baldini. Uniques célibataires de la soirée, ils étaient fatalement appelés à se rencontrer. Maximilian avait flirté outrageusement avec Sabrina. Il lui avait donné le sentiment d'être unique et désirée, et Sabrina, que son mariage ne rendait plus heureuse depuis longtemps, était tombée follement amoureuse.

— J'étais prête à me séparer sur-le-champ de mon mari. Je vivais très mal les mensonges et les cachotteries. Ça me rendait littéralement malade. Je maigrissais, j'avais des crampes d'estomac en permanence. Mais Maximilian ne voulait pas rendre notre liaison officielle. Il avait toujours mille bonnes raisons à m'opposer. J'avais un tel besoin de lui que j'étais prête à tout accepter. Aujourd'hui, je crois vraiment qu'il se moquait de moi. Si j'avais été brusquement libre, je l'aurais beaucoup embarrassé.

Ils se rencontraient dans des hôtels, des auberges isolées, des parkings éloignés du centre-ville. Au début, Maximilian s'était montré un amant attentif et sensible. Il manifestait un grand intérêt pour la vie de Sabrina, il voulait tout savoir, ce qu'elle faisait, comment elle allait. Sabrina ne s'était pas immédiatement rendu compte qu'il s'intéressait surtout à son amitié avec Rebecca.

— « Amitié » est un grand mot. J'avais travaillé quelques années dans son association d'aide à l'enfance. Nous nous appréciions mutuellement ; toutefois, il s'agissait essentiellement de relations de travail. De plus, lorsque j'ai rencontré Maximilian, j'avais quitté Enfance Écoute depuis longtemps. Quand Rebecca organisait une fête, comme cette soirée de Noël, elle m'invitait encore, mais cela signifiait simplement que nous nous voyions une ou deux fois par an. Nous n'étions pas intimes, et nous ne le sommes pas devenues depuis.

Amoureuse comme elle l'était de Maximilian, elle s'était néanmoins toujours efforcée de satisfaire sa curiosité. Puis Maximilian avait cessé de prendre des gants, il avait posé des questions plus directes. Naturellement, Sabrina s'était étonnée qu'il s'intéresse tant à Rebecca.

— Je pensais qu'il devait la connaître beaucoup mieux que moi. Après tout, il était le meilleur ami de son mari et passait le plus clair de son temps libre chez eux. Il disait qu'il était très admiratif de l'engagement de Rebecca, mais ne pouvait malheureusement pas en discuter avec elle car elle se fermait dès qu'il évoquait le sujet. Ça m'étonnait un peu. Rebecca m'était toujours apparue comme quelqu'un de très concerné par son travail et qui en parlait volontiers. Sans jamais citer de noms, bien sûr. Elle était très respectueuse du secret professionnel...

Sabrina se tut quelques instants. Kronborg s'était rendu chez elle pour poursuivre de vive voix leur conversation téléphonique. Par chance, elle n'habitait pas loin du commissariat central, dans une rue tranquille, au rez-de-chaussée d'un petit immeuble. Son appartement possédait une grande terrasse et un jardin ensoleillé.

Sabrina lui avait dit qu'elle n'osait plus rester dehors passé cinq heures de l'après-midi depuis qu'elle recevait des lettres de menace. Même là, alors qu'ils étaient assis l'un en face de l'autre dans le séjour, elle avait évité d'ouvrir la baie vitrée. Elle avait fait du café et posé une assiette de toasts beurrés sur la table. Il était sept heures et demie.

Kronborg lui en fut reconnaissant. Enfin du café, et même des toasts.

Il savait qu'il avait eu raison de se déplacer. Souvent les gens avaient plus de mal à parler au téléphone qu'en face à face. Il apprendrait davantage de Sabrina si elle pouvait le regarder dans les yeux.

— Je ne voulais pas le perdre, reprit Sabrina. Je pensais que je ne pouvais pas vivre sans lui...

Jamais Sabrina ne se serait livrée ainsi au téléphone.

— J'ai cherché dans ma mémoire tout ce dont je pouvais me souvenir du temps où je travaillais à Enfance Écoute. Concernant Rebecca, bien sûr. Sur ses projets, sur les actions qu'elle entreprenait. Sur ses succès et ses échecs. C'était… certaines choses étaient confidentielles.

Elle lui lança un regard désespéré.

— J'ai tellement honte aujourd'hui…

Kronborg se demanda quel genre d'homme était ce Maximilian. Il devait posséder un grand pouvoir de fascination sur les femmes. Sabrina Baldini n'avait aucunement le profil type de la victime prête à renoncer à elle-même, à s'abaisser pour un peu d'amour et d'attention. Elle était belle, elle avait de l'assurance, même si on la sentait désemparée par les derniers événements. L'aménagement de son appartement, sa propre élégance révélaient une belle aisance financière. À la voir, jamais on n'aurait soupçonné qu'elle se faisait exploiter et manipuler par un homme. Il est vrai que Kronborg avait souvent constaté qu'il ne fallait pas se fier aux apparences, particulièrement dans ce domaine.

— Je voulais lui faire plaisir, mais il exigeait toujours plus…

— En avez-vous parlé avec Mme Brandt ?

— Non ! Non, je n'en ai parlé à personne. J'étais… je suis toujours mariée. Personne n'a jamais su que j'avais une liaison.

Kronborg pesa ses mots avec soin avant de formuler sa question suivante.

— Madame Baldini, vous est-il jamais arrivé de penser que… eh bien, que l'intérêt de M. Kemper pour Rebecca Brandt dépassait le simple attrait qu'un « presque membre de la famille » éprouve pour la femme de son ami ? Que peut-être ce n'était pas tant son engagement en faveur des enfants qui le séduisait que… Rebecca Brandt elle-même ?

— Oh si, j'y ai pensé ! Souvent. Nous ne parlions plus que d'elle ! Nous ne parlions plus de nous. Et encore moins d'avenir commun ou de révéler au grand jour nos sentiments. Quand je suggérais timidement qu'il était amoureux de Rebecca, Maximilian entrait dans une colère noire. Il me faisait presque peur. Et il a commencé à menacer de me quitter. À l'époque, rien ne pouvait m'effrayer davantage.

Kronborg hocha la tête en manière d'assentiment. Il comprenait ce qu'elle avait vécu. L'infinie tristesse de ses yeux et la lassitude qui émanait d'elle lui donnaient la certitude qu'elle ne se remettrait jamais complètement de cette histoire.

— Comment en êtes-vous arrivée à lui parler de Marius Peters ? demanda-t-il.

Elle se mordit les lèvres. Elle parut soudain très jeune et très vulnérable.

— Il… il voulait toujours plus d'informations. Il prétendait qu'on ne travaille pas aussi longtemps que Rebecca dans une association caritative sans avoir été confronté au moins une fois à un scandale. Je répondais qu'il n'y avait jamais eu de scandale, qu'en outre, si tel avait été le cas, il en aurait eu nécessairement connaissance, à la fois en tant qu'intime de la famille et par la presse. Il est devenu agressif. Il tenait, disait-il, à me faire savoir que, durant tout le temps où il avait été marié, il avait très peu fréquenté les Brandt car Rebecca n'aimait pas beaucoup son ex-femme. Quant aux journaux, ils ne disaient pas toujours tout. Il y avait aussi des scandales que l'on étouffait. Par exemple, des affaires de détournement d'argent public qu'Enfance Écoute aurait soigneusement dissimulées pour que l'association ne perde pas son agrément d'intérêt public.

Sabrina soupira. Ses yeux étaient à présent légèrement irrités.

— Je n'avais rien à raconter. Rebecca Brandt ne s'était jamais mise en tort. Du moins pas à ma connaissance. Mais je ne peux pas l'imaginer faisant quelque chose d'illégal. C'est une personne bien trop intègre.

Kronborg hocha lentement la tête. Il devinait la suite.

— Maximilian Kemper ne vous laissait pas de répit, n'est-ce pas ?

Sabrina secoua la tête. Elle était très pâle. La confrontation avec cette part d'ombre de son passé était plus douloureuse qu'elle ne l'avait imaginé.

En même temps, songea Kronborg, il fallait qu'un jour ou l'autre elle s'en libère. Elle portait un poids qui l'écrasait.

— C'était du harcèlement. Il ne lâchait jamais. Quand il n'avait pas ce qu'il voulait, il devenait mauvais, haineux, agressif. J'ai commencé à redouter ses éclats. Et, cependant, ne pas le voir pendant plusieurs jours, ne pas avoir de nouvelles me rendait folle. Il me torturait, restait des jours sans téléphoner. Quand j'essayais de le joindre à l'hôpital où il travaillait, il me faisait dire par sa secrétaire qu'il n'était pas disponible. Chez lui, il ne décrochait pas. Je ne sais pas combien de messages j'ai laissés sur son répondeur… en larmes. Parfois, je ne le voyais pas pendant deux semaines, je croyais que tout était fini. Il y avait longtemps que mon mari et moi nous étions éloignés l'un de l'autre. Je touchais le fond du désespoir, je ne supportais pas d'être seule, je ne supportais pas son absence. J'étais en manque de lui. Puis brusquement il se manifestait à nouveau. Me prenait dans ses bras, me murmurait les mots d'amour que je voulais entendre, dont j'avais besoin pour vivre. Mais inévitablement…

— … il en revenait à son sujet favori, poursuivit Kronborg devant l'hésitation de Sabrina. Il voulait que vous lui dénichiez une faute dans le passé de Rebecca Brandt.

— Oui. Et je savais désormais à quoi m'attendre si je ne m'exécutais pas : des semaines de sevrage d'amour. J'avais peur. J'ai commencé à chercher comme une folle dans mes souvenirs. Je savais qu'il n'y avait rien à reprocher à Rebecca, mais je me demandais s'il n'y avait pas quelque chose qu'on aurait pu un peu transformer... Je sais que c'était déloyal, voire répréhensible. J'étais prête à sacrifier la réputation de Rebecca et la notoriété de l'association à la passion dévorante, maladive, que j'éprouvais pour Maximilian Kemper. C'était plus fort que moi. Je me détestais, et pourtant...

Elle se tut, secoua lentement la tête et haussa les épaules dans un geste d'impuissance.

Un jour, l'histoire de Marius Peters lui était revenue à l'esprit. Ce n'était en rien une faute que l'on aurait pu reprocher à Rebecca, mais c'était, selon les termes employés par Sabrina, une « malheureuse affaire » dans l'histoire d'Enfance Écoute.

Une malheureuse affaire.

Une fois prononcés, les mots flottèrent dans la pièce comme une mauvaise odeur dont on ne parvient pas à se débarrasser.

Une malheureuse affaire.

Sabrina regarda Kronborg. Ses yeux s'étaient encore assombris. Si elle ne les avait pas serrées aussi fort entre ses genoux, sans doute ses mains auraient-elles tremblé. Les jointures de ses articulations étaient blanches.

Kronborg savait qu'ils venaient d'atteindre le cœur du désespoir de Sabrina. L'origine de sa lassitude chronique. Peut-être aussi ce qui expliquait son aventure délétère avec Kemper, et l'échec de son mariage.

L'affaire Marius Peters.

Il devait l'interroger, il ne pouvait pas faire autrement. Il fallait qu'elle aille jusqu'au bout et Kronborg voyait à son expression qu'elle le savait.

— Sabrina, commença-t-il prudemment, si, à force d'être pressée par M. Kemper, vous avez fini par vous souvenir du cas malheureux de Marius Peters, cela signifie qu'à l'époque, après les coups de fil de l'enfant, vous n'avez pas été très à l'aise, vous n'avez pas eu le sentiment d'avoir fait tout ce que vous auriez dû faire. Cela signifie que vous saviez qu'il aurait fallu intervenir, mais que cela aurait créé des problèmes. Cela signifie que vous avez, vous aussi, sciemment fermé les yeux.

Elle ne répondit pas. Elle se leva d'un mouvement un peu brusque, pâlit encore, et, avant que Kronborg ait pu réagir, tomba sans un murmure par terre, sur le tapis du salon. Avant d'entreprendre quelque chose pour la ranimer, Kronborg se fit la réflexion que, même s'évanouir, cette jolie femme bouleversée le faisait avec grâce.

5

Il l'avait aimée. Il l'avait aimée comme un fou. Quand elle prétendait aujourd'hui ne pas s'en être rendu compte, ne pas l'avoir compris, elle mentait. À vrai dire, elle ne contestait pas avoir senti qu'il éprouvait quelque chose pour elle. Elle disait seulement qu'elle n'avait pas eu conscience de l'intensité de ses sentiments, qu'elle ne s'était pas doutée qu'il se consumait littéralement d'amour pour elle. Mais il n'était pas dupe, elle songeait surtout à se défendre. Elle faisait très attention à ce qu'elle avouait ou n'avouait pas.

Ils étaient alors étudiants, encore jeunes, insouciants, la vie était devant eux. Dans l'amphi, elle était toujours assise devant lui, il avait en permanence sous les yeux ses longs cheveux noirs qui l'enveloppaient comme un manteau. Ce n'était pas seulement son physique qui l'attirait. Elle était jolie, mais il connaissait des filles plus belles, plus gaies, plus rayonnantes. Rebecca n'était pas triste, elle était simplement plus grave que les autres, souvent un peu perdue dans ses pensées. Avec elle, on pouvait parler de la misère dans le monde, et, de temps à autre, elle arrivait avec une pétition qu'elle faisait circuler pour recueillir des signatures contre tel abus ou pour tel projet humanitaire. Il trouvait ça formidable. Pour sa part, il ne croyait pas qu'il était possible de changer le monde, pas même de le faire un tout petit peu évoluer, et il pensait qu'essayer tout de même, c'était se battre contre des moulins à vent, gaspiller de l'énergie pour rien. D'ordinaire, il était prompt à trouver stupides et vaguement ridicules les gens qui se lançaient dans l'entreprise. Mais pas Rebecca. Quelque chose chez elle faisait qu'il la jugeait différemment. Elle possédait une force qu'il admirait sans réserve. Parfois, il se disait que c'était pour cette force qu'il désirait à ce point faire partie de sa vie. Pour bénéficier de quelques miettes de son énergie tranquille, de sa solidité. Il voyait en elle l'amante, la femme, la mère. Peut-être était-ce trop. Peut-être était-ce pour cette raison qu'il perdait la parole.

Car, sinon, il avait la langue plutôt bien pendue. Beau, intelligent et sûr de son charme, il n'avait pas de problèmes avec les filles. Il ne commençait pas à bégayer, à passer par toutes les couleurs de l'arc-en-ciel ou, pire, à rester muet quand il avait quelque chose à leur dire. Ça ne lui était jamais arrivé – sauf avec Rebecca. Sa présence le paralysait, lui faisait perdre sa belle assurance. Quand elle lui posait une question, il était pris de suées et marmonnait des réponses complètement idiotes. Dès qu'elle le regardait, il racontait n'importe quoi. Quand il y repensait ensuite, il se disait qu'il était nul. Un post-adolescent qui transpirait trop et avait les mains moites. Que pouvait-elle lui trouver de séduisant ?

Elle ne lui avait rien trouvé de séduisant. C'était de son ami Felix qu'elle était tombée amoureuse. Si au début il avait pu croire à une amourette sans lendemain et garder quelque espoir, l'histoire prit rapidement la fâcheuse tournure d'un grand amour. Felix se mit à lui parler de deux âmes qui s'étaient trouvées. Jamais il ne se serait douté que Felix pouvait être aussi lyrique ! Deux âmes qui erraient dans le vaste monde et se rencontraient finalement dans un très prosaïque amphithéâtre de la faculté de médecine de Munich. C'était ridicule. Mais les femmes étaient sensibles à ce genre de niaiseries. Rebecca ne pouvait que succomber. C'était nettement plus attrayant que les bégaiements du grand gars assis derrière elle qui se mettait à transpirer dès qu'elle se retournait.

« J'ignorais ce que tu éprouvais pour moi. »

Il avait une arme, elle était à sa merci, et cette jeune Inga aussi, dont il n'avait que faire et dont il faudrait également qu'il se débarrasse. Inga – cela l'avait amusé – ne s'était doutée de rien. Ce qui signifiait que Marius n'avait soufflé mot de son plan à personne, pas même à sa femme. Comme convenu. Brave Marius.

Rebecca, elle, s'était rendu compte de quelque chose. Elle le lui avait avoué, quelques jours auparavant, alors qu'ils parlaient dans la cuisine. Elle avait commencé à se douter qu'elle représentait davantage pour lui que la femme de son meilleur ami quand il avait pris l'habitude de venir si souvent chez eux, après son divorce. Comme il supposait que Felix et elle en avaient parlé, le fait qu'ils aient continué à le fréquenter comme si de rien n'était le mettait en rage. Qu'est-ce que cela signifiait sinon qu'ils ne le prenaient pas au sérieux ? Il était amoureux de Rebecca à en perdre la raison et Felix s'en souciait comme d'une guigne car il le tenait pour parfaitement inoffensif. Peut-être même, entre eux, s'étaient-ils moqués de lui. Quand il y pensait, il avait une furieuse envie de lui flanquer tout de suite une balle dans la tête, à cette garce. Elle était là avec les yeux écarquillés de trouille ! Lui aussi, il aurait eu la trouille à sa place. Parce qu'elle allait mourir, aucun doute là-dessus, mais il fallait qu'elle sache pourquoi. Il fallait qu'elle sache qu'elle avait détruit sa vie, et il fallait qu'elle sache quel plan génial il avait mis au point pour se venger. Il ne s'était malheureusement pas totalement défait du désir de lui plaire. Elle ne devait pas mourir sans savoir combien il était habile et rusé.

Mais il était clair qu'il devait se dépêcher. Dehors, c'était l'aube, une nouvelle journée commençait et il était encore là à parler et discuter. Il ne s'était pas rendu compte que les heures filaient. Le problème était que tout son projet reposait sur le fait que Marius devait être tenu pour l'auteur des crimes. Seulement Marius était là-haut dans la chambre de Rebecca, en train de crever ou déjà mort, et, s'il n'envoyait pas rapidement Inga et Rebecca ad patres, un médecin légiste aurait tôt fait de découvrir que Marius ne pouvait pas être le coupable.

Il attendait cet instant depuis si longtemps. Lui d'un côté, elle de l'autre, livrée à lui, obligée de l'écouter, obligée d'entendre, de regarder en face tout ce qu'elle lui avait fait. Pour commencer, il y avait la douleur qui lui avait broyé le cœur quand il avait dû être le témoin de Felix le jour de leur mariage. Puis son propre mariage, conclu à la hâte dans l'espoir de penser à autre chose qu'à Rebecca et dont il savait déjà en disant oui qu'il était voué à l'échec. Le divorce lui avait coûté les yeux de la tête. Il avait dû vendre sa propriété du lac de Starnberg.

Ses week-ends avec les Brandt, la torture d'avoir en permanence devant les yeux ces éternels amoureux qui se bécotaient et se tenaient la main. Et les nuits dans la chambre d'amis, les heures sans sommeil, rongé de jalousie parce qu'il ne pouvait s'empêcher d'imaginer tout ce qu'ils faisaient dans leur chambre, parce qu'il les voyait constamment se livrant à des étreintes passionnées.

Merde, tiens, rien que d'y penser il se mettait à transpirer. Ils n'avaient sans doute pas fait l'amour aussi souvent qu'il l'avait imaginé, mais au fond cela n'avait pas d'importance, une fois était déjà de trop car Rebecca aurait dû être sa femme, sa femme à lui seul. Naturellement, il s'était dit qu'il ferait mieux de ne plus mettre les pieds chez eux pour ne pas s'infliger ces épreuves. Mais il n'avait pas pu résister. Renoncer à voir Rebecca s'était avéré pire encore. On aurait dit un drogué en manque. Il avait été incapable de travailler, incapable de se concentrer, détruit par le besoin et le désir. Il avait rechuté, il avait recommencé à la suivre comme un chien dans l'espoir de glaner au moins un sourire, un mot, un regard. Imaginait-elle combien il avait pu se sentir humilié ?

Oui, elle l'imaginait. La peur que reflétaient ses yeux le lui disait. Elle comprenait ce qu'il avait traversé, et elle mesurait ce que pouvait être sa haine.

Rien que l'obligation de maintenir les liens avec Felix ! Il n'y avait pas un être au monde qu'il souhaitait autant voir disparaître de la surface de la terre, mais rompre avec lui aurait fait disparaître Rebecca de sa sphère. Il s'était donc trouvé contraint de jouer à la « bonne vieille amitié ». Il y avait des jours où il en aurait vomi.

Rebecca n'ouvrait pas souvent la bouche, mais, quand il avait évoqué son violent désir d'être définitivement débarrassé de Felix, ses yeux s'étaient agrandis.

« Tu as quelque chose à voir avec son accident ? »

Il avait fait négligemment tourner le pistolet sur son index. Il aurait bien aimé inscrire l'accident de Felix à son actif et montrer ainsi à Rebecca qu'il avait pu se substituer à Dieu pour la conquérir. Mais en ce qui concernait l'accident de Felix, non, il n'avait joué aucun rôle. Felix avait eu tout seul la bonne idée de heurter de plein fouet un candidat au suicide fou furieux qui par un matin brumeux d'octobre roulait pied au plancher à contresens sur l'autoroute.

L'enterrement. Ils avaient été nombreux à accompagner Felix à sa dernière demeure, le cimetière était noir de monde. Patients, collègues, amis. Felix était aimé, sa disparition brutale et prématurée avait consterné, plongé les foules dans la tristesse. Au pied de la tombe, la veuve, *sa* Rebecca, tout de noir vêtue, naturellement, soutenue par une amie, une bénévole de sa stupide association de sauvetage de l'enfance malheureuse. Il lui avait offert d'être en ce jour à ses côtés : en tant que meilleur ami de Felix, c'eût été naturel, et tenir le rôle pendant toutes ces années lui avait assez coûté. Mais elle avait refusé.

On lui avait beaucoup dit, ce jour-là, qu'il était pâle et paraissait bouleversé. Son émotion avait été imputée à la perte de son ami. En vérité, c'était beaucoup plus grave. Dans un premier temps, la mort de Felix lui était apparue comme la réponse à ses prières, puis il avait compris que sa situation s'était détériorée. Rebecca s'enfoncerait dans son chagrin, jamais elle n'envisagerait de refaire sa vie avec un autre homme, encore moins avec lui. Il ne pourrait plus arriver chez elle à l'improviste, il ne pourrait plus passer de week-end dans la maison. Leurs relations se limiteraient désormais à un envoi de cartes de vœux à Noël et pour son anniversaire. Peut-être réussirait-il à la convaincre de prendre un café avec lui, quoique, au vu de son chagrin, même cela lui parût hautement improbable, et totalement exclu dans l'immédiat.

Il la perdrait. Elle lui avait tout coûté : son mariage, sa maison. Son poste de chef de clinique. Pour rien. Pour rien du tout.

Le poste de chef de clinique. Il avait été si près de l'obtenir. Il en avait les capacités, il avait des relations, il avait du charisme. Il avait tout pour être chef de clinique. Malheureusement, il avait aussi un petit problème d'alcool. Parce que parfois il ne supportait pas la solitude, parce qu'il ne supportait pas de voir Felix et Rebecca ensemble, parce qu'il ne parvenait pas à accepter l'idée d'avoir dû vendre sa superbe maison pour payer ce que cette garce qu'il avait stupidement épousée avait réussi à lui extorquer… Il n'était pas ivre du soir au matin, il n'avait pas la bouche pâteuse, il ne puait pas la vinasse, il ne se promenait pas avec une barbe de trois jours – il n'était pas un alcoolo sinistre ! Il y avait simplement eu cette histoire de permis de conduire. Il s'était fait arrêter, une nuit, alors qu'il roulait au hasard dans les rues parce que le vide et le silence de son appartement lui étaient devenus insupportables et que sa nostalgie de Rebecca le mettait au supplice. Il avait un taux d'alcool dans le sang très élevé, ce qui l'avait surpris. Il avait dû boire plus qu'il n'en avait eu conscience. Quoi qu'il en soit, il avait écopé de neuf mois de suspension de permis. Il pensait avoir réussi à le dissimuler, mais il devait y avoir eu des fuites et au final l'affaire avait dû être exagérée. Le poste de chef de clinique avait été attribué à un autre. Il avait alors mené son enquête et découvert qu'on lui attribuait un « risque non négligeable de dépendance à l'alcool ». Pour briser une carrière, il n'y avait pas mieux. Rebecca pouvait se vanter d'avoir fait capoter également ses rêves professionnels.

À la réflexion, c'était à l'enterrement que l'idée que Rebecca devait mourir pour que lui ait une chance de renaître à la vie avait germé dans son esprit.

Peut-être était-ce la raison de son extrême pâleur. Il ne fallait pas croire qu'il avait pris cette décision de gaieté de cœur. Reconnaître que l'on devait tuer la femme que l'on aimait avait de quoi vous faire blêmir. Tout de même, il n'était pas un assassin. Au contraire. En tant que médecin, il s'était même donné pour devoir de guérir et sauver des vies. Pourtant, à mesure que la journée s'écoulait, il devenait plus évident qu'il n'y avait sur cette terre de place que pour lui *ou* Rebecca, et, puisque Rebecca l'avait traité avec un tel mépris, il n'avait pas besoin de se demander qui d'elle ou de lui devait céder la place. Et il ferait ça habilement. Très subtilement. Il prendrait son temps. Il n'était pas un amoureux transi qui buvait pour oublier ! Elle allait voir qui elle avait envoyé promener. De qui elle avait presque détruit la vie.

Oui, presque. Car, quand elle serait morte, il en avait la certitude, sa vie pourrait recommencer. Il serait libre. Il n'aurait plus à subir cette insupportable solitude, il pourrait enfin envisager de se lier à une autre femme. Il ne boirait plus une goutte d'alcool et il postulerait à nouveau pour être chef de clinique. Il achèterait une belle maison avec un grand jardin, et il n'était pas encore trop vieux pour être père. Des enfants feraient joyeusement les fous dans le jardin. Un chien jouerait avec eux. Le soir, quand il rentrerait à la maison, sa femme le serrerait contre elle.

Vivre. Simplement vivre.

Les images qui défilaient devant ses yeux étaient si belles, si heureuses, qu'il en aurait pleuré.

Puis il avait découvert Sabrina Baldini dans la foule. Elle était accompagnée de son mari et se donnait visiblement du mal pour ne pas se trouver face à son amant. Pas facile, pour elle, cette situation. Elle avait mauvaise mine, il faut dire qu'il y avait au moins deux semaines qu'il ne lui avait pas téléphoné. En présence de son mari, elle ne pouvait pas lui faire de scène. Pauvre femme. Si elle savait à quel point il en avait assez d'elle ! Cela dit, elle lui avait été infiniment précieuse. Il avait obtenu d'elle tout ce qu'il fallait savoir de Rebecca. Au départ, il s'agissait simplement d'enregistrer des éléments qui pourraient lui être utiles plus tard. Mais à présent il avait un plan, une idée géniale, et il savait comment il allait s'y prendre. Il réfléchissait à toute vitesse, les idées fusaient, jaillissaient dans sa tête, un vrai feu d'artifice. Il dut prendre garde de ne pas se trahir, ses yeux devaient pétiller comme jamais et son enthousiasme et son euphorie allaient finir par se voir comme le nez au milieu de la figure.

Son enthousiasme et son euphorie, son enthousiasme et son euphorie, son enthousiasme et son euphorie…

Venait-il de prononcer ces mots ou y avait-il seulement pensé ? Il essuya son front du revers de la main. Ces lignes grisâtres entre les lattes des volets… le jour se levait.

Il devait se dépêcher. Il observa Rebecca, ses cheveux étaient en désordre, elle était pâle, elle avait les traits tirés, ses lèvres étaient desséchées, mais elle était belle, si belle ! Avant de la tuer, il fallait qu'il lui parle de Marius. Il fallait qu'il lui raconte ce qu'il avait fait aux parents adoptifs de Marius. Il fallait qu'il lui raconte tout. C'était important. Mais il ne lui restait plus beaucoup de temps. Et, ce temps, il voulait le passer seul avec elle. Il ne pouvait y avoir que lui et elle.

Comme cela aurait dû être depuis le début.

Il se tourna vers Inga. Elle dérangeait. Elle dérangeait vraiment. Pourquoi cette petite cruche n'était-elle pas restée dans la voiture ?

— Tu es de trop, dit-il. Tu es définitivement de trop.

Il se leva. Les yeux agrandis par l'épouvante, Inga le regarda venir vers elle.

6

Inga avait compris qu'au dernier acte de la pièce Rebecca et elle devaient mourir. Maximilian y avait suffisamment fait allusion dans ses tirades délirantes sur son amour impossible et les ratages de sa vie. Le temps qui leur restait à vivre était celui dont il aurait besoin pour finir d'étaler devant elles son âme malade. Après, ce serait la fin. Quand brusquement son regard froid et dur se posa sur elle, elle sut que sa dernière heure était arrivée.

— Je veux être seul avec Rebecca, dit-il. Ça ne te regarde pas, cette histoire.

Elle ne comprit pas pourquoi il ne la tua pas tout de suite. Et elle ne comprit pas pourquoi il prit la peine d'attacher Rebecca avec la corde à linge dont elle-même s'était libérée quelques heures auparavant. C'est seulement une fois cette tâche accomplie qu'il vint vers elle. Il la fit lever en la tirant par le bras d'un coup sec, puis il la poussa devant lui hors de la pièce. Elle crut qu'il voulait sortir pour l'abattre dans le jardin, mais il la fit grimper l'escalier en lui tenant toujours le bras d'une poigne de fer et il la traîna derrière lui dans le couloir du premier étage jusqu'à la chambre de Rebecca, où gisait Marius. Pendant tout ce temps, elle n'eut qu'une idée en tête : le portable.

Mon Dieu, faites qu'il ne découvre pas le portable. S'il ne me tue pas, nous avons encore une petite chance…

Il ouvrit la porte de la chambre et la poussa d'une bourrade à l'intérieur de la pièce. Inga se cogna violemment la hanche contre un coin de la coiffeuse. Elle poussa un cri de douleur. Par chance, le portable était coincé sur son autre hanche. Elle eut juste le temps de plaquer la main dessus pour qu'il ne tombe pas.

— Je m'occuperai de vous deux plus tard ! lança Maximilian.

Il claqua la porte et tourna la clé dans la serrure.

Inga mit plusieurs secondes à se ressaisir. Elle était encore en vie, c'était un miracle, et il n'avait pas découvert le précieux portable, ce qui était un miracle peut-être plus grand encore. Elle hésitait à examiner son pied blessé. Elle avait perdu les derniers lambeaux de son pansement quelque part entre le séjour et la chambre, mais la blessure avait cessé de saigner.

Elle prit le portable sous sa chemise de nuit et le glissa sous la commode. Si l'idée de revenir prenait brusquement à Maximilian, il ne fallait pas qu'il le voie. Puis elle se précipita vers Marius.

Il respirait encore, son état semblait même s'être légèrement amélioré. Son pouls et son rythme cardiaque s'étaient stabilisés, il respirait plus régulièrement.

Elle songea avec soulagement qu'il pouvait s'en sortir. Si les secours arrivaient rapidement, il s'en sortirait.

Elle glissa par terre jusqu'à la commode, attrapa le portable et revint au chevet de son mari.

— Marius, chuchota-t-elle, je vais appeler des secours.

Il ouvrit les yeux. Ses paupières battirent, son regard, tout d'abord presque vitreux, s'éclaircit.

— Inga ! souffla-t-il, stupéfait.

Il la reconnaissait. Des larmes de soulagement et d'émotion lui montèrent aux yeux.

— Marius, connais-tu le numéro d'urgence de la police française ? demanda-t-elle d'une voix tendue.

Il parut faire de gros efforts de concentration.

— Je… je ne crois pas, murmura-t-il finalement.

Il essaya de se redresser, mais sa tête retomba sur le sol.

— Que s'est-il passé ? Où est Maximilian ?

— Il a tiré sur toi, Marius. En ce moment, il est en bas avec Rebecca. Il va tous nous tuer. Il faut que nous appelions la police. J'ai son portable. J'ai le portable de Maximilian !

À nouveau, il se concentra.

— Je… je ne sais pas quel numéro il faut composer. Je ne sais plus. Je… j'allais partir avec Rebecca quand… il est arrivé. Je… il a tiré. Oui, il a tiré sur moi avant que j'aie pu… dire ou… faire quoi que ce soit…

— Je sais. Il est fou. Il veut tuer Rebecca parce qu'il pense qu'elle a détruit sa vie, et nous parce que nous savons ce qu'il veut faire.

Et il nous reste tellement peu de temps, ajouta-t-elle en pensée, au bord du désespoir.

Non seulement elle ne savait pas où elle atterrirait si elle composait le numéro d'urgence de la police allemande, mais la croirait-on quand elle raconterait son histoire et demanderait de l'aide ?

— J'appelle maman, dit-elle. C'est elle qui va prévenir la police.

Pourquoi n'y avait-elle pas pensé plus tôt ? Dans la voiture, par exemple ? Elle composa le numéro de ses parents. Elle dut s'y reprendre à deux fois tant ses mains tremblaient.

Pourvu qu'ils soient là !

Sa mère décrocha dès la première sonnerie, comme si elle avait attendu à côté du téléphone.

— Oui ? fit-elle, la voix rauque et brouillée par les larmes.

— Maman ?

— Inga ! Inga, où es-tu ? Tout va bien ? Où es-tu, Inga ? Inga, écoute-moi, il faut que tu…

Elle ne laissa pas sa mère continuer.

— Maman, j'ai besoin d'aide. Il faut que tu appelles la police. Marius et moi sommes…

— Inga, fais attention à Marius, éloigne-toi de lui. La police le recherche. Un commissaire de la brigade criminelle nous a téléphoné. Marius a tué deux personnes. Il est dangereux. Il est…

— Ce n'est pas vrai, maman, c'est une erreur. Mais peu importe. Nous n'avons pas beaucoup de temps. Nous sommes retenus prisonniers dans une maison, et quelqu'un veut nous tuer. Appelle ce commissaire qui vous a téléphoné. Dis-lui de se mettre très vite en rapport avec la police française. Il saura ce qu'il faut faire. Mais il ne faut pas perdre de temps.

— Où êtes-vous ?

Inga lui donna l'adresse. Elle entendit sa mère griffonner en hâte les noms qu'elle lui dictait.

— Inga… sois prudente, ma chérie !

— Fais vite, maman !

Il ne restait plus qu'à attendre. Combien de temps faudrait-il pour que les secours s'organisent ? Elle pouvait compter sur sa mère pour agir sans tergiverser, et pour mettre en branle toutes les polices d'Europe s'il le fallait. C'était une chance qu'elle ait su que sa fille était en danger. D'après ce qu'elle avait compris, la police cherchait depuis longtemps à localiser Marius. Ils se trompaient, mais il serait bien temps de mettre les choses au point plus tard. Pour le moment, seul comptait le fait qu'on n'avait pas posé des dizaines de questions ni douté de l'urgence de son appel au secours. Désormais, tous devraient réagir très vite.

L'attente était éprouvante. À peine achevée sa conversation avec sa mère, Inga avait doucement ouvert la fenêtre pour voir s'il était possible de s'enfuir par là. Elle y avait vite renoncé. C'était beaucoup trop haut pour sauter et il n'y avait rien à quoi s'accrocher pour se laisser glisser, pas de gouttière, pas de treillage sur le mur, rien. Elle avait réfléchi un bref instant à la possibilité de nouer les draps ensemble pour faire une corde, mais elle n'avait qu'une confiance limitée dans la solidité du système. En outre, elle aurait dû abandonner Marius, et c'était devenu impensable.

— La police va arriver, murmura-t-elle à son oreille. Tout va s'arranger.

Il essaya de sourire.

— Si tu le dis…

— Marius, pourquoi ne m'as-tu jamais parlé ?

En même temps qu'elle posait la question, elle se demandait si c'était bien utile. Était-ce le moment de mettre les choses au point, d'essayer de comprendre ? Mais l'autre attitude était de se taire et de ne rien entendre que les battements de son cœur. Il y avait des chances pour que ce soit plus pénible.

— Parlé ?

— Oui, parlé de ton enfance, de tes parents, de la famille d'accueil qui t'a élevé. Pourquoi n'en ai-je rien su ?

Il ne répondit pas.

Et si je me trompais ? Suis-je réellement certaine que ce n'est pas lui qui a tué ces deux personnes ? Il a besoin d'aide, en dépit de tout ce qui s'est passé. Mais n'a-t-il rien sur la conscience ? Quel est le lien entre lui, ces gens, Maximilian ? Qui est-il ?

Elle crut qu'il s'était endormi, mais il rouvrit les yeux.

— Maximilian… dit-il.

Elle hocha la tête.

— C'est un malade, Marius. J'espère seulement que la police sera là avant qu'il devienne fou furieux.

— Il voulait mettre un terme à mon cauchemar.

— Maximilian ? Qu'est-ce qu'il voulait faire ?

Marius parlait avec peine. Il y avait de l'impatience dans sa voix quand il répondit :

— Il était au courant… pour moi. Il me comprenait. Ce que j'ai vécu… toute cette souffrance… il comprenait…

— Tu veux dire, ce que tu as vécu enfant ?

— Ça… ne cessait jamais. Jamais.

— Je comprends, Marius. Et Maximilian voulait t'aider ?

Il battit des paupières en signe d'assentiment.

— C'était prévu, que nous arrivions ici, chez Rebecca, n'est-ce pas ?

— Il… pensait que je devais parler avec elle. Lui raconter comment on m'avait laissé tomber. Il disait qu'il n'y avait que de cette façon que je pourrais m'en sortir. En… me confrontant aux gens qui… qui étaient alors responsables…

Il toussa. Parler lui était visiblement pénible.

— Je… ça m'a semblé évident. J'ai cru que ça me libérerait vraiment. En fait… je pensais plutôt à la femme du tribunal pour enfants. Mais Maximilian disait que… que la vraie coupable était Rebecca. La femme du tribunal avait eu peur pour son poste. Rebecca, elle, n'avait aucune excuse.

Inga, qui ne connaissait qu'une partie de l'histoire, ne pouvait que supposer ce que Marius voulait dire.

— Tu as demandé à Rebecca de t'aider quand tu étais enfant ? Mais elle ne connaît même pas ton nom !

Il acquiesça péniblement.

— Elle… n'a rien su. Maximilian prétendait qu'elle était au courant. Il disait qu'elle le lui avait raconté. En réalité… je… parlais à une de ses collaboratrices. L'affaire n'est jamais… remontée jusqu'à Rebecca.

Les pièces du puzzle se mettaient en place.

— Quand Maximilian nous a pris en stop dans ce village perdu, ce n'était pas un hasard ?

— Non. Je… l'avais appelé sur son portable pour lui dire où nous étions. C'était convenu. Nous devions faire le dernier bout de route avec lui, et il devait nous déposer sur le terrain à côté de chez Rebecca. C'est de lui que je tenais le matériel de camping.

— Ah. Mais la voiture dont tu parlais au début... qu'un de tes amis devait nous prêter... ?

Il eut un pâle sourire.

— Désolé. Ce... c'était une invention. Pour... que tu acceptes... de partir...

— Une fois sur place, tu voulais parler à Rebecca. Pourquoi, alors, as-tu essayé de voler le bateau ?

— J'ai eu peur.

— Peur ? Peur de quoi ?

— De moi. De remuer le passé. Je ne pensais plus qu'à m'enfuir. Je... ne me sentais... pas de taille. Trop d'images... tu comprends ? Trop de souvenirs qui... remontaient...

Il parlait de plus en plus lentement. Inga avait mille questions sur les lèvres, mais elle comprit qu'elle lui demandait trop d'efforts. Ils avaient des chances d'en réchapper tous les deux, ils auraient alors tout le temps de parler. Mais pas maintenant. Marius était grièvement blessé. Il avait besoin de toutes ses forces pour rester en vie.

— Essaie de dormir, dit-elle d'une voix douce. Tu m'expliqueras plus tard.

— Je suis tellement fatigué...

— Je sais. Repose-toi. La seule chose qui importe est que tu te rétablisses.

Cela m'importe réellement, en dépit de tout, songea-t-elle à son propre étonnement. Je veux qu'il ait une seconde chance.

Elle observa son visage. Il avait fermé les yeux. Ses paupières tressautaient. Elle connaissait chacun de ses traits, retrouver les lignes familières lui faisait chaud au cœur.

Au début l'expression de ce visage l'avait fascinée, le temps passant elle l'avait intriguée, puis un jour elle l'avait emplie d'effroi. C'était l'insouciance heureuse de la jeunesse que l'on percevait en premier lieu chez Marius et qui d'emblée séduisait, puis l'on se rendait compte qu'elle recouvrait les traces profondes de très anciennes blessures. Marius portait un masque. Il avait trop souffert pour pouvoir continuer à vivre autrement qu'en se dissimulant derrière un personnage qu'il n'était pas. Il ne pouvait pas se montrer à nu.

Elle écarta doucement la mèche rebelle qui s'obstinait à retomber sur son front. Marius ouvrit les yeux. Lentement, au prix d'un pénible effort, il leva un bras et tâta délicatement du bout des doigts l'œil enflé d'Inga. Le contact la fit tressaillir.

— Je suis désolé, dit-il à mi-voix. Je suis vraiment désolé de ce que j'ai fait.

— N'y pense plus. Essaie de te reposer, maintenant.

Elle sourit. Il lui rendit son sourire.

C'est à cet instant précis que le coup de feu claqua. La détonation déchira le silence avec une soudaineté et une violence inouïes.

Ils eurent l'un et l'autre le même sursaut de terreur. Marius voulut s'asseoir, mais il réussit à peine à se redresser avant de retomber sur le sol.

— Oh non… il a tué Rebecca, murmura-t-il dans un souffle.

Inga tremblait de tout son corps.

— Et, maintenant, il va monter.

Elle avala sa salive. Une grosse boule lui nouait la gorge.

C'est trop tard. La police peut bien arriver, c'est trop tard, maintenant.

Les yeux rivés sur la porte, elle guettait le bruit des pas qui d'un instant à l'autre résonneraient dans l'escalier.

Elle attendait de se trouver face à son meurtrier.

Rien ne se produisit. Un silence total régnait dans la maison.

Lundi 2 août

Un chaud vent marin caressait les rochers encore tièdes du soleil emmagasiné dans la journée. À l'ouest, un ruban de lumière rouge embrasait l'horizon, mais la nuit tombait déjà sur les terres et en bas, dans la crique, la mer était noire et mystérieuse. Des bruits ténus animaient les arbres et les buissons. Ce ne serait plus long avant que les premières étoiles filantes apparaissent sur le velours noir du ciel nocturne.

Rebecca regardait la mer. Elle semblait très loin, perdue dans ses pensées, mais elle avait entendu le bruit léger de pas qui s'approchaient. Elle se retourna. Inga venait vers elle en boitillant, un gros pansement sur son pied blessé. Son œil était toujours enflé, mais elle s'était maquillée et le bleu violacé de son hématome était bien atténué. Comparée à l'état dans lequel elle était deux jours auparavant, elle avait à nouveau figure humaine.

Mais je n'étais guère en meilleure forme qu'elle, songea Rebecca en la regardant approcher.

— Trouve-toi un bout de rocher confortable et assieds-toi à côté de moi, dit-elle. Comment va Marius ?

— Mieux. Le médecin pense qu'il pourra quitter l'hôpital à la fin de la semaine. La balle n'a pas touché d'organe vital, mais il a perdu beaucoup de sang et il est extrêmement faible. Il faut dire qu'il était déjà très affaibli avant d'être blessé.

— Mais il va se rétablir. C'est le principal.

— Oui. Il est hors de danger, confirma Inga.

Elle s'assit à côté de Rebecca et aspira une longue goulée d'air iodé.

— Quel merveilleux coucher de soleil ! Et quel miracle que nous soyons là pour l'admirer !

— Oui. C'est un miracle.

Rebecca effleura le rocher du plat de la main. Depuis leur nuit d'épouvante, tout, même le simple contact de la pierre chaude sous la main, avait quelque chose de magique. Le sentiment ne durerait pas, mais, pour le moment, rien n'allait plus de soi, rien n'était a priori acquis.

— Que va-t-il se passer pour Marius ?

Inga hésita.

— Cela dépend pour une bonne part de nous… du fait que nous déposions ou non plainte contre lui. Il est entré chez toi par effraction, il nous a retenues contre notre volonté dans la maison, il voulait t'emmener…

Rebecca était à mille lieues de porter plainte. Elle n'éprouvait ni haine, ni colère, ni désir de revanche. Seulement de la pitié pour un être qui avait beaucoup souffert et dont les appels au secours n'avaient pas été entendus.

— En ce qui me concerne, dit-elle, je n'envisage aucune poursuite judiciaire. Marius a besoin d'être aidé. Pas de rendre des comptes à la justice. Ce n'est pas un criminel.

Inga lui jeta un regard de côté.

— Merci, Rebecca.

— Je pense sincèrement ce que je viens de dire.

Elles demeurèrent un instant silencieuses. La bande rouge qui colorait encore l'horizon s'amenuisait, dans quelques minutes elle aurait complètement disparu et il ferait nuit. Derrière elles, au-delà de la pelouse, la maison éclairée paraissait chaleureuse et accueillante. La maison. Rebecca se demandait si elle s'y sentirait un jour à nouveau à l'abri et en sécurité. Jamais elle n'oublierait l'image de Maximilian levant son arme, prenant le canon dans sa bouche et appuyant sur la détente. Le coup lui avait arraché le visage. Il était tombé avec un bruit sourd, puis son corps s'était crispé et il était resté figé sur le tapis dans une position tourmentée.

Rebecca avait hurlé, elle avait poussé un long cri d'effroi et d'impuissance, du moins l'avait-elle cru. Par la suite, Inga lui avait dit qu'il n'y avait pas eu de cri, seulement le bruit de la détonation, puis un silence absolu, plus rien n'avait bougé dans la maison. Elle avait crié seulement dans sa tête, le son n'avait pas franchi ses lèvres.

Dans un moment de lucidité, Maximilian devait avoir compris qu'il s'était engouffré dans une impasse, que ses errements, ses erreurs et ses crimes avaient abouti à un immense gâchis, sans possibilité de recommencement. Il n'y aurait pas de seconde chance pour lui. Il n'avait alors trouvé d'autre issue pour se libérer que d'en finir, et, dans une ultime dramatisation, il s'était donné la mort sous les yeux de la femme qu'il avait aimée et haïe avec la même folle démesure.

La police était arrivée peu de temps après – Rebecca avait alors appris que c'était grâce à Inga. Des dizaines d'inconnus s'étaient répandus dans la maison, Marius avait été transporté à l'hôpital en ambulance, un médecin s'était occupé de Rebecca et d'Inga, le corps de Maximilian avait été emporté. Les deux femmes avaient dû répondre aux nombreuses questions que différentes personnes leur posaient à tour de rôle, notamment sur l'origine de toute l'histoire. Inga n'avait pu que répéter que Marius n'avait rien fait, que Marius était innocent, que les choses ne s'étaient pas passées comme elles en donnaient l'impression.

— C'est drôle, Maximilian m'a toujours inspiré une vague réticence, dit Rebecca. C'était le meilleur ami de Felix, si bien que je n'ai jamais vraiment osé m'avouer que je ne me sentais pas à l'aise en sa présence. Un jour, Felix et moi avons évoqué le fait qu'il était un peu amoureux de moi, mais Felix ne prenait pas ça au tragique. Je me serais trouvée un peu ridicule si de mon côté j'en avais fait une montagne. Pourtant, j'avais l'intuition qu'il y avait quelque chose qui allait au-delà du simple béguin. Je ne pouvais pas mettre de nom dessus, et je n'étais pas certaine de ne pas me faire des illusions, mais aujourd'hui je sais que je ne me trompais pas. J'aurais dû prendre au sérieux les petits signaux d'alarme qui clignotaient dans ma tête. Maximilian était dangereux, et plus le temps passait, plus il le devenait.

— D'après Marius, il serait venu le voir un jour pour lui dire qu'il avait appris d'une ancienne collaboratrice d'Enfance Écoute ce qui lui était arrivé, des années auparavant, quand on n'avait pas donné suite à ses appels. Naturellement, il a présenté les choses de façon que tu deviennes la responsable principale, celle qui avait tout mis en œuvre pour qu'un scandale n'éclabousse personne. Et il a proposé ses services pour que vous vous rencontriez. Au prétexte que Marius devait parler de tout cela, qu'il devait regarder son passé en face, confronter les coupables à leurs actes, etc. Marius, qui souffrait encore énormément de ce qu'il avait vécu, a été séduit par l'idée.

— Maximilian a tout de même pris des risques. Marius aurait pu se confier à toi.

— Je crois qu'il a vite compris que c'était hautement improbable. Ainsi qu'il nous l'a dit lui-même, il savait que jusque-là Marius n'avait trouvé ni le courage ni la force de me parler de son enfance. Pourquoi aurait-il tout à coup changé ? Sans compter que le plan de Maximilian consistait à te tuer et à faire endosser la responsabilité de son crime par Marius. Ça pouvait marcher, même si je savais comment votre rencontre avait été manigancée. Maximilian était un médecin respectable, il n'aurait eu qu'à assurer qu'il avait uniquement pensé au bien de Marius et agi en toute bonne foi. Si Marius était devenu fou, ce n'était pas sa faute. Et comment aurait-il pu le prévoir ?

— Faire ce qu'il a fait pour diriger les soupçons sur Marius, c'est épouvantable, dit Rebecca en frissonnant. Il a tenu à tout me raconter en détail. Il était fier de lui. Il se croyait suprêmement intelligent. Il n'a pas simplement tué les parents d'accueil de Marius – ce qui est déjà terrible –, il les a terrorisés, torturés, fait mourir à petit feu. Il a sonné chez eux en pleine nuit et s'est fait passer pour Marius pour qu'ils lui ouvrent. Leur calvaire a duré plusieurs jours. Il fallait que ça ressemble à un acte de vengeance, c'était la seule raison qu'aurait eue Marius de les tuer. Il a écrit des lettres de menace aux personnes qui ont eu le dossier de l'enfant entre les mains, bien sûr en les tournant de manière que les soupçons retombent sur Marius. Ça n'aurait étonné personne que dans sa folie vengeresse il me tue aussi. Maximilian a préparé son crime avec beaucoup de soin et un sang-froid difficilement imaginable. Ça aurait pu marcher. Il pouvait s'en sortir blanc comme neige. C'était atroce de l'entendre raconter ses exploits... Et je crois bien qu'il attendait que je le félicite, ou que je lui manifeste de l'admiration.

— Quand je pense au temps que j'ai mis à comprendre que quelque chose ne collait pas ! Son refus d'aller à la police. Le portable parfaitement chargé alors qu'il avait prétendu qu'il ne marchait pas... Rien ne m'étonnait. Et je sais maintenant qu'il mentait quand il m'a dit qu'il avait lu dans le journal que la police recherchait Marius. Aucun journal n'avait encore cité le nom de Marius.

— Ça, tu ne pouvais pas le savoir.

— C'est vrai, concéda Inga.

Elle se tut et releva frileusement les épaules.

— Il aurait été obligé de nous tuer aussi, Marius et moi, reprit-elle sans transition. Vivants, nous aurions été une source de complications.

— C'était effectivement son intention. Ta mort aurait été mise sur le compte de Marius, comme la mienne, et il se serait arrangé pour maquiller celle de Marius en suicide. C'est là que ça a commencé à dérailler. Il a tiré bien trop tôt sur Marius pour que le plan tienne encore debout. Maximilian devait avoir prévu de le surprendre, mais c'est l'inverse qui s'est produit. Maximilian a surgi devant nous au moment précis où nous sortions de la chambre, quand Marius a décidé que nous devions partir. Il a été pris de court. Il nous a repoussés à l'intérieur de la pièce, a attrapé un oreiller et, presque dans le même geste, il a tiré à travers. Il savait ce qu'il faisait, en même temps on ne peut pas dire qu'il ait fait face à l'imprévu avec beaucoup de sang-froid. Dans un sens, il a paniqué. Ce n'est pas ainsi que les choses auraient dû se passer.

— Il a peut-être brusquement compris que la situation lui échappait. Il se peut que ce soit aussi pour cette raison qu'il s'est...

— ... qu'il s'est tué, poursuivit Rebecca. C'est possible. Cependant, je...

Inga la regarda.

— Oui ?

— Eh bien, j'ai eu l'impression qu'il s'est rendu compte qu'il n'aurait pas le courage de me tuer. Il m'a aimée pendant plus de vingt ans. Sans espoir, maladivement. La haine qu'il a finalement développée à mon égard était encore trop étroitement liée à l'amour qu'il avait éprouvé. Je... je crois qu'il s'est tué pour ne pas me tuer.

Elle en était certaine. Elle l'avait vu dans ses yeux peu avant qu'il se donne la mort. L'amour perverti et délirant qu'il éprouvait pour elle à cet instant n'était pas moindre que celui qu'il avait éprouvé la première fois qu'il l'avait rencontrée, et, en une fraction de seconde, il avait pris la décision, puisqu'il en était ainsi, que ce serait lui qui mourrait, pas elle.

Les deux femmes se turent et écoutèrent le bruit régulier du ressac sur les rochers. Le ciel était désormais d'un noir d'encre, mais la nuit était très chaude, l'air était doux et soyeux.

— Il était là, dit Inga, rompant le silence. Tout le temps. Il était tout près de nous.

— Je pensais vraiment qu'il était reparti pour l'Allemagne. Je n'aurais pas imaginé une seule seconde qu'il avait pris une chambre sous un faux nom à Six-Fours. C'est là qu'il y a eu un premier contretemps : tu es rentrée seule de votre sortie en mer, et tout laissait à penser que Marius s'était noyé. Maximilian était au port, il l'a tout de suite appris. Le coup a dû sérieusement l'ébranler. Pas facile de faire porter le chapeau du meurtre qu'il projetait à un Marius disparu en mer. D'autant qu'il ne pouvait pas être certain que Marius était mort. Il pouvait réapparaître, et, s'il avait « disparu » parce qu'il avait été hospitalisé, ou parce qu'il avait été secouru et hébergé par des pêcheurs, il y aurait même eu des témoins pour dire qu'il n'avait pas pu être à la fois au Brusc et sous leurs yeux. Maximilian était obligé d'attendre, en croisant les doigts pour que Marius refasse surface.

— Il savait que Marius était un sportif accompli. Et qu'il connaissait suffisamment la mer pour ne jamais sortir sans gilet de sauvetage. Il y avait de grandes chances pour qu'il soit toujours en vie.

— Mais je crois que l'épisode du bateau avait entamé son sang-froid, c'est là que ses nerfs ont commencé à lâcher, ce qui explique qu'il ait ensuite commis l'erreur de tirer sans réfléchir sur Marius. Et de laisser son portable allumé dans la voiture. Il a attendu ici une semaine sans pouvoir achever son plan. Après tout le mal qu'il s'était donné. La liaison avec une de mes collaboratrices pour obtenir des informations sur moi. Retrouver Marius, qui avait changé de nom en t'épousant, gagner sa confiance, lui faire accepter l'idée de traverser la France en stop. Écrire des dizaines de lettres anonymes, tuer ce vieux couple… Tout ça pour se retrouver coincé dans une chambre d'hôtel. Il devait enrager.

— C'est par hasard qu'il est arrivé chez toi l'autre nuit ? Ou bien savait-il que Marius était revenu ? demanda Inga.

Rebecca haussa les épaules.

— Je n'en ai aucune idée. Il n'en a pas parlé. Peut-être n'a-t-il plus supporté d'attendre et a-t-il décidé d'en finir coûte que coûte. Dans la soirée, le portable de Marius a sonné. À ce que dit Marius, personne n'a répondu quand il a pris la communication. On peut penser que Maximilian voulait savoir s'il était encore en vie. Et, sur la route en venant ici, il est tombé sur toi. Mais il est également possible qu'il ait vu Marius rôder autour de la maison. Il est resté un bout de temps à nous observer de loin. Si Maximilian a fait la même chose, il avait toutes les chances de le voir. Tout de même, ça fait un drôle d'effet, tu ne trouves pas ? Être épiées par deux personnes pendant plusieurs jours, et ne se rendre compte de rien…

— Nous étions préoccupées par autre chose, et très centrées sur nous-mêmes, dit Inga.

— Oui, acquiesça Rebecca d'un ton songeur. Nous pensions à autre chose…

Ces jours étranges, entre déception et hébétude, après le suicide qu'elle n'avait pu accomplir. En parlerait-elle un jour à Inga ? Peut-être plus tard, beaucoup plus tard. Quelle ironie du sort que ce soit justement Maximilian qui l'ait empêchée de mettre son projet à exécution ! Était-ce un hasard ou un signe du destin ? Sans Maximilian, sans l'homme qui depuis plus d'un an peaufinait dans l'ombre un plan diabolique pour la tuer, elle serait morte depuis longtemps.

Elle se leva.

— Je vais me coucher, déclara-t-elle sans transition. Je suis terriblement fatiguée. Je n'arrive pas à émerger. J'ai l'impression que je pourrais dormir des années sans parvenir à récupérer.

— Je reste encore un peu, dit Inga.

Depuis l'épouvante des jours écoulés, elle repoussait l'instant où elle devrait rentrer dans la maison. Elle ne parvenait plus à s'y sentir à l'aise. Les murs de sa chambre l'oppressaient, elle faisait des cauchemars. Elle aspirait à rentrer en Allemagne, à retrouver son appartement, mais elle devait attendre que Marius soit autorisé à quitter l'hôpital. Elle préférait ne pas laisser Rebecca seule, sinon elle aurait pris une chambre dans un hôtel.

— Tu vas rester ici ? demanda-t-elle. Après ce qui s'est passé ?

Rebecca marqua une hésitation.

— Je ne sais pas.

Elle fit un pas vers la maison puis se retourna.

— Vas-tu rester avec Marius ? demanda-t-elle alors. Après ce qui s'est passé ?

— Je ne sais pas, répondit Inga.

Vendredi 6 août

— Tu en restes à ce que tu as décidé ? Tu es sûre que tu ne veux pas venir ?

C'était la troisième fois depuis le matin que Wolf lui posait la question.

Ils se trouvaient à l'aéroport. Les bagages étaient enregistrés, Wolf avait les cartes d'embarquement à la main. Les enfants couraient autour d'un kiosque à journaux en essayant de s'attraper. Ils avaient accueilli la nouvelle de la défection de leur mère avec placidité. Ils avaient surtout craint que leur père ne renonce à partir à son tour et que leurs belles vacances au bord de la mer ne tombent à l'eau. Maintenant qu'ils étaient enfin à l'aéroport au milieu de la cohue des jours de grand départ, ils n'avaient plus peur de rien et étaient d'excellente humeur.

J'espère que je réussirai à empêcher qu'ils deviennent un jour aussi insensibles que leur père, songea Karen.

Elle s'accrochait à son ticket de parking comme Wolf aux cartes d'embarquement. C'était sa garantie de retrouver sa voiture, d'échapper à la foule des joyeux vacanciers en partance pour le soleil. À cet instant, c'était le symbole de la distance qu'elle voulait mettre entre Wolf et elle.

— Je n'ai pas de valise, Wolf, dit-elle avec une pointe d'agacement.

Pourquoi lui posait-il une fois de plus la question ?

— Et Kenzo est à la maison. Rien n'est organisé pour s'occuper de la maison et du jardin…

— Je sais.

— Pourquoi demandes-tu, alors ?

— Parce que… Je ne sais pas… Peut-être simplement parce que je trouve que tu as tort de faire ce que tu fais. De prendre comme ça brusquement tes distances. Tu fais chambre à part, tu nous laisses partir seuls en vacances… On dirait que tu as oublié que tu avais une famille. Ce n'est pas très agréable pour nous.

À quoi bon répliquer ? Autrefois, Karen était persuadée que parler était la clé de tout. D'une relation harmonieuse, d'une bonne entente. Que débattre, s'expliquer, discuter permettait d'éviter les malentendus, de clarifier les sentiments, d'éclairer d'un jour nouveau une situation apparemment complexe. Ce n'était peut-être pas faux. Mais, un jour, cela devenait inutile. Ce jour-là, il fallait renoncer.

Il y a encore quelques semaines, elle aurait dit : « Et toi, est-ce que tu te souviens que tu as une famille ? » Et l'escalade aurait commencé. Wolf serait monté sur ses grands chevaux, elle aurait fondu en larmes et pour finir elle se serait sentie petite et misérable et lui grand et fort. Comme toujours.

Cette fois, elle ne releva pas la remarque.

— Il est temps que vous rejoigniez votre porte d'embarquement, dit-elle. Et il est temps pour moi de rentrer.

Wolf fut sur le point de dire quelque chose, puis il se ravisa. Peut-être par fierté, ou parce qu'il se rendait compte que ce n'était ni le lieu ni le moment d'essayer de mettre les choses au point.

— Bon, eh bien, allons-y, dit-il, ne sachant trop comment se comporter. Nous serons là dans quinze jours.

— Je viendrai vous chercher, promit Karen.

Elle évita son amorce hésitante d'embrassade en se dirigeant vers le kiosque à journaux pour dire au revoir à ses enfants.

Fidèle à son habitude, Kenzo l'accueillit comme s'il ne l'avait pas vue depuis une éternité.

Elle le caressa en songeant que ce serait un bonheur si les maris pouvaient être comme lui. Après tout, ils l'étaient peut-être, sauf celui sur lequel elle était tombée.

Elle ouvrit la porte-fenêtre qui donnait sur le jardin pour laisser sortir Kenzo, puis s'avança de quelques pas sur la pelouse en essayant de ne pas lever les yeux sur la maison vide, de l'autre côté de la haie. Sans succès, naturellement. Son regard était irrésistiblement attiré par le pignon blanc qu'on apercevait à travers les arbres. Elle se revit avec Pit en train de monter sur le balcon, elle se souvint de ses pressentiments, de son malaise grandissant, puis de sa certitude qu'ils étaient sur le point de découvrir quelque chose d'effroyable. Il n'y avait plus de morts, dans la maison, mais la regarder lui donnait toujours le frisson. Elle paraissait sombre, hostile. Serait-elle un jour de nouveau habitée ?

Elle se retournait pour regagner rapidement sa terrasse quand elle s'entendit appeler par son nom. De l'autre côté du jardin, sa vieille voisine lui faisait de grands signes.

— Il y a du nouveau, dit-elle à Karen, qui s'était sentie obligée de la rejoindre. J'ai eu la visite de la police !

Karen, qui était lasse de l'affaire, remercia intérieurement le ciel d'avoir dû accompagner sa famille à l'aéroport et pu ainsi échapper au pensum de devoir recevoir la police.

— Ah ? fit-elle.

La vieille dame se pencha en avant et baissa la voix.

— Il paraîtrait que l'assassin n'est pas du tout le fils adoptif !

— Vraiment ?

— C'est comme je vous le dis ! La police m'a montré la photo d'un homme. Ils voulaient savoir si je l'avais vu ces derniers temps. Je ne l'ai jamais vu. Il m'avait l'air trop vieux pour être le fils adoptif des Lenowsky, et c'est ce que j'ai dit. Le policier m'a répondu que le fils n'était pas suspect. Ça m'a étonnée, vous pouvez me croire. Après tout ce dont parlent les journaux, les relations difficiles, tout ça... et c'est vrai que c'est drôle que les Lenowsky n'aient jamais parlé de cet enfant. Par ici, personne ne savait qu'il existait. Quand on élève un enfant et qu'on fait après comme s'il n'existait pas, il y a de quoi se poser des questions !

Elle reprit sa respiration. Karen en profita pour glisser une remarque.

— Apparemment, cela ne veut pas dire pour autant que ce garçon qu'ils ont accueilli est devenu un assassin.

La vieille dame la regarda avec un air courroucé. Pour une mystérieuse raison, la version du fils adoptif lui convenait mieux.

— Bah, de toute façon, le monde est mauvais, dit-elle sur un ton péremptoire qui sous-entendait qu'un lieu commun ne pouvait pas être faux.

— Oui, dit Karen sans s'impliquer.

— Bizarre que personne n'ait vu rôder ce bonhomme, poursuivit-elle. Figurez-vous qu'il a attaqué les Lenowsky dans la nuit de dimanche à lundi. Il a tout dévasté dans la maison, ligoté les deux malheureux et, le lundi matin, il est reparti – vous vous rendez compte ! –, il est allé tranquillement travailler à l'hôpital où il exerce ! Comme s'il n'avait rien fait !

Il est médecin. Chirurgien ! Un bonhomme pareil opère des gens !

Karen renonça à émettre une opinion qui n'avait aucune chance d'intéresser sa vieille voisine.

— Et, le mardi, il est revenu ! Il a même commandé une pizza. Il voulait qu'on pense que le coupable était le fils adoptif, et les jeunes aiment bien se faire livrer des pizzas, pas vrai ? Ensuite, il a donné plusieurs coups de couteau à cette pauvre femme. Pas n'importe comment. De manière à ce qu'elle meure bien lentement. Un médecin, vous pensez s'il a su s'y prendre ! Mais quelle audace ! Elle aurait pu avoir le temps d'appeler à l'aide. Il paraît qu'après il a filé dans le midi de la France. Pourquoi ? Mystère !

Quelle horreur ! songea Karen. Leur tortionnaire repart, ils croient que leur cauchemar est terminé, ils espèrent qu'on va les sauver, ils attendent qu'un miracle se produise, des heures… Et il revient. Il était parti en emportant une clé et il avait pris soin de débrancher l'alarme. Il s'en va et revient comme s'il était chez lui. Mais il n'était pas chez lui, c'était un intrus, un hôte indésirable venu pour les tuer.

— Il a une BMW bleu foncé. À ce que dit la police. Moi, je ne l'ai jamais vue dans la rue. Faut dire qu'il n'aurait pas été assez bête pour se garer juste devant chez les Lenowsky. Il a dû aller au moins cinq rues plus loin, et chaque fois à un autre endroit. Quand on est assez intelligent pour échafauder un plan pareil, on ne commet pas d'erreurs.

— Il faut croire que si, remarqua Karen. Sinon la police ne saurait pas déjà qui il est.

— Bah, ça finit toujours par se savoir, dit la vieille dame d'un ton vague avant de demander, sans transition : Vous ne deviez pas partir en vacances aujourd'hui ? Nous n'avions pas parlé de votre jardin, et du courrier à prendre dans votre boîte ?

— Ça s'est arrangé. Mais merci encore de votre offre, c'est très aimable à vous.

Karen s'éloigna de la haie. Le sujet était la dernière chose sur laquelle elle avait envie de s'étendre.

— Excusez-moi, dit-elle, je dois passer un coup de téléphone important. Bonne fin de journée !

Elle retourna en hâte vers sa maison. À nouveau elle ne put s'empêcher de regarder la maison voisine. La police avait fermé tous les volets roulants, y compris celui de la fenêtre par laquelle Pit et elle avaient pénétré dans la maison. Elle imagina l'obscurité qui régnait dans les pièces, l'odeur de renfermé, peut-être de mort. Elle secoua la tête pour chasser l'image de son esprit et s'appliqua à regarder Kenzo qui fourrait son museau dans les fleurs et les herbes qui poussaient le long de la haie. Il était serein, la maison ne lui faisait plus peur.

Pour effroyables que les événements qui s'y étaient déroulés aient pu être, c'était tout de même avec cette maison que tout avait commencé. Le fait qu'elle n'ait pu entrer en contact avec les Lenowsky avait fait éclater au grand jour la crise larvée qui couvait depuis longtemps entre Wolf et elle. Il l'avait traitée d'hystérique et de frustrée alors qu'elle avait raison de s'inquiéter. Mais elle avait eu confiance en son intuition et, pour la première fois depuis qu'ils étaient mariés, elle avait passé outre à l'avis de Wolf et agi selon ce qu'elle pensait juste. Ces victoires sur elle-même et sur son mari avaient été la meilleure chose qui lui soit arrivée depuis longtemps. Un vrai baume pour son amour-propre. Dans le même temps, le mépris qu'il lui manifestait avait atteint les limites de ce qu'elle pouvait supporter. Grâce à la confiance en elle qui timidement renaissait, elle trouverait le courage de faire le pas qu'elle savait devoir faire.

Kenzo leva la patte sur un plan de pied-d'alouette bleu saphir qui dépérissait à vue d'œil depuis qu'il lui réservait ce traitement particulier, et brusquement une image revint à la mémoire de Karen. Son chien et elle dans la lumière grise du petit matin, il y avait bientôt trois semaines de cela. Les rues étaient désertes. Kenzo courait, heureux, le nez au vent, elle le suivait, triste et déprimée après une nuit d'insomnie.

« Au moins cinq rues plus loin », venait de dire sa vieille voisine. Quel que fût le nombre de rues, ils avaient déjà parcouru un bon bout de chemin quand Kenzo avait levé la patte sur la roue arrière d'une voiture garée le long du trottoir. Une BMW bleu nuit. Elle se souvenait encore de sa frayeur quand la portière avant s'était ouverte, et de sa consternation devant la fureur de l'homme grand et séduisant qui avait surgi et l'avait insultée au point qu'elle avait fondu en larmes.

Était-ce lui ? S'était-elle trouvée face au meurtrier des Lenowsky ? Était-il l'hôte indésirable, l'intrus que le couple de retraités avait été contraint d'héberger sous son toit ?

Plusieurs éléments le laissaient supposer. Même un détail insignifiant pouvait avoir de l'importance, lui avait dit le commissaire Kronborg. L'incident ne lui était pas venu à l'esprit. Pas un instant elle n'avait songé à le rapprocher du crime commis dans la maison voisine. Pour elle, il appartenait à sa collection privée et très personnelle d'échecs et d'humiliations.

« Ce sont des choses qui m'arrivent constamment. On m'attaque, on m'insulte et je reste les bras ballants sans répliquer. Je fonds en larmes comme une gamine. Je suis incapable de me défendre. Mon comportement incite les gens à m'agresser. »

Prisonnière de ses problèmes et de ses faiblesses, voilà ce qu'elle avait été. Toute femme dont le chien aurait levé la patte sur une voiture étrangère aurait essuyé la même pluie d'invectives. Mais toute femme aurait répondu quelque chose, se serait excusée, aurait réagi au lieu de pleurer, et l'incident ne l'aurait pas bouleversée pour le reste de la journée. Et, quand Kronborg l'aurait interrogée, elle aurait aussitôt fait un rapprochement. Car c'était étrange de surprendre un homme dans une voiture garée le long d'un trottoir à une heure aussi matinale, quand toute la ville dormait encore. Du moins, c'était étrange quand, à quelques rues de là, un crime était commis.

C'était trop tard pour revenir en arrière. Et apparemment la police savait à présent qui elle devait rechercher. Elle appellerait néanmoins Kronborg pour l'informer de ce qu'elle avait vu. Mais pas tout de suite. Elle avait un autre coup de téléphone à donner avant.

Elle se rendit dans le séjour, décrocha le téléphone et composa le numéro du cabinet d'avocat qu'elle avait relevé deux jours auparavant dans l'annuaire. Il était presque l'heure de déjeuner, mais elle eut de la chance. À l'autre bout de la ligne, quelqu'un décrocha. Une secrétaire.

Elle demanda un rendez-vous pour la semaine suivante.

— Ce serait à quel sujet ? voulut savoir la secrétaire.

— Je souhaite divorcer de mon mari, expliqua Karen d'un ton lent et solennel.

Elle ressentit un léger vertige en entendant les mots qui franchissaient ses lèvres.

Mais c'étaient les mots justes. Elle n'en doutait pas.

Lettre de Sabrina Baldini à Clara Weyler

Munich, fin septembre

Chère Clara,

Juste quelques lignes pour vous donner de mes nouvelles. J'espère que vous allez bien et que vous parvenez à surmonter et oublier un peu tous ces affreux événements.

Moi, je vais beaucoup mieux, je réussis à retrouver un peu de sérénité. J'apprécie de savoir que je ne vais recevoir aucune lettre de menace et que personne n'en veut plus à ma vie. Surtout, je suis heureuse de savoir que ce n'est pas Marius qui a commis le crime effroyable qui a coûté la vie à ses parents d'accueil. Il n'est certes pas innocent de tout, ce qu'il a fait est répréhensible, mais il n'a tué personne et n'a jamais eu l'intention de le faire. Cela ne minimise en rien notre responsabilité et nos torts en ce qui concerne le préjudice qu'il a subi, mais je suis soulagée de savoir que, dans notre ignorance et notre manque de courage, nous n'avons pas fabriqué un criminel. Nous ne portons pas seules le poids de cette succession de drames et, malgré tout, je m'en réjouis.

Je regarde à nouveau vers l'avenir et j'espère, Clara, que vous le faites aussi. Ma vie vient de prendre un tournant inattendu. Devinez qui m'a téléphoné : Rebecca Brandt. Elle quitte la France et revient s'installer en Allemagne. Elle veut relancer Enfance Écoute et m'a demandé si je serais partante pour faire partie de l'équipe. Je n'arrivais pas à le croire, car elle aurait eu toutes les raisons de m'en vouloir. Au lieu de cela, elle a manifesté une grande compréhension pour tout ce qui s'est passé et pense que la meilleure façon de réparer nos fautes est de nous investir encore plus qu'avant dans la protection des enfants. J'ai accepté son offre avec joie, vous vous en doutez. Quelle chance d'avoir à nouveau un travail, de surcroît un travail qui a un sens et m'apporte de vraies satisfactions. Rien n'est pire que de rester cloîtrée des journées entières dans un appartement vide et silencieux et de ressasser indéfiniment ses fautes.

À ce propos : mon divorce doit être prononcé la semaine prochaine. Comme nous voulions tous les deux divorcer sans attendre, nous avons prétendu que nous vivions séparés depuis déjà un an – ce qui dans un sens n'est pas faux. Cela explique que la procédure ait été extrêmement rapide. L'échéance me fait un peu peur, mais je pense que ce sera aussi un soulagement. Ce sera enfin terminé. Sans doute faut-il parfois tirer vigoureusement un trait sur le passé pour se sentir capable d'envisager un nouveau départ.

Par ailleurs, Rebecca m'a appris que Marius allait suivre une thérapie dans un établissement spécialisé. Il espère pouvoir se réapproprier son enfance et parvenir ainsi à mieux vivre avec ses problèmes. Inga, sa femme, se sépare de lui, après ce qui s'est passé il eût été étonnant qu'elle reste avec lui. Trop de violence, trop de drames pour que la confiance ne soit pas détruite. Et il semble que le mariage n'était déjà pas bien solide avant. Marius n'a pas dit un seul mot de ce qu'il avait vécu à sa femme. Elle s'est souvent interrogée sur ses débordements névrotiques et se sentait parfois démunie. Elle quitte Munich pour s'installer à Hambourg. Sa famille est originaire de la région. Elle a l'intention de s'inscrire à l'université et de terminer ses études là-bas. Pour elle, c'est un nouveau départ.

J'espère sincèrement que la séparation ne va pas déstabiliser Marius plus qu'il ne l'est déjà et qu'il comprendra que cela peut être, pour lui aussi, une chance de reconstruire sa vie sur de nouvelles bases. Peut-être trouverai-je un jour le courage de le rencontrer. S'il le souhaite, bien sûr. J'aimerais pouvoir lui expliquer dans quelle situation je me trouvais à l'époque, et m'excuser. Rebecca pense elle aussi que cela pourrait l'aider.

Voilà, c'est tout de mon côté. Cela me ferait très plaisir que l'on puisse se revoir. Nous aurions certainement beaucoup de choses à nous raconter, beaucoup d'impressions à échanger.

Je vous embrasse, Clara. Essayez de ne pas trop penser à ce qui s'est passé. Regardez vers l'avenir.

Sabrina

9013

Composition
NORD COMPO

Achevé d'imprimer en France (La Flèche)
par CPI BRODARD ET TAUPIN
le 19 juillet 2009. 53593

Dépôt légal juillet 2009.
EAN 9782290009482

EDITIONS J'AI LU
87, quai Panhard-et-Levassor, 75013 Paris

Diffusion France et étranger : Flammarion